U0455218

吉林大学2023年
学生思想政治工作论文集

代 磊 主编

吉林大学出版社

·长春·

图书在版编目（CIP）数据

吉林大学2023年学生思想政治工作论文集 / 代磊主编.—
长春：吉林大学出版社，2023.12
ISBN 978-7-5768-2485-8

Ⅰ.①吉… Ⅱ.①代… Ⅲ.①大学生－思想政治教育
－吉林－文集 Ⅳ.①G641-53

中国国家版本馆CIP数据核字(2023)第215471号

书　　名：吉林大学2023年学生思想政治工作论文集
JILIN DAXUE 2023 NIAN XUESHENG SIXIANG ZHENGZHI GONGZUO LUNWEN JI

作　者：代　磊　主编
策划编辑：邵宇彤
责任编辑：蔡玉奎
责任校对：李潇潇
装帧设计：林　雪
出版发行：吉林大学出版社
社　　址：长春市人民大街4059号
邮政编码：130021
发行电话：0431－89580028/29/21
网　　址：http://www.jlup.com.cn
电子邮箱：jldxcbs@sina.com
印　　刷：吉广控股有限公司
开　　本：787mm×1092mm　　1/16
印　　张：26.5
字　　数：420千字
版　　次：2023年12月　第1版
印　　次：2023年12月　第1次
书　　号：ISBN 978-7-5768-2485-8
定　　价：138.00元

编委会

主　编

代　磊

副主编

梅士伟

执行副主编

刘　娜

编委（按姓氏笔画）

王家辉　刘景元　闫重阳

孙　月　张　瑶　董浩宇

目　　录

思想政治教育

实践育人

目 录

创业就业教育

工作案例

思想政治教育

关于翻转课堂在高校思政课教学中应用的若干问题思考

——以《毛泽东思想和中国特色社会主义理论体系概论》课为例*

夏　军**

摘　要： 翻转课堂教学模式对高校思想政治理论课的教学内容和教学效果、学生的学习能力具有积极作用，但在具体实践中，显现出知识内化和提升不足、学生的合作学习意愿和参与程度不强、学习成绩评定不完善等问题。通过整合课程内容、强化问题导向和理论思维，培养合作学习的习惯和方式，构建多元化的学习成绩评定体系等举措，破解翻转课堂融入教学实践中的问题，提高高校思政课程吸引力和影响力，实现课程的知识目标和价值目标。

关键词： 翻转课堂；教学模式；高校思政课；《概论》课

自2012年以来，翻转课堂作为一种新颖的教学模式，不断向国内高等教育渗透，得到了教育工作者的理念认同和实践回应，也为学生的能力培养提供了另样的路径。高校思想政治理论课（以下简称高校思政课）是我国高等教育的特定内容，是高校思想政治教育的具体实践，担负着巩固和提升高校学生的世界观、人生观、价值观的重要责任。《毛泽东思想和中国特色社会主义理论体系概论》课（以下简称《概论》课）是高校思政课程体系的组成之一，其基本任务是从知识提炼出思想、从理论上升为信仰，为此，引入翻转课堂教学模式，有利于接近课程的知识目标和价值目标。

---

* 　本论文为吉林大学2021年本科教学改革研究项目"以翻转课堂为引领 推进《毛泽东思想和中国特色社会主义理论体系概论》课教学"（课题编号：2021XYB050）的阶段性成果。

** 夏军：吉林大学马克思主义学院讲师，主要研究方向为高校思想政治教育。

一、翻转课堂融入《概论》课产生的积极效果

翻转课堂被认为是21世纪大教育运动的一部分，与混合式学习、探究性学习及其他区别于传统教学模式有较为一致的目标，即更多从学生角度出发、更好地激发学习者的学习参与性与积极性，充分体现"自主、合作、创新"的教与学理念。[①]当前，基于网络技术的不断进步，信息和教学资源的便利获取为高校学生自主学习提供了基本保障，高等教育需要对此给予有效应对。

作为高校思政课程之一的《概论》课，围绕马克思主义中国化时代化的理论成果和中国特色社会主义的实践探索，侧重于梳理和解读中国共产党在革命、社会主义建设和改革开放时期的路线方针政策。《概论》课既要从课程内容，也要从授课形式，提升理论的传播力和课程的吸引力，赢得高校学生的关注和参与。因此，翻转课堂不啻为一个有益选择。

融入翻转课堂教学模式，有助于实现《概论》课叙事方式的转变。《概论》课的教材内容覆盖面较为广泛、信息量大、知识点繁杂，在叙事上采用了报告语言，导致其规范性较强。通过翻转课堂教学模式，学生以学理性语言、专业性知识解读马克思主义中国化时代化的理论和实践成果，通过具象化的问题剖析来认知党和国家的路线方针政策的科学性和正确性，可以实现报告语言和教材体系向学理语言和教学体系的转变。

融入翻转课堂教学模式，有助于《概论》课教学效果的改善。长时期以来，包括《概论》课在内的高校思政课程困扰于教学效果不甚理想，教师单向输出，学生对课程热情不高、参与性不强，课堂沉闷，抑制了教学目标的实现。通过翻转课堂教学模式，教学内容得到充实和扩展，学生参与课程教学的全过程，以问题为导向、能力为重点，将理论与实践、历史与现实相衔接，从而增强该课程的吸引力和影响力。

融入翻转课堂教学模式，有助于学生自主学习能力与探究问题能力的提升。在翻转课堂教学模式中，学生具备多重身份，最为突出之处在于，由被动的受众转变为主动的学习者，依据各种学习资源，发现、分析、探讨问题。从而，学生的逻辑思维能力得以彰显和提高，并助推学生学习兴趣的成

---

① 黄阳等. "翻转课堂"教学模式设计的几点思考 [J]. 现代教育技术. 2014, 24 (12)：103.

长、知识获取能力及独立思考和创新能力的增强。

综上而言，将翻转课堂教学模式融入《概论》课，不仅符合高等教育的基本规律和要求，也符合课程的教学内容和目标。通过拓展教材内容、激发学生自主性、优化教师知识结构，从教学内容、教学目标和教学理念等方面实现知识中心、能力中心、教师和学生中心的多重改变。

二、翻转课堂融入《概论》课教学中出现的若干问题

经过一段时间的探索和实践，高校思政课与翻转课堂相融合的基本线路已形成，即将课上教与课后学的传统模式转变为课前学与课中研和教的新模式，"在课前，教师通过师生沟通提前完成课程相关视频的制作并布置好课程作业，上传至相关网络平台，由学生自行下载学习知识点；在课中，进行课堂分组，师生共同探讨学生课前学习问题，同时，教师引导学生自主探索知识点，帮助学生建立自我知识体系"[①]；在课后，学生自主复习和完成学习报告，教师根据学生的课堂活动和学习报告等作出成绩评定。这是一种较为理想化、规范化的教学设计，但需要客观认识到的是，在实践应用中，翻转课堂与《概论》课教学要求尚存在一定的距离。

翻转课堂未能解决知识内化和提升不足的问题。高等教育阶段重在培养和提高学生的逻辑思维，通过知识内化和理论习得，使学生具备解决社会问题和科学技术问题的能力，这也同样体现在高校思政课中。就《概论》课所涉及的知识点以及理论逻辑而言，高校学生均不陌生且容易掌握。在2017年以来的思政课改革中，以大中小学一体化为原则，强调了教学内容的一致性，但是，并没有科学地解决核心知识和课程内容的重复性和协调性问题。由于思政课的基本知识点是大体固定的，在多次重复学习中，造成学生对相关知识和理论的感知疲劳。例如，《概论》课基于新民主主义和社会主义革命、社会主义建设和改革开放三个历史时期，所要回答的仍旧是为什么革命、进行什么样的革命、如何进行革命、为什么和如何进行社会主义改造、如何走中国工业化道路以及为什么和如何实行改革开放等问题，这与中学阶段课程和《中国近现代史纲要》课内容相同。当翻转课堂应用于《概论》课教学中，学生的位置发生变化，更多地承担教学任务、充实教学过程，就需

---

① 张伟等．"翻转课堂"教学模式在高校思政课上的应用[J]．现代交际．2020（4）：34．

要他们展示自主学习的成果。然而，在实际中，大部分学生仅是将在过往阶段习得的知识挪移到大学阶段的教学框架中，对理论观点进行肤浅甚至是硬性对接的说明。例如，在关于社会主义改造的章节中，中国共产党对农业和手工业改造采用相似但存在一定的区别的政策，学生对此没有发现和分析，仅是照本宣科。这种学习是对前期知识的平面循环，没有显现对理论加以总结和提炼的意识和能力，自主学习未能带来思维深度和广度的拓展。

翻转课堂未能改变学生的合作学习意愿和参与程度不强的问题。翻转课堂教学模式建立在学生积极活动的基础上，在课前，学生要充分利用教师推送的学习资料，辅以主动地查阅相关信息，学习小组成员通过合作对教师布置的学习任务展开交流，达成共识；在课堂中，学生进行研究成果汇报，并展开跨小组的充分讨论，课后小组作出总结并向教师提交一份学习报告。但是，由于中小学阶段的基础知识学习和大学阶段专业课程学习的过程中，传统教学模式占据主导地位，合作学习和学生教学参与都较少为教师采纳，大多数高校学生缺乏合作学习的意愿和经验。因此，在《概论》课的翻转课堂教学实践中，学生通常采取委托形式，即在小组中，多数学生课前准备缺失，少有内部交流与讨论的环节和安排，少数同学承担学习任务，随后由其进行课堂阐述和课后总结；而且，由于依靠前期学习的知识储备，课堂中的其他同学也回应冷淡。在缺乏充分研讨和思想交流的情况下，一些相关知识点和重要问题难以得到详尽认知。"先学后教"的教学模式未能得到彻底贯彻，翻转课堂流于形式，背离了教学的初衷，课程的教学目标和价值目标也成为奢谈。

翻转课堂未能改变对学习成绩评定不完善的问题。高校思政课的成绩评价体系既有与各专业课程相同的设计，也有自身特殊的要求，既有过程性和结果性的成绩评价，也有知识性和价值性的成绩评价，即"思政课不仅要关注知识的有效传递，更要考虑学生人格、情感、态度、价值观、能力等方面的发展"[①]。又如有研究者所言，翻转课堂教学模式"只是利用网络资源进行教学，让学生在轻松的环境里自主地学习，让同学们都能跟上课程进度，受到平等的教育"[②]。这种叠加无疑提高了学习成绩评定的难度。就翻转课堂教

[①] 赵萍. 高校思政课翻转课堂教学实效性提升策略探究 [J]. 安徽工业大学学报（社会科学版）. 2020（5）：88.

[②] 张茂增. 智能时代背景下翻转课堂实施的问题与对策 [J]. 兰州职业技术学院学报. 2022（5）：21.

学模式的整个流程来看，相对于传统教学模式，教师的把控能力呈现出明显弱化的事实。以《概论》课为例，教师对课前布置的教学任务、上传的相关参考资料的学生自主学习程度和学习小组的活动缺少有效观察和介入；在课堂中，学习小组中的一位同学进行总体知识介绍，一位同学就某一重要问题给予论证和介绍小组讨论情况，在跨组的课堂讨论中，亦是少数同学参与其中，因此，教师仅仅了解个别活跃的学生的学习成果。这就造成"沉默的大多数"因缺少充分展示和教师的相应了解，其成绩的评定缺少客观性和准确性；而且，教师也难以从价值观或道德情操上对学生作出认知和评价，使课程的价值目标实际被否定了。

翻转课堂教学模式在具体教学过程中遭遇到的些许问题，并不构成对其否定的理由。正如美国教育心理学及课程论专家布卢姆在掌握学习理论中所秉持的观点：依靠合理的教学方式和充足的学习时间，多半甚至全部的学生对所学知识均能熟练掌握，即使个体发展存在差异性，也不过是每个学生掌握同样的知识需要的时间不同。[1]因此，以学生自主学习为核心的翻转课堂教学模式不会就此停下前进的脚步，这就需要理性、客观地分析问题产生原因，从而找到破解问题的方法。

三、翻转课堂融入《概论》课教学中存在问题的基本解决路径

在《概论》课实践教学中，翻转课堂教学模式遭遇到的问题，既源于该教学模式的内在原因，也来自具体课程的特殊性。就此而论，翻转课堂需要与具体课程不断磨合而找到稳定的结合点。

翻转课堂教学中要整合课程内容，强化问题导向和理论思维。由于大学阶段的学生对《概论》课内容有一定的掌握，并且具备相当程度的理解力，就应当以问题带动自主学习，通过激发探究性学习动力，培养和提升学生的综合能力。在翻转课堂的教学设计中，一是教师和学生对已知结论进行延伸追问。例如，在论及中国新民主主义革命的原因、特点和内容时，都会提及帝国主义打断了近代中国的历史进程，由此而形成一个问题，即"如果没有帝国主义的侵略，中国的资本主义会自然发生吗？"二是教师和学生打破教材的纵向历史叙述体例，建构横向的知识关联体例。例如，在阐述"以人民

---

① 张茂增.智能时代背景下翻转课堂实施的问题与对策[J].兰州职业技术学院学报.2022(5)：21.

为中心"的理念时，提出"在革命、建设、改革的不同时期，中国共产党是如何践行和坚持该理念的？"这样的问题，不仅整合了课程教材中的内容，而且推动学生进行探究性研究和学习，自觉地进行理论总结和提炼，知识不仅得到内化吸收而且形成理论思维习惯。由于不同专业背景和认知能力的差异，教师应当根据学生的具体特点，调整学习任务的难易度和探究性学习的方向及层次，尽量争取吸引到最大多数学生的参与。

翻转课堂教学中要培养合作学习的习惯和方式。"学生作为受教育主体，其对于某种教学模式的认知和接受程度直接关系着实际教学的成败。"[①]翻转课堂教学模式就是最大限度地将学习主动权转还给学生，使学生成为教学中心和学习的主体。但是，单一个体的学习会受到多种因素的限制，如认知能力、知识背景和结构、习惯、偏好选择、社会经历，等等，导致学生出现认知偏差，甚至强化错误认知。为此，无论从学习动力还是从学习效果来讲，合作学习是一个重要的学习方式。在《概论》课程的翻转课堂中，根据教学内容，学生自由组合，形成人员不固定或固定的学习小组；学习小组要有详细的活动记录；教师以观察者身份通过网络参加学习小组的研讨。通过这样的设计，"培养学生的实践能力与团队协作意识，进而提升学生的实际行动力及思想道德素质，从而有效实现教学目标"[②]。

翻转课堂教学模式要构建多元化的学习成绩评定体系。任何一种成绩评定，都是对行为主体的判断，进而对心理或思想意识产生影响，决定着行为主体的活动意愿的强烈程度。翻转课堂教学模式要产生良好的引导作用和强烈的吸引力，就需要对学生的学习成绩作出较为客观的评定。《概论》课翻转课堂的成绩评定要重视过程评定，包括学生的作业、出勤、活动表现、讨论互动等情况；同时，也要重视知识和能力评定，即学生解决问题的能力和思路，"让学生可以主动地去发现一些问题，用比较积极的态度去解决这些问题。对于基础比较差的学生来说，教师应该设置鼓励性评价体系"[③]；更要关注结果评定和价值评定，即学生自主学习的效果，"学生是否对思政课提升了学习兴趣、学习自觉性及探索性学习的主动性，是否培养了学生独立思

① 姚修杰等. 翻转课堂教学模式在高校"思政"课教学中的应用[J]. 教书育人（下旬刊）. 2023（1）：100.

② 庞云丽. 高校思政课翻转课堂教学模式的有效性分析[J]. 教育现代化. 2020.7（16）：151.

③ 李娟. 大学生思政课翻转课堂教学改革探索研究[J]. 吉林教育（党建与思政版）. 2021（6）：40.

考的能力与批判性思维的意识，从而全方位地提高对思政课理论教学内容的理解深度"①。

翻转课堂对传统教学模式和课程已经产生了较大冲击，引发课程体系、教学内容、教学主体、教学手段和教学理念的深刻变化。苏联教育实践家、教育理论家苏霍姆林斯基曾说："真正的教育是能够激发学生进行自我教育。"面对信息化、网络技术的发展态势，自主学习将愈来愈会成为学习的主流方式，翻转课堂亦将成为不可逆的发展趋势。为此，高校思政课和思想政治教育需积极布局、协调整合、方法更新，借助翻转课堂实现任务和目标。需要强调的是，翻转课堂不是教学目的而是形式化的手段和模式，不能够替代教学内容和教学主体。这就意味着，翻转课堂融入教学实践中还会出现更多的问题和挑战。通过《概论》课与翻转课堂教学模式融合的探索，就是为改善我校思政课的教学效果和提升学生综合能力，摸索更多的路径和积累更多的改革经验。

---

① 赵萍. 高校思政课翻转课堂教学实效性提升策略探究［J］. 安徽工业大学学报（社会科学版）. 2020（5）：88.

新时代红色文化融入青年思想政治教育的
实践理路与现实探索

——以吉林大学青马工程建设为例

严润泽[*]

摘　要：红色文化是中国共产党团结带领全国各族人民在长期的革命、建设、改革、发展过程中不断形成、沉淀、丰富的重要精神财富，凝结着厚重的历史内涵与时代价值，蕴含着中国共产党人一百多年来的初心与使命，是新时代开展青年思想政治教育最宝贵、最生动、最具化的教科书。吉林大学青马工程牢牢依靠吉林省红色文化资源，注重思想政治教育的内涵挖掘与特色创新，聚焦感染力、影响力、传播力建设，积极破解新时代青年思想政治教育工作中的困境，培养了一批又一批"又红又专，德才兼备"的"新青马"学员成长起来。

关键词：红色文化；思想政治教育；青马工程

习近平总书记在党史学习教育动员大会上的讲话中强调："要教育引导全党大力发扬红色传统、传承红色基因，赓续共产党人精神血脉，始终保持革命者的大无畏奋斗精神，鼓起迈进新征程、奋进新时代的精气神。"[①]吉林省拥有丰富的红色文化资源，从东北抗日联军到解放战争，再到新中国航空事业与汽车工业的肇始，一系列红色文化资源记录着中国共产党人筚路蓝缕的艰辛与艰苦卓绝的奋斗。吉林大学作为全国首批响应共青团中央启动"青马工程"号召的高校，始终牢牢依靠吉林省红色文化资源，注重思想政治教育的内涵挖掘与特色创新，培养了一批又一批"又红又专，德才兼备"的

---

* 严润泽：吉林大学行政学院行政管理专业2021级本科生，吉林省青马工程学员。

① 习近平.在党史学习教育动员大会上的讲话[J].党建,2021(04):9-10.

"新青马"学员成长起来。

一、耦合与贯通：红色文化与青年思想政治教育的内在逻辑

习近平总书记指出："红色资源是我们党艰辛而辉煌奋斗历程的见证，是最宝贵的精神财富。"①红色文化不只是抽象层面的概念集合，它是通过真实的历史实证、真切的历史场景与真挚的历史情感来记录一百年来中国共产党人的苦难与辉煌、奋进与艰难，其本身就是一场实实在在的思想教育。

（一）红色文化与青年思想政治教育的内容具有深度的契合性

当代青年的思想政治教育要紧密围绕着习近平总书记关于红色资源的重要指示，切实把新形势下的高校思想政治工作做深、落实、走细。红色文化作为民族精神和时代精神的载体，它的全部内涵与呈现的重要价值都是当代青年思想政治教育的重要"素材库"与"源头活水"。吉林省红色文化资源形式多样、内涵丰富，为开展高校思想政治教育工作提供了更多可能与更大空间。

吉林大学青马工程组织广大学员走进杨靖宇烈士陵园、黄大年博物馆、长春市长光卫星技术基地等，在实地实景中感悟英雄先辈的崇高精神与新中国筚路蓝缕开展建设的责任担当。通过红色文化资源，进一步丰富了青马工程培训的实体与内容，同时，青马工程建设本身也推动了省内红色文化资源新时代在高校学生群体焕发出新的生机与活力。在这种实践互动中，红色文化既是当代青年思想政治教育的内容与素材，同时，当代青年思想政治教育又是红色文化的生动外化与现实传承。

（二）红色文化与青年思想政治教育的目标追求具有高度的统一性

只有人们从深层次领悟一种文化或精神为其作出的重要贡献和深刻影响，才能够发自内心的、真正意义的相信它而敬仰它并为之不懈奋斗。红色文化当中所传承的内容烙刻着鲜明的中国特色与中国气派，增强了当代青年对党和国家的认同与归属，也真正意义上实现了"高校思想政治教育目标任务的历史与现实、知识与价值、情感与理性的有机统一，有利于大学生深化政治认同"。

吉林大学青马工程作为高校青年马克思主义者的培养重镇与基地，其使

---

① 习近平. 用好红色资源 赓续红色血脉，努力创造无愧于历史和人民的新业绩［J］. 求是，2021（19）.

命任务不仅仅在于推动高校青年加强对马克思主义经典著作的阅读与学习，更重要的是组织引导青年在中国特色社会主义实践、群众工作实践、各种重大事件和急难险重任务中，深入了解世情国情党情，站稳立场、坚定信念、锻炼能力、敢于担当，充分发挥"点亮一盏灯、照亮一大片"的示范带动作用。红色文化以其独有的感官体验与情感对冲，有助于当代青年在情感上与价值观上实现更深、更广的认同与契合，这亦是将当代青年思想政治教育工作的目标任务与历史使命落到实处。

二、凝聚与自信：红色文化融入新时代青年思想政治教育的价值意蕴

习近平总书记指出："伟大时代呼唤伟大精神，崇高事业需要榜样引领。"[①]实现红色文化与当代青年思想政治教育的有机融合与统一，有利于凝聚当代青年的磅礴力量，增强当代青年的文化自信，引领当代青年的精神风貌，为新时代各项事业不断向前发展与青年成长成才提供强大的精神支撑与精神动力。

（一）思想武器——实现中国梦的强大精神力量

"批判的武器当然不能代替武器的批判，物质力量也只能用物质力量来摧毁；但是理论一经掌握群众，也会变成物质力量。理论只要说服人，就能掌握群众；而理论只要彻底，就能说服人。"[②]红色文化作为一种精神力量，其对当代社会的影响集中反映为精神引领的作用。

吉林大学青马工程在建设过程中充分重视引导青马学员挖掘学习过程中的宝贵精神财富的内核与本质所在，在学习过程中加强建立起实践与理论的桥梁，切实使用所学、所得、所知指导实践过程，将理论学习成果转化为广大青年的可行、可为、可成。在发展过程中，吉林大学青马工程依托吉林省及周边地区红色文化资源，号召广大青年从"参观者"转变为"讲授者""实践者"，通过录制"青马学员说"系列视频，进社区、学校进行主题宣讲等一系列活动，增强广大青年对红色文化的"信"与"行"，使红色文化在更大程度上引领广大青年的精神风貌，以更大的效度与信度转化为广

---

① 习近平. 习近平谈治国理政（第一卷）[M]. 北京：外文出版社，2018：217.

② 中共中央马克思恩格斯列宁斯大林著作篇译局编. 马克思恩格斯选集（第三卷）[M]. 北京：人民出版社，2012：9.

大青年投身社会主义伟大事业建设的亲身实践。

（二）文化自信——坚定前进奋斗的强大精神养分

文化是一个国家、一个民族的灵魂。"高校青年正处于人生的'拔节育穗期'，是思想文化'补钙'的黄金期，红色基因则是培养有理想有信念、有本领有担当、有坚定信念的时代新人的最好营养剂。"①

吉林大学青马工程高度重视当代青年文化自信与文化自觉的培养，将"树立文化自信"作为课程建设的目标列入培养方案，带领青马学员走进吉林省内红色文化资源典型示范案例基地，感受优秀传统文化、少数民族文化、历史文化等特色文化，带领广大青年增强对中华文化的感受与感悟，体味红色文化背后的情感价值、历史价值、时代价值，让广大青年在文化的熏陶与涵养中增强文化自信，切实提升当代青年的"自信力"，为当代青年的奋斗与发展"补钙强基"，提供源源不断的精神养分。

（三）把脉定向——抵御外部冲击的强大精神支撑

目前，我国发展正处于"百年未有之大变局"的历史定位中，全球经济格局、政治格局、文明格局以及全球化进程进入高速发展阶段。红色文化作为时代精神的精华，当中所承载的高远的理想信念、坚定的初心使命、不屈的顽强意志、必胜的信心决心是对当代社会思想文化领域最有效的"强心针"与"黏合剂"。

吉林大学青马工程在建设过程中深度了解挖掘当代青年思想现状，积极开展青年思想动态调研工作，确保青年在外部冲击压力增加或出现新问题、新情况的时候，青马工程主动介入并有针对性地做好应对防范工作。同时，吉林大学青马工程紧密依托红色文化资源，倡导广大青马学员在红色文化中追根溯源，寻找属于"中国青年"的精神根基与精神故乡。推动广大学员在真听真看真感受中不断涵育红色文化的滋养与熏陶，将政治领悟力与政治判断力作为评价学员成长情况的重要考核指标，确保广大学员在当今世界的大风大浪与斑驳交错中不偏向、不误航，明确政治站位，头脑清晰、目标准确地锚定前进方向。

---

① 韩喜平，何柏岐. 用红色基因激发新时代青年的奋进力量[J].思想政治教育研究，2021（04）：142.

三、羁绊与交锋：红色文化融入新时代青年思想政治教育的现实困境

红色文化作为新时代青年思想政治教育的重要资源与重要部分，其在"融盐入水"的过程中面临着来自时代、环境、当代青年成长现状等多方面的重大机遇与挑战。新时代红色文化在融入青年思想政治教育的过程中能否成功克服面临的挑战、能否化困境为胜境、能否回答好这张充满"难题"的答卷，关系着新时代青年思想政治教育的发展前景、关系着新时代青年的思想阵地建设与精神世界构建。

（一）思想政治教育形式上的创新度不足

目前，对红色文化的利用与宣传不能与时俱进、对红色文化的价值挖掘与重视程度较浅、思政课程安排与设计流于表面、教育过程中缺少前沿设计、相关教育活动呈现"摆样子、拍拍照、写材料、留底子"等仍是部分高校开展思想政治教育的现行状态。部分高校在推动红色文化与思想政治教育相融合的过程中形式过于单一，进而错失了开发红色文化资源的先机。

（二）思想政治教育机制上的契合度不高

当前，部分高校与组织在促进红色文化与青年思想政治教育过程中仍有较多工作停留在表面，未能将二者形成有机融合。其主要表现包括：一是未能有效融入校园文化建设。二是未能有效融入课堂教学。三是未能有效融入实践教育。

（三）思想政治教育阵地上的完善度不够

目前，青年思想政治教育宣传阵地建设与发展受到诸如平台专业技术、宣传教育内容、宣传传播时效等多方面因素的影响与限制，存在吸引力不足、传播度不够、凝聚力不强、在多元文化竞争中难以处于优势等多个棘手问题，使思想政治教育阵地的发展面临着较大的挑战。

四、着力与支撑：红色文化融入新时代青年思想政治教育的实践路径

新时代青年是实现中华民族伟大复兴中国梦的中坚力量，肩负着党和人民的重托，是实现下一个百年奋斗目标的生力军，做好新时代青年的思想政治教育工作重任在肩，使命光荣。在将红色文化融入新时代青年思想政治教

育的过程中要切实找好实践工作的着力点与支撑点，力争将红色文化的教育价值与育人功能得以充分挖掘，让更多青年学生在红色文化滋养与浸润中补足"精神之钙"。

（一）聚焦感染力建设——将红色文化融入宣传产品

红色文化是新时代开展好青年思想政治教育的丰富库藏与生动教材，挖掘在"家门口"与"大众身边"的红色文化资源，让红色文化真正在广大青年当中入心入脑，切实发挥红色文化资源的内在价值，将红色文化融入日常思政教育工作的点滴中。

在传承与传播红色文化的道路上，吉林大学青马工程积极推动文化产品的产出与宣传，开发易于传播的线上红色文化产品，打造艺术性、教育性、价值性兼具的红色作品，在广大青马学员中掀起了"红色+"的文化潮流。先后开展红色文化主题精读大赛，鼓励多样式精读产品创作，涌现出一大批有创意、有想法、有价值的力作；组织优秀青马学员代表参与录制国家级、省级青马学员说主题视频，借助微视频平台传播速度快、受众范围广、时空限制小的特点，将红色文化与红色精神传得开、唱得响，为吉林省宝贵的红色文化资源打造属于"青马人"的名片；召开红色文化主题书籍讨论会，组织青年作家撰写红色文化主题书籍评论并与广大青马学员座谈分享，鼓励青马学员在字里行间追寻红色印记，体悟穿越时空的恒久价值。

（二）聚焦影响力建设——将红色文化融入实践体验

让历史告诉现在、让历史启迪未来。在新时代思想政治教育过程中，要充分挖掘红色文化遗址、遗迹、遗产，带领青年参观、走进这些"活的教科书"，在身临其境的感受与感悟中体味历史的律动，用鲜活的史实与生动的实践感染人、教育人、鼓舞人、引领人。

吉林大学青马工程始终牢牢抓住"理论+实践"这一育人模式，坚持实践育人作为育人工作的重要内容。吉林大学青马工程设立专题实践，多次带领青马学员走进井冈山、瑞金等红色文化遗址地，广泛开展重走抗联路、重温入党誓词、寻访人物故事、追忆吉大先贤等实践活动，切实在"体验式"课堂中提升广大青马学员的自豪感、荣誉感、获得感。同时，吉林大学青马工程还打造"沉浸式"红色文化学习主题教室，配备专业师资队伍，通过"实践+参观+调研+讨论"的多元模式，融合出一堂有血有肉、有骨有魂的高质量红色文化实践课。

（三）聚焦传播力建设——将红色文化融入媒体媒介

新时代青年思想政治教育要充分借助当前媒体"新矩阵"，切实依靠媒体媒介，打破传统意义上的红色文化资源与新时代青年、宣传平台之间的原有壁垒与时空隔阂，进一步提升红色文化在思想政治教育过程中的亲和力、接纳力、传播力。

吉林大学青马工程全面创新宣传方式载体，积极构建从线上到线下更具感染力的思想引领媒体阵地，强化青马学员认同感、获得感。依托团属宣传舆论阵地和新媒体矩阵，综合运用图文、视频、动漫、歌曲等形式，掀起"互联网+红色文化"的学习热潮。吉林大学青马工程依托新媒体阵地，以"青春吉大"微信平台为核心，打造以报纸、抖音、B站、视频号等为辐射的全媒体宣传矩阵，完善全媒体宣传阵地建设，使之成为开展青马学员线上宣传教育工作、畅通相关信息渠道、塑造优秀青年榜样、营造良好校园氛围的重要抓手。

参考文献

［1］习近平. 在党史学习教育动员大会上的讲话［J］. 党建，2021，No. 400（04）：4-11.

［2］习近平. 用好红色资源 赓续红色血脉，努力创造无愧于历史和人民的新业绩［J］. 求是，2021（19）.

［3］方旭光. 政治认同：思想政治教育的目标取向［J］. 思想·理论·教育，2006（01）.

［4］习近平. 习近平谈治国理政（第一卷）［M］. 北京：外文出版社，2018.

［5］中共中央马克思恩格斯列宁斯大林著作篇译局编. 马克思恩格斯选集（第三卷）［M］. 北京：人民出版社，2012.

［6］韩喜平，何柏岐. 用红色基因激发新时代青年的奋进力量［J］. 思想政治教育研究，2021（04）.

提升高校理科专业研究生思政教育实效性的
工作路径研究[*]

刘禹辰　曲　超　董天淑^{**}

摘　要： 党的十九大以来，高校将立德树人作为根本任务，不断推动思想政治工作与教育教学相融合。但是，受理科专业研究生群体对思想政治教育工作的态度、理科专业导师和授课教师的理论水平、课程思政设计等问题限制，理科专业研究生的思想政治教育工作仍有很大的提升空间。为了把握思想，弘扬社会主义核心价值观，确保思想政治教育工作向基层延伸，做到零死角全覆盖，就需要认真探讨理科专业研究生特性，分析对其开展思想政治教育工作的难点和重点，从学生、教师、课程和实践多维度探寻提升理科专业研究生思想政治教育实效性的工作路径。

关键词： 理科专业研究生；思想政治教育；工作路径

　　党的十九大以来，以习近平同志为核心的党中央高度重视教育问题，对教育工作多次作出了重要指示，强调了"坚持把立德树人作为中心环节，把思想政治工作贯穿教育教学全过程，实现全程育人、全方位育人"①。回答了培养什么人、怎样培养人、为谁培养人这个根本问题，充分体现了思想政治教育工作的重要性，也为高校思想政治教育工作指明了方向。如何推动思想政治工作与教育教学相融合，如何确保高校学生"又红又专"的底色，是当前高校思想教育工作的一项重要任务。高校做好思想政治教育工作，必须做

---

*　本论文为吉林大学2022年研究生思想政治教育工作研究课题"提升高校理科专业研究生思政教育实效性的工作路径研究"（项目编号：YSZ202233）的研究成果。

**　刘禹辰：吉林大学原子与分子物理研究所综合办公室主任。曲超：吉林大学公共卫生学院党委工作办公室主任。董天淑：吉林大学原子与分子物理研究所外事秘书。

①　习近平. 习近平谈治国理政（第二卷）［M］. 外文出版社, 2017: 376.

到全覆盖零死角，这就要求高校思想政治教育工作必须向基层延伸。理科专业研究生普遍因学科教育特点与人文社科类研究生等不同学生群体在日常学习生活、学涯生涯规划等方面具有鲜明的差异，因此，应从培养对象、师资和方式方法出发，充分构建适合理科专业研究生的思想政治教育工作路径。

一、理科专业研究生思政教育的难点

在基层学生管理工作中，不同学科的研究生管理模式还存在很大差异，理科专业研究生由于科研压力较大、科研难度较大、研究周期较长，接触思想政治教育文献相对较少等情况，思想政治教育工作的开展与其他学科研究生相比存在更多困难。如何找准理科专业研究生的特点，如何研判理科研究生思想政治工作中的重点难点，对把握理科专业研究生思想政治教育工作的脉搏，处理好思想引领与科研育人的关系，提升理科专业研究生思政教育实效性有着积极的作用。

（一）理科专业研究生课程思政融合度仍有待加强

理科专业研究生课程内容具有专业化、系统化、固定性、逻辑性强等特点，部分课程采用国外原版教材，教材编写年份较为久远，教师授课中对于思想政治教育内容的引入和强化严重受限。与人文社科类专业不同，授课教师在引入思政内容时，往往不是从教材上的知识点展开，经常会出现思政与学科专业知识分化明显的情况，影响课程思政效果，达不到预期目的。

（二）理科专业研究生思想观念有待转变

理科专业研究生群体相对于本科生群体而言，年龄结构较为复杂，价值观念与思想观念初步形成，面临的科研与就业压力较大，对于学术与专业知识的关注度较高。但其所学的专业知识又与社会文化时势思想等内容相距甚远，因此，理科专业研究生对于社会的关注度和敏感性较低，也缺乏相应的参与度；对于思想政治教育的理解不够深刻，刻板地认为思想政治教育主要侧重于政治教育服务，进一步把思想政治教育误认为是意识形态的"洗脑"，对于思想政治教育的重视程度不够，接受度较低。

（三）理科专业研究生导师的引导力度仍需提升

导师作为研究生培养的第一责任人，也是研究生思想政治教育的主要责任人。理科研究生导师受专业知识限制、思想限制和科研项目压力等原因，在研究生培养中，思想政治教育存在较为突出的两极分化：一是明确了解思想政治教育的重要性，但是对于研究生的引导专业性有所欠缺、方式方法不够合理，教育效果不显著；二是对于思想政治教育工作的重要性不够明确，对于研究生的培养着重在科研与学术方面，对于研究生思想政治教育的引导相对欠缺。导师必须首先明确研究生思想政治教育的重要地位，提升自身的思政教育知识与方法，才能在学生日常管理指导中，对理科专业研究生思想政治教育工作做到润物无声。

二、理科专业研究生的思想政治教育重要性

在全面推进立德树人的新形势下，高校思想政治教育工作稳步推进，我国高校思想教育工作研究已经日渐引起国内学术界，尤其是学者和高校党建工作者的关注，进行了多方位的研究，在工作重点、工作意义、队伍建设和创新发展方面，有着较为清晰的阐述，充分显示出把思想政治工作贯穿教育教学全过程的重要性。我国高校思想政治教育所进行的政治认同、价值引领、道德养成教育等，集中凸显了党和国家对于自身事业后继之人培养的规格要求。①高校理科专业研究生的思想政治教育工作以"立德树人"为根本任务，始终围绕着关心学生、关爱学生、培养学生、服务学生，在提升科研水平、专业知识的同时，努力培养道德品质过硬、理想信念坚定、德智体美劳全面发展的社会主义建设者和接班人。强化理科专业研究生思想政治教育工作，有利于提高高校研究生的政治觉悟与道德水平，实现全方位育人，也是提升高校思想政治教育全方位全过程覆盖的关键所在。

三、理科专业研究生思想政治教育的重点工作

理科专业研究生与人文社科类学生相比，感知力和敏感性较低，对外界事物发展的关心度不够，容易对思想政治教育工作消极抵触，因此，理科专业研究生的思想政治教育工作中需要突出重点，补齐短板。

（一）要培养理科专业研究生的爱国主义情怀

爱国主义情怀是一个人对于祖国最深沉、最朴素的情感，是凝聚力量的坚实纽带。加强爱国主义教育，能够帮助理科专业研究生从根本上抵御国境外意识形态的侵蚀，将个人命运与国家命运紧密联系，为中华民族的崛起而

① 黄蓉生.新时代高校思想政治教育创新发展的根本取向[J].思想理论教育导刊,2023(3):98.

不断奋斗。理科专业研究生的国际交流合作活动较多，只有厚植爱国主义情怀，才能在无国界的科学知识面前，筑牢意识形态防线，抵御不良思想、与损害国家民族人民的行为和言论划清界限。

（二）要培育理科专业研究生的价值观

价值观是人对事物的认知、理解和选择，价值观可以具有差异性、多样性，但是在主要问题和主要矛盾中，需要引领和发挥核心价值观。中国式现代化蕴含的独特价值观，是对中华优秀传统文化的创造性转化与创新性发展，是对科学社会主义核心价值观的守正创新，彰显了社会主义核心价值观和全人类共同价值。相对于本科学生，虽然理科专业研究生价值观念初步形成，但仍需有计划、系统性地对其价值观念进行引导，使其转化为理科专业研究生的精神追求。

（三）要加强理科专业研究生的道德观建设

理科专业教材中大量的公式、算法、定义等包含着逻辑性和科学性，理科专业研究生对于学术科研的严谨性、规范性有着较强的要求，但对于处理个人与他人、个体与集体的关系的道德意识和道德水平仍需要不断强化和引导。道德观是价值观的延伸，也是个人的内化的精神准则和外化的行为规范。在理科专业研究生思想政治教育中，在严抓学术学风教育的同时，也要树立正确的道德观念，培养高尚的道德品质。

四、理科专业研究生思想教育工作的实用路径

高校思想政治教育工作是高校教育工作的重点，找准理科专业研究生的特点和理科研究生对思政教育的兴趣点，可以更好地探索思想教育工作在该群体中的开展路径，更容易使思想政治教育的主要内容入脑入心，有效地促进理科研究生政治素养的提升。加强理科专业研究生思想政治教育是全面实现立德树人根本目标的基础工作，符合理科研究生特点的思想政治教育开展路径的探索，将确保基础工作的有效实施。

（一）强化理科专业研究生思政课程的设计

高等学校课程思政建设的全面推进是落实立德树人根本任务的重要举措。要将课程思政与思想政治教育紧密结合，聚焦价值观、道德观、历史观等观念的树立和培育。要运用多元化的平台和教学平台，讲好符合理科专业研究生特点的课程思政。如以理科专业研究生感兴趣的科学家、科学发明为

切入点，引入科学家的生平历史、性格特点等，帮助学生了解正确的学术观、思想观念和不骄不馁的处事方法，启发学生了解到关系人类命运的科学发展与科学家个人付出之间的必然联系，引导学生将个人奋斗融入国家发展的宏伟蓝图。要因势利导，尊重理科专业研究生特性，从代表科学、技术创新和由于知识技术迭代引起的社会热点出发，将思想政治教育要素融入其中，引导学生了解科学技术的发展与人民群众生活、国家发展的紧密联系，改变生硬、僵化的"灌输"，降低理科专业研究生对思想政治教育工作的消极情绪，构建系统化、长效性的教学体系。同时，要建立科学合理的课程评价体系，从课程思政的整体目标出发，评价内容是否紧紧围绕育人目标开展，方式方法是否广泛有效，以评价结果修正课程内容与方法，提升课程效果，预测理科专业研究生对于课程思政的进一步需求，既达到课程目标，又能够提升思想政治教育与专业课程的融合效果。

（二）提升理科专业教师的思想政治素养

"教师是思想政治教育实施者，学生是思想政治教育对象"[1]，理科专业研究生思想政治工作的重心应由研究生导师、研究生任课教师和研究生辅导员共同承担。研究生导师和任课教师的知识维度、专业素养和思想政治修养决定了能否将思想政治教育要素融入研究生日常培养和教学中。研究生辅导员的思想政治水平与工作方法则决定了在研究生日常管理中，能否有效地化解理科专业研究生对于思想政治教育工作的消极情绪。只有在理科专业研究生导师和任课教师认识到思想引领的重要性时，才能主动在日常培养和课程设计中引入思想政治教育要素，才能够深入挖掘课程思政和育人的切入点，创新性地开展教学与培养工作，将思想政治教育元素与育人深度融合。因此，应该加大对理科专业研究生导师、授课教师和研究生辅导员的培训力度，提升理论素养，用理论武装头脑，用理论指导实践，在实践中增强对理科专业研究生特点的了解，构建更加行之有效的课程设计和自然生动的教育教学方法。这也要求理科专业研究生导师、授课教师和研究生辅导员发挥好联动作用，以社会主义核心价值观、道德观、历史观等为引领，推动理科专业研究生思想政治教育工作深入开展。

---

① 刘取芝, 孙其昂. 思想政治教育中"思想概念"的再思考[J]. 教学与研究, 2016 (6)：83.

（三）发挥理科专业研究生熟知的榜样力量

理科专业很多知名专家都有海外留学经验，从"中国导弹之父"钱学森、"中国量子化学之父"唐敖庆、"中国现代数学之父"华罗庚，到"心有大我 至诚报国"的黄大年等一批一流专家学者，都是从海外带着报效祖国的一腔热忱归国，为中国科学事业的发展作出了巨大贡献，也为各自领域培养了大量人才。充分利用好这些理科专业研究生耳熟能详的人物事迹，细致探寻人物背后的家国情怀、故事中蕴含的爱国情操，与思想政治教育要素有机结合。充分发挥榜样力量，凝聚爱国、报国热情，增强意识形态的引领力，强化道德品质的培养。让理科专业研究生在多元化的价值取向中，明确定位，在理科专业知识体系和社会主义核心价值观中找到平衡点，达到思想政治教育工作与学科的有机融合。

（四）以创新实践活动带动理科专业研究生

实践活动包括专业实践、社会实践等，是研究生学术训练的重要环节，也是研究生德育的重要环节。理论知识要稳扎稳打地学习好，也要学会让理论指导实践，在学中干，在干中学，因此，实践活动是研究生特别是理科专业研究生思想政治教育的有效手段。丰富多样、富有创新性的实践活动可以与课程思政、思政课程等相辅相成，同频共振。相对于思政课程等方式，实践活动的主体为理科专业研究生，强调的是研究生自主学习、协同探索能力，在实践中对系统化的理论知识进行应用与反思。将实践活动作为思想政治教育的载体，通过社会实践、专业实践、志愿服务、教育参观、文体活动、群团组织活动等多种实践活动形式，引导理科专业研究生加深对思想政治教育要素和内容的理解，实现思想政治教育的外化。

高校思想政治教育工作在理科研究生中的有效开展，可以从根源上让理科研究生认识到要做什么样的人、明确未来的人生目标和前进方向，培养合格的社会主义建设者和接班人。因此，理科专业研究生思想政治教育工作要突出重点、注重差异性，常抓不懈，切实提升思想政治教育工作的实效性，引导他们将追求自我价值与满足国家重大发展需求的有机融合，实现德智体美劳全面发展。

参考文献

[1]习近平.习近平谈治国理政(第二卷)[M].外文出版社,2017.376-380.

[2]王宝军.大学理科专业课程思政的特点和教学设计[J].中国大学教学,2019(10):37-40.

[3]黄蓉生.新时代高校思想政治教育创新发展的根本取向[J].思想理论教育导刊,2023(3):97-106.

[4]郏杰,李森.高校理科课程思政建设的系统思路[J].新课程教学(电子版),2021(22):187-190.

[5]刘取芝,孙其昂.思想政治教育中"思想概念"的再思考[J].教学与研究,2016(6):73-84.

[6]周文辉,黄欢,牛晶晶等.2020年我国研究生满意度调查[J].学位与研究生教育,2020(8):28-36.

开创新时代青年思想政治教育工作新局面

曲侠潼　郑家璇[*]

摘　要： 当代青年的思想观念与行为方式受到了来自新发展阶段与世界信息技术革命双重时代背景的显著影响，表现出了思想活跃度高、信息获取途径多、自主意识强、发展变化快的群体特点。做好新时代青年思想政治工作，应当清晰认识当代青年对主流意识形态和主导文化认同感降低这一现实境况下思想政治工作的紧迫性和重要性，抓住加强对广大青年的政治引领这一根本问题，将培育和践行社会主义核心价值观作为强基固本的基础工程，应当创新思想政治教育的方式方法和媒介平台，使思想政治教育对青年群体具有更强的吸引力与感召力，建立青年师生互动交流基地平台和青年教师网络评论员队伍，更好地引领广大青年学子的价值追求。

关键词： 新时代；青年思想政治教育工作；新局面；群体特点；根本要求

青年是国家的希望和未来，长期以来，我党始终对青年一代充满期待、寄予厚望。党的事业发展离不开青年，青年的成长更离不开党的培养。特别是随着我国进入新发展阶段，各类社会热点问题叠加出现，广大青年的思想观念和行为方式也随之发生了深刻变化，思维方式更加活跃、价值取向更加多元、利益诉求更加多样，在接触新事物、新观念过程中更容易受到不同思想文化的渗透和影响。

当代世界，信息技术革命浪潮迭起，深刻影响着人类社会政治、经济、文化、社会、军事等领域的发展走向。信息化和经济全球化相互促进，彻底改变了人们的信息传播方式与协作互动方式。中国正处于信息技术革命的时

---

* 曲侠潼：吉林大学团委副书记。郑家璇：吉林大学马克思主义学院本科生。

代浪潮之中，并越来越受到这场革命的影响。近年来，在互联网技术普及化背景下，一些心怀不轨的境外反华势力和极端分子在"台湾问题""新疆问题""香港问题""西藏问题"等事关我国国家安全和国际形象的问题上恶意造谣，扭曲事实，蛊惑群众，积极推行"和平演变"和实施"颜色革命"，故意制造"中国威胁论"，并利用互联网大肆传播，给我国国家形象造成严重的负面影响和冲击，使党和人民群众的事业蒙受巨大损失。同时，因为青年群体中的一些人对当代国情社情民情缺乏深刻体悟，对新发展阶段的社会矛盾和社会问题缺少正确判断，个体意识较强，集体意识、对社会的整体感知力相对淡漠，因此面对不法分子的荒谬言论难以准确区分辨别。因此，深入剖析新时代青年一代的群体特点，以此为根据，联系我国新发展阶段与世界信息技术革命的时代背景，把握青年思想政治教育工作的根本要求，引导广大青年学子的价值追求，促使学生牢固树立社会主义核心价值观，对于落实高校立德树人根本任务，引领广大青年紧跟党投身全面建设社会主义现代化国家、全面推进中华民族伟大复兴的新征程，具有极为重大的现实意义。

一、新时代青年群体的特点

新时代青年学生在经济发展转型期中成长，从他们的成长经历和发展走向看，其主要特点是"高、大、快、强"。高，就是开放程度高；大，就是接受信息量大；快，就是思想变化快；强，就是主体意识强。青年学生的这些特点，决定了其思想特点是带有时代印记的。青年群体的思想特点主要表现在以下几个方面：

一是思想活跃度高。伴随着我国经济建设取得举世瞩目的成就，人们的物质生活极大丰富，反映在精神层面上，便是自改革开放之后，人们思想开始逐步解放。青年作为时代的主体，他们的思想开放程度一直走在最前沿，能够在短时间内接受新事物与新思想，能够触摸到最新最先进的思想，也能够对不同的思想作出自己独特的评判，有自己的看法与见解，易于接受新思想。

二是信息获取途径多。信息化社会条件下青年的知识拥有量极大丰富，这是由信息化社会和青年自身的特点决定的。当前社会的虚拟性、交互性、全球性和开放性改变了信息的传输方式，提高了信息的传播速度，人们的学习方式、生活方式和交往方式也发生了改变。而青年的思想正处于逐步完善和趋于成熟的状态，思想相对活跃，喜欢接受新事物和新挑战，青年学生利用网络这种便捷、快速、交互、平等的特点，信息的获取超越了时间和空间的限制。

三是自主意识强。随着生理年龄的增长，个体心理年龄也在提高。青年的自我认知能力和自主意识得到了很大的提升。青年主体注重自我感受，善于独立思考，个体意识较强，对待事物有自己独立的见解，喜欢在思考中不断地作出自己的选择与行动。在行为上，出现了追求自我支配和自主决策的倾向。希望追求自主意识和自我价值的实现。个性张扬，崇尚自我。青年群体的主体性、独立性、选择性和观点的多样性等特点，使其对待事物有自己独特的认知，只要是能够汲取并为自己所用的新思想、新见解，都会在青年中形成广泛的共识。

四是发展变化快。当代青年是一个被时代环境塑造的群体，青年群体在新的时代环境中成长，其思想特点随着时代的发展而不断变化，善于通过反思审视自己。当代青年在自己成长发展的不同阶段的思想特点也是各异的。马克思认为青年是"人民生命的源泉"[①]，青年的教育关系到培养无产阶级事业的接班人。毛泽东指出："青年是整个社会力量中的一部分最积极最有生气的力量。他们最肯学习，最少保守思想，在社会主义时期尤其是这样。"[②]这就要求我们"用党的科学理论武装青年，用党的初心使命感召青年，用党的光辉旗帜指引青年，用党的优良作风塑造青年"[③]。祖国的未来属于中国青年，民族的光荣属于中国青年。不同时代的伟人，对青年的重要地位都有不同的认识，这说明，青年主体的思想特点也是随着时代的变化而不断发生变化的，因此，做好新时代青年思想政治工作是我们高校工作者必须深刻思考的时代课题。

二、新时代青年思想政治教育工作的根本要求

一是要清晰认识思想政治工作的紧迫性和重要性。习近平总书记曾经指

---

① 中共中央马克思恩格斯列宁斯大林著作编译局编译. 马克思恩格斯全集（第五卷）[M]. 北京: 人民出版社, 1958.

② 毛泽东. 毛泽东文集（第六卷）[M]. 北京: 人民出版社, 1999: 66.

③ 习近平. 在庆祝中国共产主义青年团成立100周年大会上的讲话[N]. 人民日报, 2022-05-11（02）.

出："意识形态工作是党的一项极端重要的工作。"①在我国社会深刻变革和对外开放不断扩大的影响下，在多元思想文化的不断冲击下，在社会矛盾的展开与社会问题的浮现中，青年群体思想意识的个体性、多元性、差异性大大增强，青年思想道德领域出现了一些必须审慎对待的现象。而当前大学生思想相对独立、信息来源多元、对主流意识形态和文化认同感降低，并且对思想政治教育持有怀疑犹豫的心理，这些都对我们在新形势下开展思想引领工作提出了挑战。毫无疑问，加强和改进大学生思想政治教育，提高他们的思想政治素质，不仅关系到大学生的健康成长，还关系到我国社会主义事业的兴衰成败与长远发展。面对复杂社会局势引发的网络热议问题，高校在网络思政育人阵地上敢于亮剑，敢于发出声音，用学术的逻辑来引导学生，这就是最好的思想政治教育课。

高校思想政治教育工作，学生是主体，教师是主导，长期以来，我们对教师在思想引领方面的作用挖掘得不够。在整个教师群体中，青年教师与学生年龄相仿、志趣相投，更善于接受新事物、应用新载体，如何发挥教师队伍，尤其是青年教师队伍的作用，是新时期做好高校思想政治教育工作的重要保证。习近平总书记在各种不同重要场合提出和重申了一系列紧扣时代主题的思想政治教育新观点、新思想、新论述，丰富和发展了马克思主义思想政治教育理论的内涵，青年教师和广大团学干部都应当认真学习好领会好，帮助同学们扣好人生的扣子。

二是要抓住思想政治教育的根本性问题。习近平总书记在同团中央新一届领导班子成员集体谈话时指出："共青团要把加强对广大团员和青年的政治引领摆在首位，努力培养社会主义建设者和接班人，源源不断为党输送健康有活力的新鲜血液。"②如何加强对广大青年的政治引领，就需要我们把青年师生团结和凝聚在中国特色社会主义伟大旗帜之下，面向全校师生深入宣传习近平新时代中国特色社会主义思想，深入开展理想信念教育，鼓励和引导青年为推进中国式现代化历史进程而努力奋斗。

高校各级共青团组织要在学校党委的领导下，充分调动广大青年师生

---

① 习近平. 习近平著作选读（第一卷）[M].北京：人民出版社，2023：147.

② 习近平在同团中央新一届领导班子成员集体谈话时强调 切实肩负起新时代新征程党赋予的使命任务 充分激发广大青年在中国式现代化建设中挺膺担当[EB/OL].新华网，2023-06-26[2023-07-28]. http://www.news.cn/politics/leaders/2023-06/26/c_1129717569.htm.

的积极性，把坚定理想信念、提高思想政治水平放在首位，以理论联系实际的根本方法为指导，认真学习马克思列宁主义、毛泽东思想、邓小平理论、"三个代表"重要思想、科学发展观、习近平新时代中国特色社会主义思想。只有营造出学习理论的良好氛围，持之以恒地抓好理论学习工作，才能真正学会用马克思主义的立场、观点、方法思考和解决问题，才能提高辩证思维能力，从而更加坚定理想信念。

党的十六届六中全会提出社会主义核心价值体系建设的战略任务，党的十八大报告指出："用社会主义核心价值体系引领社会思潮、凝聚社会共识。"①并首次将社会主义核心价值观凝练为二十四个字。党的二十大报告指出："用社会主义核心价值观铸魂育人，完善思想政治工作体系，推进大中小学思想政治教育一体化建设。"②社会主义核心价值观承载着我们民族在当代最为根本的理念追求，是我们国家文化软实力的灵魂所在。构建核心价值观是凝聚社会共识，使社会系统运转有条不紊、社会秩序稳定有效的重要方式，关系社会的和谐稳定和国家的长治久安。因此，我们必须坚持以社会主义核心价值观引领新时期青年的思想政治教育工作，将培育和践行社会主义核心价值观作为强基固本的基础工程，要大张旗鼓、理直气壮、坚持不懈地开展下去，使之成为广大青年师生的共同价值追求。

三是要创新思想政治教育的方式方法和载体。思想政治教育要达到培育价值观、弘扬主旋律、传播正能量的目的，真正对学生产生影响、受到学生欢迎，不下一番功夫肯定不行，广大高校工作者、共青团干部不能居高临下，进行空洞的说教，不能照搬照抄领导讲话和政策文件，也不能形式上轰轰烈烈，内容上没有实效。提高思想政治教育的实效性，关键是增强吸引力和感染力，要坚持以人为本，尊重学生的个性差异，了解和把握学生思想意识的新发展和新变化，有针对性地开展高校思想政治教育工作。要深入挖掘解读党的创新理论和重要主张，让理论变得生动鲜活，教育过程中语言要让学生爱听，使学生产生共鸣，这样的教育才有亲和力，才能更好地鼓舞学

① 胡锦涛. 坚定不移沿着中国特色社会主义道路前进 为全面建成小康社会而奋斗——在中国共产党第十八次全国代表大会上的报告[EB/OL]. 人民网，2012-11-18[2023-08-01]. http://politics.people.com.cn/n/2012/1118/c1001-19612670-6.html.

② 习近平. 高举中国特色社会主义伟大旗帜 为全面建设社会主义现代化国家而团结奋斗——在中国共产党第二十次全国代表大会上的报告[EB/OL]. 新华网，2022-10-25[2023-08-01]. http://www.news.cn/politics/cpc20/2022-10/25/c_1129079429.htm.

生、教育学生、激励学生。要建立青年师生互动交流基地平台，通过文化播讲、学科交叉、项目培育、学术沙龙等一系列活动，将思想政治教育融入其中。

随着互联网的不断普及和应用，新媒体对广大青年的影响越来越大，已经成为广大青年信息来源的主要途径、虚拟聚集的主要场所、生活方式的主要延展和利益诉求的主要表达渠道。为了抵制互联网中关于党和国家的非法言论，从专业的角度破解网络谬论，高校应该探索建立青年教师网络评论员队伍，建设社会主义核心价值观的网上传播场域。青年教师评论员队伍密切关注网络舆论的最新趋向，依托新媒体平台，积极融入备受师生关注、常为师生使用的网络社区，积极运用网络传播规律，主动回应青年所关切的，针对当下青年关注的时政热点、重大时事，主动有效地进行网上引导，从而把社会主义核心价值观体现到网络宣传、网络文化、网络服务中，辩证、系统、深刻地剖析网络社会的各种新现象、新热点与新趋势，用学术的方式推广、传播党的重大理论和政治主张，用深入浅出的语言为青年学生解疑答惑，用正向积极的声音和文化占领网络阵地，调动青年学生关心国家大事的热情，引导青年学生进一步增强对中国特色社会主义的政治认同、思想认同、情感认同，进一步坚定道路自信、理论自信、制度自信、文化自信。培养一批思想信念坚定、青年学生信服、善于以学生视角表达的青年教师和学生骨干，影响和带动广大青年学生正确认识历史发展规律，理性看待社会问题，自觉把个人理想建立在经济社会发展的时代大背景下，把个人价值实现植根在党和国家事业发展的坚实基础之上。

高校处于多元思潮互动交锋的前沿，高校师生群体有着活跃开放的思想特质。作为学习、研究、宣传马克思主义理论的重要阵地，高校肩负着培养社会主义事业合格建设者和接班人的重要使命。党的二十大报告指出，要全面贯彻党的教育方针，落实立德树人根本任务。[①]我们所培养的青年大学生能否成为社会主义事业的合格建设者和接班人，根本上取决于教师能不能有力地担负起立德树人的重任。组建青年教师网络评论队伍，不仅能从学术的角度批判互联网中存在的荒谬言论，打击社会主义敌对势力的煽动和破坏行

---

① 习近平. 高举中国特色社会主义伟大旗帜 为全面建设社会主义现代化国家而团结奋斗——在中国共产党第二十次全国代表大会上的报告［EB/OL］. 新华网, 2022-10-25［2023-08-01］. http：//www. news. cn/politics/cpc20/2022-10/25/c_1129079429. htm.

为，揭露其产生的根本原因，为青年学子树立正确的价值观营造良好的网络环境，提升青年学生的认识水平和面对不良信息的"免疫力"，而且能够有力宣传社会主义核心价值观，牢牢把握住高校思想政治教育的方向，引领广大青年学子的价值追求，促使学生牢固树立社会主义核心价值观，始终与党和国家同心同德，同向而行。

三、结语

一个民族只有寄望青春、永葆青春，才能兴旺发达。在我国进入新发展阶段与世界信息技术革命浪潮迭起的双重时代背景下，做好青年思想政治工作成为党带领青年奋勇投身中国式现代化历史进程的关键。做好青年思想政治工作，要求我们把握好新时代青年群体的思想特点与行为特征会发生显著的变化，敏锐感知青年群体对思想政治教育的犹豫心理，抓住加强对广大青年的政治引领这一根本问题，深刻捕捉信息技术革命为高校思想政治工作提出的新问题，带来的新机遇，创新思想政治教育的方式方法和媒介平台，以社会主义核心价值观引领广大青年学子的价值追求，促使广大青年用青春的能动力和创造力激荡起民族复兴的澎湃春潮。

参考文献

［1］中共中央马克思恩格斯列宁斯大林著作编译局编译. 马克思恩格斯全集（第五卷）［M］. 北京：人民出版社，1958.

［2］毛泽东. 毛泽东文集（第六卷）［M］. 北京：人民出版社，1999.

［3］习近平. 在庆祝中国共产主义青年团成立100周年大会上的讲话［N］. 人民日报，2022-05-11（02）.

［4］习近平. 习近平著作选读（第一卷）［M］. 北京：人民出版社，2023.

［5］习近平在同团中央新一届领导班子成员集体谈话时强调 切实肩负起新时代新征程党赋予的使命任务 充分激发广大青年在中国式现代化建设中挺膺担当［EB/OL］. 新华网，2023-06-26［2023-07-28］. http：//www. news. cn/politics/leaders/2023/06/26/c_1129717569. htm.

［6］胡锦涛. 坚定不移沿着中国特色社会主义道路前进 为全面建成小康社会而奋斗——在中国共产党第十八次全国代表大会上的报告［EB/OL］. 人民网，2012-11-18［2023-08-01］. http：//politics. people. com. cn/n/2012/1118/c1001-19612670-6. html.

［7］习近平. 高举中国特色社会主义伟大旗帜 为全面建设社会主义现代化国家而团结奋斗——在中国共产党第二十次全国代表大会上的报告［EB/OL］. 新华网，2022-10-25［2023-08-01］. http：//www. news. cn/politics/cpc20/2022/10/25/c_1129079429. htm.

上好"抗美援朝精神"思政大课

秦 榕*

摘 要: 在抗美援朝战争中孕育形成的抗美援朝精神是中国共产党人的精神谱系中的重要标识之一,不仅是中华儿女爱国爱党、顽强不屈的现实表现,还彰显了中国人民坚守正义、以天下为己任的崇高品行,其中蕴含着非常丰富的理论内涵和思政教育价值,将抗美援朝精神与思政课有机融合,能够培养大学生强烈的爱国主义情怀、坚定的政治立场以及顽强拼搏的精神,对当代大学生的思想政治教育具有十分关键的时代意义,可进一步强化新时代大学生思想政治教育的感染力和渗透力。

关键词: 大学生;思政课;抗美援朝精神

一、抗美援朝精神的内涵

(一)爱国主义精神——核心要义

抗美援朝精神的核心是爱国主义精神,是另外四种精神的根源。习近平总书记指出:"在抗美援朝战争中,中国人民在爱国主义旗帜感召下,同仇敌忾、同心协力,让世界见证了蕴含在中国人民之中的磅礴力量。"[①]自古以来,中华儿女的爱国主义是对中国广袤大地和各族人民质朴的爱以及对国家和人民权益的誓死守卫,是个人归属感和国家荣誉感的结合,每次中华民族在危难之际,一定会出现数不胜数的英雄儿女前赴后继、毁家纾难。抗美援朝战争时期,志愿军将士承担保卫国家安宁与稳定的伟大任务,举起保家卫国、反抗强权的旗帜,与朝鲜军民共同战斗、同生共死,向世界展现出为了祖国和人民万死不辞的爱国主义精神。这支正义之师,不仅仅是在战场上出生入死的志愿军将士,还有不计其数在后方全力以赴支援前线的老百姓。全

---

* 秦榕:吉林大学白求恩第三临床医学院辅导员,主要研究方向为思想政治教育。

① 习近平. 在纪念中国人民志愿军抗美援朝出国作战70周年大会上的讲话 [J]. 党史文苑, 2020 (11).

国各族人民积极主动加入这场正义之战，倾尽所有向前线运送战备物资，在国内开展各类爱国的宣传工作，各医学院校更是加紧培训医护人员，分批将培训合格的学员送至前线，所有中国人都将爱国之情转变为无限动力，身体力行地为抗美援朝做着力所能及的付出。在全国范围内激起的爱国热情是抗美援朝战争最终凯旋的必要因素，而爱国主义精神这一中华民族千百年来传承下来的美德，早已成为中华儿女刻在基因里的使命与本能，与中国人民志愿军将士的血肉精神融合成为打败任何胆敢入侵之敌的磅礴伟力。

（二）革命英雄主义精神——伟大魄力

革命英雄主义是敢于反抗的斗争精神，是舍生忘死的牺牲精神，是百折不挠的奋斗精神。而在抗美援朝战争中，革命英雄主义精神更是中国人民志愿军将士以弱胜强的关键法宝，是中国人民在前线与后方战场所展现的振人心魄的磅礴力量，让世界看到了中华儿女的风骨，更看到了志愿军将士的顽强信念和无所畏惧的民族血性。中华民族自古便流传着许多英雄故事，而革命英雄主义更是由来已久，抗美援朝战争中展现出的勇敢坚毅的斗争精神和甘为国家抛头颅、洒热血的牺牲精神是革命英雄主义精神之关键。从战斗条件来说，当时的朝鲜正值低温严寒的冬天，前线将士的保暖补给十分欠缺，四肢和脸颊满是冻疮，一些战士甚至被活生生冻死在阵地上；从战斗人员来说，中国人民志愿军将士具有坚定的信念，他们在极寒天气下匍匐前进，用肉体吸引敌军飞机燃烧弹，以身躯抵挡敌军火舌，前线将士用向死而生的信仰来实现出征前对国家与人民的诺言。革命先烈用热血和生命打出了新中国的志气，奠定了在亚洲和国际事务中的大国地位，而这场正义之战的胜利，是用近20万革命先辈壮烈牺牲的代价换来的，他们与帝国主义展开了一场场荡气回肠的战役，立体展现了中国军人的雄姿英发，生动诠释了什么是革命英雄主义精神。

（三）革命乐观主义精神——超凡气度

革命乐观主义精神是前线将士精神风貌的集中体现。"抗美援朝，保家卫国"是党中央在反复权衡、不得已的情况下作出的决策，尤其在新中国刚刚成立的关键时期，处在下风的新中国能否战胜号称最强机械化装甲部队的美国备受质疑，毛主席则指出战争从来不只是武器装备等物质上的对抗，人心、士气以及指挥能力都可以缩小武器的差距，士气高昂、身经百战的志愿军将士一定可以战胜美国"少爷兵"。从结果也可以看出，志愿军即使在人数、武器水平和美军判若云泥的条件下，依靠敢打敢拼的自信，积极乐观的态度，向死而生的抗争精神，在美军海陆空不间断的火力覆盖下，仍然保持昂扬的斗志，以中国人独有的智慧克服了所有艰难险阻，成就了战争史上的伟大壮举。因为条件有限，前线战士无法烧火煮饭，只能由"炒面"充当志愿军的前线口粮，"一口炒面，一口雪"便是志愿军将士前线伙食的真实写照。而无论条件多么恶劣，前线将士都能以乐观的心态积极应对，依靠不屈不挠的意志打破了美军不可阻挡的神话。即使在各个方面均处于劣势的条件下，中国人民志愿军以少胜多、以弱胜强取得了抗美援朝战争的伟大胜利，革命乐观主义精神正是克敌制胜的关键原因。

（四）革命忠诚精神——信仰担当

革命忠诚精神是抗美援朝精神的内核，是革命英雄主义精神与革命乐观主义精神的深层原因。中国人民志愿军将士为了让祖国人民远离战火，让新中国稳定发展，毅然决然站在了祖国与炮火中间，这份敢于担当勇于牺牲的革命忠诚精神都是因为对党和国家的信任、对理想信念的坚持。正是由于这份信任与坚持，前线将士坚决服从党中央的指挥，在条件极其艰苦的战场上出生入死，与"武装到牙齿"的敌人舍命拼搏。我们都知道，革命忠诚精神是心有信仰的担当，当祖国危难之际，志愿军将士把信仰变为勇于担当的躬身力行，不畏牺牲、向死而生，用生命守护国家和人民的利益；革命忠诚精神是百折不回的执着，志愿军将士无论面对怎样的困难与挑战，都始终坚定自己的革命意志，努力克服一切艰难险阻；革命忠诚精神是舍己为人的奉献，即使远赴异国他乡，志愿军将士从来没有忘记党和人民赋予的使命，早已做好了付出一切的准备，甚至是珍贵的生命。中国人民志愿军将士把对党的绝对忠诚、对祖国和人民的无限挚爱，全部转变为甘于牺牲一切的革命忠诚精神。

（五）国际主义精神——宽阔胸怀

国际主义精神是抗美援朝精神的人道情怀，展现了中华儿女宽广的胸怀，而"抗美援朝"从字面理解就已经包含国际主义精神。朝鲜是中国的友好邻邦，在许多方面我国都与其存在密不可分的关系，可谓唇齿相依。新中国刚刚成立之时，朝鲜便是最早与中国建交的国家之一，而这也是我国援助朝鲜的重要基础。1950年，在新中国刚刚站稳脚跟之际，朝鲜爆发内战，而当美军加入战场后，这场战争也从一个国家的内战转变为国际化的局部战争，战火也多次烧到我国东北边境地区，对新中国的和平稳定和人民的幸福生活产生极大的威胁。正如毛主席那句"打得一拳开，免得百拳来"，周恩来总理向全世界宣告："中国人民热爱和平，但是为了保卫和平，从不也永不害怕反抗侵略战争。中国人民决不能容忍外国的侵略，也不能听任帝国主义者对自己的邻人肆行侵略而置之不理。"①这场战争，不仅涉及我国的国家安全，同时涉及朝鲜人民的解放，更涉及全世界的稳定，这足以说明抗美援朝战争是以正义之师行正义之举。战场上，前线将士与朝鲜军密切配合、浴血杀敌，同时还在重建家园、救治伤员等方方面面给予帮助，志愿军用热血与生命所展现的人道主义情怀更是完美诠释了什么是国际主义精神。

二、抗美援朝精神融入大学生思政课的教育价值

（一）守住抗美援朝成果，厚植爱国主义情怀

千百年来，在中华大地上最深入人心的中国精神，必然非爱国主义精神莫属，爱国主义精神在中华民族的过去、现在和未来都有浓墨重彩的一笔。新中国成立之初，国内一穷二白，美国干涉朝鲜内战的做法对我国东北这一重工业基地造成了严重威胁。结合当时国内外局势，中央人民政府为捍卫我国国土完整并维护主权稳定，号召中华儿女为抗美援朝战争贡献力量，而中华大地上的爱国儿女们积极响应，有人出人、有力出力、有物捐物，能上战场的热血男儿毅然决然报名参军，在前线浴血奋战，还有大批人民群众在后方组织抗战物资的捐献搬运，通过中华儿女的共同努力，最终取得了战争的胜利，向世界展现出强烈的爱国情怀。大学生即将成为实现中华民族伟大复兴的主要力量，在他们心中厚植爱国主义情怀，首先要让他们深入了解新时代爱国主义精神的内涵，随着时代的发展，爱国主义也有了新的内涵，在抗美援朝时期，爱国主义是为了新中国的和平稳定而不惜付出鲜血和生命也要打败侵略者，而在当今的和平年代，爱国主义是努力为建设社会主义现代化强国和实现中华民族伟大复兴而砥砺奋进，二者虽然在内容上有所差异，但内在思想上实为一致。另外，还要明白爱国主义在不同时代所展现的人物群体有所不同。七十多年前，爱国主义精神主要体现在志愿军将士与后方爱国人士的爱国行动中。如今更多体现在冲在脱贫攻坚和抢险救灾第一线等在社

---

① 中华人民共和国外交部，中共中央文献研究室.周恩来外交文选[M].北京：中央文献出版社，1990：24.

会各行各业为实现中国梦而拼搏的平民英雄身上。因此，在赋予抗美援朝战争中的爱国主义精神于新时代新表现的过程中，不仅要让大学生深刻领悟爱国主义的内涵价值，还要通过现实生活中的真人真事引起其情感共鸣，这样才能更好地培养当代大学生的爱国主义精神。

（二）弘扬抗美援朝精神，塑造责任担当意识

一代人有一代人的使命，一代人有一代人的担当。中国人民的责任担当意识，从古至今一直流淌在血脉中，从"天下兴亡，匹夫有责"到"苟利国家生死以，岂因祸福避趋之"，从"位卑未敢忘忧国"到"为中华之崛起而读书"，无数英雄儿女用实际行动展现了中国人民敢于担当的品格。不同时代的人有着不同的使命担当，但究其根本，核心始终是忧国忧民、心系天下。抗美援朝战争中，前线将士把对祖国的无限忠诚与热爱转化成强大的战斗力量，以鲜血和生命为代价，守护了身后人民的生命安全和祖国的山河无恙，彰显了伟大的责任担当。而身处新时代的大学生也用自己的方式向世人展现着新时代中国大学生的责任担当，2022年北京冬奥会和2023年成都大运会，全国大学生从四面八方赶来担任志愿者，并以积极的精神面貌、扎实的专业素养和专注的工作态度出色地完成了弘扬中华文化的重任；自2003年国家西部计划实施后，20年来，已有近50万名大学生志愿者扎根基层，来到祖国和人民最需要的地方开展各项工作。而今看来，这个庞大的群体中仍存在着责任认知不足，遇事过于为己的现象。因此，通过向大学生讲述志愿军将士的英雄事迹，对培养当代大学生责任担当意识，从而更好地为实现中华民族伟大复兴而砥砺奋斗是十分有帮助的。

（三）讲好抗美援朝故事，培养艰苦奋斗精神

千百年来，艰苦奋斗精神一直是中华民族的传统美德，同时，培养大学生的艰苦奋斗精神也是思政课的关键内容，有利于帮助当代大学生德智体美劳全面发展。在抗美援朝战争中，前线将士即使在面对极寒天气、物资短缺、武器不足的恶劣条件下，依然靠积极向上的乐观心态、艰苦奋斗的精神和不惧任何挑战的勇气打败了"武装到牙齿"的敌人。虽然当代大学生的主流思想状况是积极向上的，但这一代的学生多数为独生子女，在成长的过程中始终受到家人无微不至的关怀，温室里的成长环境使一些学生从小缺失了艰苦奋斗的经历，导致他们在离开父母直面现实中的打击后找不到正确的应对方法。所以，针对大学生这种情况，在培养革命乐观主义精神上下功夫，帮助他们养成艰苦奋斗的品格和百折不挠的心态，有助于提高他们在面对挫折与困难时的心理承受能力，让他们在奋斗的过程中收获满足感，意识到美好生活是用锲而不舍的奋斗拼来的，从而培养新时代青年的使命担当。

三、抗美援朝精神融入大学生思政课的途径

（一）贯穿思政课程体系，阐明抗美援朝精神深刻内涵

大学生思政课是高校思政工作的重要阵地与关键途径，思政课的教学内容能否靠近学生的思想现状、主题能否吸引学生的兴趣以及话题是否结合时代当下时事，都将直接影响思政课的授课效果。所以，深入挖掘鲜活的教学素材，将之融合为学生感兴趣的授课内容，是更好地发挥思政课功能的有效途径。而传承抗美援朝精神对高校贯彻立德树人任务带来了新思路，同时还是思政教育"因事而化、因时而进、因势而新"，随着时代的发展持续守正创新的重要表现。将抗美援朝精神融入思政课，不能单纯地将抗美援朝精神的内容全部灌输给学生，而是要把抗美援朝精神的核心思想通过巧妙的设计，融入思政课的理论学习中，从而提升学生对思政课内容的理解。近些年，国内上映多部以抗美援朝战争为背景的电影，且口碑极佳，在学生中引起广泛讨论，而抗美援朝战争的伟大胜利是一种拥有巨大能量的思想源泉，思政工作者应以此为契机，通过讲述革命先烈在抗美援朝战争中奋勇杀敌、舍生忘死的故事，以生动的案例向学生证明抗美援朝精神是数千年来锻造形成的中华民族精神在新时代下的发展与传承，用学生的爱国情怀强化坚持理想信念的内生力量，加强新时代大学生的民族自豪感。

（二）借助网络科学技术，拓展抗美援朝精神宣传空间

随着科技的发展，各高校相继推出"云学习"的途径，构建起新时代大学生思想政治教育"新空间"。网络媒体已经成为大学生获取各类信息的关键途径，思政课教师要学习使用钉钉、腾讯会议以及抖音等平台，挖掘"互联网+"教学途径，向学生传递抗美援朝战争中中华儿女所展现的磅礴力量，更好地引导大学生加强对抗美援朝精神的感悟，将网络新媒体打造为弘扬抗美援朝精神的又一关键平台。与此同时，还要发挥学校学生天地和学院公众号等网宣媒体的重要作用，将与抗美援朝战争有关的重要讲话内容、革命先辈事迹、关键战役经过以及文学影视作品等各类资源进行整理，从而加强抗美援朝精神的宣传效果。各高校也要对抗美援朝战争中革命先烈的英勇事迹

进行收集、整合、宣传，与大学生思政课相得益彰，引导抗美援朝精神入心入脑，拓展学生德育教育"新空间"。

（三）组织校园文化活动，夯实抗美援朝精神文化根基

高校是弘扬中华文化和建立学生职业理想的关键平台。通过书记第一课、颁奖典礼、新生入学教育等契机讲述革命先烈的英勇事迹，在学生心中建立抗美援朝精神基础；组织学院师生参与"我是抗美援朝精神讲述者""抗美援朝微话剧"等校园铸魂活动，弘扬抗美援朝精神；通过观看《长津湖》《金刚川》等抗美援朝背景的爱国影片，以电影的角度加深对抗美援朝战争的印象；利用好第二课堂，在社会实践活动中开展抗美援朝纪念馆、抗美援朝烈士陵园等红色基地参观学习活动，走进抗美援朝老兵家中，听战争亲历者讲述真实的战争。让大学生全方位、多角度深入体会革命先辈的伟大付出以及幸福生活的来之不易，以更生动的方式培养爱国主义情怀，坚定理想信念，让抗美援朝精神为学生提供砥砺奋进的不竭力量。

四、结语

七十多年来，抗美援朝精神时过境迁后依然历久弥新，一直是中华儿女披荆斩棘，打败任何来犯之敌的力量源泉，将抗美援朝精神与大学生思政课相结合，对大学生的理想信念教育、爱国主义教育以及职业观的建立都有重要的现实意义。

参考文献

[1] 习近平. 在纪念中国人民志愿军抗美援朝出国作战70周年大会上发表重要讲话 [J]. 党史文苑, 2020（11）.

[2] 习近平总书记关于弘扬爱国主义精神重要论述 [J]. 中国军转民, 2021（20）: 16-22.

[3] 刘峰搏. 周恩来与抗美援朝前的军事准备和外交斡旋 [J]. 兰台世界, 2011（14）: 13-14+20.

[4] 朱博宇. 抗美援朝精神: 反侵略保和平的动力之源 [J]. 党史文汇, 2021（07）: 21-26.

[5] 刘肖委. 抗美援朝运动中的爱国主义教育——以北京市为例 [J]. 党的文献, 2022（03）: 100-106.

[6] 阚道远, 肖泳冰. 中国社会百年变革与治理: 中国共产党的历史贡献 [J]. 史学理论研究, 2021（03）: 37-43.

[7] 杨丽. 习近平抗美援朝战争重要论述的精髓要义、理论特色和政治意蕴 [J]. 中北大学学报（社会科学版）, 2021, 37（02）: 7-14.

[8] 尹丽. 抗美援朝彰显的革命忠诚精神 [J]. 高校辅导员, 2021（01）: 37-40.

[9] 罗援. 新中国奠基之战, 共和国从此无人敢小觑——纪念抗美援朝战争70周年 [J]. 炎黄春秋, 2020（10）: 53-60.

[10] 黄迎旭. 抗美援朝的五个重要决策 [J]. 炎黄春秋, 2017（3）: 1-12.

[11] 中华人民共和国外交部, 中共中央文献研究室. 周恩来外交文选 [M]. 北京: 中央文献出版社, 1990: 24.

边疆少数民族大学生
社会主义核心价值观培育路径探析

——以吉林大学为例[*]

若扎·阿布热西提　努尔孜亚·托列根　谭　欣^{**}

摘　要：社会主义核心价值观是全体人民共同价值追求的高度凝练，是建设中国特色社会主义事业、实现中华民族伟大复兴之价值引领，关系到社会主义事业能否蓬勃发展、民族振兴伟业能否实现。进入新时代，面对新的复杂社会形势，高校应把握两个大局，发挥其文化建设作用，在边疆少数民族大学生中弘扬与培育社会主义核心价值观，让中华民族共同体意识扎根于心、实践于行。本文以吉林大学边疆少数民族学生为研究样本，探索当前少数民族大学生社会主义核心价值观建设中存在的不足，并结合高校工作实际，提出相应的培育路径。

关键词：社会主义核心价值观；高校；边疆少数民族大学生；培育

一、吉林大学边疆少数民族大学生社会主义核心价值观培育的实证分析

近年来，吉林大学积极响应党中央号召，积极主动地将课程思政体系纳入高水平人才培养建设体系之中，积极落实"三大工程"部署，思政教育取得了重大成就。为了进一步了解其思政教育成效与成果，本文选取边疆少数民族大学生社会主义核心价值观认同以及培育程度这一重要指标，针对吉林

---

* 本文为吉林大学大学生思想政治教育发展研究中心学生思想政治工作研究专项课题（项目编号：XGY2023023）研究成果。

** 若扎·阿布热西提：吉林大学党委学生工作部。努尔孜亚·托列根：三峡大学科技学院。谭欣：吉林大学党委学生工作部。

大学边疆少数民族大学生进行了问卷调查。

（一）基本情况概述

目前，吉林大学在籍本专科少数民族学生共计4651人。其中，新疆籍少数民族本（预）科学生534人，藏族学生236人，分别占全校少数民族本（预）科学生总人数的11.48%和5.07%。本次采用随机抽样的方式发放电子调查问卷，共计300名同学填写问卷，提交的问卷有效率为85%。其中，选取的调查对象包括维吾尔族、哈萨克族、柯尔克孜族、蒙古族、藏族等8个民族在内的边疆少数民族大学生。

（二）社会主义核心价值观的培育效果

通过对问卷结果的实证分析，可得出专业背景与少数民族大学生对社会主义核心价值观的了解程度二者之间呈现出明显相关性的结论。样本中，大学生学科背景不同会导致其对社会主义核心价值观的理解程度不同。相比较而言，文史类专业的学生对社会主义核心价值观的了解程度较高于理工科专业的学生。本文认为，文史类专业的学生在其专业性质与学科设计等方面因素的加持之下、在耳濡目染中习得并逐渐了解相关知识。与之相反，理工科学生在学习生活中接触这方面的内容较少，对相关知识缺乏有效的学习、吸收与运用，因此对社会主义核心价值观的了解出现深度不够、理解不全的状况。在提交的有效问卷中，1/2的受调查者表示非常了解社会主义核心价值观的内容，剩下一半的受访者表示比较了解或者了解不够。其中，35%的被调查者表示比较了解，但可知其了解不够全面、深刻，同时也缺乏用社会主义核心价值观指导行动的具体实践经历，有待外部力量予以促进、帮助提升。而剩下15%的学生则需要查阅相关资料才能领会社会主义核心价值观的内涵与价值。因此，针对少部分对社会主义核心价值观缺乏深入了解的学生，必要情况下可以定期组织开展相关活动或讲座，通过梳理社会主义核心价值观的由来脉络与重要的社会价值来提升这部分学生的思想境界。通过调查问卷可以比较客观地了解到学校边疆少数民族大学生对社会主义核心价值观的内容有一定的了解，但也存在了解不够深刻或缺乏了解的状况。因而，进一步探索如何在思政教育体系中有针对性地培育边疆少数民族大学生树立社会主义核心价值观、提升边疆少数民族大学生对社会主义核心价值观的理解深度与运用程度具有重要的现实意义与长远的积极影响。

二、社会主义核心价值观与高校育人之间的联系

边疆少数民族大学生关系着少数民族群体的未来发展，同时也是高校进行社会主义核心价值观培育不可或缺的参与主体。高校应承担起文化建设的使命，结合少数民族学生心理特点，探索和创新"三全育人"的方法与思路，发挥他们在思政教育中得天独厚的优势。培育学生树立社会主义核心价值观是高校育人过程中应该肩负的历史责任和应该回应的现实需求。因此高校要把立德树人的理念融入日常教育教学之中，把社会主义核心价值观建设融入教育教学之中。在实际工作中，教育工作者需在遵循思想政治工作规律、教育教学规律以及青年成长规律的基础之上，充分调动与协调各方积极力量进行思政教育，以形成全员、全过程和全方位的"三全育人"格局为教育教学的发展目标，不断引导边疆少数民族大学生以社会主义核心价值观为行动准则，将小我融入大我，形成能契合时代需求、能回应社会需要的价值观，为民族团结和社会进步打好坚实基础。

（一）社会主义核心价值观和高校育人的概念

中国共产党提出了三个层面上"三个倡导"的社会主义核心价值观：国家层面倡导富强、民主、文明、和谐，社会层面倡导自由、平等、公正、法治，个人层面倡导爱国、敬业、诚信、友善。它是凝心聚力、固本强基的基础性工程，关系到国家前途与人民幸福。因此，在文化体系建设之中融入社会主义核心价值观已成为推进国家治理体系和治理能力现代化的重要路径。

社会主义核心价值观是对我国现实国情的回应，是中华优秀传统文化精髓部分的展现，同时也是维护国家稳定、助推社会进步和促进人民全面发展的精神保障，更是对共产主义价值信念的集体认同。因此，在高校思政建设过程应将社会主义核心价值观的培育作为重要工作内容，为国家和社会培育符合时代需求的优秀人才。

立德树人是高校的立身之本，也是检验高校工作的重要标准和依据。高校在坚守根本任务的同时，也应坚持正确的政治方向，以德育为先，引导大学生树立与践行社会主义核心价值观。努力培养高品格、高素质的优秀大学生，使其拥有丰富学识和过硬专业素养的同时，也能扛起建设社会主义现代化建设的大旗，成为社会主义事业的合格建设者和有力接班人。

高校以德育人的理念回应了新时代广大人民群众对高校建设的需求，也

回应了党和国家对高素质人才的需求，是新时代背景之下高校建设的转型方向。人才培养是高校建设的第一要务，人才培养应以立德树人为价值导向。进一步在边疆少数民族大学生中培育和弘扬社会主义核心价值观是高校建设中不可跨越的步骤与不可忽视的环节，对增强社会凝聚力、促进社会有序发展具有重要现实意义。

（二）社会主义核心价值观和高校育人理念的高度一致性

社会主义核心价值观源于马克思主义理论的指导以及中华优秀传统文化的涵养，立足于我国国情，从国家、社会、个人三个维度进行构建，凝结成强大聚合力，形成了统一的文化认同。当下，青年大学生仍是全社会关注的重点。培育具有爱国、敬业、诚信、友善等优良素质的大学生是高校育人的主要目标之一，也是高校把思想政治教育贯穿于整个教学过程并最终期望达成的结果。因而，社会主义核心价值观和高校育人理念二者呈现出内涵的统一性与目标的一致性特征。近年来，高校积极探索培育与践行社会主义核心价值观的创新路径并取得了显著的效果。新形势下，高校育人工作需走好"立德树人"的道路，牢牢把握好社会主义核心价值观和高校育人目标的统一性，结合国家思政建设要求探索高校育人新路径、寻求高校育人新方法、总结高校育人新模式，不断以高校育人创新引领青年大学生更好更快地树立社会主义核心价值观、铸牢中华民族共同体意识。

三、培育边疆少数民族大学生社会主义核心价值观的现实意义

社会主义核心价值观是国家文化软实力的本质表现，是保障中华民族共同体生命不断延续的重要精神要素。边疆少数民族大学生通过接受高等教育获得过硬的专业技能，对国家相关政策有更清晰、更深入的了解。他们将成为少数民族地区发展的中坚力量，将在民族事业建设中发挥先锋带头作用，是民族地区社会主义现代化建设的推动者与接班人。因此通过思政教育在边疆少数民族大学生心中树立起社会主义核心价值观，是促进民族地区团结稳定、经济发展的题中应有之义。同时少数民族大学生自身的成长成才也需要社会主义核心价值观作为思想引领，在正确的价值观指引下才能守正心、走正道、做正事。

（一）维护民族地区团结和社会稳定

少数民族大学生是少数民族地区的重要人才资源，更是促进该民族地区

社会进步与经济腾飞的中坚力量。他们的受教育程度、科学文化素养、思想道德水平关系到民族地区社会稳定程度及经济发展速度，更关系到中华民族伟大复兴中国梦的实现进程。社会主义核心价值观体现着中国特色社会主义的价值导向，是占据主导地位的价值理念。通过思政教育使社会主义核心价值观内化于心、外化于行，是提高边疆少数民族地区人民对中华民族共同体认同程度、增加中华各民族团结程度、提高中华民族向心力与凝聚力的最简单最高效的路径。

（二）推动民族地区发展和社会繁荣

受制于自然地理以及历史文化等因素，边疆地区经济发展相对落后。人民日益增长的美好生活需要与不平衡、不充分发展之间的现实矛盾使推动边疆地区建设与发展成为不可回避的时代要求。为助力边疆地区的经济与社会发展，我国相继出台了各项扶持政策。国家扶持政策能够发挥最大功效的前提是要有对政策有良好把控和有意回馈社会的优秀执行者与推动人。少数民族大学生接受了良好的教育，因此作为主力军的他们，要担负起发展边疆地区经济的重任。少数民族大学生作为民族地区经济建设和促进社会繁荣发展的中坚力量，具备扎实专业素养的同时更需要有符合时代主旋律的价值观引领。因此，提升对少数民族大学生社会主义核心价值观培育的重视程度成为高校建设中的重要一环，同时也是促进边疆少数民族大学生坚定社会主义信仰、增强建设祖国的责任感与使命感的重要前提。

（三）促进少数民族大学生全面发展

少数民族大学生是社会主义事业的建设者也是民族事业的接班人。培育边疆少数民族大学生的社会主义核心价值观是提升其综合素质的先决条件，在提高其为社会主义现代化建设与民族事业建设奉献的决心等方面起到了无可比拟的作用。社会主义核心价值观科学定位和明确回答了国家建设的前景、社会构建的蓝图、公民培育的愿景。三层内涵的高度凝练，是少数民族大学生成长成才诉求的精准表达，为大学生群体实现个人价值和社会价值勾勒出理想图景，并指明了个人价值与社会价值的终极目标，即建设国家。社会主义核心价值观视域下的三层维度，不仅立意清晰而且环环相扣，明晰了边疆少数民族大学生学习与实践应该遵循的正确路径，是边疆少数民族大学生学新知、做实事的思想准则，也是对镜照自身、革新自我、促进自我全面发展的重要标尺。

（四）增强边疆少数民族大学生对中华文化的认同

建立与经济基础、政治制度相匹配并且能达成广泛社会共识的核心价值观是将全社会的力量和意志凝聚起来的重要前提。文化认同是民族团结之根、民族和睦之魂，价值观是文化的核心，因此培育社会主义核心价值观是促进中华民族共同体形成的重要步骤，对增强少数民族大学生认同中华民族历史悠久的文化传承、铸牢中华民族共同体意识有重要的现实意义，更是不可回避的时代需求。民族地区尤其是边疆民族地区的民族文化影响深刻，但社会主义核心价值观是中国人民共同的价值追求，与少数民族文化也有许多共通之处。因此高校培育社会主义核心价值观是拉近各民族之间距离、增加各民族之间理解与相互交流、提高各民族向心力与凝聚力的重要方式，对于促进各民族认同中华民族文化具有重要价值。

四、边疆少数民族大学生社会主义核心价值观的培育路径

社会主义核心价值观的培育需要有一定的针对性，并保持有序性。积极探索适合边疆少数民族大学生自身发展规律和接受方式的社会主义核心价值观培育路径，依据少数民族大学生的专业背景与民族生活特点，循序渐进并有针对性地具体施策，是高校思政教育的正确路径。

（一）利用课堂进行社会主义核心价值观的教育

高校需充分发挥思想政治教育课程的前瞻性与系统性优势，充分利用课堂将社会主义核心价值观的培育渗透到日常的教育教学之中，以期高校大学生特别是边疆少数民族大学生在学好专业课程的同时提升思想境界，提高对主流价值观的认知程度和认同程度，并用主流价值观指导自身的学习实践。因此，思政课教师在课堂上可以正面教育和启发，同时在课外进行引导和熏陶。

（二）理论与实践相结合，在实践中获得深刻的认识和体悟

理论与实践结合是加深理论体悟深度、理解理论精神内核的重要方式。组织相关主题教育活动，为理论与实践的联系搭建桥梁。比如组织边疆少数民族大学生参观伪满皇宫博物院、革命烈士纪念馆、白求恩纪念馆、黄大年纪念馆等地开展爱国主义教育活动；带领学生参加为社区送温暖、为孤寡老人送陪伴等志愿服务活动，以及捐衣服、捐书本、支教等献爱心活动；组织学生参观一汽、长客等著名企业，不断开阔眼界、增长见识。多种形式的实

践活动，使少数民族学生了解今日中国之崛起是各民族团结奋斗的结果，离不开先辈的无私奉献，也离不开中华民族"拧成一股绳、劲往一处使"的奋斗精神。鼓励学生学习榜样先进事迹、培养学生肯吃苦、敢担当的精神，提升少数民族学生矢志不渝践行社会主义核心价值观的决心。

（三）通过校园文化活动培育社会主义核心价值观

第二课堂的引入是高校在社会主义核心价值观的培育与建设中探索到的又一条路径。将社会主义核心价值观的培育与高校第二课堂有效结合，除教学活动中渗透社会主义核心价值观教育以外，用内容与形式更加有趣丰富的有效途径宣传与弘扬相关知识，如文体、知识竞赛等活动，激发学生学习兴趣、吸引学生参与，让学习核心价值观、践行核心价值观蔚然成风。组织形式多样、丰富多彩的校园文化活动，使边疆少数民族大学生积极参与其中，扩大学生的视野，增强他们的信心。

（四）将社会主义核心价值观的培育与新媒体平台相结合

在新媒体时代，网络平台逐渐演化为大众获取信息的主要途径。网络媒体传播信息迅速快捷、形式多样且内容海量，为信息交流提供了极大的便利。然而网络为信息传播带来便利的同时亦含有隐患。信息质量良莠不齐、滋生与传播谣言以及一些负面言论等，难免对少数民族学生的价值观造成一些误导。因此，高校应当利用好网络平台的优势，建立包括公众号等在内的特有的校园网络平台，把握住网络平台发展机遇，以学生喜闻乐见的方式弘扬社会主义核心价值观，并结合各种方式提高学生信息甄别能力，引导学生走正道、做正事、扬正气。

（五）发挥少数民族学生干部、学生党员的榜样作用

在边疆少数民族学生当中，可以选拔一些品学兼优的学生担任班级学生干部、学生会干部，发展为学生党员等。品学兼优的学生如同一面镜子，可以让周围的同学照美丑、正衣冠。因此，要培养与表彰先进学生代表，充分发挥少数民族学生干部、学生党员的榜样示范与先锋引领作用，宣扬优秀学生代表事迹，用榜样力量催人奋进，鼓励学生学习榜样事迹，形成崇尚先进、争做先进、争当榜样的学风与校风，让学生在潜移默化中树立起社会主义核心价值观，达到以榜样力量带动学生形成先进思想、以先进思想带动学生付诸实践的目的。

（六）将少数民族优秀传统文化与社会主义核心价值观相结合

社会主义核心价值观作为我国的主流价值观，是我国各民族价值观的"最大公约数"。因此，需要高校对来自边疆地区的少数民族大学生进行正确引导，明晰少数民族文化与社会主义核心价值观二者的关系，强调二者之间并非冲突与对立，而是中华民族"多元一体"的统一关系。同时，高校也需鼓励广大边疆少数民族大学生向下扎根，向上生长，主动投身实践，深入基层，探寻与感受少数民族传统文化和社会主义核心价值观之间的契合之处，探索具有地域特色的优秀传统文化与社会主义核心价值观的结合机制。

参考文献

[1]孙建青. 当代中国大学生核心价值观教育问题研究[D]. 济南：山东大学, 2014.

[2]李婷婷. 少数民族大学生心理健康探析[J]. 教育教学论坛, 2019（02）：30-31.

[3]闫耀, 冯建新, 杜皓. 少数民族大学生国家认同教育问题的反思与化解对策[J]. 现代教育科学, 2018（09）：53-57.

[4]沈定军. 少数民族大学生心理特点及其高校教育管理创新研究[J]. 贵州民族研究, 2018（07）：222-225.

[5]龙雪娜, 张灏. 文化中断理论视域下的少数民族大学生思想政治教育研究[J]. 学校党建与思想教育, 2018（12）：17-19.

从"经验的实践"到"科学的实践"

——互联网时代大学生日常思政教育路径变革[*]

史秀玫　李　帅[**]

摘　要： 大学生日常思政教育是围绕党和国家的总方针以及高校思政要求，结合大学生认知特点和发展规律，由辅导员老师主导开展的，以各类讲座、课程为载体的教育活动，以培养学生良好的道德品质，提高学生的心理健康水平为总目标。考虑到目前思政教育存在的"时滞性""灌输性""单一性"问题，随着互联网行业的蓬勃发展，机会与风险并存，日常思政教育也应从"经验论"向"科学化"转型。然而"科学化"发展过程中还存在着"肤浅化""局限化""僵硬化"等难题，因此，本文针对性地在日常思政教育的内容、理念和团队方面提出了建议。

关键词： 大学生；日常思政教育；科学化

一、大学生日常思政教育内容及反思

（一）思政教育内容研究

大学生日常思政教育的内容主要分为基础内容、时代内容和衍生内容三个方面。基础内容应以"树立合理三观、激发民族精神，培育高素质高道德品质的社会主义青年"为目标。时代内容应主要包括社会主义荣辱观教育、生态道德教育、网络伦理教育、生命观教育。衍生内容应结合时代特色，体现在就业、创业、心理健康、闲暇教育等具体方面。基础内容同样也是思政

---

[*]　本文为吉林大学2023年学生思想政治工作研究课题"基于时代精神视角下大学生宣传引领价值与路径研究"（项目编号：XGY2023005）研究成果。

[**]　史秀玫：吉林大学商学与管理学院党委办公室主任。李帅：吉林大学商学与管理学院党委副书记兼副院长。

教育中的主体内容，是思政教育体系中独立的部分。而时代内容和衍生内容是由基础内容衍生的，围绕着大学生学习和生活的方方面面进行组织和实施，是促进思政教育体系变革创新的关键因素。针对目前互联网新业态的冲击，大学生的角色定位趋向更加多元和复杂，学生不再是简单的参与者，更承担着推动发展的作用。因此，一系列信息安全问题层出不穷，金融安全问题屡见不鲜。为加强学生风险意识，从根本上保护学生的茁壮发展，思想政治教育的与时俱进刻不容缓。

（二）思政教育目前存在的问题

1.内容的"时滞性"

目前教育体系中的内容通常是书本中已经成熟的结论，结合部分教育工作者本身学识的局限性，在日常教育过程中无法结合实际对书本内容进行变通，照本宣科带来的便是学生低头玩手机的课堂乱象。此外，由于教育培养本身周期很长，无法取得立竿见影的效果，因此成人成才的例子通常并非是近期的。

2.方式的"灌输性"

"命令式"的口吻是教育大忌。大学生相较于中小学生已经形成较为完善的个人价值观和世界观，强行灌输普适性的理论会严重影响思政教育的实际效果。在教育过程中，如果仅仅把学生看作是"容器"和"被压迫者"，老师高高在上，会忽视学生的群体差异和个体差异，学生只会不满和反抗。要重视学生在学习和生活中的满意度和幸福感，并进行沟通和引导，才能将老师和学生摆在同一位置，平等地研究和探讨思政教育的内涵和价值。

3.途径的"单一性"

日常思想政治教育以及结合个人特色、时代特色的思政教育目前并未形成完美配合。多数学校的思政教育还是以开设课程和定期的群体会议为主，部分辅导员也会针对典型性问题做集中说明和谈话，但其普及性较差。且思政部门大多未形成合力，缺乏有效协作，整体规划上的统筹不当使出发点好的政策也难以发挥预期的作用。

二、大学生日常思政教育的理想状态

（一）互联网时代思政教育新要求

互联网的推陈出新是一把双刃剑，随着传统的岗位被淘汰，新的岗位要求学生具有更强的能动性。在大数据背景下，接触信息的成本变低，思政教育需要承担起培养学生危机意识和底线思维的义务。

1. 危机意识

爆发式的信息快增长对于社会阅历少、心智不完全成熟的大学生来说并非一件好事。网络的虚拟性首先会导致人情世故的冷漠。沉溺于网络世界中无法自拔的人会丧失社会性，逐渐以网络上的冰冷文字代替现实生活中的见面交流，人与人之间缺乏联系，亲情、友情、爱情都会受到考验。

此外，由于无法对过载的信息进行处理，偏听偏信会带来价值观的紊乱。"套路贷""校园贷"等常见的金融诈骗手段以高额的报酬为饵，造成很多大学生家破人亡。因此，在互联网时代"危机意识"的培养是很重要的一环。定期的网络心理辅导以及自律能力的培养有助于学生预防和正确处理网络可能带来的损失。

2. 底线思维

除了提高自我保护意识，也要培养起学生的"底线思维"。互联网时代诱惑众多，保护自己很重要，但更不能利用监管空白来伤害他人。例如，在创新创业之潮兴起的今天，产权归属问题产生的纠纷难以解决，抓住空子剽窃、抢夺他人的劳动果实是不可触碰的"红线"。校园暴力、简历造假、论文抄袭等问题也在不断刷新认知下线。思政教育老师要时刻给学生敲响警钟，让学生谨记道德准则，不可在繁花世界中迷失双眼。大学生尚处于人生青春期，朝气蓬勃的同时也冲动行事，容易被煽动和利用。引导学生在底线范围内活动，不越雷池半步，是互联网时代对教育从业者的特别要求。

（二）科学化思政教育实践探索要求

提升高校思政教育体系的科学性，既建立在对马克思主义基本原理的深刻把握上，更建立在结合中国具体实际对马克思主义的历史发展上。我国正处于百年未有之大变局，虽然在政治、经济和文化建设方面取得了辉煌成就，但发展脚步不停，问题不停，且问题变得更加深刻和复杂。这些问题归结起来，就是如何实现社会主义事业和民族复兴大业的科学发展。因此，与时俱进，提升高校思政教育体系的科学性是必要之举，必须坚持把发展作为党执政兴国的第一要务必须坚持以人为本；必须坚持全面协调可持续发展；必须坚持统筹兼顾。只有提升了教学内容的科学性，学生才能更乐意接受知识，享受知识，运用知识，达到教育真正的目的。

1. 制定符合实际的科学化标准

科学化的内涵应当贯穿于日常思政教育研究的全过程之中，其既是过程，也是结果。要进行科学化思政教育实践探索，首先要制定符合实际的科学化标准。其一，满足目的性。由于思政教育科学化是一种完全崭新的探索，是在现有传统基础上新的尝试，因此是一种期望达到的理想状态，是一种思政教育体系改革的导向型思维，是关于党和国家思政教育重点战略部署下的总体把握，并不具备已经完成或者部分完成的状态，是需要不断努力的进行时和将来时。其二，满足规律性。任何事物的发展都要符合客观实际，若脱离客观实际就是空谈和错谈。掌握日常思政教育所要遵循的规律是科学化的重要标准之一。寻找日常思想政治教育的内核，在普适性中突出特殊性，在特殊性中把握普适性，是日常思政教育科学化得以成立和发展的根基。其三，满足实效性。日常思政教育重点关注学生的日常学习和生活，虽然针对的场景较为单一，但是要想培养全方位高素质人才，需要结合新的理念和模式应对新的任务和挑战，以实效性检验科学实践探索的效果，将具有时代特色的元素融入日常教育之中，构建有温度的思政教育体系。

2. 理论与实践的科学化统一

科学化标准具有强烈的理论主义色彩，思政教育却具有明确的实践倾向。因此，实现二者的有机统一是一个重要命题。理论联系实际是马克思主义的基本原则，在任何情况下都是真理，但不可将其简单化和庸俗化。思政教育的受众是大学生，是国家未来发展的主力军，因此要特别重视思政教育上理论和实践的科学化统一，实现"应用型的理论研究"。群体讲座是目前思政教育老师的主要渠道，提高讲座的活力、张力和魅力是思政教育理论与实践相辅相成的重要途径。结合国内外形势以及党和国家工作任务重点的变化，讲座要常讲常新，回应学生需求，深入剖析学生问题。

（三）科学化思政教育发展困境

1. 理论研究"肤浅化"

现有研究大多是问题导向，集中在解决和优化日常思政教育过程中发现的典型性问题。然而，直接从理论层面研究促进日常思政教育科学化的文献较少，因此目前的研究存在一定的思维误区。科学化思政教育应以科学化为重点，透过表层问题看到现象的本质，在更高的站位上提升日常思政教育的整体水平。

此外，目前关于科学化思政教育的理论阐释较为模糊，并未给出关于核心概念的权威说法。针对大学生日常思政教育科学化的定义、内容、途径等均未形成体系和普适性的研究结论。关于日常思政教育还是以"经验论"为主，缺乏有深度、系统性的研究成果，依靠经验的思政教学方式是行不通的，要转向方法论研究，因此，日常思政教育科学化的理论基础还需要进一步夯实。

2. 实践操作"局限化"

目前日常思政教育还是以传统的课堂教学模式或者定期的讲座为主，因材施教的差异化策略固然是最好，但由于各高校学生人数较多，依据现实情况如何开展个性化和针对性的教学方案还需进一步斟酌。形式主义的思政教育实践形式使学生在思想上对于思政教育不够重视，认为日常思政教育是反复冗杂、毫无意义的。这也从侧面反映出了思政教育老师目前的工作定位模糊问题，存在将日常思政教育与日常学生管理工作等同起来的现象。因此，要坚持用科学指导日常思政教育的工作方法和途径，避免加剧"形式化""同质化"的趋势。

经验论问题在实践过程中同样存在。思政教育老师会以其自身眼中的世界作为教育范本，老师的思想阅历难免与目前大学生的实际生活有所差别，因此教授内容存在时滞性，实践操作终究浮于表面，流于形式。此外，思政专职授课教师对于科学化日常思政实践的关注度不够，直接制约了日常思政教育实践科学化进程。

3. 体制机制"僵硬化"

党和国家针对日常思政教育提出的很多重要论述指出，思政教育的体制机制目前存在很大的改进空间。特别是目前高校思政教育团队人员架构紊乱、人数众多且分工不明确，因此思政教育整体水平的提升存在一定难度。涉及的辅导员、党团组织领导、专职教师等专业素养参差不齐，且教育、管理层次难以清晰区分。发展精细化日常思政教育的过程中，还在不断扩大思政教育老师的团队，因此体制机制摆脱"模式化"势在必行。

三、推动大学生日常思政教育科学化变革的具体举措

（一）思政教育内容重组

思政教育的根本问题是"为什么培养，如何培养和为谁培养"，过去的

研究已经聚焦于这一根本问题做了很多的论述。但是，这些研究存在着"形式化""表层化""经验化"的问题，因此目前思政教育的重点应转向"围绕、关照和服务学生"，从时间和空间两个维度加强思政教育的纵向深度和横向广度，强化思政教育理论与实践相统一。

思政教育始终要以学生为本，以马克思主义经典理论、中国化马克思主义理论、习近平总书记关于思政教育的重要论述为指导思想，对"科学化"进行深层次剖析理解，实现育人与育才相统一，创新与求实相统一，尊重传统与科学发展相统一。

适当融合其他学科和领域的研究成果，例如心理学、哲学等，与新时代大学生的发展状态相结合。在研究方法的创新上，借鉴英国自然哲学家波义耳的理念，将实证研究方法引入教育学，以数据、编程、算法等新技术作为支撑日常思政教育的道具和手段。方法的实践也无法离开载体的支撑，以日常生活事理结合的情景、赋能教育的新兴科技手段、物质精神文化环境为载体，保障方法创新的实施。

（二）思政教育理念强化

高校作为宣传、培养和发展社会主义核心价值观的重要阵地，要在教学内容上充分体现核心价值体系，思政教育就是社会主义核心价值体系传播的重要途径。要培养社会主义伟大事业的接班人，就要将思政教育融入人才培养的全过程，推动思政教育的大众化和时代化，将思政教育从教材和课堂上的知识变成学生头脑中的价值准绳。

在校园的日常建设中，可以融入中国优秀的传统文化、红色文化、民族精神等元素，为日常思政教育创造浓厚氛围，使学生在学习和生活的过程中接受思政教育潜移默化的熏陶。通过组织丰富多样的活动，引导学生积极参加日常思政教育活动实践，促进理论知识的转化，引领思政教育的发展。

（三）思政教育团队建设

思政教育团队现有的知识储备、工作方法应努力与时代的发展同步。立足于过去的经验，剔除"经验论"，向探究未来发展转变理念。

首先，针对目前互联网发展新业态所开创的知识时代，实现思政教育团队授课方式、思维方式的迭代更新。思政教育工作者应当以学生为先，调动主观能动性，不断学习新的知识，加强对思政工作内涵的理解，对典型性问题处理烂熟于心，高效解决学生切实问题。面向高校的大学生日常思政教育，是一项庞大的系统工程，需要高校教育工作者及多个部门的通力合作。辅导员作为学生工作第一线的人员，与专职思政课老师共同协作，实现管理育人与课程育人的协调统一。

其次，思政教育老师可以通过社交媒体及时了解学生状态，在非正式交流的场景下，全方位关注学生的动态发展。深入学生生活，释放组织潜能，对学生的问题进行面对面的疏通和引导，从"被动式解决问题"向"主动式寻找问题解决"迈进。依托互联网的大数据支持，老师可以在问题发生前进行预判和识别，缩短反馈时效，降低风险发生的可能。

此外，团队组织架构的创新也是方向之一。针对学生的需求要相应提高教育水平和质量。可以建立法律类社团、同辈法务部等组织机构，了解学生的心理变化和核心需求，并按需求分类，总结学生行为规律，思政教育点对点击破潜在风险。

参考文献

[1]冯刚.思想政治理论课与日常思想政治教育协同育人的理论思考[J].学校党建与思想教育,2017(21):18-23.

[2]何祉源,周紫薇.大学生日常思政教育实效性提升策略[J].中学政治教学参考,2022(04):99.

[3]刘志侃,程利娜.大学生日常思想政治教育研究的回顾与反思[J].学校党建与思想教育,2017(18):32-33+41.

[4]梁靖,金昕.大学生日常思想政治教育科学化的理想样态与实现路径[J].学校党建与思想教育,2023(03):90-93.

[5]吴铭,阮望舒.大学生日常思政教育的时滞现象及策略——基于移动互联网新业态发展的视角[J].当代青年研究,2018(02):70-75.

[6]沈壮海,史君.推动思想政治教育与信息技术的高度融合[J].国家教育行政学院学报,2017(01):15-21.

食品硕士课程思政的探索与思考

陈　星　查宏晓　张亚敏*

摘　要： 近年来，随着社会经济水平不断提高，人们对于食品安全与营养等问题的关注日渐提升，因此新时代的食品专业硕士应当是具备扎实的食品专业基础理论、知识技能与较高思政素质的新工科一流人才。高校将立德树人任务作为新时代人才培养的根本，落实食品硕士课程思政体系的推进，对于解决工程教育偏理化、思政教育空心化及游离化等历史问题具有重大意义。在食品硕士培养过程中，基于工科教育特征，以课程思政理念为导向，通过设置课程目标、优化课程内容、做好教学设计、保证教学实施等途径，强化教师与学生思政素养。同时，将思政寓于课程的教育教学活动，引导师生共同发掘课程资源中的思政元素，构建全覆盖、多视角、互相支撑的思想政治教育体系，最终践行高等教育系统为党育人、为国育才的历史使命。

一、食品硕士课程思政实践的重要性

（一）践行立德树人的根本任务

电话的发明使人们之间交流便捷，网络的出现拉近人们之间的距离，这使大学生容易接触到更多的新鲜陌生事物，这些事物冲击并塑造着大学生们的世界观、价值观与人生观。在食品学科教学过程中，教师不仅要注重专业知识和技能的传授，而且要对学生的思想观念进行有效引导，在学科教育中践行立德树人根本任务。[①] 只有建设食品学科课程思政体系，才能提升食品

---

* 陈星：吉林大学食品科学与工程学院硕士研究生。查宏晓：吉林大学食品科学与工程学院硕士研究生。张亚敏：吉林大学食品科学与工程学院硕士研究生。

① 闫永芳. 高校建设数学课程思政体系的思考与探索[J]. 江苏经贸职业技术学院学报，2023（02）：80-83.

学科的育人效果。食品学科涉及专业广泛，与课程思政内容存在较强的关联性，可从食品微生物学、食品化学、食品工艺学等学科中提取相关的课程思政元素，引导学生们在情感、理想、道德等方面领悟食品学科知识的内涵与价值，从而提升学生的综合能力。

（二）促进学生全面发展

建设食品学科课程思政体系能够发挥知识的较好的育人功能，体现出学生在教育教学中的主体地位，从而促进新时代的学生的全面发展。食品学科是一门包括化学类、生物类等的交叉学科，具有一定的抽象性、系统性与科学性。新时代教育体系下，学生教学包括教学情境、知识传授、情感共鸣等方面，这些价值的传递均需要教师及课程的引领。因此，为促进学生的全面发展，高校须构建食品学科的课程思政体系，将思政教学寓于食品学科课程的教学过程中，助力食品学科知识、技能与思政教育紧密融合，引导学生树立正确的价值取向，充分发挥食品学科的育人功能，从而促进学生全面发展。

（三）有效提升学生的科学素养

在食品专业学生培养过程中，对学生进行思政教育是提升其科学素养的重要途径之一。然而，由于传统教育方式和教育理念等因素，导致教师在教学过程中缺乏对学生科学素质培养的重视。因此，在食品专业课程教学中，要注重对学生科学素质的培养，培养其理性看待事物的能力与解决科学问题的方法，使学生能够具有深度剖析问题的能力。教师还可以通过讲授相关知识来提高学生学习科学知识的兴趣，促使其能够主动学习相关知识。此外，教师还可以通过向学生介绍一些相关科学家和学者的先进事迹来提高学生对科学素养重要性的认识。如向学生介绍一些科学家为了提升科学研究水平而刻苦学习、甘于奉献、勇于创新的先进事迹，促使学生树立正确的价值观和人生观，从而提升学生的科学素养。

二、食品硕士课程思政建设的要求

《教育部关于加强和改进新形势下高校思想政治工作的意见》明确指出，"要充分发挥课堂教学主渠道作用，推进思想政治理论课改革创新，全面提高思想政治教育质量"；《关于加强和改进新形势下高校思想政治工作的意见》指出，"要坚持全员全过程全方位育人理念"；《关于加强和改进新形势下高校宣传思想工作的意见》指出，"要构建学校、院系、班级、学生四级联动的思政工作体系"。以上文件从顶层设计层面明确了课程思政建设在高校各环节的落实要求，为推动"课程思政"改革指明了方向。在食品硕士研究生培养过程中，要坚持立德树人根本任务，充分挖掘专业课程内容中蕴含的思政教育元素，将思政教育元素融入专业课程教学过程中，将思政教育内容与食品硕士研究生的知识学习和能力培养紧密结合起来，切实提升食品硕士研究生的思想政治素质。

三、食品硕士课程思政建设的途径与内容

以"食品科学与工程"专业硕士研究生培养为例，在课程建设中，教师充分利用专业课程教学资源，积极挖掘课程内容中蕴含的思想政治教育元素，将知识传授与价值引领有机结合起来，通过"课程思政"实现专业知识传授与价值引领的统一。

根据食品硕士研究生培养目标和食品科学与工程专业特点，将食品科学与工程专业硕士研究生培养方案中的思政内容进行整理，按照不同教学环节分为知识讲授、案例讨论、专题研讨、实践实训、课程设计等环节。通过对课程内容的梳理和重组，将思政元素有机融入食品科学与工程专业硕士研究生培养方案中。以"食品微生物学"课程为例，该课程是食品科学与工程专业硕士研究生的必修专业课。在教学过程中，教师根据教学目标和教学内容的不同特点，在授课过程中有机融入思想政治教育元素，并充分利用实践实训环节进行思政教育。在实践实训中通过对实际问题的解决，将思政内容寓于实践操作中，使学生在解决实际问题的过程中培养高尚的道德情操和良好的社会责任感。此外，在课程设计环节中也充分融入了思政元素。通过设置"食品微生物学"课程的科研案例讨论和专题研讨环节，培养学生科学精神和创新能力。①

（一）设置课程目标

食品硕士研究生课程思政体系是在专业知识传授过程中融入思想政治教育，以实现立德树人为根本目标，构建食品硕士研究生课程思政体系，将思

---

① 详见滕静，张晶，王凤舞等.食品化学课程融合思政教学探索[J].安徽农业科学，2021，49（17）：269-271；张铁涛，武天明.食品工程原理课程思政教学的改革实践[J].海南热带海洋学院学报，2022，29（02）：116-120；胡燕，王钊."食品化学"课程思政建设的探索与实践[J].农产品加工，2020，No.513（19）：132-134.

政教育元素与专业知识统一在课程之中，在食品硕士研究生培养过程中实现知识传授与价值引领的统一，具体如下[①]：

1. 爱国。深入挖掘课程内容中蕴含的思想政治教育元素，引导学生树立正确的世界观、人生观、价值观，将个人理想融入国家和民族发展之中。

2. 敬业。树立正确的职业观，将敬业作为食品硕士研究生专业精神的重要组成部分。

3. 诚信。教育学生诚实守信、实事求是、言出必行、不弄虚作假。

4. 创新。教育学生勇于探索、敢于创新，为学生创造良好的科研环境。

（二）优化课程内容

在食品硕士研究生培养过程中，通过与思想政治理论课的有效融合，从课程内容和授课方式两方面构建食品硕士研究生课程思政体系，实现知识传授与价值引领的统一。从课程内容角度，充分挖掘课程内容中蕴含的思想政治教育元素，通过对食品硕士研究生思想政治教育目标的分析，将课程内容与思想政治理论课相结合，将专业知识、专业能力与社会责任、职业道德相结合。从授课方式角度，充分利用课堂讲授、小组讨论、案例分析等多种教学方法开展教学活动，将课堂讲授与学生日常生活实践相结合。以食品安全相关案例为例，强化学生对食品安全重要性的认识，培养学生树立正确且积极的三观。通过教学实践中对食品硕士研究生思想政治教育目标的分析以及思政元素的挖掘，构建食品硕士研究生课程思政体系。

（三）做好教学设计

在教学设计中，将思政元素贯穿到食品科学与工程专业的课程内容中，按照知识体系将思政元素分为课程基本概念、食品科学与工程专业发展及概况核心素养、食品安全及营养健康、食品加工技术及应用、食品质量与安全等章节，分别建立课程思政元素表。

通过教学设计，将思政元素融入食品科学与工程专业的教学内容中，既有利于培养学生的科学素养和职业素养，又可以增强学生的民族自豪感和

---

① 详见曹巧巧，施昕磊，陶昆等. "健康中国"背景下"食物药膳学"课程思政教育方案探究［J］. 农产品加工, 2021, No. 520（02）: 98-99+105. 2021. 01. 061; 杨丽萍, 杜传来, 李先保等. 食品工艺学课程思政示范课程建设实践研究［J］. 现代食品, 2021（04）: 95-99; 徐文思, 贺江, 杨祺福. 课程思政融入"食品化学"课程的教学探索与反思［J］. 农产品加工, 2020, No. 517（23）: 85-87; 苏艳秋, 苗玉志, 葛黎红等. 《食品安全学》课程思政育人元素的挖掘与教学实践［J］. 食品与发酵科技, 2022, 58（03）: 166-168.

爱国情怀，更有利于学生树立正确的人生观和价值观。在课程内容设计上，在教学目标中，将课程思政融入专业培养目标中；在教学过程中，将课程思政融入课程教学目标中；在课程考核中，将课程思政融入课程考核目标中；在教材内容设计上，将课程思政融入教材内容设计中；在课堂教学活动设计上，将课程思政融入课堂教学活动中。通过对专业知识的学习、对学生思维能力的培养和科学素养的塑造三个方面实施教育工作。通过精心设计与课程思政相适应的课堂教学活动，实现专业教育与思想政治教育的有机统一。

（四）保证教学实施

将思政元素融入课程教学中，按照"课前—课中—课后"的教学思路，"课前"对学生进行课程思政培训，利用线上视频、慕课等多种形式，将思政内容与教学内容相结合；"课中"以案例导入的方式，在课堂上进行主题讨论、案例分析、小组展示等；"课后"对学生进行课程思政考核，并及时反馈考核结果。课程思政元素的融入有助于提升学生的综合素质，让学生树立正确的价值观。通过将思想政治教育贯穿于教学全过程，将知识传授、能力培养与价值引领有机融合起来，发挥好课堂教学的主渠道作用，形成协同效应，达到润物细无声的育人效果。

四、结论

食品是民生之根本，因此食品硕士课程思政的探索与研究对于国家的未来发展和长期稳定有重要意义。从学科特点出发，优化食品专业课程与思政教育相融合的途径，使专业教育与思政教育同向同行。同时，在食品硕士研究生培养中推进思想政治理论课程改革，将思想政治教育贯穿于人才培养全过程，实现"知识传授"与"价值引领"的有机融合，为国家培养全面发展的、有道德的、有担当的、有责任感的高素质食品专业人才。

参考文献

[1]闫永芳.高校建设数学课程思政体系的思考与探索[J].江苏经贸职业技术学院学报,2023（02）：80-83.

[2]孙春燕,李沁园,袁媛,王君旸,杨川宇,李红霞.食品类专业科教融合人才培养模式改革[J].食品工业,2023,44（05）：271-273.

[3]张倩,宗昆.中小学美术教学中提升学生核心素养的要点分析[J].中国多媒体与网络教学学报（下旬刊）,2023（04）：74-77.

[4]徐文唱.马克思教育与生产劳动相结合思想及其当代价值研究[D].长春工业大学,2021.

[5]牛广财,魏文毅,李艳青等.食品专业研究生培养中课程思政与案例教学融合探索[J].农业科技与装备,2022,No.310（04）：79-80.

[6]郑清,张红,张龙等.食品专业课程融入思政教育的探析[J].广东化工,2020,47（19）：224-225.

[7]张丽华,刘梦培,葛珍珍等.思政育人元素在食品类专业核心课程中的融合探索[J].现代食品,2021（01）：49-54.

[8]梁鹏,张华丹,林贤明.《食品工艺学》"课程思政"教学改革与实践研究[J].食品与发酵工业,2020,46（16）：290-295.

[9]刘琦,毛燚杰,蔡铭."专业思政"视阈下思政元素的挖掘与融入路径探索——以食品质量与安全专业为例[J].食品与发酵工业,2021,47（09）：343-348.

[10]滕静,张晶,王凤舞等.食品化学课程融合思政教学探索[J].安徽农业科学,2021,49（17）：269-271.

[11]张铁涛,武天明.食品工程原理课程思政教学的改革实践[J].海南热带海洋学院学报,2022,29（02）：116-120.

[12]胡燕,王钊."食品化学"课程思政建设的探索与实践[J].农产品加工,2020,No.513（19）：132-134.

[13]曹巧巧,施昕磊,陶昆等."健康中国"背景下"食物药膳学"课程思政教育方案探究[J].农产品加工,2021,No.520（02）：98-99+105.2021.01.061.

[14]杨丽萍,杜传来,李先保等.食品工艺学课程思政示范课程建设实践研究[J].现代食品,2021（04）：95-99.

[15] 徐文思, 贺江, 杨祺福等. 课程思政融入"食品化学"课程的教学探索与反思 [J]. 农产品加工, 2020, No. 517 (23): 85-87.

[16] 苏艳秋, 苗玉志, 葛黎红等.《食品安全学》课程思政育人元素的挖掘与教学实践 [J]. 食品与发酵科技, 2022, 58 (03): 166-168.

[17] 刘卫华, 王向红, 米思等. 食品化学课程思政教学模式探索与实践 [J]. 轻工科技, 2020, 36 (11): 142-144.

[18] 刘丽莉, 王浩阳, 罗磊等. 食品专业课程思政的探索与实践——以"食品工艺学"为例 [J]. 农产品加工, 2021, No. 540 (22): 89-93.

[19] 张釜, 周闯, 肖龙泉等. 食品专业课思政改革意义及思政元素探讨 [J]. 当代农机, 2022, No. 379 (02): 72-76.

[20] 冀晓龙, 侯春彦, 杨留枝等. 课程思政背景下的《食品化学》课程体系与教学内容改革的探讨 [J]. 轻工科技, 2020, 36 (06): 161-162+194.

高校农科类大学生专业思想教育研究[*]

潘　振　高梦玉[**]

摘　要：专业思想教育与当代大学生专业思想的稳定与否和将来的学业发展程度都有密切的联系。有效的专业思想教育能提高教学水平，提升人才的培养质量。当前农科类大学生的专业思想教育已经引发涉农类高等院校的重视，但还远远没有达到预期。所以本文将剖析我国农科类大学生的专业思想现状，分析研判农科大学生专业思想问题的成因，以及当前形势下怎样才是进行农科类大学生专业思想教育的有效途径，并提供一个行之有效的指导方案。

关键词：农科类大学生；专业思想；不稳定；主要途径

大学生在面对所学专业知识和专业所涉及岗位的情况时，形成某些看法、观点、观念和意识构成了大学生的专业思想。专业思想教育是指通过符合本专业特点的教育方式来提升学生对专业的认识、提高对于专业的认可度、培养学生对于专业知识的学习热情，最终旨在学生能够在未来从事本专业相关工作，发挥所学专业优势，为所在专业发展建设贡献出自己的力量。所以，探析农科类大学生专业思想教育的途径，对培养现代农业人才具有一定的现实意义。

一、农科类大学生专业思想现状

（一）专业思想不稳定

近些年，因高中毕业生填报志愿的盲目性以及录取时的校内专业调剂，

---

*　　本文为2022年吉林大学学生思想政治工作研究课题（项目编号：XGY2022008）研究成果。

**　潘振：吉林大学植物科学学院党委副书记兼副院长，副研究员，研究方向为大学生思政教育与就业指导。高梦玉：吉林大学植物科学学院辅导员，助教，研究方向为大学生思政教育。

使学生所学专业并非是学生本人所感兴趣的，因此多数学生对自己所学专业不感兴趣，甚至是厌倦。目前农科类大学生中有很大一部分在入学前就提前了解了学校关于转专业的政策，确定了转专业的想法并付诸实践。以吉林大学植物科学学院为例，每年有50%左右的大一学生参加学校的转专业考试，并且有30%的学生通过转专业考试的相关考核成功调换专业，这部分学生基本都是平时成绩较好，成绩排名靠前的学生。所以，目前相当多一部分学生来到农科专业，仅仅是为了进入自己的目标院校，还有一部分学生由于学校平衡校内资源，对于学生进行专业调剂。因此，虽然进入农科专业的学生数量不少，但并不代表他们了解和喜欢所学专业。

（二）职业规划不合理

当前，大部分学生想在毕业后能到体制内的单位或国有企业工作，学生也会产生自卑心理，感觉所学专业在就业竞争时，没有任何优势可言。所以，尽管选择了农科专业，很多学生学农不爱农，学农不务农。同时农科类专业由于专业的特殊性，除少数机关及农业生产经营企业外，大多数岗位是在边远地区或农牧类企业，这与大学生对于未来美好的憧憬产生强烈的反差，从而导致部分学生有业不就。还有一部分学生放弃农科专业准备去经济发达地区发展，希望能在互联网等高速发展的行业就职，因此造成了专业不对口，就业不顺畅。所以面对农科专业大学生在毕业求职时的盲目性，学校应该提前规划，利用学校优势的教育资源，在学业课程设计中开展有针对性的专业教育活动，从而指导学生们作出正确的职业生涯规划。

（三）社会传统观念影响

我国社会大部分民众一直存在着重工轻农、重商轻农的守旧传统思想，特别是农村出身的考生，高考就是为了走出自己所在的农村，导致了农科专业思想教育也有其需要摆脱社会传统观念的特点。也正是因为我国大部分院校涉农专业第一志愿报考的比例较低，大多数不到百分之五十，很多都是通过志愿调剂考取入学的，学生多数在入学伊始就出现了专业思想不稳的状况。这都为农科专业思想教育增加了很大困难。[①]

（四）专业思想教育缺乏针对性

高校专业思想课程出现重过程轻成果的问题，教学过程结束了，但在教

---

① 王秀梅，王华君，应明. 乡村振兴背景下高校农科类大学生专业思想教育的路径选择 [J]. 滁州职业技术学院学报，2022，21（2）：67.

学过程中缺乏细致、有效的引导。同时，专业思想教育也缺乏与之相匹配的教材，学生们学习起来既迷茫又感到无所适从。学生需要学习到的内容体现不完全，思想不统一，未能形成教育合力。就业指导课程和专业思想教育未能相互贯通，学生被动灌输的比较多，有效性不高。另外，过去的高校思想政治课堂教学大多以课堂传授为主，教学方法简单、科学性高、实践性内容小，不能实现学科思政化，造成了思想政治教学功能与作用的削弱。

（五）专业思想教育者能力有待提高

从事专业思想教育工作的老师，既要有扎实的思想政治基础知识、学生思想政治工作经历，又需要专业知识基础掌握扎实。此外，教师要对农业农村的相关政策扎实掌握，还要发自内心地具有"三农"情怀。学校辅导员中不少都是入职的研究生，与一般普通学子年龄差异不大，工作经历水平也有限，对思想理论教学也没有实践经历。再者，专业的思想理论教学又需要本科生一入校即进行思想工作，刚上任的辅导员也常常对本专业的思想工作以及本专业未来发展前景掌握得浅显，对大学生的心理动态也常常了解不够深入。乡村振兴具有深入透彻的理论支撑体系和实践操作路径，必须要深入学习和认真研究，才能从根本上提高认知能力，让大学生明白在乡村振兴过程中所要担负的历史使命。

二、农科类大学生专业思想产生问题的原因

（一）盲目报考对专业缺乏正确认知

在通过高考进入农科类院校的大学生中，因为喜欢和了解农业去选择农科专业的学生比例非常少，因为高考成绩所限等因素无奈报考农学专业的占比很大。还有一些学生在志愿填报时没有调研和深思熟虑，属于偶然报考。所以，大部分大学生报考本科专业的时候，为了能顺利录取，一些高中毕业生不得不接受高校志愿调剂。从就业方面考虑，部分学生缺少独立思考，只按照家长的安排报考；从专业了解方面考虑，高中时期学生主要进行文化课学习，缺少社会实践锻炼，导致一些考生不了解自己的真实兴趣是什么，只是结合高考分数和社会热度选择专业。这也导致学生缺少主观性的专业选择，与其个人兴趣具有较大差异，客观上直接导致学生对专业的学习兴趣不高，不愿努力进行专业学习，不少大学生把很多时间浪费在与学习无关的事情中，进一步阻碍学生的成长成才。

（二）专业思想教育不能与时俱进

当前部分高校对于大学生的专业思想教育存在缺乏时效性的问题。新生入校教育环节中，专业思想教育只是作为入学教育或其他课程的组成部分存在，并没有真正固化和系统化。在进入高年级以后，院校就更少对学生开展专业思想教育了。其实，随着高年级学生接触专业的不断增多，也会不停遇见新的问题，在这时就需要专业教师来帮助迷茫的学生重新找到自己的方向。目前的专业思想教育形式基本还是以宣讲为主，精细化指导和现场实践比较少，而恰恰农科专业的实践性比较强，专业思想教育更要从书本走到大田，深入农业现代企业，这样才能让学生真正从内心增强对自己专业的认同感，让学生真正爱上自己的专业。

（三）学生在校缺少探索实践精神

在本科阶段，高校更加重视培养学生个人自主学习能力，这也引导我们转换教育理念，在思想教育与专业学习中要充分发挥学生自己的主观能动性，而不再是班主任和辅导员起主导作用。近年来，在高考指挥棒的影响下，老师和学生的目光全部放到了考试科目上，致使很多学生失去了应有实践的机会，对事物的判断能力也因而相应下降，形成了懒于思考的行为。这也造成了学生们对所学专业的认知只停留在表层的概念及家长的错误印象里，先入为主地认为农科专业就是待遇薪酬差、上班地点偏。在进入大学以后的学习和实践过程中，学生们缺少自主探索的意识，形成了对于专业方面的理解偏差越来越大，最后导致专业思想越发不明确和不稳定。

（四）不对称的信息传递产生负面影响

新生刚一入学时，对学校和专业的认知基本来自老师和学长的讲解，在此环节，如果本专业学长对自己的专业认可度不高，就会跟新入学的同学表达自己的负面情绪，还有可能带有主观意愿地放大缺点，这样就会形成专业思想不稳定的恶性循环。部分农科类大学生职业生涯规划不清晰、不明确，甚至在毕业后放弃自己的本科所学专业，进而使工作发展不顺畅，主观上造成了农科学子就业难的现状。这种情况对于刚入学的新生的影响巨大，致使很多学生轻视自己的专业，甚至放弃了对自己专业的学习。

三、开展农科类大学生专业思想教育的主要途径

（一）开展新生专业研讨课，引导学生走出传统认识误区

当代社会大多数家庭仍然对于农科专业存在认识的误区，专业思想教育的当务之急还是要引导农科专业学生走出认识误区。开展新生研讨课，通过完整的、有计划的学科发展介绍，说明专业起源和学科未来的基本情况，使大一学生从入校就明确本专业的学生培养计划，以及社会对本专业学生的需求，学生在日常应该如何丰富和完善自我等。通过参观和实习，让学生知道现代农业并不是传统认知中的耕田种地，而应该了解和掌握现代化农业技术，在经营农产品的同时也能够有所作为。同时通过讲座、论坛等形式邀请成功的校友现身说法，使大家相信只要努力奋斗，学农的也同样能够成就一番事业。

（二）强化社会实习实践，树立学生知农爱农的思想

开展实习实践，对于激发大学生知农爱农的主动性和推动专业思想的养成有着不可或缺的作用。组织大学生走进农村，对农业农村的真实情况进行调研活动，让大学生切实了解到农业发展缺少什么样的核心技术、农村振兴需要什么样的现代农业人才，由此增强大学生选择农科专业的主动性和自豪感。通过带动大学生参加创新创业，加强对大学生创新创业项目的关注和支撑，带动学生参加"互联网+""挑战杯""生命科学大赛"等创新创业赛事，使学生在比赛过程中体验到成功的经验和快乐。带领学生到田间地头开展生产实习锻炼，让学生直接接触农民老乡，了解实际困难和解决的途径，增强大学生的"三农"情感。

（三）细化专业课程实习，提高学生学农务农的能力

专业实习课程是培养学生的重要途径。专业课实习的主要问题有时间较短、基地不稳等。因此，涉农院校应搞好综合实践基地和专项实践基地建设，保障学生实践食宿要求和学习内容。专业课程学习和企业实践要确定学生实习课时间和学习任务，由他们自己动手，并要做好考核，以防止学生把学习任务当成参观，或走马观花走过场。针对本科生较多，校内专职指导教师缺少的问题，可以聘任校外专家担任兼职导师，以提高学生专业实习的教学质量。

（四）开展校地、校企合作，拓宽学生专业视野

实践性强是农科相关专业的特点，开展生产实习和社会实践等活动，使他们能够加深对专业的理解和认识。同学们通过体验田间劳作、科技服农、假期支教等活动，切身体会到当地经济发展的需求，也深切感受到现代科技对于乡村振兴的推动作用，进一步加强了学生的专业思想。农科学生还有课堂所学的文化课与社会实际联系不紧密的问题，导致走上工作岗位时，不能迅速上手工作。要积极开展校地、校企合作，建立和完善匹配的实习实践基地，通过实习实践来提高大学生的文化课水平和求职就业能力，增强大家的综合素质。

（五）加强课程思政建设，提高学生的专业认识

专业思想教育作为大学生思想政治教育的重要组成部分，专业课老师则是进行专业课课程思政教育工作的责任人。课程思政建设的主要内容首先要以为党育人、为国育才为主线，培育他们把科学论文写在祖国大地上的决心和情怀，努力培育学生的思想品德，增强学生的社会责任意识，提高学生对于粮食安全和国家安全的体会，了解我国当代农业的相关政策和农村状况，熟练地掌握各项专业技术，科学的把握农业发展的稳定性和前瞻性。

综上所述，对高等农业人才的培养在当前看来是一个很重要的使命，不但要继承以往的成功经验，而且要总结并不断创新发展。增加专业吸引力，弥补高层次人才缺乏与社会需求之间的巨大落差，对于促进三农工作具有重要作用与意义。只有大力培养农科类人才，才能为农业工作提供技术支撑，确保三农政策得到有效落实。学校开展充分的专业思想教育对农科类大学生非常必要，不但可以从客观和完整的角度帮助他们分析情况，还能准确把握农科科技脉搏，调动起选择农科专业的勇气和积极性，为本科阶段的学业以及未来的职业能力奠定扎实的基础。

参考文献

［1］王小龙. 基于专业承诺的农科类大学生专业思想教育研究［J］. 高等农业教育, 2014（12）: 90-94.

［2］张红梅, 赵宝平, 丁雪华. 农科大学生专业思想现状调查及对策分析——以内蒙古农业大学植物生产类专业学生为例［J］. 内蒙古师范大学学报: 教育科学版, 2015（6）: 65-67.

［3］王秀梅, 王华君, 应明. 乡村振兴背景下高校农科类大学生专业思想教育的路径选择［J］. 滁州职业技术学院学报, 2022（2）: 66-69.

［4］苏晓云. 农科类专业大学生专业思想教育路径研究［J］. 新教育时代电子杂志（教师版）, 2020（39）: 221.

思想政治教育视域下的大学生恋爱价值观教育研究[*]

王　托　刘丽慧　马明娟[**]

摘　要：青年大学生是国家的未来和希望，是中国特色社会主义事业的建设者和接班人，其身心发展状况不仅关系到个人未来发展前途，也关系着中华民族的伟大复兴进程。大学生恋爱心理和行为已经成为影响当今大学生身心健康发展的重要因素。因此在新时代，加强以社会主义核心价值观为主题的思想政治教育对大学生恋爱价值观的引导就显得尤为重要，而且也具有深刻的理论价值和现实意义。本文将在全面细致分析当代青年大学生的恋爱价值观现状的基础上，有针对性地提出相应的思想政治教育工作方法和对策，积极引导青年大学生树立正确的恋爱观，助力其成长成才。

关键词：思想政治教育；大学生；恋爱价值观

一、当代大学生恋爱价值观分析

随着经济社会的发展和教育事业的进步，当代大学生的恋爱观呈现出多元化、多样化的倾向。尤其在网络化和信息化的飞速发展中，大学生表达和倾诉感情的方法和手段更加丰富便捷，同时也带来了很多前所未有的新问题。

（一）当代大学生恋爱价值观的积极趋势

1.恋爱观更加积极务实

当代青年大学生在恋爱观方面呈现出了更加积极务实的特点，具体表

* 本文为2022年吉林大学学生思想政治工作研究课题"思想政治教育对大学生恋爱价值观形成与发展的影响研究"（项目编号：XGY2022015）研究成果。

** 王托：吉林大学药学院学生工作办公室主任，研究方向为学生思想政治教育。刘丽慧：吉林大学药学院党委副书记兼副院长。马明娟：吉林大学马克思主义学院硕士研究生。

现为在选择恋爱对象时更加注重人品才能；恋爱时更注重情感需要和心理体验。借助问卷和走访两种形式进行调查发现，高校大学生认为树立正确的恋爱观非常重要，能够促进人格的健全和家庭的美满，并且幸福的爱情也是大学生们对于美好生活的期待之一。当代大学生也认识到专一的爱情是保证恋爱稳定的强力核心。在"您的恋爱观是什么样的？"这个问题中，有58.21%的大学生的恋爱观是"携一人之手白头"。这既表明大学生们已经意识到爱情的主要特点是专一和稳定，是一种"神圣"的情感，也体现了大学生的恋爱认知和恋爱观念朝着积极的方面发展。

2. 婚姻观更加小心谨慎

95后青年大学生在婚姻问题上更加小心谨慎，这主要是因为人们的婚姻观念发生改变引起的。现代社会不断发展，新媒体时代的到来让不同的家风文化和婚恋家庭观呈现在大学生面前，在网络信息的影响下，当代大学生越来越意识到家庭和睦的重要性，对于伴侣的选择更加小心谨慎，也不愿意轻易走进婚姻的殿堂。婚姻不仅仅单纯是两个人心意相通的结合，同时也是两个家庭，甚至两个家族进行联系的纽带。美满幸福的婚姻生活不仅有助于夫妻双方小家庭事业的成功，也有助于社会的和谐稳定，因此当代大学生对于结婚表现出更加谨慎的态度。

（二）当代大学生恋爱价值观的问题

1. 尚未对恋爱形成完整的价值认知

第一，恋爱动机上的功利性。经过本次调查，发现有很多大学生选择谈恋爱是因为看重对方的家庭背景或对方能给予充分的物质条件。一些大学生谈恋爱是出于经济原因，抱着功利性和占便宜的心态与恋爱对象交往，甚至将恋爱视为自身发展的"助推"手段，在择偶时只考虑经济因素，忽视自己的情感需求，恋爱动机功利化倾向严重。

第二，恋爱价值认知的低层次。在问题"您认为谈恋爱的目的是什么？"中，17.8%的学生回答是为了排遣内心的孤独和寂寞，用恋爱填补枯燥的大学生活，22.2%的学生认为谈恋爱只是因为随大流，周围的人都在恋爱所以自己也得恋爱，还有24.7%的学生回答是到合适的年龄就没有选择了，由此可见当代大学生对于恋爱的价值仍然是含混不清，他们不能清晰地看到恋爱是自己成长过程中的必修课，恋爱的价值不仅可以使自己获得精神愉悦，而且也可以得到能力的提高，甚至在人际交往上也可以进步。

第三，恋爱期待中的理想主义。有些大学生期待着通过恋爱可以改变自己的命运，期待对方是个来救赎自己的"英雄"，期待对方可以变成自己想让他成为的样子，期待对方可以无所不知、无所不能，而自己只用坐等别人照顾等等。大学生对恋爱的理想主义体现出他们对恋爱双方关系定位的不了解。恋爱双方首先是平等的地位，恋人不仅仅是恋人，同时也可以是志同道合的好朋友、事业上的助力者、共渡难关的陪伴者，以及未来的家人。恋爱双方要相互磨合，相互理解支持。

2. 在恋爱和学业关系上分不清主次

子曰："君子固本，本立而道生。"然而有的大学生由于谈恋爱而导致各门功课不及格；有的学生无法坚守本心，降低了自己在学业上的目标追求，认为及格就好；有的学生直接停滞不前，放弃了进步的机会；还有的学生的考试成绩拉低了班级的及格率，受到同学们的吐槽，逐渐与同学们的关系变得疏远，变得孤僻；有些大学生无法合理平衡恋爱与学业之间的关系，产生诸多焦虑。究其原因是因为当代大学生没有分清大学时代恋爱和学业的主次矛盾地位，过于重视爱情从而忽视学业，这是非常不理智的。大学生正处于人生和事业的高速发展期，在当前一个阶段，应该将学业放在重中之重的地位上，首先搞好学习的问题，然后合理解决学业和爱情的问题。

3. 对待性问题的态度不科学

当代很多大学生都在恋爱期间发生过性行为，性观念趋于开放。根据斯滕伯格的恋爱铁三角理论可知，激情、亲密和承诺三者共同构成完整的恋爱，而激情接近恋爱中的性。在情爱基础上的性爱是美好的，能够促进双方情感交流，维系长久的恋爱关系，但是高校大学生的生理和心理发展还不平衡，不能正确地看待性的问题，性知识缺乏，因此，性行为可能给大学生造成无法承担的后果。

4. 过度热衷网恋

由于网络信息化的发展，当代大学生的恋爱出现了一个新现象——网恋现象严重。网络的便捷不仅方便了大学生的沟通交往，同时也使网上恋爱现象越来越普遍。微博、微信、抖音、小红书等APP的出现为大学生的网恋提供了物质载体，一些在现实中羞于表达感情的同学开始在网上点起爱情的火苗。网恋的出现源于当代大学生对于爱情的随意性，同时也引发了一些新的社会问题，网络诈骗层出不穷，一些涉世未深的大学生被网恋对象骗财骗色。

二、当代大学生恋爱价值观培育的对策

当前，大学生恋爱观培育逐渐被越来越多的高校纳入思想政治教育的内容之中，对大学生恋爱观的培育不仅能够促进大学生的全面发展，而且还是对社会主义核心价值观的深入践行。通过对本次大学生恋爱观现状的调查及对大学生恋爱观存在问题的分析可知，当代大学生的恋爱观相较于从前已有了一定的发展，但仍存留了一些尚未解决的难题。因此需要加强对大学生恋爱价值观的思想政治教育引导，发挥高校、家庭、个人三方作用，共同努力，为大学生健康成长助力加油，同时为构建平安校园、高素质社会奠定基础。

（一）发挥高校在大学生恋爱价值观培育过程中的主要阵地作用

1.优化高校校园恋爱文化环境

中共中央在《关于进一步加强和改进学校德育工作的若干意见》中指出："重视校园文化建设，要大力开展学生喜闻乐见的丰富多彩、积极向上的学术、科技、体育、艺术和娱乐活动，建设以社会主义文化和优秀的民族文化为主体、健康生动的校园文化。"优化高校校园恋爱文化环境应做到以下几点：首先，要净化校园环境。优美、干净的校园环境可以使大学生心情愉悦、身心放松，而良好的校园氛围可以使大学生受到熏陶，使其在潜移默化中自觉规范自己的言行举止，养成恋爱中需要的优良品格。其次，要加强对校园网络的监督和管理。高校要聘用专业人员定期对校园网络进行检查，保证网络系统的正常运行，防止校园网络被不法分子攻击，与此同时，要减少学生的校园网使用费用，并对校园网内容进行创新，增强校园网对学生的吸引力，促使更多的学生使用校园网，从而为良好校园环境的形成提供保障。再次，组织开展多种多样的校园文化活动，并通过报刊、广播等校园媒体进行大力宣传，鼓励大学生积极参加活动，可以让学生在学习文化知识、增强文化底蕴的同时提高审美水平和思想道德素质，从而更好地对大学生进行恋爱观教育。最后，举办高校联谊活动。男女比例过于不均衡的高校，可以借助大学生学生团体，例如学生会等举办高校之间的联谊活动，不仅能够增进院校之间的深厚情谊，还能增加大学生了解异性的机会，只有对异性有清晰的认知和深入的了解，大学生才能理性看待恋爱关系，形成正确的恋爱观。

2. 加强思想政治教育在恋爱观培育中的引导作用

高校思想政治教育是贯彻落实"立德树人"理念的基石，新时代全面发展人才的首要考量标准是政治坚定、思想进步和道德高尚，而恋爱观是价值观和道德观的重要组成部分，所以，也应将对大学生恋爱观的培育纳入高校思想政治教育的内容之中。第一，要加强恋爱观教育的课程建设。一方面，高校要重视思修课程建设，让高素质的优秀教师为学生讲课，提升对大学生恋爱观及培育的相关内容的讲解水平，使学生在听完课后有所收获；另一方面，可以专门开设大学生恋爱观话题的通识课，为大学生讲授恋爱观的相关知识，鼓励学生积极勇敢发表自己对恋爱的看法，也可以将恋爱观教育融入其他课程教学中，让大学生得以在获得课程知识的同时形成正确的恋爱观。第二，优化大学生恋爱观培育的教学内容。首先，可以将恋爱观培育内容与孝文化相结合。双方结为夫妻组建家庭是恋爱的终点，"孝亲敬长"的原则维系着一个家庭的和谐美满，因此要在大学生恋爱观培育内容中加入孝文化，让大学生意识到要承担家庭的责任，增强大学生的责任心，使大学生学会如何爱自己和爱他人。其次，恋爱观培育与性教育相结合。性教育在西方早已作为重点内容被列入恋爱教育中，而我国的性教育与恋爱教育割裂，再加上部分家长"谈性色变"，导致我国大学生对性知识仍存在许多误区，易产生不当性行为，对社会造成危害。教育者要在大学生可接受的范围内，为其讲授一些符合其心理发展水平的性教育知识，及时纠正大学生对性知识错误的认识，促使大学生理性地看待性问题。最后，大学生恋爱观培育的内容要符合时代发展要求。恋爱观是价值观的重要组成部分，只有培育正确的恋爱观，大学生才能形成正确的价值观念。大学生恋爱观的培育内容要坚持以马克思主义为指导，将习近平新时代中国特色社会主义思想及社会主义核心价值观的教育全过程多方面地融入其中，发挥社会主义核心价值观对大学生恋爱观培育的积极作用。

3. 丰富高校恋爱观培育模式

高校的教育是要培养人才，培养人格健全、全面发展的高素质人才。培养大学生的恋爱观，既要重视提高教学内容质量，又要注重丰富和创新培育模式，高校恋爱观教育的模式具有多样性，其中课堂教学是最基本的途径和重要方式，理应在大学生恋爱观教育过程中得到重视。高校教师要注重课堂的作用，在教学中对大学生恋爱观进行正面引导，并探寻新的培育模式。

第一，运用范例教学模式，增强师生互动。一方面，传统的说教式教学模式容易使学生感到枯燥乏味，难以提高大学生的听课兴致，长期如此对大学生恋爱观培育的效果并不佳。另一方面，由于恋爱是双方的情感互动，因此情感教育与恋爱观教育相辅相成，在对大学生进行恋爱观培育的过程中，要意识到情感教育的重要性，以情感人，引发大学生的情感共鸣，充分调动其上课积极性，吸引学生加入课堂讨论，发表自己的看法。范例教学可以有效地使这两方面需求达到一种平衡。第二，运用翻转课堂模式，发挥学生主体作用。教学模式的采用既要考虑到学生发展的实际，又要紧跟时代与社会发展的潮流，转动课堂是一种新型的教学模式，对高校大学生恋爱观教育具有很强的借鉴意义。转动课堂是指在学习过程中将教师的时间与学生的时间进行重新分配，用学生主动权代替传统的教师主动权，让学生在学习过程中充实恋爱理论知识，深化恋爱情感，坚定恋爱信念，外化恋爱实践，真正做到知情意行的统一。

4.注重高校教师人才队伍建设

教师对大学生正确恋爱观、是非观的形成起着重大的作用，因此，高校要注重教师人才队伍建设。首先，教师自身的恋爱理论要丰富，恋爱信念要坚定。教师在向大学生传授恋爱的知识时，自身要有丰富的学识、对恋爱清醒的认知和坚定的信仰，才更易令学生信服。其次，教师还应提高恋爱品德素养。教师的一言一行都会对学生产生影响，大学生正处于恋爱的懵懂时期，教师的恋爱品德素养会影响大学生对恋爱的认知。因此，教师要发挥自己对学生的榜样示范作用，注意对自己日常生活中的言行举止加以规范，学会自我批评与反省，不断进步，树立良好形象，对大学生正确恋爱观的形成发挥积极作用。最后，对教师准入门槛严格把控。在招聘教师时，高校不能只重视教师的专业理论和素养，更要对其恋爱道德素养等多加关注。不仅如此，高校要定期组织教师进修，多组织高校教师以大学生恋爱观培育为主题交流经验，此种措施既能促进教师的教学内容和方法的创新，紧跟时代和社会发展的步伐，始终保持先进性；又能够提升教师的教学水平和质量，帮助大学生形成正确的恋爱观，获得美好的恋爱体验。

（二）坚守家庭在大学生恋爱价值观培育过程中的重要阵地作用

1.提高家庭恋爱观培育意识

和谐的家庭环境能够促使学生萌发出恋爱所需的美好情感，帮助大学生恋爱认知和恋爱情感的养成。子女可以在日常生活中感受到父母所传递的积极健康的恋爱观，感受到恋爱所带来的强大力量，从而学会爱、尊重和责任。家长首先要树立正确的恋爱伦理观培育意识。父母在与孩子交流时不能拘泥于年龄、阅历等差异，要明白孩子也是一个独立的个体，两者只有处于平等的地位，才能就恋爱问题进行有效交流。其次，家长要充分尊重孩子的意愿，不能随意对子女的决定进行干涉，要充分尊重孩子的恋爱自由和自主性。最后，要给予子女充分的信任，相信他们具备对问题的分析判断处理能力、独立解决能力和抗压能力，使他们意识到信任对于人际交往的积极意义，让子女懂得信任在保持恋爱关系稳定中不可或缺。

2. 更新家庭恋爱观培育理念

恋爱认知与恋爱行为相互联系、相互促进，恋爱行为能够表现出恋爱认知的广度和深度，只有更新家庭恋爱观培育理念，才能使子女对恋爱行为具有良好表达。首先要遵循子女身心发展的规律，树立平衡子女德育与智育关系的培育理念。将培养德智体美劳全面发展的孩子作为家庭教育的核心，而不是将学习成绩看作衡量子女优秀与否的唯一标准，需要父母不仅学习恋爱理论，树立正确观念，还要多与子女交流沟通，注意子女的恋爱情感变化，帮助子女解决情感问题，并及时纠正子女不正确的恋爱观念和恋爱行为。其次父母要加强对子女的情感投入，同时也要避免情感投入过于极端的情况发生。最后，要重点培养子女包容心和责任感，在家庭事务中，父母要打好配合、分工合作，让子女也参与到家庭事务中，使其承担起家庭的责任，增强子女的责任感；也可以多与子女共同参与一些公益活动，让子女深入其中，亲身体会，理解包容心的珍贵，从而在日常生活获得恋爱中的所需品格。

3. 搭建家庭与学校沟通交流机制

大学生的正确恋爱观培育需要学校与学生家庭共同努力、紧密合作，两者缺一不可，搭建家庭和学校沟通交流机制迫在眉睫。首先，在对大学生恋爱教育中，家校的地位要摆正，各自承担起自己的责任。学校和家庭都要树立教育意识，学校不应逃避对大学生恋爱观培养的责任，从而认为家庭应该培养大学生恋爱观，进而将责任全都推给家庭；家庭成员也不能逃避对子女恋爱品格教育的责任，父母要时刻关注子女的情感状况，教育帮助子女形成良好的恋爱品质。其次，利用互联网建立有效的交流平台。依靠学生传递信息可能会产生滞后性和虚假性等弊端，而互联网的出现可以避免这些弊端，实现学校和家庭的直接联动。学校可以将大学生各方面的信息传入专门的网络交流平台，家长既可以在家中及时了解子女的在校情况，又可以提出自己的想法，实现家校及时沟通，不仅如此，学校也可以建立学生心理档案，掌握学生的心理状况，定期与高危学生家长约谈。此项举措既能够使校方了解大学生恋爱心理，助力大学生的恋爱观培育，又能对大学生恋爱观的家庭教育起到监督把关作用，实现高校与家庭在大学生恋爱观培育方面的协调配合。

（三）提升大学生自爱的能力

1. 克服自恋倾向 提高恋爱认知能力

以积极的态度去克服自恋倾向，是纠正自我认知的前提。大学生首先要三省吾身。培养理性思维是克服自恋倾向的必然途径，因为自恋是对自身的感性认知，想要克服自恋，就要保持理性。因此在恋爱过程中，大学生要注意时刻反省自己的言行举止，在不断的反思中正确看待自身的优缺点，防止因内心自恋倾向而产生非理性恋爱。其次要慎独自律。在校园中，恋爱现象十分普遍，大学生要明确自己的恋爱目的，坚守自己的本心，做到不随波逐流、盲目从众。最后，要理性对待青春期生理需求。大学生要不断锻炼自己，努力练习，争取成为一个有意志力、有耐心的人，并养成良好的习惯，培养健康的生活方式，提高爱的认知能力。

2. 树立恋爱信仰 增强恋爱抗挫能力

大学生要不断积累恋爱理论，并以此为基础树立坚定的恋爱信仰，提高抵御挫折的能力。首先，要接纳自己，接受自己的优点和缺点，既不妄自菲薄，又不狂妄自大，尊重自己和他人，以良好的心态迎接爱情的到来。其次，要相信自己，相信自己可以凭借自己的能力收获一份美好的爱情。最后，要懂得及时止损，对于让自己很受伤的爱情，要及时学会放弃，有时候放弃也是一种最好的选择。懂得在爱别人之前，更要学会爱自己。

3. 完善恋爱理论 强化恋爱实践能力

培养大学生恋爱观的最终目的是让大学生学会用恋爱理论指导大学生的恋爱行为，使大学生在恋爱理论的指导下获得恋爱的美好体验，丰富大学生的精神生活。因此，大学生不仅要学习恋爱理论，掌握恋爱知识，而且要将思想转化为行动，积极参加恋爱观培育的实践活动，在恋爱理论指导下的实践中锻炼自身，形成良好的品格和健全的人格。第一，树立正确的恋爱实践意识。大学生在认真掌握学习恋爱观等相关理论知识时，要重视恋爱实践的作用，看到恋爱实践活动的重要性，不能只拘泥于课本理论知识，而要树立科学的实践观，将恋爱理论与实践活动紧密结合。第二，培养恋爱实践的积极性。学好恋爱这门"课程"的关键就是培养恋爱实践的积极性，积极性是大学生在面对恋爱考验时不畏艰难、不轻言放弃、保持理智的支柱，也是其越挫越勇的动力。第三，提高恋爱实践能力。立足实践，可以帮助大学生消除恋爱相关的模糊认知，解决恋爱所遇到的问题，形成良好的恋爱品格，获得美好的恋爱体验，从而使大学生能够拥有勇敢爱自己和爱他人的能力。第四，提升恋爱实践层次。糟糕的恋爱会使人变得消极和萎靡，而美好的恋爱可以使人变得积极向上，保持进步，能够促进自身全面发展，又能在潜移默化中让他人受到影响，使每个人都被美好的品格所熏陶，进而对整个社会道德层次的提升产生积极影响。社会道德的提升又为每个人的全面发展提供有利的环境，并对人们提出新的要求，促进人们不断磨砺自己，如此循环往复的良性循环，定会达到事半功倍的效果。

三、结论

大学时期的爱情是美好的，但也充满了未知和挑战。面对爱情这一新奇事物，刚刚成年的大学生还不能正确对待它，因此需要加强思想政治教育对大学生进行正确价值引导，帮助他们树立正确的恋爱价值观，让青春之花绽放得更加绚丽多彩。

参考文献

[1] 李玲, 刘锐腾. 习近平新时代中国特色社会主义思想全方位融入大学生思想政治教育的路径研究[J]. 学校党建与思想教育, 2019(06).

[2] 张新颖. 当代大学生恋爱情况调查与思考——以北京师范大学为例的研究[J]. 北京高教(高教), 2012(05).

[3] 宋广元, 单中元. 当代大学生恋爱价值观调查与研究[J]. 高教学刊, 2016(22).

[4] 陈惠莲. 当代大学生恋爱价值观存在的问题及引导策略分析——以广州大学城为例[J]. 亚泰教育, 2016(24).

[5] 刘冰. 新时代背景下大学生养成正确恋爱观的思考——辅导员工作案例[J]. 黑龙江科学, 2021, 12(15).

[6] 王敏. 大学生恋爱观形成存在的问题及教育建议[J]. 才智, 2019(35).

[7] 李春艳, 夏可灿, 张新艳. 多媒体视角下大学生树立正确恋爱观案例分析[J]. 知识经济, 2020(15).

[8] 樊华妍. 论思想政治教育在当代大学生恋爱观教育中的重要性[J]. 智库时代, 2019(12).

雷锋精神融入高校思想政治教育的路径探赜

王一涵*

摘　要：雷锋精神作为中国共产党人精神谱系的重要组成部分，对于融入高校思想政治教育、增强大学生领悟党的宗旨和核心理念、厚植大学生爱国意识和家国情怀、帮助大学生树立崇高信仰和价值观念具有丰富的价值意蕴。本文以深化劳动教育实质、丰富劳动教育形式、做好劳动教育保障为路径，对雷锋精神有效融入高校思想政治教育进行了路径探赜，旨在使"学雷锋"在高校学生群体中蔚然成风。

关键词：雷锋精神；高校；思想政治教育；劳动教育

2023年是学习雷锋精神六十周年。60年来，中国社会经济发展历经变革，雷锋也从一个人物发展为一种精神，雷锋精神衍变成了弘扬社会主义核心价值观的文化载体，代表了中国特色社会主义的精神标识与道德标杆。雷锋精神作为中国共产党人精神谱系的重要组成部分，赓续了共产党人的红色基因与血脉，弘扬了中华民族的传统美德。习近平总书记对深入开展"学雷锋"活动作出的重要指示，是党的二十大以后更好地学习与发扬雷锋精神的根本遵循。60年来，全党上下带领人民群众"学雷锋"活动卓有成效，总书记深刻阐明雷锋精神的永恒价值，对新时代如何继续弘扬雷锋精神提出明确要求。在中国特色社会主义现代化建设的新征程阶段，探索雷锋精神如何更好地融入高校思想政治教育，可以从构建国民崇德向善的价值体系、铸造中国精神等视角，规划"学雷锋"活动的顶层设计，以推动"学雷锋"活动的常态化、长效化机制，完善志愿服务活动的制度化建设。①

＊　王一涵：吉林大学外国语学院辅导员，主要研究方向为学生思想教育。

① 欧阳雪梅. "学雷锋"活动六十年来的发展历程及启示［N］. 光明日报，2023-03-01（11）.

一、雷锋精神是共产党人精神谱系的重要组成部分

雷锋精神是第一批中国共产党人精神谱系的伟大精神，是社会主义革命和建设时期伟大精神的代表，在内涵拓展中弘扬了中华优秀传统文化内蕴的伟大民族精神。[①]雷锋精神概括为：热爱党、热爱国家、热爱社会主义的崇高理想和坚定信念；服务人民、助人为乐的奉献精神；干一行爱一行、专一行精一行的敬业精神；锐意进取、自强不息的创新精神；艰苦奋斗、勤俭节约的创业精神。

（一）雷锋精神是民族的脊梁

雷锋精神是中华民族精神的光辉写照，雷锋的一生都在以平凡抒写伟大，"一个人做好事不难，难的是一辈子做好事"，他在生活、工作中始终用点滴行动展现共产党人崇高的思想道德境界。他始终将个人的前途、命运与党和国家的前途、命运紧密联系在一起，以党和国家的利益为重，以忠于党、忠于国家、服务人民为决心来规划自己的人生道路，体现了一名共产党员的家国情怀和共产主义信仰。雷锋用自己的实际行动证明了他坚定的社会主义信念，他在日记中写道："在您的不断培养和教育下，使我从一个孤苦伶仃的穷孩子，成长为一个有知识觉悟的共产党员"，"我就是长着一个心眼，我一心向着党，向着社会主义，向着共产主义。"雷锋用平凡人的伟大歌颂着中华民族精神，感染着新时代的青年人，雷锋和具有雷锋精神的中华儿女都是中华民族的脊梁。

（二）雷锋精神是民族的财富

雷锋精神作为树立在中国共产党人精神谱系中的标志性旗帜，汇聚了中华民族的宝贵精神财富。"我要把有限的生命，投入到无限的为人民服务之中去"是雷锋全心全意为人民服务、为了人民事业无私奉献的阐释。

雷锋一生勤勉工作，在任何工作岗位均饱有自强不息、艰苦奋斗的品格。在辽宁鞍山鞍钢弓长岭焦化厂参加基础建设期间，雷锋与伙伴们冒雨奋战保住了7200袋水泥免受损失，《辽阳日报》报道了这一事迹，雷锋先后被评为先进工作者3次，工作标兵5次，红旗手18次，荣获"青年社会主义建设积极分子"称号。雷锋在营口新兵连入伍后，从新兵临时通讯员干起，两年

---

① 陶倩, 石玉莹. 60年来雷锋精神内涵拓展的历史过程、逻辑理路与基本经验[J]. 思想政治教育, 2022（03）: 60.

的时间里先后荣立1次二等功、2次三等功，荣获"模范共青团员"称号。雷锋作为国家的好工人、人民的好公仆、共产党的好战士，身体力行地诠释了国而忘家、公而忘私的家国情怀和英勇担当，雷锋锐意进取的思想觉悟激励着新时代拼搏向上的青年。

（三）雷锋精神具有新时代内涵

中国共产党第十八次全国代表大会后，习近平总书记曾多次强调要继承与发扬雷锋精神，并作出相关指示，他号召全体党员和领导干部上下齐心，带领广大人民群众将雷锋精神薪火赓续、奋楫笃行。"60年来，学雷锋活动在全国各阶层、各行业、各领域范围内持续开展，雷锋的名字家喻户晓，雷锋的事迹入脑入心，雷锋精神滋育着一代代中华儿女的心灵。实践证明，无论时代如何变迁，雷锋精神永不过时。"总书记接见某工兵团"雷锋连"指导员谢正谊时亲切嘱托，"雷锋精神是永恒的，是社会主义核心价值观的生动体现。你们要做雷锋精神的种子，把雷锋精神播撒在祖国广袤的土地上"。

总书记致贺信给"中国志愿服务联合会第二届会员代表大会"时，殷切勉励志愿者们，"继续以实际行动书写新时代的雷锋故事"。在总书记的引领下，一批时代楷模、感动人物、大国工匠与道德模范先后涌现，用先进事迹传递着雷锋同志的接力棒。医者仁心、大爱无疆，中国参与救援抗击埃博拉病毒的援非医疗队成员达600余人，并向十多个非洲国家提供了价值超7亿元人民币的援助物资，医疗队获评"2014年度感动中国人物"。2020年被誉为"大国工匠"的高级技师王建勋，因腰伤严重常年佩戴一条白棉布腰带，里面嵌入了五根钢条，几十年来这条"铁腰带"支撑住了王建勋，也支撑住了一个工人的匠心，一个党员的忠心，一个儿子的孝心。新时代的"雷锋"们，正以拼搏奋发的奔涌气势会聚起中国特色社会主义时期的时代潮流。以雷锋精神铸魂育人，高校更好地回答了新时代"培养什么人、怎样培养人、为谁培养人"这一重大命题。

二、雷锋精神融入高校思想政治教育的价值意蕴

（一）领悟党的宗旨和核心理念

雷锋精神是在党的领导下，在人民群众艰苦创业的奋斗历程中确立起来的，通过对雷锋精神内涵的梳理，可以发现在浩瀚历史中涌现出的无数英雄

人物和感人故事都是在党的坚定领导下完成的，没有中国共产党的领导，就没有中国革命、建设和改革中围绕以人民为中心而生成和壮大的雷锋精神。高校以"学思想、强党性、重实践、建新功"为目标，通过巩固组织化学习、弘扬"我为师生办实事"事迹、组织"三下乡"调研深入基层、投身乡村振兴建设等形式丰富思想政治教育载体，对于增强大学生深刻理解中国共产党"全心全意为人民服务"的宗旨和"人民至上"的核心价值理念具有推动作用，使青年学生听党话、跟党走的信念更加坚定。

（二）厚植爱国意识和家国情怀

雷锋精神以最具红色底蕴的伟大建党精神为源头活水，以传承红色血脉为目标，生动地诠释着党的红色基因，在滋养大学生爱国意识和家国情怀方面具有显著影响。发扬光荣传统、赓续红色血脉是新时代青年大学生的历史使命和责任。这就要求教师在开展思想政治教育过程中，既要充分汲取雷锋精神中的红色基因，又要持续挖掘雷锋精神的新时代精华，激励青年大学生爱岗敬业、励志图强、奋发勇为，在实现中华民族伟大复兴"中国梦"的进程中不懈奋斗、凯歌进发。启迪青年大学生守护好、建设好我们的红色江山，保证红色江山永不变色，以实现厚植青年大学生爱国意识和家国情怀的教育宗旨。

（三）树立崇高信仰和价值观念

从实践中汲取力量，以建立崇高信仰、坚定理想信念，这是我们党的光辉传统，是高校思想政治教育的重要手段与途径。中共中央、国务院印发了《新时代公民道德建设实施纲要》，将雷锋式的志愿服务作为新时代公民道德建设和社会主义核心价值观的精神导航，为高校思想政治教育提供了风向标。高校利用实践育人、管理育人等育人优势整合雷锋精神文化资源，通过中宣部、团中央等平台，在学生中选树"最美志愿项目""最美志愿团队""最美志愿者"等，通过打造"学雷锋"思政品牌探明雷锋精神的内涵，对青年学生进行崇高信仰与社会主义核心价值观教育。而探明雷锋精神的深厚底蕴，对于牢固树立青年学生的政治意识、大局意识、核心意识、看齐意识和培植大学生中国特色社会主义道路自信、理论自信、制度自信、文化自信具有新时代意义，对革新高校思想政治教育新方式、新方法起到定心聚神的作用。

三、以劳动教育为模式的路径探赜

习近平总书记在参观抚顺市雷锋纪念馆时发表讲话，"我们既要学习雷锋同志的精神，也要学习雷锋同志的做法"[1]，将其转化为知行合一的实践，并在个人平凡的工作与生活中得以体现，为中国特色社会主义建设中对崇高理想信念和道德品质的追求作出自己的贡献，将雷锋精神一代又一代延续和流传下去。

（一）深化劳动教育实质

马克思、恩格斯对劳动及其劳动价值观的阐述启示我们，社会主义劳动教育的核心目标是促进学习者形成正确的劳动价值观。高校作为传承和践行雷锋精神的重要高地与关键主体，以习近平新时代中国特色社会主义思想为指导，全面贯彻党的教育方针，落实立德树人根本任务，在新征程上大力弘扬雷锋精神，深入开展"学雷锋"活动，教育引导高校学生树立崇高理想追求。

高校通过"学习雷锋精神 践行劳动教育"等主题活动来激发高校学生爱党、爱国、爱社会主义的巨大热情，突出劳动教育"以劳树德、以劳增智、以劳强体、以劳育美"的育人功能，使学生做到"两个维护"、拥护"两个确立"，重塑社会主义劳动教育观念，崇尚"劳动光荣"价值观念，竭尽全力为中国特色社会主义事业贡献力量。

（二）丰富劳动教育形式

重在平时、立足本职，为了将"学雷锋"活动发展为联系实际、讲求实效的常态化教育活动，以劳动教育为抓手，促进学生综合素质的全面发展。习近平总书记在全国教育大会上明确指出，把劳动教育纳入社会主义建设者和接班人的要求之中，构建德智体美劳全面培养的教育体系。[2]

高校以重要时间节点为契机，精心策划劳动教育方案，在"五一国际劳动节"等重大节日期间开展劳动教育活动；鼓励创办以劳动为活动内容的社团，鼓励以"劳动教育月""劳动宣传周"为模式的校园文化活动，鼓励在基层学院成立"劳动教育工作室"，鼓励大学生走进田间地头或科学实验

① 姚茜. 学习雷锋精神 听听习近平总书记的10句嘱托［EB/OL］. 人民网，2019-03-05［2023-06-15］. http://jhsjk.people.cn/article/30957918.

② 中共中央党史和文献研究院. 全面建成小康社会重要文献选编（下）［M］. 北京：人民出版社，2022.

室，鼓励各教学单位以国内经济三大产业为门类拓宽劳动教育领域，促进劳动成为高校的自觉活动，在高校范围内营造广大师生共同劳动的热烈氛围。

（三）做好劳动教育保障

一是保障教学机制。以弘扬雷锋精神、开展"学雷锋"活动为契机，优化思政课程中劳动教育实践课程设置，在第二课堂和课外创新培养计划中体现劳动教育。以不同的教学维度来构建符合综合性、实践性、开放性、针对性的劳动教育课程体系，推动雷锋精神进校园的日常化、长效化机制。二是保障劳动场地。雷锋精神既是在社会主义建设的实践中诞生，就需要在高校劳动教育的实践中发扬光大。通过发挥高校校企合作平台资源优势和多种学科门类专业优势，打造劳动实践基地，搭建劳动教育实践平台，建设多种类、多职能、多地域的劳动实践基地，体现高校的实践育人功能。三是保障师资队伍。就目前劳动教育的师资水平来看，亟待提高教师队伍的资质，聘请劳动模范、大国工匠等为教师做培训，为学生做讲座；注重从思政干部队伍中选拔一批素质过硬、本领过强的教师率先承担必修课程，重点引领学生树立正确的劳动观念，培养能吃苦、肯奋斗的新时代"雷锋式"好青年。四是保障经费投入和安全。调度高校各部门协同配合，对劳动教育场地、劳动教育实践基地和劳动教育设施进行提级改造与建设，加强对师生在劳动过程中的安全教育，在各项劳动开展前需制定完善的应急预案，排查安全隐患，落实安全责任人，建立健全劳动教育安全保障体系，确保师生在"学雷锋"劳动教育中的安全。

四、结语

将雷锋精神融入高校思政教育，以常态化、日常化为目标，使青年学生在学习雷锋精神的过程中领会"一贯的有益于广大群众，一贯的有益于革命，艰苦奋斗几十年如一日"的深刻含义，并将其作为个人理想融入中国梦的奋斗基调。高校以劳动教育为抓手、平台、突破口，深入贯彻落实党的二十大精神，认真学习习近平总书记关于弘扬雷锋精神的重要论述和对深入开展"学雷锋"活动的重要指示要求，不断发展壮大雷锋式的志愿服务队伍，让"学雷锋"在高校学生群体中蔚然成风，将弘扬雷锋精神、传承共产党人精神谱系紧密地融入高校思政教育工作。

参考文献

[1]欧阳雪梅. "学雷锋"活动六十年来的发展历程及启示[N]. 光明日报, 2023-03-01(11).

[2]陶倩, 石玉莹. 60年来雷锋精神内涵拓展的历史过程、逻辑理路与基本经验[J]. 思想政治教育, 2022(03): 53-68.

[3]习近平. 习近平谈治国理政(第四卷)[M]. 北京: 外文出版社, 2022.

[4]姚茜. 学习雷锋精神 听听习近平总书记的10句嘱托[EB/OL]. 人民网, 2019-03-05[2023-06-15]. http://jhsjk.people.cn/article/30957918.

[5]宁本涛. 重塑劳动教育观[N]. 光明日报, 2019-01-09(13).

[6]中共中央党史和文献研究院. 全面建成小康社会重要文献选编(下)[M]. 北京: 人民出版社, 2022.

马克思主义实践观视阈下高校思想政治教育
与大学生志愿服务活动的融合研究

方宇明　张富尧[*]

摘　要： 当代高校思想政治教育工作需要充分发挥大学生志愿服务实践的作用，高校青年志愿实践服务活动作为当代大学生学习生活中重要的组成部分，对于当代大学生树立正确的价值观、增强社会责任感、锤炼过硬本领具有重要的塑造意义与锻炼意义。但目前，仍存在大学生志愿服务发展与思想政治教育提级不匹配、部分高校志愿服务性质认识不清，定位有所偏颇、高校志愿服务组织管理形式较为单一、内部职权分工重合、志愿服务激励机制有限，志愿者主动性不高等问题。未来，要加强力量整合，推动大学生志愿服务制度建设、打造实体平台，加强志愿服务实践基地建设、重视后期总结，拓展思政课堂优质教学内容，推动高校思想政治教育与大学生志愿服务活动深度融合。

关键词： 马克思主义实践观；志愿服务；思想政治教育

2022年8月，教育部等十部门印发的《全面推进"大思政课"建设的工作方案》中指出："高校要紧扣思政课实践教学目标和要求，利用志愿服务、理论宣讲、社会调研等实践活动，开展实践教学。注重总结实践教学成果，把优秀成果作为课堂教学的有效补充。"文件中着力强调了"实践教育"的重要性与其在高校思想政治教育工作中的重要作用，充分体现了实践育人在新时代思想政治教育过程中的鲜明导向。高校青年志愿实践服务活动作为当代大学生学习生活中重要的组成部分，对于当代大学生增智立品、启德明理，增强社会责任感，树立正确价值观念，锤炼过硬本领具有重要的塑造意

---

*　方宇明：吉林大学交通学院辅导员。张富尧：吉林大学机械与航空航天工程学院辅导员。

义与锻炼意义。因此，当代高校思想政治教育工作需要充分发挥大学生志愿服务实践的作用，增加其在学生学习生活工作中的比重，以充分发挥志愿服务精神中所包含的无私奉献、乐于助人等正确价值取向在高校思想政治教育中的促进作用。

一、马克思主义实践观概述

（一）马克思主义早期实践观的思考与探索

《黑格尔法哲学批判》导言作为马克思早期对于实践这一观点摸索尝试的代表作，具有一定的代表性与前瞻性。在青年黑格尔派的时候，马克思已经敏锐地发现并捕捉到其实质，那就是这种观点的唯物主义是停留在表层的、是不深入的、是模糊的，其根本立场依旧是唯心主义的，这种模棱两可的思维观点对于现实世界起不到任何实际作用。基于此，马克思认为，哲学必须将理论的着眼点与观照维度回归现实。在这一维度上，马克思的实践观较过去而言已经发生了较大变化，这是其实践观不断发育的雏形，更是其未来思想观点喷涌的基础与铺垫。

（二）马克思主义实践理论的初步形成

《1844年经济学哲学手稿》（以下简称《手稿》）可以视作马克思主义实践理论初步形成的标志与象征。在《手稿》中，马克思将实践理解为人有意识地改变客观世界的感性活动，是人的本质。我们通过分析可以得到，《手稿》的主题与线索是紧密围绕着"劳动"这一主题而展开的，马克思通过分工，产生私有制和异化，再通过异化劳动，达到人类的彻底解放进行了论述。这一过程中，马克思已经充分使用唯物主义的观点与思路逻辑进行解释与构建，同时，在"异化"的基础上，马克思的实践观也形成了一个初步的较为完善的体系。

（三）实践理论的发展与成熟

马克思主义实践观从萌芽到初步形成再到进一步的发展成熟，《关于费尔巴哈的提纲》（以下简称《提纲》）可以看作是马克思主义实践观发展的进一步产物。《提纲》与马克思的实践观紧密相连，《提纲》的内容也与实践有着密切联系。此时，马克思有关实践的观点与思想更在原有基础上进行了一定程度的改变与完善，马克思主义实践观也从简单走向成熟，在更高层次上实现了理论化、体系化的发展。总体来讲，可以说马克思主义实践观的形成经历了一个不断发展的过程，其诞生也为世界理论宝库作出了重要的贡献。

二、当前大学生志愿服务活动的内容与特征

大学生志愿服务活动是在志愿精神指导下，由广大大学生群体自发、主动、自愿组织起来的，致力于服务他人、奉献社会的实践类活动。当前大学生的志愿服务实践活动具有公益性、自愿性、实践性及社会性等特征，它已经不仅仅是学生课外实践、锻炼的重要平台，同时，还具有推动大学生认识社会、走近社会、感受人文、了解世界等重要作用。经过长时间、系统化发展与体系化塑造，志愿服务已经逐渐成为广受高校师生好评的重要活动。

（一）大学生志愿服务实践活动的内容

大学生志愿服务活动是指大学生以志愿者的身份有组织有自律、自觉主动地参与到各项公益服务事业活动中去。志愿服务的服务场所与主要活动单位较广，包括社区、政府机关、社会机构、公共场所等。服务内容主要包括以下方面：

第一，关爱性社会服务活动，主要面向特殊人群、需要关注群体等，主要负责为其提供力所能及的支持与资助，或深入重点建设社区开展文明建设活动，为树立社会新风、开展文化活动贡献力量。

第二，公益宣传类活动，针对所在时间段内发生的具有重大影响力且备受群众关注的重要事件、重要话题、重要内容进行辅助宣传与媒体传播。

第三，国内外有关大型活动，我国大学生志愿者立足本国，放眼世界，将浓厚的世界眼光与家国情怀付于实际行动上，积极参加各类公益服务活动，为我国与国际交往和展现中国青年形象贡献了青年力量与青春担当。

（二）大学生志愿服务实践活动的特征

第一，大学生志愿服务活动具有自愿性。志愿服务活动隶属于公益活动范畴，是大学生自觉自愿通过主动联络志愿服务组织、有关社团等报名参加。其自愿性本身也是大学生参与志愿服务活动的利他性与同理心的重要体现。只有广大青年学生自觉自愿主动地参与到志愿服务活动中来，才能在新时代让志愿精神之花绚丽绽放。

第二，大学生志愿服务活动具有实践性。马克思主义实践观强调，人类社会在本质上是实践的，大学生志愿服务活动也是如此。大学生面临即将步入社会、走进工作岗位、实现人生阶段转型的重要阶段，而志愿服务活动则

对其明确社会角色、明晰社会分工、承担社会责任有着重要的作用。"大学生作为志愿者参与社会服务的过程中，因为服务对象和方式的变化，会促使其经历一个由感性认识到理性认识，又由理性认识到实践的飞跃，在循环往复中逐渐深化对志愿活动意义及价值的理解。"①

第三，大学生志愿服务活动具有广泛性。以吉林大学过去一年（2022年）不完全统计的志愿服务活动为参考样本，可以看到近年来大学生志愿服务的参与人次、参与热情、涉及范围正在呈现高速增长与提升。从志愿服务的内容来看，大学生志愿服务主要呈现内容更加广泛、覆盖面更加广阔、服务对象更加具体的特点。与此同时，从志愿效果上来看，近年来，大学生志愿者在服务社会经济、政治、文化、社会生活等各个方面发挥了重要作用。一方面，志愿服务活动的效果体现在服务对象本身的实际利益得到了维护与发展；另一方面，更体现在大学生志愿者自身才能、本领、精神的提升。同时，有效的大学生志愿服务活动还对社会的和谐发展起到了积极的促进作用，其影响力已经涵盖当前社会的各个方面各个层次。

三、当前高校思想政治教育与大学生志愿服务活动融合过程中存在的问题

（一）大学生志愿服务发展与思想政治教育提级不匹配

共青团中央牵头成立青年志愿者协会至今，在全国范围内，大学生志愿者约占全体志愿者的七成。在一定程度上，大学生志愿者已经成为全国志愿者行列的主力军与中坚力量。在二十国集团领导人第十一次峰会中，峰会卫志部志愿服务组向杭城高校发出邀请选拔会场志愿者。超过2万名青年志愿者积极投身到志愿服务工作中来，为大会的成功举办贡献了重要力量。

但同时，我们关注到，在思想政治教育层面，志愿服务活动的教育成果并不十分显著。大学生在国际大型会议志愿活动中，应该进一步树立文化自信，充分学习中华优秀传统文化，切实培养起社会主义建设者和接班人的责任和担当。在这当中，高校作为大型活动志愿服务的中介者，并没有进一步结合志愿者的具体实际，用信任、期待和赞美这些积极的反馈方式提升大学生志愿者的自我效能感。

---

① 杨天菊.高校思想政治教育与大学生志愿服务实践活动的融合研究——以高校青年志愿者服务联合会为例[J].领导科学论坛，2023（06）：148.

（二）部分高校志愿服务性质认识不清，定位有所偏颇

部分学校对于学生志愿服务的认识与定位存在问题，没有认识到志愿服务与高校学生思想政治教育的紧密联系。部分学校没有重视志愿服务活动工作，单方面认为志愿服务活动仅应当由团委进行管理，由学生自行组织进行，缺乏部门间、学院间的联系。这些问题也在很大程度上弱化了志愿服务工作的思政教育性质。在日常志愿服务活动中，志愿形式往往以福利院、养老院慰问，各级各类活动前期辅助形式进行，没有在志愿服务工作前进行思想教育及志愿培训，也没有在事后引导学生进行总结与反思，背离了提升思想政治素质的初衷。

（三）高校志愿服务组织管理形式较为单一，内部职权分工重合

从组织者角度入手，高校志愿工作一般由学校团委指导，在校团委指导下，学校设立青年志愿者协会和有关社团组织，在各基层团委指导下开展具体志愿工作和参与相关活动，大致形成"总—分"组织框架。

然而，因为志愿服务的时效性和灵活性，导致工作中职务分工紊乱，上下组织的效能大打折扣。从志愿者角度来看，志愿者多为因活动而招募的"流动性"较强的志愿者，缺少固定岗位与固定职责，导致大学生志愿服务工作效率低下。从实际情况来看，"重活动、轻培训"成为大学生志愿服务工作的最大短板。在具体志愿服务活动中，不同的志愿岗位对大学生的技能要求不同。从目前大部分的志愿活动中不难发现，各级青年志愿者协会更加重视志愿活动的顺利举办，但却在很大程度上缺少对志愿者进行活动的介绍及各志愿岗位的综合培训。

（四）志愿服务激励机制有限，志愿者主动性不高

目前，高校中开展志愿服务，采取的模式主要是学分奖励制，凭个人在志愿服务中的贡献，即志愿时长等标准来评定等级，进行相应的行为积分奖励。学者黄莉培对北京四所高校大学生进行调研后发现，有不少学生愿意参与志愿服务是出于刚性制度要求与培养方案限制。大多数人对于志愿活动的意义以及作用认识不清，没有达到较高程度的认同和理解。同时，蕴含在志愿服务活动中的思想政治内涵则更无法成功体现。同时，学校较为单一的激励机制，容易使志愿服务本身的意义出现变化，大多数人以完成任务为目的参加志愿活动，使志愿服务活动本身的价值无法彰显。

四、高校思想政治教育与大学生志愿服务活动融合的优化路径

（一）推进力量整合，推动志愿服务制度化体系化建设

大学生志愿服务制度包含但不限于志愿者招募、志愿者培训、活动项目说明、人员管理与后期评价等主要内容。但从实际情况来看，当前高校志愿服务活动体系制度的建立需要整合团委、学工、基层学院、有关社团组织、志愿者协会等各方力量，从而达成体系化、制度化的目标。

首先，要在招募遴选机制上下功夫。一方面要加强榜样引领带动作用，提升其整体的代表性，吸引更多青年学生投身志愿服务活动中来。同时，要加强组织制度建设，主动联络和吸纳更多有代表性、有志愿精神、积极主动投身到志愿服务活动中的骨干成员。其次，要在培训机制上下力度。全方位整合多方主体，共同参与组织指导志愿服务实践项目，营造良好的思想政治教育氛围。最后，要在激励机制上动脑筋。要充分结合服务对象反响、单位意见、志愿活动实效、服务反馈、产生影响、可持续性、经济效益等对每个参与成员进行评价，并要在主客观相结合的基础上公平公正地对广大优秀志愿者予以物质与精神上的表彰、表扬与奖励。

（二）打造实体平台，加强志愿服务实践基地建设

实践教学是提升思想政治教育实效性的重要载体，是发挥思想政治教育在广大学生实际生活中重要作用的关键一环。但现有的大学生志愿服务实践基地由于其管理上、设计上、组织上、资源上等多方面的匮乏与不善，在很大程度上限制了其教育功能的发挥。

在平台建设过程中，要加强其教育性建设与发挥，在投入使用的过程中有明确的思想政治教育指向性。大学生志愿服务实践基地要真正发挥志愿服务活动的保障功能，着眼于实际问题，致力于解决社会难点痛点问题。同时，各高校及基层团组织更要充分发挥主观能动性，主动联络志愿服务校外基地与平台，建立起长效合作机制，搭建校地、校企合作的热切友谊。各高校及基层团组织要鼓励大学生走出学校、走进一线，加强实地教学与体验式教学，加强课题研究和资源开发，加强学业反馈与效果检验，真正在实践中切实发挥志愿服务活动的思想政治教育功能。

（三）落实即时反馈，提升思政课教学效用效能

习近平总书记在看望参加全国政协会议的医药卫生界教育界委员时指

出："'大思政课'我们要善用之,一定要跟现实结合起来。"为进一步发挥志愿服务活动的思想政治教育功能,在志愿服务活动后期要不断总结实践成果,并充分调动科学公平、全面有效的科学评价体系与指标,对育人效果与育人作用进行全过程评价。在评价过程中,特别是存在的特别薄弱的环节,要强化评估,完善措施,及时反思,及时总结。

同时,我们关注到在志愿服务活动过程中,青年学生日益形成优质的人格品质,为积极投身全面建设社会主义现代化国家的火热实践之中奠定了坚实的基础。因此,志愿服务活动本身就是最生动、最具体的教材。高校的思政课教师与开设单位要紧扣思政课实践实际,切实激发起广大青年学生的青春力量与青年担当,组织更多青年大学生谱写更加绚烂的青春华章。

参考文献

[1]杨天菊. 高校思想政治教育与大学生志愿服务实践活动的融合研究——以高校青年志愿者服务联合会为例[J]. 领导科学论坛, 2023 (06): 147-150.

[2]殷福龙, 王耕. 志愿精神融入青年思想政治教育的价值意蕴及路径探析[J]. 高校辅导员, 2023 (02): 49-53.

[3]柴玥儿, 王彦力. 以冬奥志愿服务作为"教材" 推动高校思想政治教育实践走深走实[J]. 北京教育 (高教), 2022 (06): 35-38.

[4]谭竹希. 新时代大学生志愿服务的育人功能及实现策略研究[D]. 重庆大学, 2022.

[5]谭菀婷. 充分发挥志愿服务在新时代大学生思想政治教育中的载体作用[J]. 科教文汇, 2022 (10): 41-44.

[6]张洁. "三全育人"视域下志愿服务融入高校思想政治教育的路径探索[J]. 产业与科技论坛, 2022, 21 (05): 161-163.

[7]丁丽. 大学生志愿服务的思想政治教育功能研究[D]. 兰州大学, 2021.

[8]郝学武. 创新大学生志愿服务思想政治教育方法研究[J]. 学校党建与思想教育, 2020 (08): 64-65+90.

[9]周璐. 思想政治教育视域下的高校志愿服务研究[J]. 吉林教育, 2020 (11): 51-52.

[10]张文智. 新时代大学生志愿服务问题研究[D]. 东北师范大学, 2019.

[11]"'大思政课'我们要善用之"(微镜头·习近平总书记两会"下团组"·两会现场观察)[N]. 人民日报, 2021-03-07 (1).

"三全育人"视角下高校网络思政教育路径探析

潘国庆　郝　慧　张海芸*

摘　要： 随着现代信息技术的迅猛发展，网络不仅给思政教育提供了新载体，也对传统教育模式提出了新挑战，积极探索"三全育人"理念与网络思政的深度融合，掌握网络思政教育的新特点，分析网络育人新形势，提出"三全育人"背景下开展网络思想政治教育的有效路径，是目前高校网络思政育人工作的重要途径，有效引导网络思政教育高质量发展是常抓不懈的任务。

关键词： 三全育人；网络思政；大学生

国务院、教育部发布了《关于加强和改进新形势下高校思想政治工作的意见》《关于开展"三全育人"综合改革试点工作的通知》等相关文件，文件中明确指出，高校要把思想价值引领贯穿教育教学全过程和各环节，以立德树人为根本，以理想信念教育为核心，坚持全员全过程全方位育人，培养又红又专、德才兼备、全面发展的中国特色社会主义合格建设者和可靠接班人。当今，随着互联网技术的迅速发展，网络信息技术在高校思政教育中得到广泛应用，基于"三全育人"理念下，探索网络思政教育新模式及实施路径，能够有效提升思政教学效率，深化"三全育人"改革发展，保障人才培养质量，推进高校思想政治教育高质量发展。

一、"三全育人"内涵和网络思政教育

"三全育人"其核心在"育"，要点在"全"，根本在"人"，是重构高校育人格局及标准的重要措施，能够整合育人资源及载体，对加快高校思

---

* 潘国庆：吉林大学党委人才工作办公室。郝慧：吉林大学食品科学与工程学院辅导员。张海芸：吉林大学食品科学与工程学院本科生。

想政治教育改革、促进学生全面发展具有重要意义。习近平总书记指出，做好高校思想政治工作，要因事而化、因时而进、因势而新。要遵循思想政治工作规律，遵循教书育人规律，遵循学生成长规律，不断提高工作能力和水平。因此，以"三全育人"理念为指导，探究高校网络思政教育工作路径，有利于将思政教改向深处发展，向实处推进。

二、"三全育人"背景下高校网络思政教育面临的新形势

作为网络的一大用户群体，高校大学生普遍具有学习能力强、自主意识强、愿意接受新鲜事物的特点，但社会经验明显不足，思辨意识有待提升，所以很容易被网络中多元文化思潮所影响。网络中不良的信息会误导学生，使学生的价值观动摇，不能很好地认同思想政治教育工作，阻碍了学生的发展。所以高校在开展网络思政教育工作的过程中，必须要深入贯彻落实"三全育人"的理念，积极、正向地引导学生的思想意识形态，抢占网络阵地，建立全方位立体化育人体系，保障思政育人的实效性。

（一）网络教育意识不强，网络育人阵地有待巩固

随着5G时代的迅速发展，网络在生活中发挥了越来越重要的作用，各种各样的思想潮流涌入校园，直接影响着高校思想政治教育工作的开展。

高校缺乏网络思政教育理念。在传统思政教育模式和理念的影响下，高校主要依靠传统课堂板书教学的方式开展教学活动，并不能主动将网络信息技术运用到教学实践中，开展网络教育的积极性普遍不高，不利于网络思想政治教育活动的开展。第二，未发挥出网络新媒体的优势。当下高校虽然拥有多种能够开展思政教育的新媒体平台，但大部分平台以说教为主，仅发挥着单向传递思政教育信息的功能，并不能很好地调动学生的学习积极性。第三，专业思政教师配备不足。高校在落实网络思政教育工作时，专业思政教师的数量明显不足，主要依靠学工团队开展管理工作，无法系统化地开展思政教育信息更新、网络媒体运营等工作，致使网络思政教育实效性不高，达不到理想的育人效果。

（二）网络信息辨别能力不强，网络素养水平有待提升

网络平台在高校大学生学习、生活和娱乐中发挥的作用愈发重要，而依托多样化的媒体平台实施网络思政教育迎合了大学生的喜好和心理需求，可以有效吸引学生的注意力。然而由于大学生对错误网络思潮的辨识度不高，

无法做到深度的思考和辨别,不能有效吸收正向的知识信息,很容易被非法分子所影响,出现过度依赖网络、无法分别虚拟世界和现实世界的状况。大学生的整体网络素养不高,过度沉迷娱乐新闻,对时政新闻的关注度不够,在网络上过度宣泄不良情绪,存在网络行为示范的状况,这些情况也阻碍了网络思政教育工作的有效开展。

(三)网络思政教育形式单一,网络育人队伍建设有待夯实

第一,很多专任思政课教师因为缺乏网络思政教育意识,而且对先进媒体技术的应用能力不强,不能将网络技术与思政教育有效地整合起来,无法适应到迎合教育和时代发展需求的全新网络思政教育模式中。第二,很多教师习惯于沿用传统网络思政教育形式,即教师为教学主体,学生被动接受知识,并未凸显出网络思政教育灵活性、互动性强的特征,削弱了学生学习的积极性,个性需求也没有得到充分尊重。第三,思政教师并未积极与辅导员进行沟通,没有利用网络思政教学平台,将思政教学知识渗透到学生的日常学习、生活中,未积极依托网络平台或软件帮助学生解决所遇到的各项问题,网络思政教育功能发挥不明显。

三、"三全育人"背景下提升高校网络思政教育的新路径

高校在"三全育人"背景下深入开展网络思政教育的过程中,必须要在社会主义思想的指导下,依托多样化的媒体平台,强化教师和学生间的互动,促使多元主体充分参与到网络思政教育教学中,构建出网络思政育人新格局,营造出良好的教学环境,保障网络思政教育效率,践行立德树人的根本任务。

(一)坚持全员育人,深化网络思政教育的应用广度

首先,高校要确立思政教师的角色和地位,发挥教师在全员育人中的主导作用。这就要求思政教师要将传统课堂转移到线上,积极运用翻转课堂开展思政教学,并利用微信群、B站、论坛等媒介,向学生传授基础思想政治教育,鼓励学生同其他学生、教师进行互动和交流,帮助学生扎实掌握思政知识。高校要在网络平台中广泛搜集思政案例,丰富和充实教学素材,善用网易云课堂、易班及慕课等网络思政教学资源,拓展学生的眼界,提高网络思政教育教学效率。

其次,高校要对网络思政教育组织结构进行调整和优化,设立专项的

教育管理部门，负责对校内全部师资力量进行调用。对此，高校需要基于整体角度，做好顶层设计，统筹规划网络思政教育框架体系，设立以党委书记为主体、辅导员和教师以辅的领导小组，根据高校思政教学现状和学生的需求，研制出详细的网络思政教学方案，确保网络思政教育的实效性，提升学生的思政素养。

最后，高校还要对全员育人网络新格局进行构建，积极引入多方社会力量，形成网络思政育人合力。互联网时代的到来为思政教育和信息技术的整合提供了有利的契机，高校为了创新思政教育模式，跟上时代发展的步伐，就需要凝聚社会、其他院校、家长等多元育人主体，形成多位一体化网络思政育人局面。高校可以将公众号、QQ、论坛及校园官网整合起来，打造新媒体平台矩阵，面向社会、高校、家长等主体提供专项链接端口，强化高校同各方主体间的联系和沟通，实时共享学生的思想动态和思政学习状况，从而利用育人合力来解决学生日常学习、就业、生活等方面遇到的问题，提高大学生的网络思政学习质量。

（二）推进全过程育人，推进网络思政教育的延伸与拓展

高校在开展网络思政教学工作时，还需要注重全过程育人，即结合大学生的发展规律及特点，按照分层次、分阶段的原则将网络思政教育覆盖到大学生的整个求学过程，确保学生具有良好的思想政治素养，顺利实现大学生从高校到社会的过渡。例如，针对大学新生，高校可以通过网络文化作品来让学生学习基础的思政知识，帮助学生树立正确的价值观，更好地适应大学生活；针对大学二、三年级的学生，则可以整合大量优质的网络思政教育素材和内容，通过PPT、短视频等方式开展教学，引导学生领悟思政教学的本质，提升学生的思政素养，坚定学生的理想信念；而针对大四学生，高校则可以利用直播、一对一就业辅导、线上考研咨询等形式，让学生明确自身发展目标，使学生意识到自身承担的社会职责，将自身发展与社会主义事业的发展整合起来，助力学生的全面发展。

高校依托网络平台积极对思政教育场域进行拓展，将社会实践、思政教育及校园文化进行融合，能够有效拉进思政教育与大学生间的距离，方便学生随时获取思政知识，贯彻全过程化育人，进而培育出综合素质较高的社会主义接班人。

（三）实现全方位育人，促进网络媒体与思政教育的深度融合

高校借助全新的网络思政教育模式，需要主动创新教学方式，促进网络媒体和思政教育的深入融合，全面提升思政教育和育人效率，实现全方位育人。

首先，可以将大学生管理工作作为切入点，建立基于大数据技术的学生管理系统，规范化地落实各项学生管理活动，确保学生将思政知识内化于心、外化于行，能够自主约束自身的言行举止，成为合格的新时代优秀人才。

其次，高校也可以在学生的日常学习中渗透网络思政教育，发挥出教师的引导、组织作用，主动运用青年大学习、博客等平台，将党的最新政策思想、社会时事新闻及思政直接推送给大学生，潜移默化地塑造大学生的思想品质。在这个过程中，高校要注重对网络思政教师团队的打造，一方面要对专业教师进行培训，另一方面还要鼓励其他专业教师参与到思政教学中，引入网络思政教学名师，通过线上线下相结合的教学方式开展各项思政教学工作。

最后，网络思政教育中全过程育人目标的达成与校园文化建设也有很大的关系，要求高校必须要深入了解和分析当代大学生网络使用习惯及特点，利用网络流行语来制作宣传栏、广播内容，营造出良好的校园文化氛围，为更好地实施网络思政教学奠定坚实的基础。同时，高校还要积极组织线上知识竞赛、课题作业展示等活动，通过抖音、微博等平台组织学生参与到思政知识的学习中，推进文化育人效果。

总之，互联网在为高校思政教育带来机遇和资源的同时，也带来了新的问题和挑战。高校应深入理解"三全育人"的科学内涵，牢记立德树人根本任务，遵循学生成长成才和教育工作发展规律，不断创新优化"大思政"育人格局，充分发挥全员育人力量，提升育人工作效能，努力使学生成长为德智体美劳全面发展、可堪重任的社会主义建设者和接班人，在加快推进中国式现代化建设进程中，在实现中华民族伟大复兴过程中，努力贡献自己的智慧和力量。

参考文献

[1]陈骏. "三全育人" 视角下开展新时期大学生网络思想政治教育的路径探析 [J]. 中国多媒体与网络教学学报, 2021 (08) : 185-186.

[2]梁娜. 立德树人视角下高职院校课程思政融合发展 [J]. 陕西教育（高教）, 2023 (01) : 21-23.

[3]包萨如拉, 思勤途. "三全育人" 理念下高校网络思政教育的路径探析 [J]. 中国军转民, 2023 (04) : 60-61.

关于优化完善高校"课程思政"评价和督导体系的几点思考[*]

高恒飞　郭海昭　申　川[**]

摘　要： 课程思政是大学生思政教育的重要组成部分，注重将深度挖掘的思政元素，自然地融入专业课程等各类课程中，实现潜移默化、润物无声地育人育才，更好地落实立德树人根本任务。优化完善课程思政的评价督导体系，是检验教师履职尽责的重要参考，是适应新时代教育教学变革的客观需要，同时也是完善学校治理体系的有益补充。本文旨在探讨课程思政在评价和督导环节中存在的问题，尝试提出优化完善的建议举措，促进教学活动中知识传授、价值塑造和能力培养的有机统一。

关键词： 课程思政；评价；督导

习近平总书记在全国高校思想政治工作会议上指出，"要用好课堂教学这个主渠道，思想政治理论课要坚持在改进中加强，提升思想政治教育亲和力和针对性，满足学生的成长发展需求和期待，其他各门课都要守好一段渠、种好责任田，使各类课程与思想政治理论课同向同行，形成协同效应。"[①]这为高校推动课程思政建设提供了根本遵循。

学界对课程思政概念和内涵的研究百花齐放。有学者表示，课程思政是"高校在专门的'思政课程'之外的课程（包括综合素养课和专业课）教学

---

* 本文系2022年度吉林大学校本应用专题研究项目"基于'推动管理服务提质增效'的督查督办工作机制研究"（项目编号：2022XBLX10）研究成果。

** 高恒飞：吉林大学校长办公室副主任兼学校督查室主任，助理研究员，主要研究方向为高等教育管理。郭海昭：吉林大学教务处东区教务科科长，助理研究员，主要研究方向为教育信息化、思想政治教育。申川：吉林大学校长办公室正科级秘书，助理研究员，主要研究方向为高等教育管理。

① 习近平. 习近平谈治国理政（第二卷）[M]. 外文出版社, 2017: 378.

中融入思想政治教育。"①有学者认为，"课程思政是指思政课与各类课程同向同行、协同育人，可以调动课程思政育人潜力，潜移默化地实现教育目标。"②吉林大学校长张希在学校2023年教师节庆祝表彰大会讲话中指出，"许多老师能够清晰地理解课程思政与思政课程的联系与不同，从概念、方法和理论产生背后的历史故事中挖掘思政元素，将其自然地融入日常课堂教学中，帮助学生塑造正确的世界观、人生观和价值观。"笔者认为，这一阐述蕴含了对课程思政内涵的深刻表达，"挖掘思政元素"并"自然地融入"应成为课程思政的基本方法。

客观来看，与思政课程的系统完备相比，课程思政从理论到实践的探索还有很大提升空间，特别是在评价和督导体系构建和完善方面潜力巨大，需要汇聚各方智慧力量，以评价、督导体系的持续优化，促进课程思政质量的不断提升。

一、优化完善高校课程思政评价和督导体系的重要意义

（一）检验教师履职尽责的重要参考

《中华人民共和国教师法》在总则中开宗明义地提出："教师是履行教育教学职责的专业人员，承担教书育人，培养社会主义事业建设者和接班人，提高民族素质的使命。"立足新时代教育强国建设，高校既承担着"培养一代又一代德智体美劳全面发展的社会主义建设者和接班人"的任务，也肩负着"培养一代又一代在社会主义现代化建设中可堪大用、能担重任的栋梁之材"的责任。从确保党的事业和社会主义现代化强国建设后继有人的战略高度来看，教师的使命更加光荣，责任更加重大。课程思政的成效是检验立德树人成效的重要标准之一，科学的评价、有力的督导成为提升课程思政质量的题中应有之义。

（二）适应新时代教育教学变革的客观需要

随着新一轮科技革命和产业变革的加速演进，数字和信息技术赋能教育的形式不断翻新，以ChatGPT和文心一言等为代表的大语言模型，为自主学习开辟了更为广阔的空间，各高校纷纷建设的智慧教室和线上教学资源平台，在方便教与学的同时，也要求教师及时优化教学方式方法，与

① 成桂英.推动"课程思政"教学改革的三个着力点[J].思想理论教育导刊, 2018 (09)：67.

② 诸葛明双, 李婕.课程思政理念在专业课程教学设计中的应用[J].中学政治教学参考, 2023 (28)：99.

时俱进丰富和迭代教学内容，以有效满足人才培养的需求和学生成长的需要。这些变化为课程思政带来许多新挑战。科学客观的评价可以提示教师在教学准备、理论指导和实习实践等环节，注重课程思政的元素融入和应用；及时有效的各类督导，可以在考查学生学业发展情况的同时，帮助教师在教育教学的全过程、各环节坚持课程思政的理念，更好地落实立德树人根本任务。

（三）完善学校治理体系的有益补充

对课程思政建设成效的评价和督导，既是人才培养质量保障体系的重要组成部分，也是完善学校内部治理体系、提升治理能力的有效举措。许多高校将加强学生思想政治教育、加强课程思政建设等纳入学校发展规划，并出台专门的行动方案等强化落实。例如，吉林大学出台《"引领工程"争先行动实施方案》，希望通过重点项目提升，进一步筑牢学校思政工作体系的基础和框架，为高校思想政治工作提供吉大方案。其中，课程思政发挥着独特的重要作用，其建设水平一定程度上影响着全员、全过程、全方位育人的成效。在党委领导、校长负责、教授治学、民主管理的现代大学治理体系中，课程思政的实践应用也是学术治理中需要重点关注的内容。对课程思政建设成效的评价，是学术评价的重要组成部分。对课程思政开展情况的督导，在隶属教学督导范围的同时，也应纳入学校党委和行政监督检查的范畴。

二、存在的主要问题

（一）分类评价体系尚不健全

"合理的教学评价能够引导教学活动趋向理想的目标；能够提供反馈以发现教学中的不足从而为教学的改进奠定基础；能够促进教师、学生等参与教学活动的内部动力，调动他们的潜能，增进他们工作的积极性和创造性。"[①]课程思政的成效，离不开科学评价，一方面需要通过客观的考核分析发现问题；另一方面需要激励举措，提高教师积极性，促进课程思政能力水平的提升。目前，课程思政的评价对象还不够明确，除教师作为开展课程思政的重要主体参与外，教学委员会等教学组织、院系领导、学生群体等是否参与评价，如何参与评价，往往依靠主观能动性和自主判断，需要建立相对

---

① 王彦才, 郭翠菊. 教育学 [M]. 北京: 北京师范大学出版社, 2012: 310.

统一的总体参考标准。

现阶段一些高校开展评价的方式，多以调查问卷、座谈交流为主。很多高校尚无法做到依据不同学科专业的不同特点，充分考虑本科生与研究生、理论教学与实践教学、线下教学与线上教学的区别联系，分类制定评价标准。在注重结果评价的同时，如何科学运用过程评价，树立正确的评价导向，既是实践问题，也是理论研究的方向。

（二）全面督导的格局尚未建立

相比于较为完善的教学检查和各级听课制度，对课程思政开展督导检查的内容尚不够明确。督导什么、重点在哪，在具体落实层面仍体现出较强的随机性。这在一定程度上体现出课程思政建设具体培养方案还不够清晰。是否引入最新的学术创新成果？是否将科学家精神和最新发布的教育家精神作为重要精神谱系融入课堂教学？这些要求既要阶段性落实，更需要在体制机制层面予以保证。

目前，对课程思政的跟踪问效，更多由学校和院系的教学督导专家来完成。课程思政作为立德树人的重要举措，其督导工作需进一步得到高校各级党组织的指导与支持。在坚持学术督导的同时，应考虑运用好行政力量强化督导服务保障，建立更加全面的督导格局。

三、深化评价、强化督导的关键要素和建议举措

（一）多元主体参与评价是关键

既要有教师、学生、第三方专家多重参与，又要对课程本身、师生本人多维评价。要设置科学合理、规范严谨的评价指标，既要充分体现课程思政的预期目标、教育教学等要求的实现情况，也要关注对教学模式的改革、课堂效果的改善、育人水平的提升，帮助教师润物无声地开展课程思政，潜移默化地改进自身教学工作。例如，对于专家同行评价，可以围绕教育目标、育人理念、资源投入、内容设计、课堂组织、教学效果等维度设置。

选择适宜学生评价的内容，设置直接明确的问题，关注学生个体，学生对课程教学的评价是最有力的材料。[1]评价过程中，应注重突显学生的主体地位，注重评价内容的设计。例如，在运用问卷调查方法针对学生开展评价时，减少直接询问"您觉得课程思政开展效果如何""您是否受到

① 汪霞, 嵇艳. 美国研究型大学本科生课程与教学评价研究[M]. 南京: 南京大学出版社, 2018: 107.

教育和启发"等一般性判断题，要更多增加"该课程对您理解科学史、学科史有无帮助""您对哪些方面留有深刻印象"等开放性问题，扩大学生回复的"阈值"，通过学生的回答，分析课程思政的实效，避免结果失真和失信。

优化完善课程思政评价体系，应统筹兼顾显性价值与隐性价值、结果评价与过程评价，一方面从教学过程中的具体内容上定量评价，另一方面注重从思想认知、情感认同、心理健康等领域定性评价，客观反馈教师将课程思政元素融入课堂教学、实践教学的适切性。

（二）构建完善分类评价体系

对课程思政的评价，既要有相对统一的总体标准，更要具体问题具体分析，针对文史哲、经管法、理工农艺、教育学、艺术学、军事学、交叉学科等不同学科门类，建立不同的评价标准。例如，对于化学这类基础学科，是否讲授近代中国化学化工领域先贤的创业故事、人类与重大传染病和疫情斗争中化学所发挥的重要力量等，可能成为评价的表征之一，对人文素养提升的观测评价也应格外重视，有助于促进学生全面成长，使其德智体美劳全面发展。

相较于本科生而言，研究生的价值观和行为认知等基本形成，且在"双一流"高校中，研究生占比很高，对课程思政的期待和要求更高。高深知识的专业性、学科知识的系统性、创新知识的前沿性决定了研究生课程思政建设具有壁垒效应。[①]研究生的课程思政，在搭载专业课的同时，可充分运用研究生自主储备知识、获取信息、提升本领的能力，更加注重在项目参与和课题研究中，通过各类主题文化活动、学术讲座、生产实践等，悄无声息地融入思政元素，实现春风化雨、育人育才。

相比于理论教学，实践教学与课程思政的融合程度不够、融合难度较高。要切忌用"思政理论"嵌套"实践课程"，更加注重学思结合、知行合一，在实习实践中，真正提升创新精神、创新意识和发现、理解、解决问题的能力。面对线上、线下融合教学的新机遇和新挑战，对混合式教学的课程思政评价，应更好地把握意识形态工作的新变化新要求，同时关注对科学精神、科学伦理、学术道德和学术规范教育的考量。

---

① 曹镇玺，孙志伟.研究生课程思政的核心要素与实践逻辑［J］.学位与研究生教育，2022（06）：55.

（三）构建行之有效的"大督导"格局

充分发挥高校各级党组织在课程思政督导中的重要作用。学校党委进一步加强对"课程思政"评价督导的全面领导，将其作为提升治理体系和治理能力现代化、推动高质量内涵式发展的重要抓手；各院级党组织要压实主体责任，学院书记、院长要自觉担负起第一责任人使命，确保课程思政实效；据教育部网站报道，全国高校教师党支部书记"双带头人"比例已达97.04%，教育部直属高校教师党支部书记"双带头人"比例已达99.94%，教师党支部应发挥前沿阵地作用，更好地调动广大教师开展课程思政的思想自觉和行动自觉。

要在宏观上抓好制度制定，中观上捋顺运行机制，微观上抓好执行落实，持续优化课程思政的督导模式。教务处和研究生院、各学院和研究生培养单位，应统筹各级教学委员会、督学委员会等各方力量，结合自身特色，分级分类制定课程思政建设具体培养方案，探索建立课程思政操作规范或规程，将对"课程思政"的监督检查，纳入日常教学检查和专项督导工作的重要内容，对教师集体备课情况、教学内容的更新与迭代、思政元素的挖掘与融入等进行关注，形成常态化、规范化、专业化的督导模式。在注重"督"的同时，更加注重"导"的引领性成效。

教师教学发展中心等部门，应通过午餐会等形式，组织经验交流会和成果分享会，在提高教师们专业能力的同时，注重政治能力、科学精神和人文素养的系统提升。高校内设的督查督办机构，可根据需要开展督查调研和专项督查，确保课程思政建设和督导工作有序开展。

这里需要特别注意，分类评价和"大督导"格局的建立，旨在让不同督导主体间密切协同、相互促进。因此在实践过程中，应坚决避免评价和督导泛化，不给教师增添负担。

（四）加强成果反馈和转化运用

在构建和优化完善课程思政的评价督导体系过程中，应突出顶层设计和校院贯通，将课程思政建设深度融入学校思政工作体系建设，纳入学校未来发展规划，纳入学科评价考核、教学考核评估、人才与学术评价体系、基层学院工作考核、基层党建考核和学校巡视、督查等各项指标体系，纳入"双一流"建设评估、院系绩效考核等工作中，把在课程思政建设方面所取得的业绩，作为衡量教师教学能力、质量和水平的关键指标，通过物质和精神的双重奖励，切实发挥评价和督导的指挥棒作用。鼓励相关部门和学院通过设立"课程思政示范课"项目、组织"课程思政"教学午餐会、建设分享课程思政案例库以及评奖评优等有效措施，突出课程思政和育人成效考核内容。更好地发挥专业教师、班主任和辅导员育人合力。建立课程思政工作实施情况定期督导制度，注重及时的评价反馈，使一线教师通过评价反馈调整教学方法、教学环节、教学内容，持续提升育人成效。

（五）激发教师开展课程思政的内生动力

课程思政的成效，归根到底要靠高水平师资。对于教师来说，内部动机比外部压力具有更大的激励作用。外部压力可以迫使他们达到最低的标准，但很难使他们达到优良水平。①开展课程思政，种下的是"责任田"和"良心田"。课程思政的成效，既在一定程度上有赖于科学的方式方法，也要基于适当的评价与督导，更重要的在于提升教师本身的思想境界和道德情操。亲其师才能信其道，教育者本身应先受教育，自觉践行教育家精神、科学家精神，从自我做起，从本职岗位做起，矢志躬耕教坛，做到强国有我。

参考文献

[1]王彦才，郭翠菊.教育学[M].北京：北京师范大学出版社，2012.

[2]汪霞，嵇艳.美国研究型大学本科生课程与教学评价研究[M].南京：南京大学出版社.2018.

[3]陈玉琨.教育评价学[M].北京：人民教育出版社，2019.

[4]吴鸿.大学英语课程思政混合式教学创新探索——评《大学英语课程思政教学指南》[J].中国高校科技，2022（09）：113.

[5]王江，马彩珍，赵云霞.高校篮球课程思政育人的探索[J].教育理论与实践，2022，42（30）：44-47.

[6]战双鹃.大学英语课程思政发展：可为、应为与何为[J].当代外语研究，2022（06）：68-75.

[7]张少斌，苏敏，刘慧.农林高校"生物化学"课程思政的探索与实践[J].中国生物化学与分子生物学报，2023（09）：1-11.

---

① 陈玉琨.教育评价学[M].北京：人民教育出版社，2019：162-163.

[8]丁义浩, 林丹. 以社会主义核心价值观引领课程思政建设 [J]. 人民论坛, 2022 (08): 123-125.

[9]成桂英. 推动"课程思政"教学改革的三个着力点 [J]. 思想理论教育导刊, 2018, (09): 67-70.

[10]诸葛明双, 李婕. 课程思政理念在专业课程教学设计中的应用 [J]. 中学政治教学参考, 2023, (28): 99.

[11]曹镇玺, 孙志伟. 研究生课程思政的核心要素与实践逻辑 [J]. 学位与研究生教育, 2022, (06): 54-60.

[12]习近平. 习近平谈治国理政 (第二卷) [M]. 外文出版社, 2017: 376-380.

大思政理念下的校园文化建设研究

——以吉林大学南岭校区为例

徐斯琦[*]

摘　要：2019年8月，《关于深化新时代学校思想政治理论课改革创新的若干意见》由国务院办公厅印发，该文件指出，在当前时代背景下，随着素质教育改革的不断深入，我国政府部门更加重视高校思政教育的创新和发展情况。目前，大思政理念下校园文化建设研究仍属于探索实践阶段，关于高校大思政下的校园文化实施仍存在些许问题。本文将从大思政理念指导下的高校校园文化建设理论及文献背景入手，研究目前校园文化建设的共性问题及原因形成；并以吉林大学南岭校区工科校园思政建设为参考，进一步探讨大思政理念下的校园文化建设策略及措施，使思政教育与校园学科文化背景相结合，助力学生成长成才。

关键词：大思政理念；学科特色背景；校园文化建设

2019年8月，国务院办公厅发布的《关于深化新时代学校思想政治理论课改革创新的若干意见》中提到，要将思政课一体化建设统筹到大中小学，促进各类课程及校园文化与思政课建设形成协同效应。[①]这份由中共中央办公厅和国务院办公厅共同发布的文件中提到，现如今，随着素质教育改革不断深入，我国政府部门更加重视高校思政教育的创新和发展情况，有关大思政理念下的校园文化建设的研究也变得尤为重要，在一定程度上提升高校思政教

---

* 徐斯琦：吉林大学党委学生工作部东区学生办公室公寓管理科科长。

① 中共中央办公厅 国务院办公厅.关于深化新时代学校思想政治理论课改革创新的若干意见［EB/OL］.(2019-08-14)［2023-10-10］.https://www.gov.cn/gongbao/content/2019/content_5425326.htm?ivk_sa=1023197a&wd=&eqid=c 6228a590006917500000056458b8aa.

育和校园文化建设的质量，从而能在大思政背景下最大限度地发挥高校校园文化的作用。已有数据显示，国内多所高校响应国家号召，大力开展大思政理念下校园文化建设。本文从大思政理念指导下的高校校园文化建设理论及文献背景入手，研究目前校园文化建设的共性问题及原因形成；并以吉林大学南岭校区校园思政建设为参考，进一步探讨大思政理念下的校园文化建设策略及措施，使思政教育与校园学科文化背相为结合，助力学生成长成才。

一、大思政理念下的校园文化建设相关理论与文献综述

近年来，国内高等教育事业不断发展与完善，高校也越来越重视校园文化建设。校园文化建设是全校性的活动，旨在进高校的文化建设与发展。在"大思政"理念下，高校应当给予校园文化建设更多关注，加强培养学生的爱国情怀、志愿服务意识以及创新精神等。

通过查阅近些年关于校园文化建设方面的书籍及相关文献，在大思政理念背景下，有关校园文化建设的理论可大致概括分为："双一流"建设理论、整合型校园理论、价值观引领理论、品格教育理论、艺术人文教育理论、创新创业教育理论六种理论，本文按照综合性高校建设方向、综合性人才培养建设方向、实践型人才培养方向将六个理论进行分类。

（一）综合性高校建设方向

1. "双一流"建设理论

近年来，在高等教育领域，"双一流"建设理论始终热度不减，该理论旨在推动中国的高校向世界一流水平迈进。双一流建设理论提倡在学科构建、师资队伍、重点实验室、科研创新等方面实现突飞猛进的进展，培养更多优秀人才。

《"双一流"建设中需要厘清的三个基本理论问题：目标、实施与评价》①一文，深入探讨了"双一流"建设的目标设定、实施路径及评价机制。文章指出，"双一流"建设是新时代国家层面统筹推进高等教育强国建设的重要战略举措，必须从理论层面继续进行更为深入、系统的探讨，并在推进实践中不断进行检验、调整和反思，助力我国由高等教育大国坚实地迈向高等教育强国之列。

---

① 高耀."双一流"建设中需要厘清的三个基本理论问题：目标、实施与评价[J].高等教育研究，2022，43（12）：43-52.

2.整合型校园理论

旨在提高学校的教育和管理水平，推动学校在大思政理念下多维度协同作用的实现，从而来确保学校各项工作的高效运转。整合型校园理论提倡通过建设有机的校园社区、多元的组织机构和充分的资源共享机制，促进高校内部建设资源整合及协力发展。

（二）综合性人才培养建设方向

1.价值观引领理论

高校的校园文化建设要立足于正确的价值观引领，该理论强调通过明确的核心价值观，塑造积极向上、民主自由、责任担当、创新进取等积极的校园文化。

张慧在2023年发表的《社会主义核心价值观引领的高校校园文化建设路径探析》[①]一文中，强调了社会主义核心价值观引领高校校园文化建设的重要性，坚持马克思主义的指导地位、坚持主流意识形态的引领作用、坚持中华民族传统文化的内核精神，是落实立德树人根本任务的要求、推动高校内涵式发展的途径、培养时代新人的需要。

2.品格教育理论

校园文化建设应注重培养学生的良好品格和道德素养。这一理论强调通过课程设置、教育活动等方式培养学生的诚信、勤奋、坚持不懈、乐于奉献等优秀品格，增强学生的社会责任感，促进学生的全面发展。

彭乐在2022年发表的《基于新品格教育的我国大学生德育工作研究》[②]中，深入挖掘了新品格教育模式下独具特色的德育教育理论和实践经验，为我国高校开展德育工作提供借鉴。杜懿华在《美国新品格教育实践对我国高校德育的启示》[③]中指出，目前中国正面临转型关键期，新时期的中国要格外重视大学生道德素养和理论知识的培养、核心价值观的弘扬。

3.艺术人文教育理论

校园文化建设应注重培养学生的艺术修养和人文素养。这一理论认为艺术和人文领域的教育能够丰富学生的内心世界、提升审美水平，并培养学生

---

① 张慧.社会主义核心价值观引领的高校校园文化建设路径探析[J].文化创新比较研究，2023，7（20）：151-156.
② 彭乐.基于新品格教育的我国大学生德育工作研究[D].西安工业大学，2022.
③ 杜懿华.美国新品格教育实践对我国高校德育的启示[D].西安理工大学，2020.

的情感表达能力、人文关怀和社会责任感。

孙玉琴在《大学校园文化建设中人文精神的融入分析》①中指出，大力发展校园文化，建设和传扬大学人文精神是高校加快建设步伐的重要举措。人文精神是理想、科学、艺术等内容的综合体，为校园文化发展提供了方向。

（三）实践型人才培养方向

1.创新创业教育理论

校园文化建设应鼓励学生积极探索、勇于创新和创业。该理论强调通过给高校学生提供创新创业的教育环境和机会，培养学生的创新创造能力，从而推动创新创业与校园文化相融合。

华沙于《高校创新创业教育的思考与探讨》②一文中，强调高校创新创业教育一直是一个值得探讨的问题，高校创新创业教育对高校学生个人发展以及对社会稳定和经济发展等方面起到重大作用。李闯、陈丽华在《高校思政教育与创新创业教育结合研究》③中，进一步指出高校学生不仅需要具备良好的创新意识和创业能力，还需要具备良好的思想道德素质、家国情怀和科学精神。对于高校而言，必须要实现思政教育与创新创业教育的有机结合，才能够确保人才培养目标的达成。

以上三个方面六个理论皆是大思政背景下校园文化建设的有效尝试。总体而言，校园文化建设是一个涵盖面广、关系深刻、富有挑战的任务。如今"大思政"思想不断深入推进，高校的校园文化建设迫切需要将具体工作落到实处，注重从设施、文化、环境、教学等各个方面提高学生的素质和校园环境的品质。

二、高校大思政理念下的校园文化建设共性问题及因素分析

（一）高校大思政理念下的校园文化建设共性问题

近年来，五位一体育人方针出台落实后，高校大力推进校园文化建设，且取得了一定的成果，但是校园文化建设是一个长期的过程，需要不断地进行总结和积累。现阶段高校在校园文化构建的过程中还存在以下几方面的共性问题。

① 孙玉琴.大学校园文化建设中人文精神的融入分析[J].人生与伴侣, 2022（19）：71-73.
② 华沙.高校创新创业教育的思考与探讨[J].现代职业教育,2023（27）：9-12.
③ 李闯, 陈丽华.高校思政教育与创新创业教育结合研究[J].大学, 2023（24）：43-46.

1.从综合性高校建设方向理论方面思考。在教育和方法引领方面存在一定问题，该怎样将大思政理念融入校园文化建设中？如何通过教育使学生真正理解和接受这一理念成为现如今探讨的主要问题。

2.从综合性人才培养建设方向理论思考。在核心价值观的塑造方面，高校应更加重视，探讨如何明确并塑造符合大思政理念的核心价值观，如何引导学生培养积极向上，有责任担当的行为？在品性素养的提升方面，学生的品德和道德修养如何培养？如何激发学生追求卓越、勤奋刻苦的品格，以及具备社会责任感和公民意识的素养成为重中之重。在艺术人文教育的推进方面，高校该如何加强大思政理念下的艺术人文教育，培养学生的审美情趣和人文关怀，促进创造性思维和情感表达能力的发展。

3.从实践型人才培养方向理论思考。在学子共同体意识的培养方面，思考如何建立积极向上、团结友爱、归属感强的校园共同体，促使学生形成良好的集体主义精神和团队合作意识。在整合创新创业教育方面，如何将大思政理念下的创新创业教育与校园文化建设相融合，营造促进创新思维、开拓进取的校园氛围。

（二）以吉林大学南岭校区为例分析共性问题及形成因素

吉林大学南岭校区学生工作办公室带领校区学生工作队伍在发挥已有工科特色的基础上，除分析高校大思政理念下的校园文化建设共性问题外，进一步结合校区实际学科特点和学生特征，归纳出以下问题及形成因素：

1. 从综合性高校建设方向理论方面思考。在教育引领方面可能存在行政教师理念理解有待进一步深入、思政教育方法样式有待进一步拓展、教育资源有待进一步挖掘等因素。高校一线学生工作队伍需要进一步深入理解大思政理念，掌握有效的思政育人引领方法，为学生提供启发式的思考和引导。

2.从综合性人才培养建设方向理论思考。在塑造核心价值观方面，可能会存在传统文化传承不足、社会价值观念变化等因素。思政队伍应加强教育和引导，深入对核心价值观的解读和理解，坚持对传统文化的传承，促使学生形成积极向上的价值理念。在学生品德素养方面，可能会存在品德教育薄弱、个体主义倾向等因素。需要通过道德品质教育、学生公德心培养等方式，培养学生形成良好的道德品德修养，培养学生的责任感和奉献精神。针对在艺术人文教育中存在文化艺术教育缺失、人文关怀意识不足等问题，以工科特色为主的吉林大学南岭校区需要加强人文社会科学课程的设置，推广艺术教育和人文活动，推进学生的审美情趣和人文素养的提升。

3. 从实践型人才培养方向理论思考。在学生共同体意识的培养方面可能存在学生归属感不强、交往与合作意识薄弱，缺乏群体凝聚力等因素。因此，在日常思政育人工作开展过程中，建立和谐融洽的师生关系和同学关系是十分必要的。思政教师应尽可能地为学生提供机会，让学生积极参与团队活动和社会实践，培养他们的团队合作意识和社会责任感。在创新创业教育整合方面，可能存在创新创业教育资源不足、创新思维培养不充分等因素。学生工作队伍要和就业部门紧密联合，整合教育资源，增设创新创业实践课程、提供创业指导和支持，激发学生的创新创造能力。

综上所述，高校大思政理念下的校园文化建设共性问题涉及教育引领、核心价值观塑造、共同体意识培养、品性素养提升、创新创业教育整合以及艺术人文教育推进等方面。解决这些问题需要关注教育环境、教师指导、课程设置、学生参与等多个方面，以实现有效的校园文化建设。这些问题可能因不同高校的特点和实际情况而有所差异。为了推动高校大思政理念下的校园文化建设，高校可以采取一系列的措施，例如开展多样化的教育活动、完善制度机制、加强师资队伍建设等。同时，也需要结合具体情况，定期评估和调整策略，进一步完善高校内的校园文化建设工作。

三、高校大思政理念下的校园文化建设策略及措施

高校大思政理念下的校园文化建设是一个综合性的系统工程，需要高校结合实际情况从各个方面入手，采取相应的策略和措施。吉林大学东区学生办公室通过印发线上线下调查问卷，进一步了解学生需求，共计收回有效问卷近800份。汇总问卷后发现，其中近八成学生表示感兴趣并愿意参加学校组织的相关文化活动。部分同学由于课业压力或就业压力大等主观因素表示不能参加；部分同学认为对部分艺术类活动不感兴趣，希望更多一些专业相关的或者更有针对性的文化建设内容等。吉林大学东区学生办公室以此为基础，制定下一步校园文化建设策略，可概括为以下三个方面：

（一）强化师资，注重指导

吉林大学南岭校区应加强对工科学生工作教师队伍的培训，充分整合包括辅导员"匠心"工作室、各公寓辅导员谈心谈话室等校区场所资源，开展主题培训和交流谈话。增强辅导员教师对大思政理念的理解和教育引领能

力，培养辅导员老师的师生间长效性沟通能力。此外，倡导教师运用多元化的教学方法，例如案例分析、小组讨论、项目实践等，激发学生的思考和创新能力。

高校要注重指导，从学子的未来就业上考虑，整合创新创业教育，建立大学生创新创业教育平台，提供资源支持和导师指导，帮助学生进行创新项目和创业实践。东区学生办公室负责校区就业招聘和宣讲等协调工作，将进一步加强与就业单位的联系和合作，增设参观和实践课程，加强对学生的创新思维和创业能力的培养，为学生追求创新和自主创业提供更有力的支持。

（二）提升素养，人文育人

注重道德品质培养，增设更多的品德教育课程，通过案例分析和讨论等方式，引导学生形成良好的品德和价值观。此外，加大人文关怀力度，大力策划人文关怀活动，鼓励学生参与公益事业、关注社会问题。吉林大学南岭校区在此方面做出许多有效尝试，通过开展包括"'饼'承心意共赏月"中秋活动、"暖冬南岭 共享娇耳"冬至活动、国庆共看红色电影等节气活动，进一步提升学子的人文关怀意识和社会责任感。

在核心价值观方面，习近平总书记在中国共产党第二十次全国代表大会上的报告中指出："用社会主义核心价值观铸魂育人，完善思想政治工作体系，推进大中小学思想政治教育一体化建设。"[①]高校校园文化建设必须培育和践行社会主义核心价值观，要"把社会主义核心价值观融入社会发展各方面，转化为人们的情感认同和行为习惯"[②]。吉林大学南岭校区一直十分重视价值观的引领作用，在已有的"开学第一课""院长引领 擘画未来"院长讲座的基础上，将进一步通过教育活动、讲座和社团组织等途径，将社会主义核心价值观传达给学生，引导学生理解并将其转化为学习与生活的价值追求。此外，强调传统文化教育和传承的重要性也十分重要，吉林大学南岭校区一年一度的杏花节活动已连续举办八届，大力弘扬传统文化，加强学生对文化的认同感。

① 中华人民共和国中央人民政府 新华社.习近平.高举中国特色社会主义伟大旗帜 为全面建设社会主义现代化国家而团结奋斗.在中国共产党第二十次全国代表大会上的报告[EB/OL].(2022-10-16)[2022-10-25].http://www.news.cn/politics/cpc20/2022/10/25/c_1129079429.htm.
② 人民政协网 新华社.习近平.决胜全面建成小康社会 夺取新时代中国特色社会主义伟大胜利.在中国共产党第十九次全国代表大会上的报告[EB/OL].(2017-10-18)[2017-10-27].https://www.rmzxb.com.cn/c/2017-10-27/1851777.shtml.

积极培养学生的共同体意识，高校尽量策划更多团队项目、义工志愿者活动、社会实践等，为学生提供更多的合作机会，强化学生的社群意识和团队合作意识。东区学生办公室紧握南岭校区公寓管理与服务学生委员会这一学生队伍抓手，充分发挥学生干部的组织力量，组织开展"有'被'而来 叠出风采""酿雪入画 你我共境"等系列活动，增强团队协作意识。此外，将进一步提倡师生间的交流互动，构建融洽的师生关系，提升学生对学校的归属感。

完善艺术教育课程，推进艺术人文教育，扩大艺术教育的影响力，提供绘画、音乐、戏剧等多样化的艺术课程，提升学生的审美情趣和艺术修养。吉林大学南岭校区连年举办"博学讲堂"系列工科学生人文素养提升培训课程，旨在推动学生全面发展；协助校团委在南岭校区组织文化艺术展览、音乐会、演讲比赛等活动，加强学生对人文关怀和艺术表达的认知和体验。

（三）聚焦文化，着重发展

要推进文化传承与创新，营造校园文化氛围。一方面，吉林大学建立校史馆、开展具有学科特色的文化展览等活动，学生通过各种途径了解校园文化背景和历史；另一方面，南岭校区进一步发挥工科学科特色，开展以"工科启迪之旅"为代表的包括学科实验室参观、"大国工匠"系列讲座、创客活动等多种形式的活动来促进学生校园文化素养和文化自信。

策划举办多层次的校园文化活动，以学生为主体，创新活动形式，增加活动创意性，营造丰富多彩的精神文化环境。此外，重视多样化的文化载体打造。通过不同类型的文化载体来满足和丰富大学生的文化素养，比如汉语角、文化院线、图书馆。开放性、多元化、多角色的文化活动组织方式，吸引学生积极参与。

高校注重文化生态的构建，营造和谐融洽的校园文化氛围。加强文化规划、管理和服务，进一步改善提升文化建设的质量和水平。此外，建立文化评价体系，形成正面回馈机制，加强文化生态建设，促使学生对校园文化更加认同，为校园文化建设的完善改进提供强有力的保障。

吉林大学南岭校区的学生思政育人教师队伍通过以上重点方面的尝试，为高校进一步深入探索大思政理念下校园文化建设的内涵及应用路径提供了实践经验。下一步，在大思政理念的指导下，高校要致力于培养社会主义的建设者和德智体美劳全面发展的接班人，形成和谐融洽、积极向上、井然有序的校园文化氛围。同时，要结合各个高校的实际情况与发展目标，灵活运用不同的策略和方法，在校园文化建设方面不断创新、进步。这些策略和措施是综合考虑学校特点和实际情况后的建议，可以根据具体情况做进一步调整，确保校园文化建设与大思政理念的目标相一致。

附 录：

关于大思政背景下大学生校园活动开展的调查

1. 你的年级

   □大一　　　□大二　　　□大三　　　□大四

2. 你是否愿意参加学校举办的各项活动呢？

   □十分愿意　□一般　□不愿意，没什么意思　□不愿意，没什么时间

3. 您对本学期的活动是否满意？

   □非常满意，丰富课余生活　□比较满意　□不愿意，活动缺乏吸引力

4. 您最喜欢哪个活动？

   □南岭杏花节活动　□草地音乐节　□博学讲堂　□校园歌手大赛

5. 您希望接下来可以多开展一些什么样的活动？

   □荧光夜跑　　□篮球比赛　　□文化汉服秀　　□其他

6. 您认为活动的频次多少次为宜？

   □每季度一次　□每个月一次　□每周一次

7. 以往参加活动更愿意参加哪类活动？

   □专家知识讲座　□手工实践类　□语言类比赛　□文娱类项目

8. 您认为之前开展的活动有哪些地方需要改进？（可多选）

   □宣传力度不够，同学得不到消息

   □活动时长的控制不足，同学没有时间

   □活动主题类型不够新颖，不吸引人

   □工作人员的工作方式及服务态度

9. 希望可以留下您宝贵的建议（选填）

实践育人

高校学生走进社区开展体育指导路径研究

——以公平社区开展党史问答及百姓趣味运动会为例

王　祎　康世鑫*

摘　要：体育强国的基础在群众体育，发展体育运动，增强人民体质，是我国体育工作的根本任务，同时为贯彻落实中共中央、国务院印发《"健康中国2030"规划纲要》，提高全民身体素质，以高校与街道社区共建，实现高校与社区共同打造服务社区的专业平台。立足院校实际为学生搭建课外实践平台，并结合学生专业学习、着眼学生特色、凸显育人导向、党建知识多样化学习等特点推动社会教育深入发展，为"健康中国"贡献高校体育院系的一份力量，根据自身实践提出可行性对策建议，以促进高校学生参与社区体育服务来推动全民健身的发展。

关键词：地方高校；社区体育服务；全民健身

一、高校体育院系工作与群众体育的有机结合

体育强国的基础在群众体育，随着全民健身意识的日益增强，体育运动在社会中扮演着越来越重要的角色。高校体育是培养优秀人才的重要基地，也是社区体育服务的重要供应方。新时代要充分发挥社区体育文化活动的基本功能，全面贯彻"以人民为中心"的群众体育事业发展核心，正如习近平总书记所言，要把人民作为发展体育事业的主体，把满足人民健身需求，促进人的全面发展作为体育工作的出发点和落脚点，落实全民健身国家战略，

---

*　王祎：吉林大学体育学院辅导员，主要研究方向为思想政治教育。康世鑫：吉林大学体育学院2020级社会体育指导与管理专业本科生。

不断提高人民健康水平。①

为全面贯彻党的二十大精神，多样化开展党史学习教育，践行《"健康中国2030"规划纲要》，5月14日，二道区东盛街道公平社区党总支联合吉林大学体育学院本科学生党支部举办以"学党史传承红色基因，践初心推进全民健身"为主题的百姓趣味运动会。

社区趣味运动会旨在掀起健身活动热潮、养成健康生活情趣、保持高尚精神追求，具有多方面的现实意义，体育学院师生就贯彻落实中共中央、国务院印发《"健康中国2030"规划纲要》，提高全民身体素质，以高校与街道社区共建，为实现"健康中国"贡献自己的一份力量。

趣味运动会比赛项目是由吉林大学体育学院师生专门针对社区居民的年龄和身体情况制定的，以低体力、趣味性为主，共设置了"砥砺前行、时代列车、投壶、同心协力夹弹珠"等四个比赛项目，每个项目之间还穿插了党史知识抢答、听红歌猜歌名等形式，让社区居民与高校学生在健身活动的同时了解我们党的光荣传统、宝贵经验和伟大成就，在深入学习和不断领悟中，弄清楚我们从哪里来、往哪里去，弄清楚艰苦卓绝是什么、是怎么来的，做到知史爱党、知史爱国，做到常怀忧党之心、为党之责、强党之志。

社区运动员们与高校学生全身心地投入比赛当中，赛出了"精气神儿"和"年轻态"，运动场上充满了欢乐气氛。"这运动会又有趣，又适合我们老年人，真的太开心了！希望这样的活动社区能够多组织。"活动结束后参加此次运动会的老年居民说道。

二、高校体育与社区体育资源融合的工作思考

如今，"后冬奥"时期我国愈发重视发展体育的服务性作用，深入推动公共体育服务体系的发展，在有利于促进新时代全民身体素质的提高和增强科学锻炼的意识的同时，应该注重社区体育与学校体育的资源融合的指导方针和实践探索，本文旨在研究高校学生走进社区开展体育指导路径，分析二者相辅相成存在的现实问题，讨论可行性方案，构建高校服务社区型模式，并创新性地将党建文化、党史知识融入其中，以全心全意为人民服务为根本宗旨开展党建活动。

---

① 习近平在会见全国体育先进单位和先进个人代表等时强调 开创我国体育事业发展新局面 加快把我国建设成为体育强国[N]．人民日报，2017-08-28（1）．

（一）应继续以国家政策方针为活动导向

高校学生进社区是自教育部推出"一站式"学生社区综合管理模式建设的试点工作，是贯彻新时代学生立德树人的新"前沿阵地"，相关教育工作试行以来，各个高校以学生教育为本，党建为思想引领、社区为育人阵地，创新性地探索出了新时代学生思想政治工作新模式，打造了德智体美劳教育新平台。对此，吉林大学体育学院积极学习新时代高校学生参与社区工作的优秀榜样，将自身专业的组织优势、体育服务特长优势转化为服务社区的特色工作体系，并以国家方针为导向打造学生进社区的新党建阵地与实践育人基地。

（二）党建工作融合性开展，多样化开展党史学习教育

对于贯彻落实中共中央、国务院印发《"健康中国2030"规划纲要》，提高全民身体素质，促进高校与街道社区共建，经过长期探索实践，发现采用社区趣味运动会的方式，具有社区居民参与意愿强、学生服务热情高等特点，不仅可以掀起群众健身活动热潮、养成健康生活情趣、保持高尚精神追求，还能起到建设"幸福社区""健康社区"的重要意义。以公平社区为例举办的"学党史传承红色基因，践初心推进全民健身"的主题活动，不仅践行了党的二十大会议精神，多样化开展党史学习教育，还促进了全民健身运动发展，并推进高校学生深入社区指导群众运动，向社会呈现了一场独具魅力、别样精彩的时代盛会。

（三）立足院校实际，结合专业学习，着眼学生特色

学校体育社会化是学校体育资源的必然趋势，也是高校体育人才未来就业发展选择之一，学生在学习了专业理论知识后，可在社区体育实践活动中进行再次练习和检验，提高体育运动的实践性。经过专业学习的学生需要寻求各种与自身专业相符合的发展途径，尽管有一部分体育专业的学生进入国家运动队或省市运动队继续参与竞技体育专业发展，但是这仅仅是体育专业学生的冰山一角，大部分学生在接受过系统的理论知识学习后，都更有意愿和能力在未来参与体育教育工作或社会体育等相关内容的工作。从这样的发展角度来看，就需要通过接受学校体育教育而成长起来的专业人才，借助高校与社区融合的契机参与到社区体育工作的实际锻炼中去，做到在参与社区体育发展的同时，推动学校体育资源向社区体育融合发展提供人才的关键枢

纽。①

体育学院一直坚持立足院校实际，坚持并突出特色与优势并重的特点，以服务"健康中国"为战略，坚持开展更多活动，引导学生走出学校、走出课堂，走进社区、走进群众，用专业所长指导更多人群参与到日常锻炼、健身活动中，为实现"健康中国，全民健身"战略作出应有的贡献。

三、高校学生指导社区体育活动的实践路径

（一）凸显育人导向，让党建学习多措并举

全民健身的前提是全民健康，而发展全民健康、增强人民体质的必然要求是发展体育运动，社区作为连接党和人民的重要"桥梁"与"纽带"，更是发展全民健身的重要"主阵地"，体育学院与本地二道区东盛街道公平社区深度融合，多措并举走进社区，凸显教育育人导向，创新性地带领社区居民开展"学党史传承红色基因，践初心推进全民健身"社区趣味运动会，既是推进健康中国建设，高校与街道共建，又是学生走出课堂利用专业所长开展丰富多样的趣味活动，带领更多群众参与到锻炼活动中来，促进高校师生在社会实践与教育中深入学习党的理论知识体系，深化学生历史责任感与使命感，培养学生坚定的理想信念，发挥学生党员带头作用，促使学生党员在实践中将个人小我融入国家大我的青春奋斗当中。

通过社区实践教育与高校立德树人的教育导向，将学生培养成"敢担当、能吃苦、肯奋斗的新时代好青年"，并紧紧围绕以下三点要求开展未来工作：一要通过党建引领，牢牢抓住"立德树人"根本任务，把原来以学校为主的教育服务体系向社区延伸，有重点地培养学生的个性化发展要求；二要努力构建高质量"五育并举"教育体系，创新"五育并举"的课堂渠道，充分发挥学生自我实现的精神要求，在德智体美劳五育元素中融入专业技能教学、社区教育实践，将劳动教育与体育专业特点充分结合起来；三要强化实践锻炼，通过社区体育服务部以及在服务社区中设立的实践岗位，如社区啦啦操和健美操领操员、运动会裁判员、党史问答评审员等，强化学生实际锻炼能力。

---

① 蒋毅，蔡峰，李金.全民健身背景下学校参与社区体育文化建设的对策研究[J].体育科技文献通报，2018（1）：50.

（二）以学校教育为基础，逐步推动社会教育的深入发展

习近平总书记强调"体育是社会发展和人类进步的重要标志，是社会文明程度的重要体现"①。体育学院应以学校教育为基础，将学科力量、管理力量等通过具体构建专业服务、学科引领、理想信念等融合到社区服务体系文中，发展校内专业资源的基础作用。如此不仅可以推进社区居民增强体魄，同时更能成为构建和谐社区、凝聚人心、鼓舞士气的有效载体。

（三）明确职能分工，构建协同化工作体系

目前以学校教育为基础的全民健身正在蓬勃开展，对接社区，充分发挥专业特长，深入社区开展实践教学活动，带领社区群众开展全民健身，创新性将党史知识与趣味运动相结合，让更多人在健身活动的同时重温党史，服务群众、服务社会。

为推动高校与社区的融合发展，加强优势互补，方便与社区进行沟通，解决实际问题，体育学院成立了社团联合会所管理的社区体育服务部，部门成员均由积极参与社区体育服务的同学与老师组成，主要负责整体规划重大问题的决定和准许活动策划方案等，将社区与高校通过社区体育服务部紧密联系起来，落实工作相关职责，制定规章制度等，并建立高效的反馈机制，如建立微信群聊反馈制度、每周定期工作例会制度等形成同心合力的工作体系，确保工作措施落地有效，不断提高社区体育指导质量，提升高校学生的综合素质以及社区居民的身体素质。

（四）建立工作成效反馈机制，筑牢高质量服务社区的"阵地"

正所谓"其兴也勃焉，其亡也忽焉"，一人，一家，一团体，不少单位都没能跳出这周期律的支配力，大凡初时聚精会神，没有一事不用心，没有一人不卖力，也许那时艰难困苦，只有从万死中觅取一生。继而环境渐渐好转了，精神也就渐渐放下了。

高校学生走进社区开展体育指导与参与社区党建活动，具有组织社区管理、培养高校学生的作用。②与此同时，也为未来步入社会工作的学生提前打好了一定的基础能力。在未来工作中，我们首先需要建立更完备的融合管理工作体系与健全的反馈机制，及时了解学生的思想意识与工作成效反馈，继续要从学生党员着手，通过以点带面，激活主体性，不断强化其思想政治觉

① 习近平.发展体育运动增强人民体质 促进群众体育和竞技体育全面发展[N].人民日报,2013-09-01(1).
② 陈城,李杨帆.新时代高校学生社区党建工作体系建构研究[J].学校党建与思想教育,2023(01)：32.

悟，引导学生群体广泛参与到社区服务当中去；其次要紧紧围绕每周工作例会、个人访谈、问卷反馈等形式，听取意见，广泛发挥民主，充分调动学生积极性，建立常态化的反馈机制，积极寻找问题并解决问题，方可杜绝未来工作的'其亡也忽焉'，做到真正推动高质量社区服务与高质量的党建社区工作。

四、结论

高校学生服务社区开展体育指导是一项长期的工作，高校作为文化人才的聚集地，我们积极倡导学生"走出去"传播专业所学的体育知识，加强思想引导，切实推动我国全面落实的"全民健身计划"。同时继续探索高等院校服务体育的新模式、新思路，以达到育人的目的。在未来积极搭建服务APP平台，构建适合高校与社区推广的工作体系，以及创新融合以体育为载体的高质量党建活动案例，打造真正有利于学生成长成才的育人新阵地，为学生成为中华民族伟大复兴征程的先锋力量保驾护航，最终实现学校和社会的"双赢"。

参考文献

[1]习近平在会见全国体育先进单位和先进个人代表等时强调 开创我国体育事业发展新局面加快把我国建设成为体育强国[N].人民日报，2017-08-28（1）.

[2]陈晓虎.全民健身视域下学校体育对社区体育发展的资源服务研究[J].现代职业教育，2019（23）：200-201.

[3]蒋毅，蔡峰，李金.全民健身背景下学校参与社区体育文化建设的对策研究[J].体育科技文献通报，2018，26（1）：50-51+89.

[4]习近平.发展体育运动增强人民体质 促进群众体育和竞技体育全面发展[N].人民日报，2013-09-01（1）.

[5]陈城，李杨帆.新时代高校学生社区党建工作体系建构研究[J].学校党建与思想教育，2023（01）：29-32.

基于大安全格局下实施校园安全育人工作的思考

刘雪峰[*]

摘　要：在国家大安全格局下，做好高校安全育人工作尤为重要，只有做好全面安全保障工作，创造出平安的校园环境、良好的校园秩序，才能让老师安心于教育，让学生专心于学习。

关键词：大学生；安全育人；校园

习近平总书记2014年提出的"总体国家安全观"，涵盖十分广泛，包括政治、国土、军事、经济、文化、社会、科技、网络等主要领域，本质上是运用系统思维认识国家安全问题，是构建系统性国家大安全格局的指南。对照到高校，校园安全工作本质也是涵盖领域十分广泛，包括消防安全、治安防控、交通安全、国家安全、食品安全、实验室安全、危化品安全等主要安全领域。在系统思维下，校园安全诸要素是有机的统一体，从人身安全、财产安全等角度来看都密切相关，既互相影响，也互相制约。在这种大安全格局下，为了贯彻总体国家安全观提出的以人民安全为宗旨，高校做好校园安全育人工作尤为重要。

一、安全育人工作的内涵

教育部强调，要以习近平新时代中国特色社会主义思想为指导，认真贯彻落实党中央、国务院关于学校安全工作的决策部署，牢固树立安全发展理念，切实把校园建成最阳光、最安全的地方，确保教育系统的安全稳定和谐。

安全育人工作是"三全育人"的重要元素。安全育人工作需要学校全员

---

*　刘雪峰：吉林大学保卫处处长兼综合治理办公室主任，副研究员。

参与，包括保卫、实验室、后勤、学工、团委等岗位，他们既是学校安全环境的营造者，也是安全育人的主力从业者。安全育人工作覆盖全方位，只有做好全面安全保障工作，创造出平安的校园环境、良好的校园秩序，才能让老师安心于教育，让学生专心于学习。安全育人工作贯穿于高校立德树人的"全过程"。从学生入学到毕业离校的整个学习生活周期，都需要在安全的环境中成长，在安全的状态下推进，任何一次安全意外，都可能干扰甚至中断育人过程。安全育人具有能够规范行为举止、培养安全能力、引领价值取向的文化引领育人功能。

二、做好校园安全育人工作的意义

（一）保障师生安全的需要

高校安全面对的形势日益严峻，一旦出现安全事故，师生就可能遭遇生命安全威胁或者财产损失，从而造成难以预料的伤害。安全工作涉及师生学习和生活的方方面面，包括日常安全教育和学校的安全保障设施。比如学校在日新楼附近安装自动升降桩，保障人流密集区域的人车分离，安装自动抓拍违章停车摄像头，开放体育馆北侧停车场，治理日新楼周边交通秩序，目的就是为了保障师生的交通安全。虽然一些安全措施貌似很细碎，很微不足道，但是一时的安全疏忽就可能会酿成不可挽回的后果。比如2020年12月大连某高校发生了一起校园内交通事故，导致一名研究生失去了鲜活的生命。2015年4月吉林某高校校车发生撞车事故，不幸导致路基上的学生当场死亡。所以，校园安全育人工作必须全面细致到位，强化师生的安全意识，细化师生的安全保障，才能确保师生的日常安全。

（二）保障学校发展的基础

在新形势下，做好校园安全育人工作，维护学校平安发展是学校工作的重要组成部分。学校的发展离不开规范化、专业化的管理，需要安全稳定作为保障。比如学校拥有科研院、先进技术研究院、大数据中心等涉密单位，推进国家安全和网络信息安全教育尤为重要。部分师生认为涉及国家安全的事件离自己很遥远，实际上每年都有诸如高校高知专家个人邮箱被境外攻击、境外留学生在图书馆超量下载资料等案件出现。所以说，只有全方位做好校园安全育人工作，提高师生全员对于国家安全等各种安全知识的认知和警惕性，才能保障学校顺利达成立德树人的根本任务目标。

（三）保障社会稳定的重要因素

做好校园安全育人工作不仅是学校健康发展的需要，也是社会平稳发展的需要。大学生们还没有形成正确成熟的世界观、价值观，一旦发生大学生安全事件，就很容易被不良媒体误导，甚至进行非理性的传播，对社会产生不良的舆论影响。做好安全育人工作，将安全教育、思想教育贯穿到大学生日常学业和生活中，培育大学生正确安全价值观，让大学生们具有独立思考能力和明辨是非能力。所以，校园的安全育人工作直接对社会稳定产生一定影响，必须直面挑战来做好校园安全育人工作，才能保证社会和谐稳定。

三、新时期校园安全育人工作面临的挑战

（一）传统安全教育内容缺乏创新和吸引力

展板、标语、条幅、宣传单、电子屏、展位等这些固有的宣传形式沿用至今，讲座、演练、宣传活动等形式也是屡见不鲜，这些传统教育形式存在互动性不强，学生无法发挥积极性和主动性的问题，"说教式"教育内容缺乏创新，难以吸引学生的注意力，安全教育也就失去了蓬勃发展的生命力。安全教育应该注重日积月累的渗透式教育，平时潜移默化的信息影响和知识触达更重要。

（二）不能有效应对非传统安全威胁带来的挑战

随着互联网的飞速发展和大数据时代的到来，电信网络诈骗犯罪成为全社会不可忽视的毒瘤。据公安部门2021年相关数据显示，每一万人中被骗概率为26.1人，远高于被偷5.3人和被抢0.1人，被骗的安全威胁已经一跃成为概率最高的安全威胁。从长春市电信网络诈骗案件中被骗人群年龄结构看，18～25岁之间占比28.49%，26～35岁之间占比42.26%，青年学生群体是电信网络诈骗的主要目标，高校不可避免地成为电信网络诈骗的重灾区。随着网络虚拟空间的不断扩充，电信网络诈骗、校园贷、非法网站等虚拟空间的非传统安全威胁给大学生安全教育带来了新的挑战。

（三）安全教育缺乏系统性，师资力量相对匮乏

目前，大部分高校的安全教育工作都是由保卫部门、学工部门以及辅导员承担，往往都是兼职担任入学安全教育和日常阶段性安全宣传工作，教育的规范化、常态化和系统化不理想。在实际工作中，各部门安全教育的资源和部署往往局限于自身职责范围的框架内，导致学校一些安全教育工作长期

处于零散状态，没能得到有效地组织和开展。另外，安全教育队伍往往不是专业人员，师资力量配备不足，授课人员缺乏稳定性，高校基本没有安全教育专职教师，授课内容更新较少，缺乏知识性和系统性，在理论研究、方式创新等方面发展缓慢。

四、加强校园安全育人工作的几项措施

（一）积极创新，探索有效安全"微教育"模式

在通信自由、信息量暴增的社会环境下，人们的学习、消费以及生活模式已经发生了巨大的变化，对高校大学生们的安全教育也需要跟随着时代和科技的进步而变化，要从传统灌输式演变为具有主动性、互动性及实用性的交互式教育。"微教育"可以通过互联网、手机以及电脑等渠道进行教育信息的传播和共享，利用互联网和新媒体扩大学生获取知识的方式及途径。对大学生来讲，"微教育"使其拥有了自由的空间和选择权力，也具有了培养自身独立思考能力和训练思维方式的效果。因此，用好用活新媒体平台，构建大学生安全知识"微教育"模式是高校安全育人工作值得深入研究的。

（二）加强联动，打造全方位安全教育体系

要提升校园安全育人的全面性，一个部门的单打独斗是无法达成的。既要加强与省公安厅、省教育厅、属地公安局、派出所、消防、应急管理以及行政执法部门的沟通联动，借助社会专业力量来开展全方面安全育人活动，有效应对传统及非传统安全威胁的挑战，稳定校园及周边安全局面。也要广泛动员学校内各部门，结合各自相关安全工作，形成上下联动、齐抓共管，将意识形态安全、消防安全、治安防控、食品安全、交通安全、建筑与施工安全、实验室及危化品安全、生产安全、生物安全等安全教育全部纳入校园总体安全教育部署，积极构建学校"大安全"教育格局。

（三）深入课堂，提升安全教育专业化程度

要持续推动安全教育纳入教学体系，提升安全教育师资和内容的专业化。学校已经采取了面向学生开设《国家安全与大国兴衰》公共选修课和国家安全教育专题课，将反电诈知识纳入《形势政策》课程教学内容，邀请安全专家举办系列讲座等措施，下一步还需要继续探索国家安全教育与安全学科的有机融合，形成安全教育的全方位育人模式。同时，要深入探索学生安全教育实践，结合安全教育基地和学生劳动实践活动，促进安全教育教学内

容和方式的优化。

（四）提升意识，强化日常安全教育参与度

新形势下高校思想政治工作要求坚持全员全过程全方位育人，力争构建习惯性校园安全文化氛围。要持续开展日常基础安全教育，充分利用主题党日、团日、竞赛、主题班会和专项安全宣传等活动，深入学习安全知识，提升师生的安全意识，提高防范和抵御安全风险的能力。要通过学校"百团纳新"等活动，充分利用学生社团，创新设计开展紧贴师生思想实际、形式多样、内容丰富、喜闻乐见的安全宣传活动，提升大学生们对于安全教育的参与度和接受度。要通过安全演练、安全实践等方式模拟再现不安全事件，将安全知识传授给师生并提供专业化的指导，有效提高师生的安全防范和逃生自救能力。

五、结语

校园安全育人工作具有一定的复杂性，尤其对于我们这样一个校园面积大、师生人数多、学科覆盖广的高校来说，更具有一定的挑战性，更要不断积极实践探索，不断优化升级教育模式，通过持之以恒、行之有效的安全育人工作，健全高校安全体系，构建校园安全文化，为学校实现"立德树人"根本目标提供坚实有力的保障。

参考文献

陈诗伟，张占军，张伟，付冰. "三全育人"视域下高校校园安全体系的创新构建［J］. 教书育人，2021（12）：28-30

组织行为学视角下大型学院学生教育管理路径探析

——以吉林大学商学与管理学院为例

李　毓[*]

摘　要： 随着我国高等教育普及化水平逐年增高，高等教育发展更应关注质量的提升。综合性大学的学科专业设置调整优化，既涵盖教学系、教研室的融合调整，也包含了学院机构设置以及学生管理的整合。2022年1月，吉林大学商学院与管理学院合并组建吉林大学商学与管理学院，标志着吉林大学进入了深化组织机构改革、学科设置调整优化的新阶段。新学院办学规模和学院体量创吉林大学历史新高，如何进一步精准施策、科学管理，成为迫切需要回答的问题。本文从组织行为学视角出发，以吉林大学商学与管理学院为例，探究综合性大学大型学院学生教育管理路径，为同类院校和大型学院提供参考经验和可行性做法。

关键词： 组织行为；大型学院；教育管理

一、大型学院产生的历史背景

习近平总书记强调："要深化办学体制和教育管理改革，充分激发教育事业发展生机活力。"[①]2022年，我国高等教育毛入学率达到59.6%，[②]表明高等教育已进入普及化深入发展的阶段。随着我国高等教育普及化水平逐年增

---

* 李毓：吉林大学商学与管理学院辅导员，主要研究方向为思想政治教育。

① 习近平. 坚持中国特色社会主义教育发展道路 培养德智体美劳全面发展的社会主义建设者和接班人［N］. 人民日报，2018-09-11.

② 教育部. 2022年全国教育事业发展统计公报［EB/OL］.（2023-07-05）［2023-08-17］. http：//www. moe. gov. cn/jyb_sjzl/sjzl_fztjgb/202307/t20230705_1067278. html.

高，高等教育发展更应关注质量的提升。学科专业是人才培养的基础平台，面向普及化背景下的多样化、个性化发展需求，需要进一步加强学科专业建设，服务支撑中国式现代化建设。2023年2月，教育部印发《普通高等教育学科专业设置调整优化改革方案》，提出"改进高校学科专业设置、调整、建设工作，加强学科专业发展规划。高校要科学制定学科专业发展中长期规划，主动适应国家和区域经济社会发展、知识创新、科技进步、产业升级需要，做好学科专业优化、调整、升级、换代和新建工作。要将学科专业规划与学校事业发展规划相统一，建立健全工作制度，每年根据社会人才需求、学校办学定位、办学条件等，对本校学科专业设置调整进行专题研究。"综合性大学的学科专业设置调整优化，既涵盖教学系、教研室的融合调整，也包含了二级学院机构设置以及学生管理的整合。在此背景下，由多个二级学院合并组建的新大型学院产生，学校的学科实力得到优化，学生的学习资源更加丰富，重复办学的情况得到治理，但与此同时，大型学院的学生管理难度进一步提高，迫切需要提升管理效能，探究行之有效的学生教育管理路径。

国内经历过多次高等院校合并浪潮，由中央部属和地方所属综合性大学和行业特色大学合并组建新综合性大学，如吉林大学、山东大学、浙江大学、四川大学，这些调整合并形成的综合性大学不可避免地形成了部分组织机构重叠、重复办学的现象，受到历史因素和现实条件限制，这一现象尚未得到全面、彻底解决。2022年1月，吉林大学商学院与管理学院合并组建吉林大学商学与管理学院，标志着吉林大学进入了深化组织机构改革、学科设置调整优化的新阶段。新学院拥有教职工300余人，本科生3200余人，办学规模和学院体量创吉林大学历史新高，如何进一步精准施策、科学管理，成为迫切需要解决的问题。本文从组织行为学视角出发，以吉林大学商学与管理学院为例，探究综合性大学大型学院学生教育管理路径，为同类院校和大型学院提供参考经验和可行性做法。

二、大型学院学生教育管理路径探析

为深入学习贯彻习近平新时代中国特色社会主义思想，全面贯彻党中央重大决策部署，切实加强党的领导，坚持社会主义办学方向，立足职能职责，完整准确全面地贯彻新发展理念，紧扣教书育人中心工作，落实好立德树人根本任务，提高治理能力和治理水平，实现内涵式高质量发展，结合大型学院学生教育管理现状，笔者从制度变革、信息传递、组织设计三个方面展开，探究大型学院学生教育管理路径。

（一）建章立制推动变革

大型学院在合并创立之初，受历史所限，原单位具备不同的现实情况和特点，往往面临场地、人员、制度等方面的矛盾，需要通过"物理融合""化学融合"和"心灵融合"逐步协调和解决。悬衡而知平，没规而知圆，组织变革的根本目的就是为了提高组织的效能。[①]针对现有制度、规定和工作办法，实施有计划的变革，以提高组织适应外部环境变化的能力和改变组织内成员行为为出发点，保留规章制度中与新学院发展相适应的部分，调整与新学院现状不再匹配、阻碍未来发展的部分十分必要。在新学院的学生管理工作中，学工队伍应不断推动学生管理规章制度的修订和完善，做好学生管理工作的变革推动者。为此，学工队伍应从以下几个维度出发，推动新学院的建章立制工作：

1. 教育沟通：即向所有学生做好解释说明工作。通过与学生沟通，帮助他们了解修订规章制度的逻辑缘由，减轻推动变革的阻力。要从两个方面加强沟通，一方面是减少信息失真和沟通不良的影响，帮助学生了解全部事实并消除误解，认识到新规的科学性；另一方面要通过适当"包装"即强调共赢，让所有学生能够从新规中获得更多实惠，提高成长上限。

2. 亲身参与：即邀请学生亲身参与新规制定过程。个体往往很难抵制他们参与制定的变革决策，如果学生能为决策作出有意义的贡献，那么他们的参与将为新规出台获得更多群众基础，促使学生获得认同并提高新规的质量。学工队伍可以通过发放问卷、谈心谈话、征求意见稿等形式充分了解和掌握学生的意见建议，凝聚共识以谋求最大公约数。

3. 积极关系：如果人们相信实施变革的管理者，他们就更愿意接受变革。这启示学工队伍在日常工作中要与学生发展积极健康的师生关系，善于同学生交谈，倾听学生的心声，尽可能争取学生的信任和合作，让学生充分感受到学工队伍的热情和温度，认识到新环境对个人成长发展提供了更广阔的平台，从而支持新学院的建章立制工作。

---

① 周三多. 管理学——原理与方法[M]. 上海：复旦大学出版社, 2018：258.

4. 公正变革：确保实施变革的过程公正合理，以及变革后所有成员一视同仁地享有权益，是将变革的负面影响最小化的重要方法。[①]本科生奖助学金、综合素质评价将切实影响学生的经济收益和成长方向，这要求学工队伍在各类评选制度修订时既要重点考量学生的个人能力素质，也要兼顾公平公正，让拥有不同特点特长的学生能够学有所获、学有所得。

5. 支持承诺：对突发的改变及未来的忧虑，是学工队伍推动建章立制工作的阻力之一。面对新学院新环境，学工队伍的不同决策将导致不同结果：若推翻过去的规章制度，直接建立新制度，会导致学生突然面临规则改变，在过去框架内的个人努力和积累可能不再被承认，这将会引发部分学生的抵触；若继承过去的规章制度，则无法适应和匹配新学院的现实情况，旧规中存在的问题仍得不到解决；若采取"老生老办法，新生新办法"的方式则可解决以上方式的弊端，此种方式面向老生保证了人才培养路径的一致性，能够最大限度地减轻阻力、增强信心，面向新生则重新制定科学合理的制度规定，与新学院的现实情况相适应相匹配，同时解决了两种旧规"双轨并行"的问题，将所有学生纳入统一框架，进一步提升管理效能。

（二）畅通信息沟通渠道

沟通是信息的传递和理解，是信息发送者通过沟通渠道把信息传递给其他人的活动过程。可以说没有信息沟通就没有组织，因为没有信息沟通，集体就无法影响个人行为。[②]信息沟通是组织建设管理无法回避的重要问题，随着组织规模不断扩大，信息沟通的压力必然增加。与沟通的时效性、准确性、完全性原则相对应，如何提高信息传递的速度，如何保证信息传达的精度，如何控制信息扩散的范围，是一个大型组织能够平稳运行的一道必答题。对于高等学校而言，大型学院学生规模庞大，学生工作队伍往往面临"以一当百"的局面，迫切需要畅通信息沟通渠道，防止出现尾大不掉的局面。从信息沟通的两端出发，高校学工队伍需要解决两个方面的问题：一方面是将学校和学院等上级管理部门的信息和指令及时、准确地传达至受众范围内的学生；另一方面则是将学生的困难、诉求以及个人意愿有效地向上级管理部门反映，以解决学生的急、难、愁、盼关切。

在学生教育管理工作中，围绕信息沟通的速度、精度、范围展开，学

---

① 聂丹. 企业并购后的管理整合策略研究 [D]. 上海：上海理工大学, 2018: 5.

② 西蒙 H A. 管理行为 [M]. 北京：北京经济管理学院出版社, 1991: 99.

工队伍应注意以下要点：一是要保证时效性，即将紧急事项和重要工作尽快告知学生，避免因时间拖延产生负面影响；二是要确保真实性，即准确理解管理部门的信息和指令，并将其完整正确地传递到位，同时减少个人情绪色彩，防止学生出现误判；三是注重精准性，即准确识别管理部门的信息指令的传递受众，区分涉及和不涉及影响的学生，避免学生产生混淆；四是保障私密性，即尊重学生的人格并保护学生的隐私，对学生家庭经济状况、身体健康状况等保密，避免产生歧视；五是维护公平性，即保障所有学生平等地获取信息、得到成长机会，避免因信息差造成不公现象。笔者以组织行为学中的沟通语言、线索、反馈、个性化四个指标为切入点，以学工系统常见的信息沟通方式为例，分析各种信息沟通方式的特点，划分建议使用范围，并给出使用建议：

1. 书面文件：主要指将上级管理部门的规定主张以书面文件的形式传达给学生。该方式突出内容固定严谨，让每一名涉及范围内的学生获得同等的信息和待遇，沟通语言标准，线索单一，由于下行沟通能够获得的反馈有限，沟通的个性化程度也相对较低。由此带来的问题是部分书面文件触及利益或造成不便，将导致执行遇阻，需要学工队伍及时了解学生的思想反馈并及时处理，部分书面文件的规定内容不够详尽，容易造成学生的困惑和误解，这要求学工队伍准确领会并及时做好解释说明工作。书面文件沟通适用于分配任务、指导工作、解释制度等管理工作。

2. 问卷收集：包含线下问卷收集和在线问卷填写。该方式突出所有学生即时地、背对背地完成信息的调查和上报，受到题目框架影响，作答范围有限，沟通语言是否标准，出题者能够获得的线索单一，但与之相对应的是能够通过问卷填写，即时获取反馈，通过单选、多选、排序、简答等多种题目类型的设置亦可提高沟通的个性化。问卷收集对应保护隐私、提高速度、规范答案的信息收集任务，较适用于课题调研、心理摸排、服装订购等日常工作。

3. 在线表格：这是近年来伴随互联网行业发展产生的信息收集方式。该方式突出简单便捷，所有学生点击链接即可填报信息，所有信息面向填写者公开，表格信息指向明确，故沟通语言标准，制表人仅能获得表格预设的线索，可以突破空间和地域限制快速获取反馈。由于表格制式固定，个性化程度较低，在线表格填写对应不涉及学生隐私的简单重复性工作，须关注上行沟通的信息失准，需要学工队伍进一步处理校正，须控制在线表格分享和填写的范围，以防止信息泄露，较适用于出勤登记、寝室报修、人数统计等日常工作。

4. 召集会议：包括线下会议和线上会议。该方式突出参与者身临其境，面对面地获取对方的信息，能够即时通过表情、肢体动作和语言获取信息，沟通语言丰富、线索多元，能够即时获取反馈，同时个性化程度较高。其中，线上会议是近年来兴起的全新形式，在传统会议的基础上能够突破地域和场地的限制，同时提供各种软件功能，辅助会议更好地实现目标议程。由于参会人员规模庞大，主办方需要关注会议的内容、观点，以及参会人员的反馈，避免因解释不足而产生误读误判，造成不良影响。召集会议对应公开性、大规模的解释说明工作，较适用于政策解读、理论学习和工作安排等重要工作。

5. 单独交谈：包括线上沟通和当面谈话。该方式突出一对一的私密性，可进一步挖掘信息沟通深度，往往是学生能够敞开心扉、交流真情的唯一方式。其中，线上沟通作为互联网时代的新兴产物，伴随各种即时聊天软件逐步被青年学子所接受，线上沟通的语言不受各种框架限制故灵活多变，线索相较于问卷和表格更加丰富，同时可以即时获取反馈，沟通的走向也更加丰富，个性化程度高，同时方便保留工作记录，成为开展后续工作的重要参考依据；当面谈话则在线上沟通的基础上，进一步增强了沟通的个性化程度，即双方可以即时通过表情、肢体动作和情绪捕捉有效信息，快速地传递和反馈，同时保证了沟通的私密性。连续地面对面沟通仍是向对方传递信息和从对方那里获取信息的最佳方式。[①]在学生教育管理中，当面谈话是学工队伍了解学生思想动态和生活学习情况的最重要途径，较适用于个性化、具体性的如特殊困难学生群体的教育指导、人际关系矛盾处理等工作。

（三）精心设计组织结构

组织结构界定了对工作任务进行正式划分、组合和协调的方式。[②]不同的组织结构设计体现不同的权力分配和角色定位，合理的组织设计将提高成员的成长成功机会。传统的学生教育管理依赖学生骨干充分发挥沟通桥梁和纽带作用，在提升效率的同时也会带来一定弊端，需要学工队伍结合日常工作

---

① L. Dulye, *Get Out of Your Office* [J]. HR Magazine, 2006.

② 斯蒂芬·P·罗宾斯. 组织行为学 [M]. 北京: 中国人民大学出版社, 2012: 418.

精心设计组织结构，下文列举了三种常见的学生教育管理组织结构：

1. 直线职能式：直线职能式结构既保持了直线的统一指挥，又设立了承担具体管理职能的职务，综合了"直线"和"职能"的优点，是目前我国高等学校二级学院普遍采用的学生管理形式。学工队伍以班长、团支部书记等班级骨干为依托，对全体学生集中领导，统一指挥、分工明确、效率较高。但各班级骨干之间的分工往往界限不清；有的综合性任务也难以由某个班级骨干去完成，容易产生推诿扯皮现象；班级骨干可能受到多级、多头指挥，当学工队伍和班长、团支部书记的指令不一时，其余班级骨干将无所适从，甚至产生矛盾，从而降低工作效率；由于管理职能具体落实到学生骨干本人，学生骨干的个人素质、能力差异也将对学生管理产生显著的正向或负向影响。

2. 事业部式结构：事业部式组织结构形式最早出现于企业，最大特点是"集中决策，分散管理"，其实质是在集中指导下进行分权管理。高校的二级学院启用事业部式结构的学生管理，聚焦"日常管理"和"思政育人"两条主线，将传统意义上的班级划分为"行政班"和"团支部"两条并行工作流，将班级主要骨干以团支部委员身份纳入团支部，班长兼任团支部副书记身份，班主席（副班长）兼任纪律委员身份。这种管理模式下突出开展学生管理教育工作中的灵活性，能适应环境的变化；在班级内部事务中决策分权，能较好地实现跨职能的协调。由此也会带来一定局限性，由于行政班与团支部界限相对明晰，"日常管理"和"思政育人"两条主线都要做一些相似的事务性、流程化工作，造成时间和资源上的浪费；两条主线工作之间的协调存在难度，班级骨干和团支部委员以自身工作为优先级，全局和整体观念欠缺。

3. 矩阵式结构：所谓矩阵式结构，就是在原有的纵向职能系统的基础上，又建立一种横向的任务系统，是两者结合起来而形成的一种组织结构形式。这种组织结构形式以解决问题为目标，以专项工作任务为中心，信息交流以横向为主，纵向为辅，当组织具有一些比较复杂但又相互依存的活动时，它有助于协调这些活动；矩阵结构中的每位学生骨干都有两个上级，即学工队伍和工作小组组长。在高校学生教育管理中针对安全维稳、经济关注对象、综合素质评价、组织发展建设专项工作成立了专项工作小组，接受全体学生监督。矩阵式结构整合了大量相同或相近职能的成员，围绕中心任务的各个部分形成环环相扣、相互制约的目标共同体，能够最大限度地凝聚共识、遵循规则，从而通过科学合理的工作流程完成既定目标任务。

三、提升大型学院学生教育管理效能的对策建议

（一）坚持思想引领，培育积极向上文化

学工队伍要通过理论学习、社会实践等形式强化思想政治引领，让党的先进理论和思想入脑入心，帮助学生树立崇高的理想信念和天下兴亡、匹夫有责的担当精神，自觉成为担当民族复兴大任的时代新人。培育积极向上的学院文化，引导和鼓励学生不断提升专业素养，自觉抵制"佛系""躺平""摆烂"等文化侵蚀，勇做志存高远、脚踏实地的时代弄潮儿。

（二）提高本领才干，加强学生骨干培训

作为学生教育管理的重要抓手，学生骨干的能力直接关系学工队伍的管理效能，学工队伍要从基础知识技能、技术技能、人际技能和问题解决技能方面出发，精心设计学生骨干培训，不断提高学生骨干的行政办公能力、沟通交流能力和动手解决实际问题的能力，进一步加强对学校和学院工作的了解，在日常工作中给予同学们必要的意见建议，与学工队伍保持有效交流沟通，通过学生骨干任职掌握高强的本领和才干。

（三）强化理论学习，提高教育管理水平

学工队伍要树立终身学习的理念，努力学习思想政治教育的基本理论和相关学科知识，[①]主动学习马克思主义、管理学、心理学等学科的先进理论和基本方法，不断提升自身的专业素养和管理水平。与此同时，在日常工作中不断积累经验，及时发现和总结大型学院学生教育管理的特点，寻找大型学院环境下学生成长成才的规律，推动理论学习和实践相统一，做好大型学院学生教育管理工作。

---

① 教育部. 普通高等学校辅导员队伍建设规定 [EB/OL]. （2017-09-29）[2023-08-25]. http: //www. moe. gov. cn/srcsite/A02/s5911/moe_621/201709/t20170929_315781. html.

参考文献

［1］习近平. 坚持中国特色社会主义教育发展道路 培养德智体美劳全面发展的社会主义建设
　　者和接班人［N］. 人民日报, 2018-09-11.

［2］教育部. 2022年全国教育事业发展统计公报［EB/OL］. （2023-07-05）［2023-08-17］.
　　http：//www. moe. gov. cn/jyb_sjzl/sjzl_fztjgb/202307/t20230705_1067278. html.

［3］周三多. 管理学——原理与方法［M］. 上海: 复旦大学出版社, 2018: 258.

［4］聂丹. 企业并购后的管理整合策略研究［D］. 上海: 上海理工大学, 2018: 5.

［5］西蒙 H A. 管理行为［M］. 北京: 北京经济管理学院出版社, 1991: 99.

［6］L. Dulye. *Get Out of Your Office*［J］. HR Magazine, 2006.

［7］斯蒂芬·P·罗宾斯. 组织行为学［M］. 北京: 中国人民大学出版社, 2012: 418.

［8］教育部. 普通高等学校辅导员队伍建设规定［EB/OL］. （2017-09-29）［2023-08-25］. http：
　　//www. moe. gov. cn/srcsite/A02/s5911/moe_621/201709/t20170929_315781. html.

"大数据+"背景下高校党建工作创新研究*

刘景元　张　磊**

摘　要：培养又红又专的时代新人是高等教育的重要使命，坚持党对高校工作的全面领导是高等教育高质量发展的根本保证。伴随我国计算机技术的不断进步与发展，互联网的应用已普及到人们生活的方方面面，大数据作为其中一个重要技术和工具，在中间发挥着关键作用。高等教育特别是高校党建工作必须尽快适应新时代发展要求，创新工作方式和方法。本文将从"大数据+"背景下分析我国高校目前党建工作存在的问题，并提出高校党建工作创新思路与切实举措。

关键词："大数据+"；高校党建；创新；举措

习近平总书记在党的二十大报告中指出："坚持为党育人、为国育才，全面提高人才自主培养质量，着力造就拔尖创新人才，聚天下英才而用之。"[1]高校承担着培养高素质人才的艰巨任务，然而党建工作正是高校思想政治教育工作的重要桥梁和纽带，在育人中发挥关键作用，因此抓好学校党建工作至关重要。在当今时代"大数据+"背景下，高校应该充分发挥互联网的作用，将大数据技术与高校党建工作相结合，利用大数据技术手段创新党建工作新模式，进一步提升党建工作的质量和实效，从而顺应新时代高校全面发展要求，为培养更多担当民族复兴大任的时代新人贡献力量。

---

*　本文为2022年度吉林大学信息化专项研究项目"'大数据+'党务管理工作的创新研究"阶段性研究成果。

**　刘景元：吉林大学艺术学院硕士研究生。张磊：吉林大学党委办公室正科级秘书。

①　习近平. 高举中国特色社会主义伟大旗帜 为全面建设社会主义现代化国家而团结奋斗——在中国共产党第二十次全国代表大会上的报告［EB/OL］.（2022-10-25）［2023-08-01］. 新华网, http://www.news.cn/politics/cpc20/2022-10/25/c_1129079429.htm.

一、"大数据+"背景下高校党建工作创新的重要性

随着我国计算机技术的不断成熟与发展，社会已全面进入信息化时代，互联网的广泛使用，使大数据技术已在社会各个行业普及并应用。大数据是整合互联网信息的一个规模庞大、高速增长和复杂多变的数据合集，人们可以利用大数据分析技术快速得到相应信息，提高工作效率和工作质量。在"大数据+"背景下，高校利用大数据技术开展党建工作是非常有必要的，不仅可以推动内部机制的创新发展和组织优化，而且还能进一步加大宣传教育力度，以及工作的系统性和实效性。

（一）现实所需：有助于强化党建工作宣传教育力度

在高校党建工作中，传统党建工作方式主要是采用线下进行，如通过组织会议、传阅书籍资料、线下授课等方式进行教育宣传，内容比较枯燥乏味，很难提起师生们的学习兴趣，因此效果不佳。而在"大数据+"背景下，高校党建工作可以利用互联网强大的大数据分析技术，快速汲取海量学习资源，并通过多种传播方式进行宣传，在内容载体上丰富了高校党建工作。学校可以通过网课、直播、论坛等方式开展党建活动，充分利用网络平台，加强沟通交流，实现党员联系群众，党务公开透明，在广大师生中起到宣传教育作用。

（二）实践所需：有助于提升党建工作实效性和针对性

大数据具有规模大、高速度、多样性、精准性的特点，可以第一时间进行数据采集、分析和预判，有效促进高校党建工作落实动态化管理。相比较传统的信息处理方式，大数据技术可以精准、有效获取信息，并进行分析和处理，为高校党建工作提供决策依据，保障党建工作实效性。同时，可以利用大数据第一时间了解、掌握师生们在工作、生活、学习和思想等方面的情况，再进行深入分析，从而合理调整工作安排，制定符合组织与个人的个性化学习，以及思想教育活动等，提升党建工作质量。

（三）发展所需：有助于提高党建工作创新能力

大数据类型具有多样化特征，可以通过文字呈现，也可以通过图片、音频及表格呈现，正符合高校党建工作创新要求，并为其提供相应的技术支持，可以有效将党建活动线上、线下相结合，开展微课堂、线上教育、主题党日活动等形式丰富的创新性党员教育活动，加强对党员知识能力的培养。

同时，各大网络媒体平台的兴起为高校党建工作提供了主要路径，丰富的信息资源更是吸引了不少党员浏览。

二、"大数据+"背景下高校党建工作存在的问题

高校开展党建工作是指在高等教育学府开展组织建设工作，其主要任务和职责包括优秀人才的培养，加强思想政治教育，推动科学研究和服务社会等方面内容，它不仅是党的建设重要组成部分，还是办好我国中国特色社会主义大学的根本保证。在当今时代"大数据+"背景下，我国高校党建工作仍面临着诸多挑战和难题。

（一）党建工作重视度不够，思想观念仍然滞后

随着互联网的广泛使用，我国高校党建工作已逐渐信息化，党建工作不断的改革和创新，并创建线上党员信息库、党建教育平台、党建专题网站等，在一定程度上促进了党建工作信息化发展。然而现实工作中，部分党建工作者对党建工作数据化、信息化理念并不是很清晰，仍保持陈旧思维思考，因此不够重视大数据在党建工作中发挥的作用，从而导致对大数据技术产生怀疑的态度，依旧使用传统老旧的党建工作方式开展工作，这对高校利用大数据技术开展党建工作带来一定局限性。

（二）党建工作互动性不强，模式依旧传统单一

目前高校党建工作中，受传统党建工作方式的影响，在大数据技术未全面普及前，高校党建活动主要通过线下授课、座谈交流、自主学习和集中学习等方式进行，其内容较为传统单一、枯燥乏味，很难提起师生的学习兴趣，多为被动接收学习信息，缺乏活动参与的互动性和能动性，很难达到教育效果；伴随互联网兴起和大数据应用，智慧党建平台已逐步运行，但由于平台使用的相关经验较少，难以借鉴，以及系统技术开发不全的原因，部分高校仅用于转接党员关系和支部学习，很难有效发挥平台的作用，缺乏党建工作的创新性、互动性和趣味性。

（三）党建工作专业性不足，技术人才亟须补充

高校在利用大数据开展党建工作时，大数据专业技术人才团队的建设是党建工作的重要前提和基础。随着网络信息化和数字化技术的飞速发展，全国各大高校已开始运用大数据技术开展党建工作，但目前高校党建工作者不完全具备互联网平台的技术开发与管理能力，缺乏专业性，而专门负责技术

开发的工作人员不具备党建工作能力，导致大数据党建平台缺少专业管理人才，影响党建工作的正常运转。同时，为避免党组织和党员个人信息泄露，党建平台数据信息安全问题需要加强维护，因此加强大数据专业技术人才团队建设刻不容缓。

（四）党建工作系统性不严，制度规范有待完善

在"大数据+"背景下，高校党建工作制度存在数据欠缺、数据管理平台不集中、工作保障制度不完善等问题。由于高校在利用大数据技术开展党建工作时缺乏合理有效的规划与布局，从而导致党建工作数据出现数据欠缺的情况；高校在实施网络平台管理制度时，大多进行分版块管理，各部门按照自身业务建立信息化平台，导致各系统无法及时进行数据共享，出现数据孤立现象；大数据是当今社会科学技术的产物，涉及信息隐私保护和信息安全等问题，而在高校数据管理方面，仍欠缺制度上的优化管理，缺乏系统性，影响高校党建工作的创新发展。

三、"大数据+"背景下高校党建工作创新举措

（一）适应"大数据+"要求，加大党建宣传教育力度

高校开展党建工作的主要力量来源于党委，其中党务工作者是党建工作的主力军。因此，要充分发挥党员引领作用，加强思想理论学习和大数据技术的使用，建立起以大数据作为基础，以科技创新为动力的思维模式，从而加大党建宣传教育力度，更好地开展高校党建工作。可以通过组建大数据党建工作团队，成立信息化专业部门，对目前的党建工作和大数据人才进行资源整合，进一步宣传大数据背景下开展党建工作的新思想、新路线，同时加强教育培训工作，积极引导广大党务工作者去了解和学习新技术，了解新时代发展需求，并掌握大数据技术下的党建工作方式；针对师生进行思想政治教育工作，积极开展多样性的宣传教育工作，增强师生们对新型党建模式的认同感；高校大数据党建工作模式可与学校教学综合评估挂钩，提高广大师生对大数据党建工作的价值认知，并加强学校复合型人才培养，培养具备大数据技术和理论的新型党务工作者，从而推进高校大数据背景下党建工作创新与改革，提高宣传教育效果。

（二）依托"大数据+"优势，创新党建工作形式与内容

高校党建工作者要正确把握大数据技术在工作中的运用，更好地完成

各项党建工作任务。在党建工作形式方面，可以通过线上、线下相结合的形式开展党建工作，线上和线下二者相辅相成，相互影响，在实际工作中发挥巨大作用。制定学习交流计划，鼓励广大师生交流互动，并将"两学一做"融入党建工作之中，促进学习教育活动常态化和制度化；开展趣味性和互动性强的，可以沉浸式体验的线下活动，如知识问答竞赛、社会实践、志愿服务、百日打卡等教育活动，活动结束后及时将活动信息上传至党建网络平台，从而形成线上线下浓厚的学习氛围；党建工作可以充分融合大数据优质网络资源，拓宽网络思想政治教育阵地，依托"新时代e支部"和"学习强国"等网络平台的线上资源开展党建工作，通过微党课、微电影等形式开展思想政治教育活动，同时可以利用大数据技术搭建线上虚拟博物馆、纪念馆等，让师生们可以随时线上参观红色爱国教育基地，提升爱国主义情怀。在党建工作内容方面，面对互联网平台信息纷繁复杂的情况，高校党建工作应加强内容建设和管理。高校党建工作者在网络平台发布内容应突出党建主要内容，把握好政治方向和时代主旋律，积极宣传党的新思想、新内容，紧跟党的步伐，熟练掌握大数据党建平台工作方式，并善于运用网络时事热点宣传党建知识。

（三）立足"大数据+"特性，强化高校党建工作技术人才队伍建设

随着先进信息技术和先进管理软件的不断发展及利用，大数据技术在高校党建工作中也扮演着越来越重要的角色。高校应加强党建工作中人才技术队伍的培养与建设，在学校党员干部中选拔、培养出具备专业技术能力的人才骨干，以保障大数据平台硬件设施的正常运转，及时处理工作中遇到的问题。同时，加强原有党务工作者的技能培训，提高其对大数据技术在党建工作中的运用能力；在师生党员干部中组建信息化工作团队，鼓励更多党员、入党积极分子参与到学校大数据党建工作创新中来，从而精准、快速地掌握党员数据信息，为高校党建工作提供科学根据；高校应加强对专业技术人才队伍的考核与管理，定期进行训练、考核和经验交流，进而强化大数据背景下高校党建工作的业务水准。

（四）健全"大数据+"体系，持续完善高校党建工作制度

目前，大数据党建创新工作是高校党组织工作的重点任务之一，高校应全力把握住"大数据+"背景下党建工作的发展脉搏，充分发挥党建工作团队的力量，精心筹划和部署党建工作的创新发展。在纷繁复杂的信息化时代，高校应构建领导协作机制，成立大数据党建工作包保小组，由党政领导干部牵头推进工作，小组成员包含党务工作人员、教师团队、行政人员和后勤人员等，加强党建工作高速有效运转；高校应针对大数据技术人才制定相关培养制度，在政策、平台和经费支持的基础上加大党建工作者教育培训力度，提升其工作能力，培养出既精通党建工作各项业务，又精通大数据信息技术操作的专业人才；高校应加强党建工作信息管理与监督工作，完善党建工作管理监督制度，在党建网络平台建立数据库，精准掌握学校党员培养、发展、教育等情况。同时，加强信息公开透明程度，让广大师生参与监督，并完善线上系统评价机制，定期对学校党建工作进行评估，从而督促高校党建工作制度的完善和发展。

四、总结

高校党建工作是高校开展各项工作的重中之重。在"大数据+"背景下，高校党建工作与大数据技术应用的紧密结合，为高校党建工作创新带来了更多的机遇和挑战，进一步强化党建工作创新性思维和专业技术人才建设，提升大数据党建工作的系统性、针对性、实效性，并完善党建工作制度，有效推动了我国高校党建工作基于"大数据+"背景下的改革和创新。高校在未来的党建工作中，要持续探索，总结经验，不断创新，顺应新时代发展要求，为培养更多担当民族复兴大任的时代新人贡献智慧和力量。

参考文献

[1]习近平. 高举中国特色社会主义伟大旗帜 为全面建设社会主义现代化国家而团结奋斗——在中国共产党第二十次全国代表大会上的报告[EB/OL]. 新华网, 2022-10-25 [2023-08-01]. http://www.news.cn/politics/cpc20/2022-10/25/c_1129079429.htm.

[2]高霞. "互联网+"背景下高校党建创新路径探究[J]. 新闻研究导刊, 2023, 14(06):155-157.

[3]王建红, 王紫玉. 大数据党建研究的现状、问题与展望[J]. 安徽农业大学学报(社会科学版), 2021, 30(6):30-38.

[4]刘雨薇. 关于新媒体时代高校学生党建工作创新思考[J]. 营销与人才培养. 2021, (7):153-154.

[5]马婷, 卜建华. 新媒体在高校学生党建工作中的应用探究[J]. 学校党建与思想教育, 2019(4):30-31+34.

[6]祝敏丹. 大数据时代高校党建工作创新路径的思考[J]. 教育教学论坛, 2019, (1):44-45.

新时代物理学复合型人才培养的导辅协同路径研究[*]

李　鑫　刘鑫婷[**]

摘　要： 随着科技的飞速发展，如何培养符合新时代发展要求的复合型人才成为各专业的重要任务。结合当代社会对复合型人才能力的新要求，本文从物理学复合型跨学科研究生思想政治教育"导辅协同"重要意义、物理学复合型人才思想政治教育"导辅协同"困境及分析、物理学复合型人才"导辅协同"的意义及培养模式探究三个方面探讨了物理学跨学科人才培养的途径，同时重点从导辅协同育人的路径出发，结合通过完善研究生思想政治教育协同育人培养模式等，探究新时代物理学复合型人才培养的导辅协同路径。

关键词： 导辅协同；新工科；复合型人才培养

教育是国之大计、党之大计。2021年9月，习近平总书记在中央人才工作会议上，强调人才培养工作的重要性，要深入实施新时代人才强国战略，强调要下大气力全方位培养、引进、用好人才，并提出要"培养高水平复合型人才"的培养目标。[①]新工科建设中最关键的内容之一就是人才培养模式的改革和创新。[②]新时代各学科相互交叉、相互融合，如何加强导辅协同，提升跨学科复合型人才的培养质量已成为当前教育改革的目标。探究导辅协同路径，既是新时代科技创新与经济社会发展的迫切需要，也是推动物理学科高

---

* 本文为吉林大学2023年度研究生教育教学改革建设项目"新工科背景下的交叉学科人才培养模式研究"（项目编号：2023JGP002）的阶段性研究成果。

** 李鑫：吉林大学原子与分子物理研究所副研究员，主要研究方向为高教管理、大数据分析。刘鑫婷：吉林大学马克思主义学院硕士研究生，主要研究方向为中国化马克思主义发展史。

① 新华社. 习近平出席中央人才工作会议并发表重要讲话［EB/OL］.（2021-09-28）［2023-06-09］. http://www.gov.cn/xinwen/2021/09/28/content_5639868.htm.

② 顾佩华. 新工科与新范式：概念、框架和实施路径［J］. 高等工程教育研究，2017（06）：4.

质量内涵式发展的必然要求。

一、跨学科研究生思想政治教育"导辅协同"重要意义

科学技术快速发展的新时期，人才的培养必须以"引领重大原始创新、突破卡脖子技术"的需求为目标，因此对人才的综合能力、专业能力要求越来越高，培养高层次复合型人才已经变成了教育教学的核心任务。复合型人才要具备本学科的专业能力以及其他相关学科的知识，思政工作有着更重要的意义。

当下"导辅协同"育人已成为新形势下加强和改进学生思想政治教育的必然要求，导师作为研究生学术引路人，可以通过科研学术的指导和论文写作的经验，帮助研究生树立正确的科研态度和学术素养。而辅导员则具备思政教育知识和技巧，能够从思想教育和生活管理的角度出发，更侧重于关注研究生的思想品德和心理健康。导师和辅导员之间的协同合作能够发挥各自的优势，实现资源的共享和优势互补。[①] 导师和辅导员之间的合作与交流，能够实现教育资源的共享和优化配置，形成一种有机的教育合力，实现研究生思政教育的全员育人、全程育人、全方位育人，提升研究生的思想政治素养和促进学生全面发展。

二、物理学复合型人才思想政治教育"导辅协同"困境及分析

近年来，为了适应新时代社会发展的必然要求，深入实施新时代人才强国战略，为高校研究生思想政治教育提出了更高的要求，在物理学专业跨学科人才培养实践和探索中"导辅协同"依然存在一系列问题。[②] 主要表现在以下几个方面：

（一）导师和辅导员之间在角色定位和工作重点上存在差异

一是导师往往更关注学术研究和教学，将研究生视为学术研究者，以培养研究能力和学术造诣为主要目标，重点关注学生科研情况、课业成绩、项

① 窦川. 新时代高校研究生辅导员与导师合力育人研究 [J]. 吉林教育, 2023（02）：77-78.
② 详见. 康新兴, 刘子涵. "三全育人"视域下硕士研究生思想政治教育"导辅"协同模式探究 [J]. 公关世界, 2022（01）：78-79；任敏. 导辅协同：新时代研究生思想政治教育的范式建构 [J]. 大学教育, 2021（06）：134-137；吕凯, 白曙光, 张一飞等. 研究生导师与辅导员在思政教育工作的协同机制探讨 [J]. 新西部, 2023（06）：154-156.

目进展、论文发表等方面，从而容易忽视研究生的思想道德教育和综合素养的培养。而辅导员则更关注思想教育和生活管理，更加重视学生的思想引领和价值引领。这种角色定位和工作重点上的差异导致了工作的分割和独立，影响了"导辅协同"的效果。

（二）思政工作与人才培养方案融合不够

人才培养模式并不是一朝一夕就能形成的，跨学科人才培养模式更需要不断探索与实践，如何把思想政治教育融合到人才培养全过程中，在教学方案方面尚未形成明确的系统规划。如参加志愿活动、社会实践活动、集体活动等相关的评价在培养方案中没有充分体现，同时缺乏相应的管理制度和评价模式，一定程度上阻碍了跨学科专业人才培养的全面发展。

（三）导师和辅导员之间缺乏有效的协同机制

一方面导师和辅导员往往在各自领域内进行工作，缺乏密切的合作与配合，二者之间缺乏有效的协同机制和工作模式，无法形成合力，从而限制了研究生思想政治教育的综合效果。另一方面导师和辅导员之间的信息共享效率不高也是"导辅"协同面临的困境之一。由于工作繁忙和沟通渠道不畅，导师和辅导员之间的交流和合作受到限制，辅导员无法及时了解研究生的学习状况，导师无法第一时间了解学生的心理状态和问题需求，与此同时，思政课与课程思政的协同作用也不能得到最大限度地发挥，这就影响了对研究生进行有效的指导。

三、物理学复合型人才"导辅协同"的意义及培养模式探究

（一）完善"导辅协同"体制机制

1. 完善研究生思想政治教育协同育人制度

从研究生培养的顶层设计更应关注研究生思想政治教育工作的重要性，进一步完善相应的政策和措施，为协同工作提供必要的支持。将"导辅协作"纳入研究生培养方案进行管理，从制度上明确战略定位和目标，为导师和辅导员提供指导和支持。制定具体的指标和标准，包括研究生思想政治教育参与情况、综合素质情况、学术成果和社会责任等方面，用于综合评价思想政治教育中的表现和成效。通过明确的评价标准，可以为"导辅协作"提供明确的工作目标，激发积极性和主动性。同时建立评估和反馈机制。通过定期评估，对导师和辅导员的思政教育工作进行审视和评价，以助于持续提

高思政教育质量。

2. 进一步明确思政教育中的角色定位和责任

高校应该加强对导师和辅导员的培训和引导，坚持把思想政治教育贯穿于研究生培养全过程，加强导师和辅导员之间的合作与交流，以形成共同的工作理念和目标。一是加强交流，通过定期的工作会议、研讨会、经验分享等形式，促进导师和辅导员之间、导师与研究生、辅导员与研究生的交流与合作，注重分享教育工作中的案例和经验，共同探讨解决问题的方法和策略，加深彼此之间的理解与信任，形成一致的工作认知和目标。二是加强实践，导师可以通过课程思政、指导科研项目，以及鼓励研究生参与实验室建设等实践方式，培养学生的实践能力和创新精神，也可以帮助学生积累科研经验和提高科研水平。三是导师与辅导员加强合作，协助学生完成职业规划和研究生阶段培养计划的安排，确保学生获得全面的知识和技能培养，可以通过组织学术讲座、座谈会、社会实践等方式，引导学生关注社会热点和时事问题，提高学生的社会责任感和公民意识。

3. 建立健全"导辅协作"沟通与协调机制

畅通导师和辅导员沟通与协调机制，一是提供导师、辅导员和研究生之间的交流和合作机会，为每名研究生定制个性化发展的方案，共同制定研究生的教育计划和发展规划，分享研究生的学术进展和遇到的问题，以实现更好的人才培养效果。二是辅导员可以向导师定期反馈研究生的心理状态和生活需求，通过开展心理健康教育和心理咨询等方式，及时发现和解决学生遇到的问题，帮助学生解决心理困扰，例如与导师分享学生参与集体活动、上课考勤、心理健康等状况，提前发现问题并及时采取措施。帮助学生保持良好的心理状态和学习动力，提高工作效率，以更加优秀的学习和工作状态顺利完成学业。三是导师和辅导员可以共同鼓励研究生参加社会实践活动。一方面可以通过开展志愿服务和社会实践等方式，引导学生关注社会发展，增强社会责任感和公益意识。另一方面可以通过开展文化艺术活动和体育运动等方式，丰富学生的文化生活和身体素质，努力培养德才兼备的高层次人才，促进学生全面发展。

（二）强化"导辅协同"的学生培养模式

1. 促进研究生交叉学科综合性知识能力培养

在科学技术快速发展的新时代，复合型人才对基础学科的综合素养需求越来越高，对物理学专业人才的需求也越来越多，综合能力是评价当代人才的重要标准之一。立德树人作为高校的根本任务，综合性知识能力的培养要将思想教育与专业学习相结合，同时在掌握本专业知识的前提下，能够根据时代要求拓展学科知识与先进科学技术紧密结合。现在很多专业提倡把握数字化、智能化融合发展的契机，加强物理学科与其他相关学科形成知识的交叉和融合，与相关科学技术和学科领域进行对接的多学科理论与方法综合运用。因此，学院应积极搭建跨学科的综合性学习平台，结合用人单位、社会的科学研究需求以及对人才培养的需要，注重学生知识能力与素养的全面发展，培养具有国际视野、思路开阔，能够将多学科知识进行有效融合和发展的综合性人才。

2. 理论联系实际，加强课外实践环节

培养学生解决实际问题的能力是教授理论知识的最终目的，研究生在完成专业课程知识学习的同时，要为学生提升解决现实问题的能力和机会，培养实际操作的能力，增强教学实践。在日常教学过程中，应注重学科知识与生活实际相结合，鼓励学生积极参与跨学科科研项目和竞赛活动，引导学生利用物理学的思维方式，运用各个学科的知识解决实际问题。学会从问题本身入手，解决实际问题。通过导师和辅导员的合作，积极开展实践教育，不仅能提高学生自主学习的主动性，锻炼研究生的实际操作能力，还能够培养学生的合作意识和创新意识，在实际应用过程中能更加深入地理解知识和巩固课堂所学，不断促进自身素质素养的全面发展。

3. 参加学术交流和学科竞赛，提升创新创业能力

以培养学生的创新精神和创新能力为目标，导师和辅导员可以共同加强学生参与学术交流和各类学术竞赛的能力，探索培养研究生创新能力的方法和路径。一方面在教学方案上进行改革，增设应用研究型课题，鼓励利用多学科知识与前沿专业、新兴技术手段解决现实问题的能力，挖掘自身创造性，提升学生理论知识与创新能力。[①]另一方面，积极组织和引导学生参加各项创新创业和学科竞赛活动，依托物理学专业优势，指导学生创新课题，引导学生具备创新创业的思维与能力，提升动手实践能力。导师和辅导员可以共同关注学生的就业和发展情况，为学生提供就业指导和职业规划建议，帮

---

① 付雷, 杨富鑫, 唐桂华等. 具有人文数理信息基础、培养国际化一流热流人才——西安交通大学"新工科"人才培养模式实践与探索［J］. 高等工程教育研究, 2019（S1）: 2.

助学生更好地实现个人发展和社会贡献，通过开展团队合作和交流活动等方式，培养学生的团队合作精神和交流能力，提高学生的综合素质和竞争力。

（三）加强"导辅协同"队伍建设

1. 提升"导辅协作"实践参与率

着力促进导师和辅导员在实际人才培养过程中的实践，一是通过定期会议，交流关于学生的学术进度、困难、潜能等信息，更好地理解学生的需要，并协同制定出合适的指导策略。二是导师和辅导员可以一起参与到学生的教学活动中，例如导师主讲理论，辅导员辅助实验等，让学生感受到教师团队的全方位支持。三是通过导师和辅导员的示范作用：导师和辅导员自身也要树立良好的道德榜样，例如遵守社会规则，尊重他人，公正公平等，通过自身的行为影响和教育学生。四是导师和辅导员需要明确各自的职责和任务，着力整合资源，导师和辅导员可以协同开展思想政治教育，例如共同制定和实施一些以思想政治教育为主题的讲座、研讨会或实践活动。五是坚持道德导向，导师在进行科研训练时，除了注重学生的专业技能培养，也要强调科研的道德和社会责任。例如，引导学生做到科研诚信，尊重知识产权，关注科研的社会影响等；在对学生进行评价时，除了学术成绩，也要关注学生的思想政治素质。例如，他们是否有公民意识，是否遵守社会规则，是否遵守校规校纪等。

2. 加强导师和辅导员的思政培训

习近平总书记高度重视教育，始终强调"思政课是落实立德树人根本任务的关键课程"。应该加强导师和辅导员思想政治教育培训，通过定期开展思想政治教育的培训，提升专业知识与思政课程相融合，引导学生把个人理想追求融入国家和民族事业，厚植爱国主义情怀，培养一批有家国情怀、能担当民族复兴大任的时代新人。作为培养学生意识形态工作的重要阵地，应注重理想信念教育，唤醒学生内在能动性，培养学生正确的世界观、人生观和价值观，激发奋斗精神和责任担当，增强使命感和责任感。

四、结语

在这个需要自主创新、加快发展科学和技术的新时代，要求我们牢记立德树人根本任务，积极推进跨学科人才培养，构建思想政治教育课程体系，同时加强物理学与其他学科的交叉融合，将新的思想体系和学科知识融入教学内容中，促进学生在扎实掌握本专业知识的基础上，提升学生综合能力和实际应用能力，实现全方位育人的人才培养模式，培养高素质、能力强的高水平复合型人才。

参考文献

[1]新华社. 习近平出席中央人才工作会议并发表重要讲话[EB/OL]. （2021-09-28）[2023-06-09]. http://www.gov.cn/xinwen/2021-09/28/content_5639868.htm.

[2]顾佩华. 新工科与新范式：概念、框架和实施路径[J]. 高等工程教育研究, 2017（06）：1-13.

[3]康新兴, 刘子涵. "三全育人"视域下硕士研究生思想政治教育"导辅"协同模式探究[J]. 公关世界, 2022（01）：78-79.

[4]任敏. 导辅协同：新时代研究生思想政治教育的范式建构[J]. 大学教育, 2021（06）：134-137.

[5]吕凯, 白曙光, 张一飞等. 研究生导师与辅导员在思政教育工作的协同机制探讨[J]. 新西部, 2023（06）：154-156.

[6]窦川. 新时代高校研究生辅导员与导师合力育人研究[J]. 吉林教育, 2023（02）：77-78.

[7]张海生, 张瑜. 多学科交叉融合新工科人才培养的现实问题与发展策略[J]. 重庆高教研究, 2019, 7（06）：81-93.

[8]裴钰鑫, 汪惠芬, 李强. 新工科背景下跨学科人才培养的探索与实践[J]. 高等工程教育研究, 2021（02）：62-68+98.

[9]张庆君. 高校复合型人才培养变革：逻辑、实践与反思[J]. 现代教育管理, 2020（04）：47-53.

[10]付雷, 杨富鑫, 唐桂华等. 具有人文数理信息基础、培养国际化一流热流人才——西安交通大学"新工科"人才培养模式实践与探索[J]. 高等工程教育研究, 2019（S1）：1-5.

智媒体时代大学生廉洁教育的挑战和实践进路[*]

杨一博　刘　卓^{**}

摘　要： 大学生廉洁教育是高校落实立德树人任务的重要环节，随着智媒体时代的到来，既有理念与政策滞后、"去中心化"传播稀释权威、平台建造亟待转型升级、传统教育内容与传播形式显露局限、技能和素养经受新考验、监管和评价机制尚需健全，成为大学生廉洁教育面临的一系列新挑战，同时也为大学生廉洁教育廓清了新的实践进路，智媒体时代的大学生廉洁教育需要创新理念，更新政策，增强阵地意识；驾驭技术，搭建平台，提升教育实效；深耕内容，锤炼素养，厚植廉洁文化；科学评价，长效监管，营造健康生态。

关键词： 智媒体；大学生；廉洁教育

古往今来，廉洁是一种永恒的美德，随着时代的进步和社会的发展，新时代对大学生的廉洁教育提出了更高的要求和更多的挑战。智媒体作为一种新兴数字媒体，其信息传播范围广、速度快，受众参与度高、互动性强等特点为大学生廉洁教育开辟了科学应对新挑战的智慧路径。

一、智媒体时代大学生廉洁教育的价值蕴涵

（一）廉洁：和谐稳定的根基。从古至今，时代和人民追求、呼唤着"廉洁"，社会的风清气正、长治久安离不开"廉洁"。廉洁是中国人民传承不息的优良品德，是中国共产党由来已久的优良传统，在党的二十大报告

* 本文为2022年吉林大学学生思想政治工作研究专项课题资助"网络育人视域下高校新媒体对青年的传播影响力提升策略研究"（课题编号：XGY2023014）的阶段性研究成果。

** 杨一博：吉林大学文学院党委副书记兼副院长，主要研究方向为思想政治教育。刘卓：吉林大学文学院党委副书记、纪委书记，主要研究方向为思想政治教育。

中，习近平总书记强调："深化标本兼治，推进反腐败国家立法，加强新时代廉洁文化建设。"①廉洁自律不单是对党员干部提出的严肃要求，它自始至终应当是每一名公民自觉坚守的道德准则和价值取向。

（二）育人：立德树人的旨归。习近平总书记指出："明天的中国，希望寄予青年。"②高校是立德树人的重要阵地，肩负着"为党育人，为国育才"的重要任务，承载着"培养担当民族复兴大任的时代新人"的重要使命。见微知著，防患未然，高校是弘扬廉洁观念、培育廉洁风尚的必要场所，大学生廉洁教育是一项基础性的育人工作，为学生在大学生涯播种一粒"廉洁"种子，是高校义不容辞的责任，在思想引领中注入廉洁文化有利于形成清正廉洁的道德品格和价值观念，从而对大学生的成长成才、社会的和谐稳定、祖国的繁荣富强产生深远影响。

（三）智媒：寓廉于教的良器。在中国式现代化的宏观场景中，随着我国信息化建设工作逐步深入，大数据、云计算、人工智能、虚拟现实等技术变革驱动着媒体融合不断纵深创新发展，"互联网+"时代带来兼具智力、智慧、智能的"智媒体"发展日新月异，这是信息化程度不断提高的重要体现，也为全面推进大学生廉洁教育提供了良好的机遇和新鲜的挑战。中共中央办公厅印发的《关于加强新时代廉洁文化建设的意见》中要求，要弘扬崇廉拒腐社会风尚，运用新媒体新技术传播廉洁文化，丰富廉洁文化优质产品和服务供给，拓展利用廉洁文化资源。③党的二十大首次将"教育数字化"写进报告，提出"推进教育数字化，建设全民终身学习的学习型社会、学习型大国"，当前，高校面对纷繁复杂的社会思潮，智媒体已然成为廉洁教育的有力工具，须借势技术革命硕果，解构重建大学生廉洁教育生态，发挥智媒体的时代感与引领力，抢占意识形态主阵地，传播社会主义核心价值观。

① 习近平. 高举中国特色社会主义伟大旗帜 为全面建设社会主义现代化国家而团结奋斗——在中国共产党第二十次全国代表大会上的报告［J］. 中国产经，2022（19）：37.

② 国家主席习近平发表二〇二三年新年贺词［N］. 光明日报，2023-1-1.

③ 中共中央办公厅印发《关于加强新时代廉洁文化建设的意见》［EB/OL］. 新华社，2022-02-24［2023-07-21］. http://www.gov.cn/zhengce/2022-02/24/content_5675468.html.

二、智媒体时代大学生廉洁教育的挑战

（一）既有理念与政策滞后。大学生廉洁教育是国家强化反腐倡廉工作实效的必要环节，也是高校培根铸魂、树人育才的必然举措，因此，国家和高校等层面高度重视大学生廉洁教育并提出了一系列指导和要求。放眼当今时势，智媒体处于快速发展阶段，大学生廉洁教育理应乘势而为实现更大突破发展。教育实践需要理论和政策举旗定向、稳舵引航，但是，既有理念和政策显然不能完全适配智媒体时代的新形势、新要求，相关理论和政策的滞后性在一定程度上制约了大学生廉洁教育的时代性、创造力、引领价值，缺少理论和政策扶持，极可能造成大学生廉洁教育的话语阻塞、成效式微、发展落后，甚至放大为意识形态阵地的争夺失守。

（二）"去中心化"传播稀释权威。中国互联网络信息中心（CNNIC）发布了第50次《中国互联网络发展状况统计报告》（简称《报告》）[1]，在《报告》中可以读出，伴随着互联网突飞猛进的发展，网民规模持续扩大，数字社会建设亦得到稳定构筑。同时，互联网的多元环境呈现出"去中心化"特征，而智媒体同样具备"去中心化"传播的显著特点。过去的主流媒体通过议程设置掌握意识形态话语权，长期把守官方权威地位，然而智媒体时代推崇实施的人工智能技术重构了新闻信息生产与传播流程，握持技术的资本通过"去中心化"传播逐渐改变了网络空间中意识形态斗争格局。在此背景下，工具理性掩盖价值理性的趋势，过度赋权的市场对主流价值观势必产生冲击，形形色色的社会思潮借机倒灌大学校园，诸如灯红酒绿、纸醉金迷等不健康的物质欲望，无一不削弱着大学生廉洁教育的效力，挤压着大学生廉洁教育的发展空间，更影响着大学生对社会环境的认知，容易引发大学生对自身价值产生信念危机，酝酿日后的廉政风险。

（三）平台建造亟待转型升级。在不断变化的媒介环境中，适应时代要求和人民需求的平台是扩大传播优势的必然前提，大学生廉洁教育的内容生产和传播更离不开平台的支撑。大学生廉洁教育重在高校，着眼高校层面，近年来，高校宣传工作布局经历重重嬗变，高校主流校媒形态随技术浪潮迭代，诸多高校陆续打造了新媒体矩阵、全媒体平台、融媒体中心。以吉林大

---

① 中国互联网络信息中心. CNNIC发布第50次《中国互联网络发展状况统计报告》[EB/OL].（2022-09-16）[2023-07-25]. http://cnnic.cn/n4/2022/0916/c38-10594.html.

学为例，吉林大学校报是最早诞生的吉大校媒；迈入千禧年后，吉林大学电视台开播；新媒体概念闯入视野后，吉林大学入驻微信公众平台和微博平台；媒体融合发展至今，吉林大学顺势建设了抖音、快手、B站等校媒阵地。可见，高校宣传阵地的拓土开疆顺应时势、回应需求，深受不同的媒介环境影响。在校媒阵地变迁中，我们也可以发现一些问题，比如，部分高校对新媒体理论的理解不够深入，导致与传统校媒平台差异化不显著；部分高校对媒体融合发展战略的理解局限在将传统校媒作品简单糅合相加，创新性不足，等等。面临智媒体时代，当下鲜少有高校创设校园智媒体平台，在这一片蓝海中，我们更应对建造何种智媒体平台这一问题进行认真审思。

（四）传统教育内容与传播形式显露局限。时至今日，大学生廉洁教育多以传统的课堂讲习、主题班会、讲座宣教、参观展馆、书报传阅、集体观影、专题片观摩、校园学生活动等形式开展，廉洁教育内容一般在特殊时段和特定场所范围进行传播，通常集中在古今廉洁文化知识、廉政相关法律法规、清廉人物事迹学习、腐败事例警示教育等方面，综合来看，大学生廉洁教育普遍趋于常规化，在智媒体环境中，浮沉于海量信息流中的廉洁教育自然对大学生的吸引力和感召力不够强，缺乏深入人心的新内容和新手段，便难以在大学生群体中形成持之有效的多级传播，以至于教育收效不显著，思想引领成效不突出。显而易见，传统媒体呈现的廉洁教育内容已不能满足甚至难以触达大学生，单向的理论灌输、扁平化的教育内容已表现出与智媒体时代的不协调、不相符的局限性。

（五）技能和素养经受新考验。传统的大学生廉洁教育对技能和素养的要求大多停留在宣教技能和知识素养层面，教师的知识储备供给廉洁教育内容生产，强调给予学生应知应会。在此基础上，智媒体时代将增强学生对廉洁知识学习的沉浸感、体验感，关注学生对廉洁文化的乐知、欲知，引导学生主动求知、传知。众所周知，传统媒体对传者的技能和素养要求居多，对受者要求较少，智媒体以其特性将"万物皆媒"进一步诠释于现实，淡化了传受双方的界限，因此，如今应运而生的智媒体使用者理应具备更高层次的技能水平和媒介素养。技能驾驭技术应用，面向智媒体时代新的技术、新的平台，智媒体相关技能知识对于大多数人来说尚属陌生，大学生廉洁教育是一项广泛开展的思想道德修养教育，如何将智媒体要求的技能落地应用是智媒体投入教育的关键环节。同时，素养助益生态构建，面向智媒体时代新的内容、新的文化，智媒体使用者须强化媒介素养，规避过度依赖智媒体供养从而丧失学习教育的主观能动性等情况，谨防智媒体特性引发的信息内爆、信息茧房、群体极化、圈层化传播等问题。

（六）监管和评价机制尚需健全。国家和传媒行业对传统媒体有着一系列较为健全的评价机制，考察其传播力、影响力等方面，受到广泛公认并指导实践。高校对教师育人成效也有着科学的评价机制，考察其教学成果、师德师风等方面，对教学和育人提出了量化的标准和要求。智媒体时代，依靠丰富的数据、先进的技术、优良的平台等条件，大学生廉洁教育资源将突显蓬勃，智媒体将激发大学生廉洁教育产生个性化、泛在化、全息化等新特点，而在其中也蕴藏着隐忧，数据隐私如何维护、教学秩序如何治理、教学过程如何监管、教学成果如何评价、学生体验如何反馈等问题，都指向需要一套科学、规范、长效的监管和评价机制。

三、智媒体时代大学生廉洁教育的实践进路

（一）创新理念，更新政策，增强阵地意识。智媒体时代，应当争取实现大学生廉洁教育进程与智媒体发展步调高度协调。首先，必须为理论政策注入智媒体的"智力"。所谓智力，关键在于理念和政策需要适用于人工智能对媒体形态和教育生态的改造，创新既有的大学生廉洁教育理念，既往颁布的关于大学生廉洁教育的政策更需要突破滞后性，唯有稳固坚实、与时俱进的顶层设计方能指导好基层实践，主动迎潮而上、改弦更张方可促进大学生廉洁教育与智媒体融通相宜。其次，必须为技术引擎植入智媒体的"智慧"。所谓智慧，重在思想意识中的价值导向。在全国宣传思想工作会议上，习近平总书记强调，"我们的同志一定要增强阵地意识"[①]。当智媒体成为大学生廉洁教育的新引擎时，必须牢牢把握意识形态工作的领导权，抢先掌握议程设置权力，守住先进思想文化地位，降低智媒体的"去中心化"传播影响，务必明确认识到人工智能技术需要社会主义核心价值观的引导，须让智媒体成为弘扬主旋律的新工具，避免在复杂形势中迷失大学生廉洁教育的权威和初心，绝不能让智媒体与社会主义核心价值观脱嵌。

（二）驾驭技术，搭建平台，提升教育实效。智媒体时代，强大的新兴

---

① 习近平. 党的新闻舆论工作必须挺起精神脊梁[N/OL]. 人民网, 2018-12-04 [2023-07-28]. http: // cpc. people. com. cn/xuexi/n1/2018/1204/c385474-30440485. htm.

媒体技术力量驱动传媒产业滚滚向前，智媒体被认为是当前乃至未来较长时间内最为高级的媒体发展形态。当前，智媒体技术日臻成熟，大学生廉洁教育也可借助智媒体平台进行自主学习和互动学习，与智媒体耦合的大学生廉洁教育，技术驱动和载体创新尤为重要。首先，高校应充分把握智媒体底层逻辑，主动理解消化智媒体的信息技术和传播技术，以大学生的实际学习需求为出发点，运用智媒体技术优势，对廉洁教育资源进行挖掘整合、创新升级，在廉洁教育中引入数据算法、物联网、区块链、人工智能、虚拟现实、扩展现实等先进技术，给予学生沉浸式体验感，赋予廉洁文化教育更强大的生命力；其次，高校要深化"科技强媒"的底蕴，聚力蓄能搭建智能化媒体平台，在智媒体平台孵化廉洁文化新产品，以大学生廉洁教育为主题，以H5、微视频、微电影、校园歌曲、动漫和网络游戏等为载体，搭建线上与线下教育互动平台，进行线上线下联动创新传播，形成具备特色化、场景化、多元化的智慧校媒、智慧课堂、智慧教室、智慧实验室或智慧实践基地等智能场域，促进大学生廉洁教育从校园延伸到社会领域，多维提升大学生廉洁教育实效性。比如，哈尔滨工程大学和黑龙江广播电视台共同成立了"黑龙江智媒体实验室"[①]，探索传统媒体向智媒体转化的实施路径，以"智媒+"引领新型主流媒体建设，可作为良好示范借鉴。

（三）深耕内容，锤炼素养，厚植廉洁文化。智媒体时代，大学生廉洁教育的内容无疑是技术与平台服务的中心，大学生廉洁教育内容需要在廉洁文化的土壤中扎根汲养，在智媒体的表达呈现中抒发新生。当今大学生多为带着"网生代"标签的互联网原住民，他们每天主动践行或被动经历着密集的互联网信息交往活动，思想动态复杂，网络行为丰富，若想在其当中开展更见成效的大学生廉洁教育活动，需要改变粗放型、同质化的传统教育模式，匹配不同以往的分众化、差异化的教育内容和传播形式。大学生廉洁教育形式的媒介化深刻影响着其内容呈现的数字化，但不可忽略智媒体时代仍须坚持"内容为王"之道，提防受到"流量为王"思想的裹挟，必须要讲述好廉洁故事，传播好廉洁文化。依托智媒体捕捉大学生的兴趣点、关注点、讨论点，融入数据语言、潮流词汇、网络话语，突破空间和时间壁垒，通过创造"数读廉政""VR深入反腐前线"等喜闻乐见的方式，生动释放廉洁文

① 黑龙江省首家校媒合作实验室"黑龙江智媒体实验室"成立［EB/OL］.澎湃新闻，2022-10-28［2023-08-03］. https://m.thepaper.cn/baijiahao_20511811.

化资源的养分，将古今中外的廉洁教育故事讲出新鲜感、新内涵、新启示，促使大学生在学习廉洁知识的过程中拥有更强烈的具身认知。高校也可以根据师生的年龄结构、学历层次、学科背景、认知水准、情感态度、媒介使用习惯等要素，通过智媒体的技术驱动，供给精准化、定制化、个性化的廉政教育内容，推动廉洁教育内容与大学生日常相融合，增强廉洁教育的时代感、普遍性、泛在性、感染力。同时，智媒体使用者须锤炼更高级的媒介素养，面对浩如烟海的信息交互和个性推荐，无论是接受传播抑或参与创作，都要防范出现失范行为或价值危机。此外，算法透明度的提升也将不可或缺，将算法逻辑的制定规则妥善放权于使用者，正确引导智媒体使用者在最大程度上规避智能推荐可能附带的文化失魂和信息茧房等问题。

（四）科学评价，长效监管，营造健康生态。智媒体自诞生便肩负着"智库"之责，为使用者提供着智力支持、智慧引领、智能服务。现如今，智媒体仍在快速发展的路上，不仅要将其用懂、用好、用活，将其治好、管好更为关键。大学生廉洁教育应用智媒体时，原有的学生评教、教师查课、督学听课、随堂测试、考试验收等考核评价环节需要同步革新，建设科学的智媒体教学评价体系，通过智媒体支持的数据可视化，可以全面、动态掌握师生的感知、状态和收获，还有利于多维综合评估智媒体在教育教学中发挥的效用。同时，智媒体时代更需要坚守底线思维，长效监管机制必不可少，妥善维护数据安全和个人隐私能够提升使用者的触媒意愿，增强智媒体在大学生廉洁教育中的接受度和延展力。在廉洁教育过程中，若出现恶意投放、篡改算法等特殊情况，将有可能隐匿着别有用心的不良内容，应当设立内容审核制度，大力整治违法行为和违规言论，打击不正之风，纠正思想道德风险，营造健康的教育教学生态，让智媒体为大学生廉洁教育和健康成长保驾护航。

参考文献

［1］习近平. 高举中国特色社会主义伟大旗帜 为全面建设社会主义现代化国家而团结奋斗——在中国共产党第二十次全国代表大会上的报告［J］. 中国产经, 2022（19）: 18-37.

［2］国家主席习近平发表二〇二三年新年贺词［N］. 光明日报, 2023-1-1.

［3］中共中央办公厅印发《关于加强新时代廉洁文化建设的意见》［EB/OL］. 新华社, 2022-02-24［2023-07-21］. http: //www. gov. cn/zhengce/2022-02/24/content_5675468. html.

［4］中国互联网网络信息中心. CNNIC发布第50次《中国互联网络发展状况统计报告》［EB/OL］.（2022-09-16）［2023-07-25］. http: //cnnic. cn/n4/2022/0916/c38-10594. html.

［5］龚丽. 智媒体提升高校大学生廉洁教育的实效性研究［J］. 山西青年职业学院学报, 2022, 35（01）: 33-36.

［6］黑龙江省首家校媒合作实验室"黑龙江智媒体实验室"成立［EB/OL］. 澎湃新闻, 2022-10-28［2023-08-03］. https: //m. thepaper. cn/baijiahao_20511811.

"三全育人"视域下新时代高校管理育人功能的优化路径

黄春月　姜　鹏*

摘　要： 新时代党和国家对高校人才培养提出了新的要求，作为高校思想政治工作十大育人体系之一的管理育人被赋予了新使命。深入理解管理育人功能及其蕴含的发展育人、隐形育人、精准育人和综合育人相结合的特点。分析目前高校管理育人在制度建设、管理队伍、育人环境和组织协同等方面的现状和不足。从构建高校管理育人制度体系，提升高校管理育人队伍综合素养，营造高校管理育人良好环境，构建全员全方位全过程协同育人机制等方面探寻优化高校管理育人的途径。推动高校管理育人工作取得实质性进展。

关键词： 管理育人；思想政治教育；立德树人

习近平总书记在党的二十大报告中指出"坚持为党育人，为国育才"，"培养什么人、怎样培养人、为谁培养人是教育的根本问题。落实立德树人根本任务，培养德智体美劳全面发展的社会主义建设者和接班人。"①近年来，党中央高度重视高校育人工作，习近平先后发表了一系列重要讲话，明确立德树人在高校工作中的重要地位，对立德树人工作如何开展作出了指示。立德树人，德育为先。为适应新形势下高校立德树人工作需要，一系列政策陆续出台，使高校发挥育人功能有据可依。管理育人作为高校思想政治工作十大育人体系之一，高校应正确认识管理育人功能的概念、特点、现状和存在的问题，做好管理育人工作，进而实现立德树人根本任务，这对高校

---

* 黄春月：吉林大学党委学生工作部正科级秘书。姜鹏：吉林大学地球科学学院研究生辅导员。

① 高举中国特色社会主义伟大旗帜 为全面建设社会主义现代化国家而团结奋斗——习近平同志代表第十九届中央委员会向大会作的报告摘登［N］. 人民日报，2022-10-17（02）.

来讲具有重要的理论意义和现实价值。

一、高校管理育人功能的概念和特点

（一）管理育人功能的概念

管理是人类有意识有目的的活动，体现为以计划、组织、指挥、协调及控制为要素的活动过程。高校管理不但具有计划、组织、指挥等一般功能，还具有一定的育人作用，作为一种育人方式，高校通过具体的管理规范和管理行动，引导学生理解规则，审视自我，形成良好的习惯，树立正确的思想价值观念，最终实现高校育人育才，立德树人的根本目标。高校管理育人功能有其自身的特点和目标导向，我们可将其概念界定为：高校为实现立德树人的目标，根据特定要求和规则对大学生进行管理，使其在成长为德智体美劳全面发展的社会主义建设者和接班人的过程中，所显现出来的影响大学生成长成才的育人功效和作用。①

（二）管理育人功能的特点

2017年12月，教育部党组印发的《高校思想政治工作质量提升工程实施纲要》指出：将"规范管理的严格要求和春风化雨、润物无声的教育方式结合起来……强化科学管理对道德涵育的保障功能，大力营造治理有方、管理到位、风清气正的育人环境。"②高校管理要通过思想道德熏陶，管理者的榜样引领示范，学生的行为规范约束，各部门的综合保障等方式实现立德树人的使命。高校管理育人功能具有发展育人、隐形育人、精准育人、综合育人相结合的特点。

发展育人。"发展"指事物从小到大，从简单到复杂，从低级到高级的变化。发展育人是教育者通过某种途径、方式，使受教育者的知识、情感、意识和行为能力逐步提升，进而使其成为能够不断学习进步，道德品行端正的全面发展的党和国家的建设者和接班人。

隐性育人。大学管理的常态性和渗透性使其成为隐性教育的主阵地。高校管理行为蕴含着管理者的价值取向，管理者潜移默化地将其所掌握的知、

---

① 储培君. 德育论［M］. 福州：福建教育出版社，1997：166.

② 中华人民共和国教育部. 中共教育部党组关于印发《高校思想政治工作质量提升工程实施纲要》的通知［EB/OL］.（2017-12-06）［2021-11-20］. http：//www. moe. gov. cn/srcsite/A12/s7060/201712/t20171206_320698. html.

情和意运用于管理活动，学生无意识地认同并受其影响，得到思想启迪与精神感召，并内化为自身的行为习惯和思想品德，外化为具体的良好行为。这就是管理的隐性育人特点，是"润物无声""春风化雨"教育方式的直接体现。

精准育人。由于大学生个体心理、生理和生活环境的不同，导致每个人在认知、智力、品格等方面的差异，只有根据不同人的不同特点和实际因材施教地开展德育工作，才能实现学生的全面发展。高校管理覆盖了从学生入学到毕业、从学习到生活等全方位、全过程。管理者根据学生的个性特点和现实情况，精准地制定符合学生个性的成长方案，将管理育人的广度与精度结合起来，将管理制度的硬度和管理的温度有效结合，改变千篇一律的管理方式，实现千人千策的管理育人精准培养，才能实现习近平总书记所提出的有针对性地开展德育工作的要求。

综合育人。高校管理的综合育人特点体现在通过管理活动提高学生综合分析问题、解决问题的能力，使学生整体发展，综合素养得到培养和提升。这也是对国家要求的"为党育人，为国育才"的需求的回应。学生通过管理育人实践活动，对所学知识进行综合整理归纳和运用升华，构建综合能力体系。高校管理密切关系到学生发展的全方面和在校的全过程，为综合育人的实现提供了条件。

二、高校管理育人功能的现状及存在的问题

（一）制度建设方面

面对我国思想政治教育建设的新形势，党和国家领导人高度重视高校管理工作，国家和高校相继颁布的一系列思想政治教育和高校管理的文件奠定了高校管理育人工作的制度基础。高校管理育人功能的实现必须依托科学完备的制度体系。目前，关于管理育人的立法建设还有待推进；贴近高校实际的特色管理育人制度建设还有待创新。[①]另外在制定制度的过程中往往出现垄断制度构建的现象，管理者和被管理者参与制度建设的渠道、深度和广度均存在不同程度的堵塞。再次，制度的涵盖范围和规定的内容与实际脱轨，影响了制度的执行和贯彻落实。所以制度构建的科学性、规范性、全面性、可

---

① 刘裕巍，潘祎，宋克勇等.大思政背景下高校管理育人的实践路径[J].沈阳建筑大学学报（社会科学版），2022（05）：537.

行性、广泛性等方面依然存在问题。

（二）管理队伍方面

推动管理队伍建设是发挥高校管理育人功能的内在要求。为落实全员育人，需要党政领导干部、行政管理人员、教师、辅导员、班主任和学生自身切实加入高校管理中来。但目前高校的现状是各管理部门人员参与管理育人工作相对有限。造成这种现状的原因是：一方面，某些部门的工作职责与学生工作关联度低，服务意识不强，敬业精神欠缺，导致他们参与管理育人工作的广度和深度不够。另一方面，部分行政管理人员缺乏管理育人知识，缺乏科学的管理育人工作方法和在管理过程中发挥育人作用的使命感、自觉性和执行力。还有一些高校的管理者是兼职人员，身兼数职，无法做到全身心地投入，进而使管理育人功能无法得到充分发挥。这些都是制约管理无法实现全员、全过程、全方位育人功能的掣肘因素。

（三）育人环境方面

育人环境是影响立德树人工作开展的重要因素之一。学校育人环境包括内部环境和外部环境，内部环境又有软环境和硬环境。制度体系、思维理念、育人宗旨等软环境是管理发挥育人功能的思想基础，如果缺位很难为管理育人提供独具特色的目标导向、精神内核和行动推力；物质环境、硬件设施等硬环境是管理育人功能发挥的载体，硬环境建设不完善、规划不好就无法发挥出对管理育人工作的支撑作用。社会与家庭等外部环境也对管理育人有所影响。有的家庭不但不配合学校的管理工作还妨碍学校的管理，限制了管理育人功能发挥作用。学生的认知，管理者的信仰还受到社会大环境中一些负面因素的影响和腐蚀，这些造成了对学校管理育人的冲击。育人环境的提升更是现阶段实现全方位、全过程管理育人工作亟待解决的问题。

（四）组织协同方面

管理育人是一项需要全员、全过程、全方位协调配合的系统工程，从而形成协同育人的大格局。但目前高校仍存有管理部门及其职权碎片化，职责重合等问题，难以形成合力。高校一般分为校级和学院两个管理层级，在实施管理育人工作过程中管理任务自上而下分解，但受到管理目标、经费限制，资源配置重复等问题影响，管理效能的发挥程度无法充分实现，一定程度上制约了管理育人功能的实现。高校按照职能一般设有学工、教务和后勤等职能部门。这些部门承担的管理功能和管理职能不同，部门之间就存在分工不清，协作意识不强，信息传递不畅等情况。管理过程中就可能出现矛盾冲突，责任推卸转嫁，甚至一个部门的管理活动造成另一部门工作的负面效应等问题，这些问题都是隐性的，在管理育人工作中不易发现，进而限制了管理育人功能全面发挥作用。

三、高校管理育人功能的优化路径

（一）构建高校管理育人制度体系

制度是管理的依据。高校健全的制度体系是落实管理效能，发挥管理育人功能的有效保障，因此高校应当加强构建科学合理、权责健全、覆盖全面的管理制度。第一，加强立法和高校管理制度供给。一是推动管理育人的立法建设，不断提高管理育人的前瞻性、实效性和针对性。国家和教育部门建立的高校管理制度体系，为我国高校加强管理育人工作提供了宏观参照。二是各高校依据国家有关制度，结合自身特点，制定本校管理育人的具体目标、明确责任分工及考核细则，确保管理及其育人功能的发挥有据可依，实现全过程工作协调运行。第二，提升管理制度科学性。在制度价值上，管理制度的制定一方面要充分考虑管理人员和被管理者的尊严和自由，另一方面要鼓励其全面发展，为保障他们的权利和公平竞争的机会。在制定程序上，要充分倾听意见和建议，要对制度合法性进行审查，更要做到广而告之。在制度内容上，要以国家法律法规和政策为基准，按照立德树人的工作要求，遵循学生工作和学生成长规律，形成更为完整的育人体系。第三，深化管理制度针对性。高校管理制度既要把握时代要求与自身定位，适应国家和社会需求，与育人工作衔接，满足管理育人工作需要，实现立德树人使命。也要满足学生个性化发展需要，遵循学生成长规律，确保制度建设的针对性。建立完备的制度环境，以推动全方位全过程管理育人功能。

（二）提升高校管理育人队伍综合素养

为实现全员、全过程、全方位的管理育人机制，就要带动全体管理者参与到立德树人工作中来。一方面要提高管理者对管理育人功能和价值的认识。首先，国家和学校可以建立管理育人培训机制，提高对管理育人规律的理解和运用。其次，提高管理队伍的育人素质和能力。通过主题团建、交叉挂职、知识竞赛等方式帮助管理者提高管理能力、职业道德和沟通技巧，掌握育人知识，提升管理者在管理实施过程中的科学性和合理性。另一方面，可以通过健全人事管理制度，督促管理者认真履行职责。一是可以通过竞聘上岗等方式考察应聘者的管理、服务、大局意识和行动力。二是岗责匹配，将各类管理育人现实状态与实际成效量化，明确岗位职责和指标标准，强化责任落实，促进管理人员日常育人的执行力。三是通过科学合理、指标均衡的管理育人考核体系，引导管理者做好育人工作，调动管理育人主体的积极性和主动性。

（三）营造管理育人良好环境

推动管理育人功能的发挥，学校既要根据自身需求和定位进一步优化校园管理环境建设，也要营造良好的家校氛围，强化学校、家庭和社会的协同性，形成全方位的管理育人工作网络。一是加强建设有利于发挥管理育人功能的校园环境。可以构建具有鲜明特色的办学软环境，塑造校园文化，增强师生对学校的归属感和认同感，为高校管理提供精神指引。优化学校硬件设施与软环境配合，强化硬环境精神内核，营造软环境与硬环境的良性共生。二是引导家庭认识、理解和配合管理育人工作。通过入学第一堂课等方式让学生家长认识高等教育、学校管理、青年学生心理特征等知识；与学生家庭保持定期联系，让家长方便及时获取有关学生的学业发展、心理健康等信息；帮助家长融入大学育人环节，提高家长对于配合学校管理工作对学生成长的重要作用及其意义的认知。构建良好的家校关系，使高校管理育人功能的发挥获得家庭支持。三是优化社会环境，强化管理育人工作支持氛围。在全社会推广共产党员的先进事迹，引领全社会学党史，坚定党的初心使命和理想信念，提升社会主义文化涵养。开展党的理论宣传教育，帮助学生掌握党的理论武器，建立一个公平、民主、法治、有人文关怀的发展环境。鼓励和支持学校与社会合作，树立共同培养人才的理念，高校和政府、企业、社会组织、个人主动加强联系与合作，为高校管理育人构建良好的社会环境。

（四）构建全员全方位全过程协同育人机制

高校管理是具有管理和服务职责的多部门有目标、有组织、有计划的活动。为有效提升管理育人合力，应对高校管理育人碎片化现象，高校管理育人组织结构可进行如下再造。一是完善党委领导下的团队管理机构建设。党委领导可有效整合部门、层级之间的资源、资金、利益诉求，奠定全员育人的基础。团队式管理的民主、团结、包容与合作等理念，将成为管理育人的宝贵优势。团队式管理机构分工明确，责任清晰，能够更好地实现内部协作。党委领导下的部门分工、全校协同责任体系，将分散的管理育人力量整合，有助于从各个角度充分地实现立德树人的根本任务。二是突出管理育人目标的整体性设计。高校要以立德树人为目标，以生为本，从大局出发，瞄定管理育人的目标。再根据部门职能的不同对总目标进行有机分解，形成管理育人目标整体与部分的有效协调。三是加强层级、部门之间育人目标协同。纵向来看，通过压缩层级以提升层级之间传递信息传递的效能，促进部门执行效率和管理育人工作有效性。横向来看，开展业务重整、部门整合等，优化高校管理育人的流程，避免分工碎片化情况，提升育人合力，促进育人目标的整体性实现。四是运用大数据技术推动组织整体再造，提升管理效能。充分运用数字技术推动信息流整合，重构业务流程，转变管理方式，提升管理效能，推进高校整体性再造的同时帮助学校更准确、更充分地掌握学生情况，从而提升全员管理育人效果。

参考文献

[1]高举中国特色社会主义伟大旗帜 为全面建设社会主义现代化国家而团结奋斗——习近平同志代表第十九届中央委员会向大会作的报告摘登[N].人民日报,2022-10-17(02).

[2]储培君.德育论[M].福州:福建教育出版社,1997:166.

[3]刘裕巍,潘祎,宋克勇等.大思政背景下高校管理育人的实践路径[J].沈阳建筑大学学报(社会科学版),2022(05):536-540.

信息化背景下区块链技术融入高校资助育人路径研究[*]

马　琨　隋海娇　陈子滔^{**}

摘　要： 随着后扶贫时代的到来，高校资助育人工作正面临着完善资助体系、提升资助效率的更高发展要求。面对高校资助育人现状存在的不足之处，将目光聚焦在不断成熟的区块链技术，并将其融入系统升级中，实现精准性与高效性的突破。因此，本文旨在探究如何从区块链技术出发精准帮助贫困学生，突破原有技术上的不足。本文论述了目前高校资助育人工作中存在的问题和难点，并引入"成熟的区块链技术可以有效改善这些不足之处"这一论证。针对区块链的优势，系统整合区块链技术融入育人工作的路径研究，并结合具体案例进行区块链优化前后的流程对比，从而为完善资助育人提供思路和方向。本文对资助工作提出了创新的技术模式，对于系统化的资助育人研究进行论述，但亟须相关数据与应用进行进一步的实证分析。

关键词： 信息化；区块链；资助育人；精准帮扶

一、引言

习近平总书记强调："抓好教育是扶贫开发的根本大计。"[1]站在新的历史起点，肩负着更高质量的育人目标，高校应认识到教育扶贫在培育学生的过程中发挥着重要作用，认识到教育扶贫更具育人含义。习近平总书记关于

* 本文为吉林大学大学生思想政治教育发展研究中心2023年学生思想政治工作研究专项课题"信息化背景下吉林大学资助育人路径优化研究"（课题编号：XGY2023014）研究成果。
** 马琨:吉林大学党委学生工作部副部长兼学生资助中心主任,讲师,主要研究方向为思想政治教育。
隋海娇:吉林大学白求恩口腔医学院党委副书记兼副院长,副教授,主要研究方向为思想政治教育。
陈子滔:吉林大学白求恩口腔医学院讲师,主要研究方向为思想政治教育。
[1] 中共中央文献研究室编.习近平关于社会主义社会建设论述摘编[M].北京:中央文献出版社,2017:52.

教育工作重要讲话精神，是推动高校学生资助制度创新的根本遵循。[①]高校的资助工作对于学生的帮扶作用巨大，重视资助现状存在的不足之处，着力提升构建资助育人体系，切实提升"扶困"与"扶智""扶志"的融合实效。教育扶贫是中国共产党长期坚持的有效扶贫方式，其一直都在精准扶贫的伟大进程中发挥着独特且重要的作用。[②]

高校根据资助育人工作的需要，采用先进的信息技术构建数字化的学生资助工作平台，不断提高学生资助工作的管理效率，既要发挥资助的帮扶作用，也要发挥资助的育人功能。[③]因此，在新发展阶段下，高校在开展资助工作时，如何通过信息化手段提高资助的精准性与科学化，将育人目标融入资助全过程，成为高校资助工作的重要内容。

早在2018年，习近平同志就曾在两院院士大会上作出指示，21世纪世界科技进入创新活跃期，中国要加速突破以区块链等为标志的新一代信息技术的应用，努力成为世界科技新高地。习近平总书记曾强调，要积极探索区块链技术在民生领域的运用，积极推动区块链技术与教育、就业、扶贫等领域的结合。习近平同志坚定地认为，技术创新要始终依靠并服务于广大人民群众，实现科技成果由人民共享。信息化时代的到来，对于高校开展学生资助工作来说既是机遇，又是挑战。高校应把握信息化带来的便利性，合理规避风险与漏洞，并且在提升育人质量、构建育人体系、防止返贫致贫等方面发挥重要作用。如何精准高效地利用大数据解决当前资助工作的困境，亟须路径探索。

二、相关研究概述

（一）国内外研究综述

信息化是当今世界发展的大势，是社会变革的重要力量，是推动教育领域发展的催化剂。在高校的资助信息化工作中，资助对象认定有失精准、资助平台开发不够完善与资助评估不够及时，逐渐成为提升资助育人效率的阻碍，唯有解决这些难题，才能真正实现教育扶贫扶志的最终目的。就国内而言，关于资助对象的认定及后续各环节的实施原则，我国高校主要遵循教育

---

① 肖丽，肖蓉. 新时代立德树人视域下高校学生资助育人工作创新路径研究. 湖南社会科学，2022（05）：15.

② 张国献. 习近平教育扶贫观研究［J］. 理论学刊，2022（05）：5.

③ 李华. 基于互联网的高校资助育人工作信息系统构建［J］. 长春大学学报，2017（07）：94.

部颁发的指导文件，具体情况则根据各高校实际不同而有所差异。各高校的资助对象认定依据为学生的家庭经济情况。但是综合总体情况而看，由于中国人口基数大、学生群体庞大，对于家庭经济的具体调查方式主要以个人自述与抽样调查相结合为主。

就西方而言，他们同样依据学生的家庭经济状况认定贫困情况。美国拥有较为完善的税收和收入查证体系，因此可以通过体系化的税收制度，有效获取居民的准确收入，从而根据综合数据计算家庭经济情况，并通过完善的收入查证体系证实学生的家庭经济状况；欧盟的大部分国家也拥有较为完善的税收跟踪系统，一般采取根据所得税支付税单的数据对应收入进行经济情况调查与统计，数据获取方式较为客观，资助育人效率大幅提升。

（二）研究逻辑

本文聚焦现实困境，通过引入区块链技术对于资助育人系统的完善，来着力实现资助育人与立德树人。在对此进行研究时不难发现，资助对象认定、资助平台开发、资助评估跟踪是高校进行资助育人工作信息化路径研究的主线任务，也是将区块链技术融入资助工作需要面临并着重解决的困难关卡。资助对象认定是否精准、资助平台开发是否完善以及资助评估跟踪是否及时这三大主线任务的进程，将直接影响资助育人效率的提升、教育扶贫格局的构建。

（三）研究方法

文献调查法：通过查阅相关文献，发现学界对高校资助等学生工作普遍存在不够重视的现象，信息化制度保障也后继乏力，关于高校资助工作研究的相关文献较少、起步较晚，关于信息化建设的更是近些年才引起人们重视。

模型构建法：以思维框架等形式呈现具体高校（以吉林大学为例）区块链优化前后流程对比，从而以系统的方式展现路径优化探析，实现新时代资助育人这一人文论题与信息化数据方式的有机结合。

三、高校学生资助育人信息化建设的不足之处

（一）资助对象认定精准度低，评议标准不统一

资助对象的认定主要依据申请学生的家庭经济状况等情况调查，但在资助认定时仍存在审核无力的情况。一般高校对家庭经济困难学生的认定，

主要依据申请人自主提交的家庭情况调查表和困难认定申请表，在表格中存在一些填写项，如"年收入"等具体数据来源不够严谨，所在地基层组织监管力度不大，从而造成审核不实、信息不准等情况。家庭经济困难学生的认定，主要由二级学院内部组成评议小组进行初审，审核通过后再向校方最终提交。二级学院及其辅导员、任课老师等群体相对更了解本专业的学生情况，更应发挥客观评议、有效帮助的作用。但在实际的工作过程中，评议小组综合评议时，仍然存在着认定标准不够统一、认定过程缺乏有效监督等主观影响实际的情况，从而使精准资助无法落到实处。

（二）资助平台功能开发度低，信息系统不健全

部分高校的资助系统功能不完整，仅仅适应于涉及学生奖补助学金资料审查与上报的基本项目，不能进行学费减免、勤工助学、助学贷款及其他管理工作，甚至不能进一步实现项目管理、档案管理、经费控制的职责。另外对家庭经济困难学生信息的填报空间设置不足，如缺少学生家庭遭受自然灾害、突发意外事件、欠债等具体情况的补充机会，使资助平台的信息不够完善，不利于管理者的现状评估与掌握。

在实际的高校管理工作中，各职能部门之间基本上相互独立，管理信息也是如此。但是，管理信息的不对称会导致资源配置失调，管理体系低效等一系列问题，会形成"信息孤岛"，严重影响了高校管理的实效性。[①]比如，资助系统与财务系统、卡务系统等孤立运行，很难及时为资助工作提供信息来源与项目管理，不能在学生学籍发生变动、学费需要减免结算及资金使用时发出提醒与进行追踪记录。

（三）资助评估体系完整度低，动态跟踪不及时

大学生信息的数据化就是要通过数据信息精准地服务每个教育主体，充分挖掘和发挥学习者潜能，为其提供发展条件。[②]高等学校的资助工作是一个可持续性和精准性兼备的学生管理工作过程，这就要求学校必须形成科学、健全的资金评估系统，才能确保资助工作的正常高效进行。在现阶段，这种资助制度基本上实行"一年一审"的机制，大部分学校一般都会在年度九月份进行下一个年度的资助对象确定和评估工作，并在确定完毕后以评估结论

① 王玉珍，赵仁贵，李岩. 大数据背景下高校办公室信息化管理运行机制与管理对策研究[J]. 情报科学，2020（12）：123.
② 邹丽伟，刘晋禹. 智慧育人理念下的大学生信息精准服务研究[J]. 情报科学，2021（08）：120.

为基础进行当下年度的评奖资助工作。但这种较低频率的认定与审核在实际操作过程中存在着弊端，可能会造成学生的成才需求与育人效能之间存在落差。

比如说，一部分受资助学生家庭经济出现好转，或有些学生因家庭变故、天灾人祸而突然陷入困窘以至于无法继续学习与生活，而高校却无法根据其实际情况进行针对性操作，从而使资助认定工作缺乏及时性。还有一种情况在各高校资助状况中都曾出现过，即一部分学生将资助用于高端消费等不必要的活动中，但资助中心没有建立有效的信息获取渠道，从而难以获得准确的学生消费情况，仅仅依靠班委和学生等的反馈，会使资助工作陷入被动处境。综上，高校对在校学生情况的了解缺乏完整高效的后续监督体系。

四、区块链技术及其特点

（一）区块链的定义

戈尔·阿尤什称区块链为"继大型机、人员计算机、互联网、移动通信和社交媒体之后的第六项颠覆性技术"。那么作为互联网时代一种新的"信息传递"技术，区块链主要包含数据层、网络层、共识层、激励层和应用层等层次结构，各层之间相互配合，实现跨链技术、分片技术、隐私保护技术、智能合约、共识机制等核心技术，有效解决资助难题。

简单说来，区块链的运行原理就是把加密区块按时间顺序进行组合叠加，从而生成永久、不可修改的记录。其具体的运行步骤主要是：许多区块共同组成一个长链条——每个区块都保存着一定的数据信息，它们按照时间顺序连接成长链条；这一长链条又被分别保存在所有的服务器中——只要整个系统中有一台服务器（节点）可以工作，那整条区块链就是安全的，在帮助理解时，一定程度上可以比喻为物理课本中经常提到的电路并联原理。

修改区块链内部信息的规则十分繁琐：修改者必须获得半数以上节点的同意，并且必须修改所有节点中存车存储的信息。这些节点通常由不同的主体持有，因此修改区块链中的信息极其困难（如图1），佩特库·阿德里安在谈论区块链时，就着重指出其安全储存的本质原因——去中心化，特别是在身份验证和授权部分。

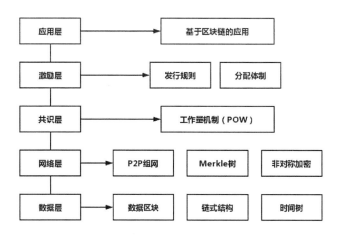

图1 为区块链运行系统结构图

（二）区块链的独特优势

1. 系统高度自治——资助平台操作智慧

共识层机制，是指每个节点必须遵守并按照管理员事先设定的协议和标准，自动评判数据的真实准确，并进行记录、交换和存储，这一过程不受外来因素的干扰和影响，因而具有高度自治的特征。高度自治的背后意味着另一特性——去中心化。任一节点可成为储存和操作过程中阶段性中心，但这一中心角色并不具备强制控制功能。由此，区块链技术使资助信息管理体系更加具备操作性、智慧性和可持续性，在一定程度上大大减轻了系统使用者的运营负担，节省资助成本，提升资助效率。

2. 信息难以篡改——资助信息安全可靠

目前高校普遍采用的是CRUD数据库作为学生管理各类平台的主要存储方式，之所以区块链存储可以兴起并被大众熟知，是因为区块链作为数据存储方式，可以合理规避信息被删除或篡改的问题。区块链提供了一个不可变的分布式账本来存储交易。相比于拥有创建、记录、更新和删除功能的CRUD数据库，区块链主要依托CRW数据库来进行数据信息的存储。CRW数据库只具备创建、记录和查阅三项基本功能，在存储和运行过程中没有简单删除、轻易修改的空间和机会。再结合前文提到的区块链数据修改规则，便可看到，使用CRW数据库作为资助系统的数据存储方式，有助于安全存放学生信息，防止其被篡改，这一特性可以为家庭经济困难学生贫困等级的精准认定和各类补助的安全发放提供有效保障。

3. 节点分散存储——资助效率明显提升

区块链的主要特点就是分布式存储。所谓分布式存储就是，在一个区块链结构中，所有节点之间地位平等，不存在主次之分。区块链内部存储的数据信息由所有节点来共同记录和管理，将所有节点边缘化存储，单个或者部分节点的失效不会对整个系统的运行产生负面影响。因此，区块链技术有助于减少存储风险，防止系统崩溃，降低维护成本，减少数据被盗用删改带来的不必要损失，有助于提升社会资源利用率，大幅提升系统运行效率。

五、高校学生资助育人信息化建设——以吉林大学为例

（一）吉林大学"智慧学工"资助育人信息化成果

习总书记曾指出，坚持大扶贫格局，注重扶贫同扶志、扶智相结合。①吉林大学深入贯彻总书记的指示，紧紧围绕"精准资助"和"资助育人"两条主线，设置学生资助中心，细分职能、独立运行，又具体建立了"学校—学生资助中心—学院—班级—学生"五级资助工作管理服务体系，建立有序合理的服务体系，有助于学生资助育人向科学化、规范化的轨道迈进。

我校学生资助中心主要承担着开展资助育人的相关工作，并通过积极搭建资助育人平台，依托"智慧学工"学生综合管理平台，多功能、全覆盖、一体化服务于现实的应用。该平台具有师生共用、数据互通、流程化管理的特点，对于学生的申请、反馈，老师能及时收到并审批，平台内数据多业务互通，并能显示数据流程动态。（平台建设如图2、图3）

---

① 习近平. 决胜全面建成小康社会 夺取新时代中国特色社会主义伟大胜利——在中国共产党第十九次全国代表大会上的报告［R/OL］. 中国政府网, 2017-10-27［2023-06-23］. https://www.gov.cn/zhuanti/2017-10/27/content_5234876.htm.

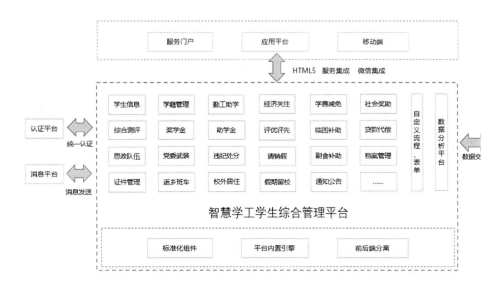

图2 "智慧学工"平台概览

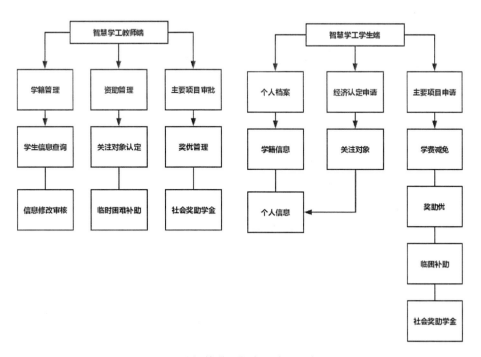

图3 为"智慧学工"资助功能平台建设

在工作流程上，学生资助工作线长面广。在工作过程中遇到的难题多种多样，资助工作人员既要理性甄别学生差异化的个体需求，又要探索形式多样的资助方式。吉林大学实现了保障型资助与发展型资助相协调的资助方式，努力打造"奖、贷、补、助、勤、免、捐、偿"的资助体系和"全员覆盖、全程受助、全面受益"的助困网络。完善资助育人建设，贯彻国家政策，高效资助育人，同时开展如"吉林大学助学金""专业能力提升项目"等校内资助项目；精心完善"国家—学校—社会"互通的交互资助网络，在现有资助政策的基础上，引导和鼓励更多社会力量参与，通过设立奖助学金如"小米奖（助）学金""博世奖学金""一汽丰田·筑梦行动"等，解决受助学生的物质困难，从而有效保障学生生活、助力学生发展。

（二）区块链优化资助系统的架构设计

目前，学校仍面临一些高校普遍存在的资助困境，如：贫困学生识别精准度不高、资助过程数据真实性不足、资助资金使用不透明、帮扶成效难衡量等，高校学生资助工作与诚信申报之间的矛盾不断加剧。高校必须认识到，"区块链+教育"的研究应用前景非常广阔，区块链的技术功能可以很好地满足精准资助的业务需求。因此，应从全方位重新搭建资助系统架构。以吉林大学为例，系统架构设计应建立在对核心需求的满足之上，因此，高校应梳理自身对于资助系统的需求搭建原理、梳理框架。（如图4）

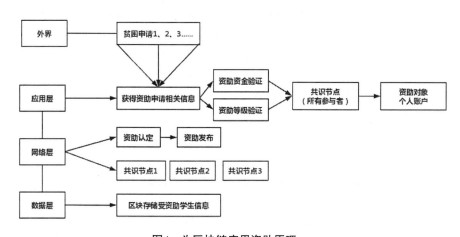

图4　为区块链应用资助原理

吉林大学学生资助系统设计的核心功能主要有四个部分：学生信息模块、资助项目模块、账户管理模块和系统端管理模块。各个部分的核心功能各不相同但互相统一，学生信息模块主要负责学生资助的认证修改与留存察看，资助项目模块主要负责资助项目及其资金的提交、发放与后续的追踪，账户管理模块主要负责教师与学生不同端口的功能开发与维护，系统管理模块主要负责开源系统及其端口的维护与更新。（如图5）

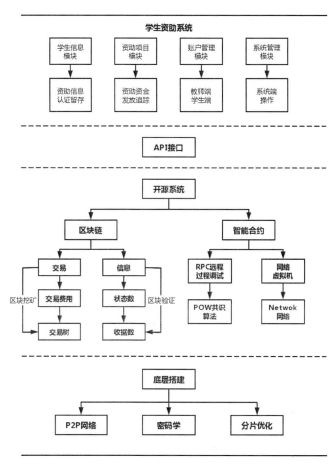

图5　为吉林大学资助系统设计蓝图

各高校目前正在普遍使用的学生资助系统基本可以满足功能需求，实现以下职能：审批受资助学生的资助申请、资助项目及金额透明开放、贫困生资助过程留存记录且不断完善、系统账户管理严谨且准确高效等等。但除此之外，还有很多功能受限于技术更迭，仅仅在原有量的基础上更新是不能达到的，必须利用更高质量的技术实现功能的飞跃，因此必须看到区块链的显著优势——算法系统高度自治、数据记录不可更改、共识算法保持一致、智能合约透明可信，为实现贫困生资助投入的高精准度和高可信度提供了更理想的解决方案。

六、区块链技术融入高校资助育人管理的路径优化

（一）加强顶层设计，统筹协调规划

运用区块链创新国内各高校资助育人管理体系，需要加强区块链的顶层设计，同时积极制定区块链在高校资助育人体系中的合理规划，以期实现科学技术与育人目标的长远发展与高效运用。高校学生工作信息化管理的顺利实施与推进，离不开领导层的顶层设计。

首先，加强政策支持。政府应在充分调研的基础上，提供相关立法监管与产权保护，对于目前正在实施的区块链的重点工程，要向高校、企业和科研机构进行深入宣传，积极营造科技产业发展的良好舆论环境，为区块链的普遍投用造势；其次，做好统筹规划。高校应立足发展需求，构建发展蓝图，围绕体系架构、技术支持和运行规则进行深入研究，实现多学科关注与互动，实现区块链核心技术与高校资助育人体系各个环节的完美衔接；最后，创新思想观念。各级资助者、资助工作者与受资助者应摒弃固有思维及认知旧事物的弊端，主动学习区块链技术的知识，因时而新、开拓进取。

（二）坚持科技创新，完善平台建设

在数字化和信息化的滚滚浪潮中，要不断加强区块链基础领域的研究，占领理论最前沿，明确区块链技术的主攻方向，突破关键技术，提升原始创新能力。高校资助育人体系整体功能的发挥离不开技术的不断更新与支持，离不开平台的不断健全与完善，离不开管理的不断开放与积累。

首先，利用核心技术，进行底层开源。政府要积极鼓励高校等各科研单位与互联网企业积极研发底层开源技术平台，培育活跃的开源生态氛围，推进标准体系建设；其次，搭建上层系统，探索智能算法。各科研机构与企业应加快研发具备安全便捷的区块链系统，加快相关的数据网络模型和金额发放的智能算法，开发安全可靠的技术系统；最后，加强合作互通，促进协调发展。高校作为知识网络供应链中的成员，应营造科技创新对外交流环境，拓展对外联系渠道；应积极关注区块链的最新研究动态，加大与第三方区块链科研机构或者科技创新型企业的合作力度，切实推进资源、人才、手段的协调创新，努力实现整体功能的发挥。

（三）注重队伍建设，培养专业人才

具有信息素养的人，能够认识到何时需要信息，并拥有寻找、评价和有效利用所需信息的能力，这也是资助队伍所需要的信息敏感性。此外，区块链的专业能力需求也十分重要，也就是说这些专门人才除了需要掌握区块链技术，还应具备数学、计算机、统计学等多学科专业知识，并且拥有技术创新的独立科研能力。

首先，加大培训力度。高校应面向计算机及相关其他泛专业开设区块链课程，同时与其他机关单位共同加大对区块链人才的培养力度和联通程度；成立专门的区块链人才培养基地，同时加强对数学、统计学等多学科多元化的投入；其次，加大引进力度。高校必须重视区块链专门人才的引进，尽早搭建起区块链技术人才培养的系统框架，适当引进专门人才，加强对学生资助队伍的专业培训，提高利用区块链技术的应用水平；最后，建立专门体制。积极探索长效人才培养模式与人才引进机制，以体系化建设推动区块链专业化进程，将资助育人各环节都以体制机制规范下来，以确定性提升高效性。

七、结论

本文针对高校资助育人工作当下所出现的问题，结合区块链技术，对高校资助体系的平台开发与框架搭建进行了详细的分析与设计。可以看出，区块链赋能高校资助育人体系是一项具有长远意义的系统工程。以区块链为底层设计原理而进行的系统搭建，将极大地提升高校资助育人的准确性和高效性，进一步助力学生成长成才，也能够为新时代防止返贫复贫工作提供技术力量与支持，对于实现立德树人根本目标有着重要的现实意义。

在具体应用中，区块链同样也会出现问题，例如如何明确区块链技术融入高校资助育人体系改革中的底线与界限、如何正确认知高校资助工作队伍的角色定位和价值发挥等等。因此，各级政府部门、高校以及各社会层面的主体即使站在信息化的潮头，也应保持冷静头脑、统筹分析规划，厘清区块链的本质内涵，把握科技与人文的界限与原则，遵循思想政治的育人规律和科学技术的发展规律，努力实现高校资助育人体系的技术新突破。

参考文献

[1]中共中央文献研究院编. 习近平关于社会主义社会建设论述摘编[M]. 北京: 中央文献出版社, 2017: 52.

[2]肖丽, 肖蓉. 新时代立德树人视域下高校学生资助育人工作创新路径研究. 湖南社会科学, 2022(05): 14-21.

[3]张国献. 习近平教育扶贫观研究[J]. 理论学刊, 2022(05): 5-13.

[4]李华. 基于互联网的高校资助育人工作信息系统构建[J]. 长春大学学报, 2017(07): 94-97.

[5]李彬, 范木杰, 崔珊. 大数据时代教育管理信息化建设与创新发展研究[J]. 情报科学, 2021(10): 101-106.

[6]王玉珍, 赵仁贵, 李岩. 大数据背景下高校办公室信息化管理运行机制与管理对策研究[J]. 情报科学, 2020(12): 122-127.

[7]邹丽伟, 刘晋禹. 智慧育人理念下的大学生信息精准服务研究[J]. 情报科学, 2021(08): 120-125.

[8]鲍锋, 李羿. 基于区块链技术的科研信息共享平台构建与运行机制研究[J]. 情报科学, 2022(11): 72-77.

[9]习近平. 决胜全面建成小康社会 夺取新时代中国特色社会主义伟大胜利——在中国共产党第十九次全国代表大会上的报告[R/OL]. 中国政府网, 2017-10-27[2023-06-23]. https://www.gov.cn/zhuanti/2017-10/27/content_5234876.htm.

[10]赵贵臣, 肖晗. 诚信教育融入高校资助育人体系的路径[J]. 思想教育研究, 2021(01): 155-159.

[11]聂志锋. 智慧协同理念下高校学生工作信息化管理策略研究[J]. 吉林农业科技学院学报, 2022(04): 32-35.

新时代大学生安全教育的现状与对策思考

——以吉林大学为例

姬　晔　魏延涛*

摘　要：党的十九大报告将"坚持总体国家安全观"作为新时代坚持和发展中国特色社会主义的基本方略之一，并提出"弘扬生命至上、安全第一的思想"。中国特色社会主义进入新时代以来，随着社会的不断发展，各种安全问题越来越复杂多变，高校安全稳定的形势越来越严峻，任务越来越繁重和多样，对于新时代大学生安全教育的要求愈发迫切。本文在总体上指出了新时代大学生安全教育的重要性、现状以及面临的问题，具体到通过对吉林大学近年来大学生安全教育的研究与实践，总结出新时代大学生安全教育的对策与思考。

关键词：大学生；安全教育；国家安全观

大学生安全教育是高校思想政治教育工作的重要组成部分，是全面贯彻落实总体国家安全观和践行立德树人根本任务的重要体现，也是为党育人、为国育才的重要路径。做好大学生安全教育，不仅关乎着他们个体的人身安全和财产安全，也是维护国家安全、维护社会稳定及高校安全稳定的重要基础保障。大学生安全教育工作必须要以总体国家安全观为指导，坚持以总体国家安全教育为核心，构建内容完善、标准健全、运行科学、成效显著的安全教育体系，全面推动安全教育进头脑、入心灵、进教材、入课堂，要对高校安全教育工作进行长期、深入、细致的科学研究和探索实践，才能有效促进大学生德育、智育、体育、美育和劳动教育的有机融合，提高综合素质，

---

*　姬晔：吉林大学保卫处副处长。魏延涛：吉林大学保卫处宣传信息办公室正科级秘书。

成为德智体美劳全面发展的社会主义建设者和接班人。

一、大学生安全教育的重要性

（一）贯彻落实总体国家安全观的重要体现

习近平总书记在2014年4月15日中央国家安全委员会第一次会议上创造性提出总体国家安全观，为新时代国家安全工作提供了强大思想武器。党的十九大将坚持总体国家安全观纳入新时代坚持和发展中国特色社会主义的基本方略，并写入党章，反映了全党全国人民的共同意志。[①]教育部在《关于加强大中小学国家安全教育的实施意见》中明确要求，提升学生国家安全意识，提高维护国家安全能力，强化责任担当，筑牢国家安全防线，培养德智体美全面发展的社会主义建设者和接班人，培养担当民族复兴大任的时代新人。[②]大学生作为国家的未来，承担着国家安全建设的责任和义务，是践行和宣传总体国家安全观的主要方阵，坚持开展系统性的安全教育工作才能极大程度提升大学生安全意识和安全素养，更是维护国家安全、社会稳定的重要手段。

（二）培养新时代大学生安全意识的需要

根据《全国教育发展状况统计公报》（2022），全国普通高等学校共有3013所，以学校为主体的各类高等学历教育形式的办学规模共计4655万人。随着高等学校办学规模的扩大和考研人数的增加，在校大学生人数与日俱增，大学生作为社会的一个主要群体，现已成为社会稳定乃至国家稳定的一个重要群体，大学生安全意识的提升，对国家、对社会、对高校都有着至关重要的作用。当前，国际形势纷繁复杂，大学生的意识形态受到冲击，依靠单纯的业务学科类培养，已经无法满足当今社会的高速发展，做好安全意识、思想政治意识和意识形态的培养尤为重要，有助于培养其积极正确的人生观、价值观、世界观、道德观和安全观，提升大学生的整体素养，助其顺利完成学业并且健康走上社会，为国家和社会贡献力量。

---

① 中共中央宣传部, 中央国家安全委员会. 总体国家安全观学习纲要 [M]. 北京: 学习出版社, 人民出版社. 2022: 1.

② 中华人民共和国教育部. 教育部关于加强大中小学国家安全教育的实施意见 [EB/OL]. （2018-04-09）[2023-06-07]. http://www.moe.gov.cn/srcsite/A12/s7060/201804/t20180412_332965.html.

二、大学生安全教育现状及面临问题

（一）主观意识方面

1. 国家安全意识不足。当代大学生一般具有强烈的维护国家安全意识，但行动缺乏导向性。一些大学生在口头上维护国家安全，可是在实际工作中，却会有意无意地忽视国家安全问题的真实存在，甚至在维护国家安全的行为选择方面，也会表现出困惑和畏难情绪。[①]部分学生甚至觉得国家安全距离本人很遥远，认识不到某些内容已经涉及国家安全，容易在不知不觉中泄露国家机密，威胁国家安全。

2. 日常安全意识薄弱。新时代大学生在步入大学前一直在相对单纯的环境中学习成长，面临的各种问题通常由父母处理解决，个人心理素质和安全意识比较薄弱，在面对各类安全问题时，他们缺乏甚至缺失经验。同时，新时代大学生的个性和强烈的自我意识的特征，对于可能发生的各种紧急情况缺乏自我保护意识和事件评估、解决方案。此外，大学生正处于将大部分精力投入到学习中，缺乏对安全方面能力和素质的培养，当他们遇到挫折和困难时很容易受到心理问题的伤害，容易引发自身安全问题。

（二）客观因素方面

1. 易受网络层面影响。根据中国互联网络信息中心发布的第51次《中国互联网络发展状况统计报告》中指出，截至2022年12月，我国网民规模达10.67亿，较2021年12月增长3549万，互联网普及率达75.6%。[②]而2022年我国未成年网民规模趋近于2亿左右，18岁以下未成年人触网低龄化趋势明显。随着短视频等新兴媒体的快速发展，视频传播直接清晰、简洁明了的特征更容易让广大民众所接受，但随之而来蹭热点、带节奏、断章取义、恶意剪辑的"负能量""毁三观"等视频大量充斥着网络，给社会带来极大不良影响，特别对刚刚接触社会的大学生在思想上带来潜移默化的影响。如：对金钱观的错误引导，推崇金钱至上，严重影响了大学生价值观念，为了满足虚荣心而引发小额贷、校园贷、裸贷等行为，严重影响了大学生正常学业生活及人身和财产安全。

---

① 沈洪豪.大学生国家安全意识的喜与忧[J].人民论坛.2017（22）：130.

② 中国互联网络信息中心.CNNIC发布第51次《中国互联网络发展状况统计报告》[EB/OL].（2023-03-02）[2023-06-09].https://cnnic.cn/n4/2023/0302/c199-10755.html.

2. 安全教育形式相对过于传统。目前的大学生安全宣传还局限于传统的悬挂条幅展板、发放宣传单、转发安全信息等传统模式，安全教育工作也通常由高校保卫人员、辅导员来担任，存在针对性、专业性不强，安全案例老旧，无法第一时间传递最新安全动态等现象，安全演练也只局限于以各单位部分代表为主体开展活动，对各类群体未做到全覆盖，对安全设施的使用无法做到人人上手实操，在发生紧急情况下仅凭记忆操作安全设备，慌乱下极易造成人身伤亡和事故等情况。

三、吉林大学大学生安全教育的研究与实践

（一）统筹推进国家安全教育建设工作

1. 成立国家发展与安全研究院。2019年6月，吉林大学成立了全国高校首批、东北地区首家以国家安全学为研究领域的实体机构；2020年12月，入选中国智库索引（CTTI）来源智库；2021年10月，成为全国首批、东北地区唯一的国家安全学一级学科博士学位授权点。目前研究院有教师队伍65人，其中教授40人，副教授13人，讲师12人。2020—2022年在法学、政治学、马克思主义理论三个一级学科下，设立领土安全、国家安全思想与战略、东北亚安全、意识形态安全、生态安全5个二级学科方向，独立招收、独立培养国家安全学方向全日制博士、硕士研究生，成为全国"双一流"高校中首家独立招收培养国家安全学方向全日制博士、硕士研究生的实体单位。

2. 持续推动国家安全教育进课堂工作。我校始终坚持将国家安全教育作为人才培养的重要方面，认真落实《大中小学国家安全教育指导纲要》，推动国家安全教育与安全学科有机融合，面向全校学生开设《国家安全与大国兴衰》公共选修课和国家安全教育专题课，自2020年开始面向全校本科生开设"国家安全与大国兴衰"公共选修课，选课学生逾1000人，学生反响热烈。同时定期邀请相关领域专家举办系列讲座，在2022年推出了首期"国家安全学"讲习班，2023年以《增强全民国家安全意识与素养——院士共话发展与安全》为主题举办第二期国家安全学讲习班，统筹推进落实立德树人根本任务，在全校范围内掀起国家安全教育的学习热潮。

3. 深入开展国家安全教育日常工作。积极组织动员专家学者结合教学研究专长，紧紧围绕总体国家安全观和国家安全体系的重点领域，开展了国家安全知识"云课堂"活动。以"全民国家安全教育日"等活动为契机，积

极开展和参与国家安全知识竞赛，在2023年高校学生国家安全素养展示活动中，我校代表队摘得桂冠并获风采之星殊荣。同时，认真开展课前五分钟、主题班会和主题党日、团日等活动，进一步推动总体国家安全观深入人心、落地生根。

（二）稳步有序开展学生安全教育工作（以近两年为例）

1. 开展专项安全宣传工作。以全年各类安全宣传日、学生离校、新生开学等为重要时间节点、以"反电诈""消防安全""防灾减灾"等活动为契机，通过校园内LED大屏幕、食堂电视等循环播放安全宣传视频，以主题班会、党日活动、团日活动、讲座等形式，形成校园安全宣传全覆盖。同时，通过校内各单位新媒体平台及时推送各类安全知识、警示信息，动员全校师生安装反诈APP57000余人，并积极推动消防安全演练全覆盖，2022年我校消防演练覆盖率已达85%，多渠道提升大学生安全意识。

2. 以校警合作为主体，推动安全知识进校园活动。目前我校与省公安厅、市公安局和属地4个公安分局及9个派出所建立了信息反馈、协同处置、积极协查的工作体系。在做好校园周边环境治理、调处校内外矛盾纠纷、打击违法犯罪等工作基础上，进一步深化安全教育进校园工作，在各类安全宣传节点邀请公安、消防应急救援等专业人士进入校园，为学生开展相关安全宣传教育活动，有序推动我校安全教育工作走深走实。

四、新时代大学生安全教育的对策思考

（一）建立安全教育长效性机制

建立大学生安全教育长效机制，需要高校从组织、人力、财力等方面给予支持和保障。根据高校工作实际，建设安全教育教研室，并配置相应数量的安全教育专职教师，组织制定教学大纲，编写安全教育教材，设立规范化、系统化、专业化安全教育体系，并将安全教育植入本科培养计划，把大学生安全教育课程列为选修课，吸引学生选修课程。达到一定条件后，可作为公共课程，开设必修课，实现大学生安全教育真正"进教材、进课堂、落实学分"，真正将防范教育落实到日常学习当中。

（二）开拓安全教育创新性模式

在新媒体时代，尤其是在以微信、微博、抖音等移动新媒体非常发达的情况下，高校安全教育管理者要创建新型安全教育模式，不断提高教育的

针对性、普及性和实效性。完善以往的安全教育微信公众平台、安全教育工作APP，不定期向大学生推送安全防范知识、安全教育课程和安全通知通报等，并借助抖音等短视频平台拍摄与大学生相关的视频短片进行安全教育推广。同时，借助大学生社团优势，培养一批有责任、懂安全的学生安全宣传队伍，深入课堂、深入学生团体，宣传组织各类安全活动，让更多的大学生参与到安全教育中来。

（三）深入开展安全专业性教育

在大学生安全教育过程中，定期聘请相关专业人士以安全教育报告、安全知识讲座等形式，围绕某一特定的安全内容进行主题教育。如：围绕消防安全教育主题，请属地消防救援人员或消防专业人员进行消防安全教育的专题报告；围绕交通安全教育主题，请属地交警部门人员进行交通安全教育的专题报告；围绕网络安全教育主题，请属地公安机关进行网络安全教育的专题报告；围绕人身财产安全教育主题，请辖区民警做最新大学生被盗被骗及电诈案例分析与讲解，并为同学们提供实时疑难解答。

（四）推进安全技能系统性培训

在安全理论知识教育的基础上，通过课堂安全技能的演示、课外实习实践、有组织的应急演练等活动，组织开展大学生防盗、防骗、防抢、防火、防人身伤害以及应急避险、自救互救、反恐防暴等安全防范技能培训。组织大学生参观属地安全体验馆，使大学生切身感受安全的重要性，提高参与安全教育的积极性。依托属地公安机关、消防救援部门的训练营地，联合成立安全教育实践基地，定期开展安全实训演练，增强大学生公共安全意识和防灾避险能力。

（五）推动学生社区规范性安全教育

结合高校"一站式"学生社区综合管理模式，探索在学生社区建设安全体验、科普、教育活动室。让同学们面对安全问题能够看得见、摸得着、懂操作、会处理，让学生能够可以随时实际体验，学习安全知识，让更多的学生参与和了解高校的安全工作，脱离原始的形式教育。活动室应设立国家安全、消防、禁毒、防盗、防骗、交通等体验学习区，让学生能够亲自上手学习如消防水带、灭火器、微型消防站等器材的使用方法，学习体验初期火灾灭火流程。同时以实物、模型、宣传片、三维模拟、答题等形式让学生掌握各类安全事件的防范方法和安全常识。

五、结语

大学生安全教育是一项长期且复杂的重要工作，随着社会发展和时代进步，要使其走实、走细、走深、走稳，更需要与时俱进和改革创新的方式方法，只有通过长效性、创新性、专业性、系统性、规范性的安全教育模式和方法，才能有效提升大学生安全意识和自我防护能力，为维护国家安全、维护社会稳定提供坚实基础，为全面建设社会主义现代化国家、全面推进中华民族伟大复兴提供有力保障。

参考文献

[1] 中共中央宣传部, 中央国家安全委员会. 总体国家安全观学习纲要 [M]. 北京: 学习出版社, 人民出版社. 2022.

[2] 中华人民共和国教育部. 教育部关于加强大中小学国家安全教育的实施意见 [EB/OL]. (2018-04-09) [2023-06-07]. http://www. moe. gov. cn/srcsite/A12/s7060/201804/t20180412_332965. html.

[3] 沈洪豪. 大学生国家安全意识的喜与忧 [J]. 人民论坛. 2017 (22).

[4] 中国互联网络信息中心. CNNIC发布第51次《中国互联网络发展状况统计报告》[R/OL]. (2023-03-02) [2023-06-09]. https://cnnic. cn/n4/2023/0302/c199-10755. html.

新时代班主任与辅导员协同育人模式：
从剖析潜在矛盾到发掘实践路径[*]

刘晓贺^{**}

摘　要：中国特色社会主义已经进入了新时代，在这一新的历史方位，我国高校思想政治教育工作的实践模式和思维方式也不断革新。自"三全育人"方针实施以来，班主任与辅导员二者作为高校育人的骨干力量面临着新形势、新挑战、新要求。既往"单打独斗"的工作模式已逐渐被淘汰，转化为新时代班主任与辅导员协同育人模式，这为高校教育事业注入了新的活力。然而在开展协同育人工作中，班主任与辅导员权责不清、分工不明、考核体系不一致等问题常常导致事倍功半。只有通过明晰二者的工作理念，发掘实践路径，才能实现优化协同育人模式和培养高质量人才的"双赢"结果。本文先是简要剖析了班主任和辅导员各自开展育人工作的模式及不足，并以二者协同育人的潜在矛盾为切入点，立足于育人环境、育人队伍、育人载体，提出了重塑思政教育工作格局、强化自身队伍建设、打造育人创新平台等协同育人实践路径。

关键词：辅导员；班主任；协同育人；三全育人；思想政治教育

高校以育人为本是教育事业的宗旨，也是现代社会奋楫笃行的必然要求。中国共产党第十八次全国代表大会召开以来，习近平总书记提出了"三全育人"的新理念，强调要把立德树人作为教育的中心环节，让思想政治教

---

* 本文为吉林大学2022年学生思想政治工作研究课题"新时代班主任与辅导员协同育人研究"（课题编号：XGY2022016）阶段性研究成果。

** 刘晓贺：吉林大学白求恩第二临床医学院学生工作办公室主任，副教授。

育贯穿育人全程。①在新时代，"三全育人"理念已经成为各高校开展思想政治教育工作的行动指南和重要价值引领，要求思政课教师、专业课教师、研究生导师、学业导师、辅导员、班主任等高校育人主体明确育人工作部署，对"培养什么人、怎样培养人、为谁培养人"这一核心问题刨根究底，系统推进、加强协同、人人有责。

在我国，"师者，所以传道授业解惑也"，是对教师职业功能的经典概括和基本描述。国内高校育人主体可概括为两大支柱。一方面，专业课程教师是开展专业知识教育、激发学生自主学习兴趣、培养学生多方面能力的重要引领者。其中，班主任是这支教师队伍中的特殊群体，承担着班级管理、学业交流、专业指导等多项核心工作；另一方面，高校辅导员是育人工作中不可或缺的角色。辅导员是教师，是知识的传授者，更是思想教育和道德教育的传道者，其身份带有浓厚的政治色彩和伦理色彩。辅导员和班主任在大学生思想政治教育中都起到了不可或缺的骨干作用。在当前高校思政教育精致化、精准化、精细化要求的大背景下，辅导员与班主任二者的不可替代性愈发明显，在育人工作中二者应互为一体、相互促进。

在国际上，我国综合国力的增强，伴随着国际间合作与竞争的加深。国家更加迫切需求高水平人才，也要求在高水平人才的培养过程中重视增强国际视野。高校作为国家高级人才的培养机构，在培养国际化人才的过程中，愈发依赖班主任和辅导员的积极能动性，围绕"立德树人"的根本任务，建立协同育人的长效框架，弱化分工概念，强调合工共赢。在专业知识教学上实现资源信息共建共享，在思政工作上回归教育本质，增强意识、落实责任，实现全员育人。

然而，高校班主任与辅导员这两支育人队伍在推动学生发展的过程中存在工作理念不一致、分工不明确、沟通不到位等问题，这限制了二者"1+1>2"的协同育人效应。为使辅导员与班主任更好地融入相互配合、共同育人的新教育模式，发挥好各自"全员育人"的重要作用，本文基于十八大提出"三全育人"理念的大背景，在辅导员与班主任专业特征化的前提下，通过剖析各自工作特征，挖掘二者开展协同育人工作中所存在的问题及原因，并提出有效的解决对策。

① 习近平. 习近平谈治国理政（第二卷）[M]. 外文出版社, 2017: 376.

一、班主任与辅导员开展育人工作的特征和问题

（一）班主任开展育人工作的主要模式及不足

由于班主任队伍组建的特殊性，高校班主任多由学院专业教师兼职担当，流动性较小，开展育人工作时多倾向于引领学生加强对本专业的了解、提升专业技能、积极融入班集体生活等，且主要通过班长、团支书、学习委员等班级内学生干部掌握班级成员情况和班级整体发展进程。班主任在开展育人工作中往往带有浓厚的专业色彩，对学生的职业规划和理想追求有很大帮助，得益于"一人对接一个班级"的管理模式，较易实现对班级内每名学生的精细化培育。

然而，班主任在管理班级的同时多忙于教学、科研、进修等额外事务，开展育人工作过度依赖班干部，与班级内的普通学生当面交流的机会并不多，缺乏对学生的思政教育、心理健康教育、德育教育等。高校班主任队伍容量极易饱和，各学院在选拔班主任时多以教龄高、资历深、职称高等作为评价依据，打击了青年骨干的信心和工作热情。部分班主任甚至一味追求班集体所获荣誉对个人职场晋升的帮助，偏离了育人工作的初心。

（二）辅导员开展育人工作的主要模式及不足

与班主任不同，高校辅导员多通过各高校招聘选拔担任，属于行政岗位人员，全职负责学生工作，但流动性相对较大，多重视学生人生观、价值观、世界观的建立，能够通过统筹团委和学生会的职能在学院内开展思政教育、党团主题活动、文体竞赛等丰富的理论及实践活动。辅导员在开展育人工作时有坚实的管理基础，作为学校与学生的"桥梁"，能第一时间获取培育学生的最新指示和资源，具有得天独厚的优势。但高校辅导员配备数量严重不足，这增加了辅导员育人工作的压力和难度。由于管理人数太多，辅导员对学生个人的关注度较少，多在发现学生思想或学习出现异常状况后才意识到工作的疏忽。在实际工作中，辅导员还需要处理很多"鸡毛蒜皮"的烦琐事务，这导致越来越多的辅导员提前进入职业倦怠期，对职业价值感和认同感产生怀疑，在开展思想价值引领等育人工作时心有余而力不足。

（三）班主任与辅导员开展协同育人工作的潜在矛盾

由前文可见，班主任与辅导员在开展育人工作中虽然有明确的模式和特征，但是各自都存在诸多问题，这也从侧面反映了二者协同育人的必要性和

价值底蕴。本文在此处简要总结了二者开展协同育人工作的潜在矛盾。

一是工作不同频。由于班主任和辅导员属于不同的职务体系，若培养学生的工作重心不一致，没有统一的工作战线，很容易导致二者"各走各的路"。此外，辅导员为坐班制在职，工作时间较为固定，而班主任可以自由支配时间，通常不在校。当两者在职责出现交叉重合时，很可能因沟通不到位各自为政。

二是权责不明晰。教育部第43号令明确提出了辅导员的九项工作职责，而迄今为止对于班主任的职责并没有明文细则。在现实中，二者的工作能力参差不齐，经常混淆自己的角色定位，互相推脱责任的"踢皮球"事件也时常上演。长期的恶性循环导致学生工作止步不前，为高校育人体系的发展带来了严重影响。

三是配合不默契。唯有实践才能检验育人工作的成效。当班主任和辅导员借助于不同载体开展育人工作时往往是"单向奔赴"。例如，当辅导员组织召开年级会议、开展主题活动时大都无班主任的参与。唯有二者携手并进，共同在实践中碰撞出思维的火花才能不断巩固协同育人模式，打造学生"愿学、爱学、善学"的特色育人品牌。

二、新时代班主任与辅导员协同育人模式的实践路径

为了克服先前提及的问题及矛盾，构建班主任与辅导员协同育人的高质量模式和工作平台，发掘新时代协同育人的实践路径，本文提出了以下解决方法。

（一）立足学生思想政治教育，重塑协同育人格局

先前，高校班主任和辅导员在开展协同育人过程中普遍存在信息不对称、行动不紧凑的缺陷，为实现二者协同配合，统一工作战线、构建育人格局至关重要。在新时代背景下，应该转变过去育人工作的发展观念，从"立德树人"这一根本任务入手，建立党委统一领导、党政齐抓同管、全员调动配合、资源互通共享的"大思政"育人格局。在实践中抓好工作部署，坚持育人导向，充分发挥各级党支部战斗堡垒作用和党员教师模范带头作用，通过完善学生培养体系、教学管理体系、科研竞赛体系、行政服务支持体系等推进思想政治教育一体化建设，坚持知识传递和思想指导相融合、显性教育与隐性教育相结合、课堂教学和社会实践相衔接，全员参与、全过程贯彻、

全方位实施，有计划、有步骤地推进"三全育人"方针，为促进辅导员与班主任协同育人创设良好环境。此外，建立上传下达的良好反馈机制，加强二者沟通交流，提前部署工作要点，为完成高难度系数任务铺平道路，力求增加大学生坚定跟党走、建设中国特色社会主义的信心，刷新大学生对人类命运共同体和职业价值的认识。

（二）强化二者自身队伍建设，提升协同育人能力

教育改革，教师是关键。为淬炼工作力量，提升高校辅导员与班主任协同育人能力，首先要强化二者自身队伍建设。学院应该秉持"优中选优"的理念，组建思政教育教师队伍。其一是配足、配强辅导员队伍，配备专职辅导员，同时配以研究生兼职辅导员辅助工作。以拔高辅导员工作能力和专业素养为导向，大力支持辅导员参加各级各类专业培训活动，申报校级及以上思政课题项目，鼓励其在职攻读博士学位，不断推动思政教育工作的创新性。第二是从优秀专业教师中选聘班主任。学院应该重视班主任选聘机制，引导学科带头人、资深教授、师德先进个人等教师担任班主任一职，做到本科生行政班专业教育和学生管理全覆盖，并制定《本科生班主任工作细则及条例》《本科生班主任年度考核办法》和《本科生优秀班主任年度评选办法》等评价纲领，明确班主任的职责和定位，赋予育人工作针对性、高效性。第三是践行"双班主任"制度。选聘高层次青年人才担任本科生领航班主任，通过班会、午餐会、桌边谈等班集体活动，切实发挥高层次人才在大学生思政教育的榜样示范作用。另外，在清晰界定辅导员与班主任的职责的同时，适当淡化模糊辅导员与班主任纵向等级关系、激励二者互学互通，更加有利于协同育人模式的搭建。

（三）打造育人工作实践平台，革新协同育人模式

为高效推动协同育人工作，应该基于辅导员和班主任的工作特征，建立以辅导员把握整体工作进展，班主任工作细致到个人的工作模式，并探索二者协同育人的实践模式，深刻把握思政教育工作规律、教书育人规律、学生成长规律。"协同"并不等于两部分工作的"简单相加"或"交替进行"，而是两大主体教育理念、方式方法、优势效果的合作联动、交叉交融和功能互补，是"知行合一"的崭新实现形式。对"协同"这一理念达成一致仅仅是"冰山一角"，要把实践作为评价工作成效、检验育人成果的金标准。例如，定期开展主题班会是高校辅导员和班主任共同开展思政教育、进一步强化班集体组织形式的重要实践方式，是对学生开展专业指导、升华价值塑造的基本手段。学院应着力打造班会的主题课程化、过程规范化设置，定期定时自检自查，巩固主题班会课程化建设。为了契合育人工作，还可以把专业教育、思政教育、党团教育、爱国教育等融于年级大会、团建、文体活动等载体，在提升学生学业水平及爱校荣校意识的同时加强辅导员和班主任的联系。总的来说，要从不同育人形式和平台中积极探索辅导员与班主任协同育人实践路径，选准抓手，积攒好的经验和方法，并持续推广运用。

（四）充分发挥学科专业特色，厚植协同育人底蕴

在新时代，大学生对自己所学专业的认知不足、缺乏对未来的职业规划已成为普遍现象。尤其是病态的"内卷"导致部分学生竞争压力加剧，思想变得消极或偏激。种种迹象亟须高校思政教育的创新改变，这为协同育人工作带来了新的挑战和机遇。实际上，不同的学科专业赋予了协同育人工作不同的底蕴，要学会从中挖掘潜在资源，引领学生在专业知识方面增长才干、在思想认识方面聚焦主流思想，筑牢思政教育根基。以临床医学专业为例，将医学生—青年医生的成长轨迹中的问题融入协同育人过程中，为学生提供全方位、全程化指导，培养"理论知识扎实、专业素质高、思想积极向上"的高质量人才。具体而言，可以结合医学专业特色开展医院导诊、科室实习、山区援医等各类专业化活动，基于创新教育机制和学科竞赛体系，增加育人教育工作亮点。班主任的专业性有利于补齐高校思政教育的短板、创新思维方式，辅导员有利于持续推进学生专业素养和高校育人工作的有机融合，二者协同从学生所在专业的热点、难点出发，挖掘和提炼其中的思政教育资源，有助于寻找一条适合当代高校人才培养的路径。

三、结语

立足"两个一百年"时间节点，面对百年未有大变局，中国特色社会主义进入了新时代。思政教育工作的理念和思维也应与时俱进，拥抱新时代、探析新世界、畅行新思想、提出新理论、研究新方法。深入了解新时代思想政治理论与日常教育同步进行的现实状况和困难、探索思政课程与日常思想政治教育协同的实践路径，是新时代思想政治教育创新发展的重要内容。扭转"单打独斗"的思想政治工作旧思维、建立"协同作战"的新思维、探索新型协同育人模式是高校育人队伍的职责和使命。本文从班主任与辅导员协同工作的潜在矛盾着手，提出了二者协同育人模式的价值意蕴与实践路径，有助于积极营造新时代辅导员与班主任协同育人的良好氛围，大力发挥二者协同育人的价值意蕴，在育人方面发挥两支教育队伍展现1+1＞2的效应，以期推广至各类高校，为培养出国家需要的国际视野和思想意识兼具的高水平人才。

参考文献

［1］苗青. 高校班主任与辅导员协同育人机制研究——在国际化人才培养背景下［J］. 办公室业务，2022，（06）.

［2］史慧明.论高校辅导员职业伦理的建构［J］.思想理论教育，2015，（05）.

［3］邢青，聂荣飞.基于"三全育人"理念的高校辅导员与新型班主任协同育人工作研究［J］.经济研究导刊，2022，（05）.

［4］库颖，田红芳. 高校班主任和辅导员队伍的关系及协作机制研究［J］. 思想教育研究，2012，（06）.

［5］邵临光，卢晨曦.高职院校辅导员与班主任协同育人机制探究——基于"三全育人"的视角［J］.邢台职业技术学院学报，2021，38（05）：47-49+73.

［6］李玉琼，李媛，李意涵，李海珊. 新时代高校班主任与辅导员协同育人实践探析［J］.北京教育（高教），2021，（05）：75-77.

［7］冯刚，高静毅.思想政治理论课与日常思想政治教育协同育人的实践维度考察［J］.中国高等教育，2019，（17）：32-35.

高校辅导员与班主任协同育人机制研究[*]

乔敬时[**]

摘　要： 高校辅导员与班主任"双主体"培养模式对高校落实协同育人工作、提升协同育人质量具有重要意义。通过对这一制度的历史检视与分类探究，本文梳理"双主体"机制的发展现状与缺点，总结出在实践中存在的角色界限不清，缺乏奖励与惩戒机制等障碍，并有针对性地提出了解决策略，以期能够优化管理效能，提高"双主体"模式效果，形成实现"德才兼备"培养目标的教育合力，促进学生的全面发展。

关键词： 辅导员；班主任；协同育人；双主体

习近平总书记在2018年全国教育大会上指出，要"坚持社会主义办学方向，立足基本国情，遵循教育规律，坚持改革创新，以凝聚人心、完善人格、开发人力、培育人才、造福人民为工作目标，培养德智体美劳全面发展的社会主义建设者和接班人。"[①]《关于加强高等学校辅导员班主任队伍建设的意见》中也指出，辅导员、班主任是高等学校从事德育工作、开展大学生思想政治教育的骨干力量，是大学生健康成长的指导者和引路人。在各高校的高度重视和大力推进下，辅导员和班主任"双主体"队伍建设在实践中已经取得了一定的成果，但仍然存在问题，对这些成果与问题进行分析，合理改进双主体管理模式，对高校进一步完善落实协同育人工作、提升协同育人质量具有重要意义。

---

*　本文为吉林大学大学生思想政治教育发展研究中心学生思想政治工作研究专项课题。高校辅导员与班主任："双主体"治理的问题及应对（课题编号：XGY2023016）研究成果。

**　乔敬时：吉林大学法学院辅导员，主要研究方向为思想政治教育。

①　习近平. 坚持中国特色社会主义教育发展道路 培养德智体美劳全面发展的社会主义建设者和接班人［EB/OL］. 人民网, 2018-09-11［2023-09-03］. http://edu. people. com. cn/n1/2018/0911/c1053-30286253. html.

一、我国高校辅导员与班主任"双主体"培养模式的历史检视

高校辅导员班主任制度是我国高等教育中的重要制度，有着清晰的历史发展脉络。新中国成立之初，高校实行的是以专业为单位对学生进行学业培养与管理的方法，此时在高校中还未出现"班级"的概念。1952年，我国高校招生规模逐步扩大，对专业再进行分班，以班级的形式对学生进行管理与教育的方法应运而生。到1960年，班主任制度已经在我国许多高校中出现，班主任对学生的成长已经具有相当的作用，但在此时期中央关于班主任制度的相关政策尚未正式出台。1961年，《教育部直属高等学校暂行工作条例（草案）》首次明确提出从高校现有的党政干部、政治理论课教师、优秀教师中挑选有一定政治经验的人在高校的大一与大二阶段担任班主任与政治辅导员[①]，这标志着我国高校班主任辅导员制度的正式确立。1978年，教育部颁发的《全国普通高等学校实行工作条例》中对辅导员与班主任岗位的设置与选聘条件等作出了明确规定。1986年，中央颁布了《关于加强高等学校思想政治工作的决定》，指出我国应尽快培养与造就一批优秀的高校政治辅导员或班主任、指导教师。此后，在中共中央陆续颁布的关于高校党政建设与大学生思想政治教育的相关文件中也强调了高校思想政治教育工作的重要地位。在这段时期里，辅导员单纯的政工作用被淡化，取而代之的是越来越强的以德育人的作用。2000年，中共中央对于高校班主任与辅导员工作建设多次作出指示，不断明确两者的职责与发展方向，标示出国家对此制度的认可与期望。其中教育部颁发的《关于进一步加强高等学校学生思想政治工作队伍建设的若干意见》对辅导员工作队伍建设提出了指导性意见。2004年中共中央、国务院联合下发的16号文件中明确指出，"辅导员、班主任是大学生思想政治教育的骨干力量，班主任、辅导员负有在思想、学习和生活等方面指导学生的职责。"[②]2006年教育部第24号令的颁布作为高校辅导员队伍建设的一个法规性文件，更是意味着高校辅导员制度迈上了一个更高的台阶。它肯定了高校辅导员作为大学生思政教育的中坚力量作出的贡献，也进一步要

① 教育高校学生司.中国高等教育学生管理规章大全（1950—2006）[M].北京:首都师范大学出版社,2007:23.
② 教育部思想政治工作司.加强和改进大学生思想政治教育重要文献选编（1978—2008）[M].北京:中国人民大学出版社,2008:381.

求其继续在高校学生日常思想政治教育和管理工作中成为学生能信任的人生导师。至此，我国的辅导员与班主任制度经过不断完善已经在高校教育中起着不可或缺的作用。

2018年《关于加强高等学校辅导员班主任队伍建设的意见》（以下简称"《意见》"）指出：辅导员、班主任是高等学校从事德育工作、开展大学生思想政治教育的骨干力量，是大学生健康成长的指导者和引路人。发展吉林大学辅导员与班主任"双主体"协同育人机制，既有利于思想政治教育工作专业化，又有利于全面指导学生学业的发展，通过分工协作、优化管理效能，形成实现"德才兼备"培养目标的教育合力。这标志着高校辅导员与班主任"双主体"协同育人的格局基本确立。《意见》指出，加强辅导员、班主任队伍建设，是加强和改进大学生思想政治教育和维护高校稳定的重要组织保证和长效机制，对于全面贯彻党的教育方针，把大学生思想政治教育的各项任务落到实处，具有十分重要的意义。从教育的长远与全局发展考虑，加强辅导员与班主任队伍建设也有举足轻重的意义。各地各高等学校应当在此前积累的方法与成果的基础上，根据具体情况使"双主体"模式更加个性化，既适应于中国普遍的教育发展，又能在具体实践中适应各学校乃至各学院的发展，以此来解决辅导员、班主任队伍建设适应时代、加强和改进大学生思想政治教育的要求的问题和困难。构建吉林大学"双主体"个性化模式任重道远，本文将把研究和我校的课改相结合，抓实过程管理，追求管理实效；和我校亟待解决的教学问题相结合，为促进教学质量的提高贡献力量。

二、高校辅导员与班主任"双主体"培养模式的实践方式分类

研究探索辅导员、班主任两支队伍分工协作与互利共赢的机制，让其更好的合作，才能更好地服务于大学生身心成长，因此，本文将对实践中存在的"双主体"培养模式进行分类探讨。

在育人工作中，辅导员的主要职责是：主要负责学生的思想政治建设与日常事务管理工作，首先要确保高校学生拥有正确的世界观、人生观、价值观，坚持走社会主义道路和树立马克思主义坚定信念。这需要通过与学生经常接触，对学生进行言传身教来实现。

班主任一般负责一个班级，人数相对较少。从一定程度来说，与辅导员相比，班主任与学生的沟通更加密切。班主任应该发挥其专任教学的专业特

长，重点负责班级的学风建设，了解和掌握学生的学习情况，帮助学生明确学习目的，端正学习态度，在专业层面给予学生方法上的指导，帮助学生解决专业道路上诸如专业方向不明确，无法正确选题的问题，保障学生圆满完成学业。在此基础上，鼓励学生参加合适的专业竞赛，提升学生素质、培养学生多方面能力等。

在两者的合作实践中，大多数采用的是坚持以辅导员工作为中心的方案，其中依据担任班主任的教师身份不同，形成了不同的模式。

第一，由大量青年教师担任兼职班主任工作。这些教师精力比较充沛，有一部分还是高校坐班人员，担任班主任的过程中，可以与学生密切联系，经常关注班级学生的动态，严格进行班级日常管理。辅导员与这部分教师进行班级管理的合作中，主要起协助的作用。这种模式下班主任对班级学生情况掌握得非常准确，可以避免出现问题。同时，如果班级中出现各种学生心理问题或安全隐患，班主任也能及时作出反应。

第二，学生的专业课教师担任兼职班主任。跟这些班主任合作，辅导员要在密切配合的同时好好了解相关专业问题。因为这些教师不仅能对班级事务进行管理，还能弥补辅导员专业上的缺点，更多的是成为学生们的学业指导老师。他们给学生更多的专业指导，提高学生们的学习兴趣，帮学生们养成良好的学习习惯。同时，由于了解班级学生的情况，他们能指导学生们参与与其水平相当的学科竞赛，帮助学生确定考研或就业方向，让学生们在专业的道路上走得更远。

第三，学校各部门的机关干部担任兼职班主任。他们可能由于本身的工作繁忙没有时间经常开例会或深入学生生活，但是可以通过现在发达的各种网络资源了解学生情况，用丰富的经验帮学生解决各种心理和职业发展困惑。辅导员在这种时候就要更多地关注班级的各类事务，发挥主导作用。

三、构建高校辅导员与班主任"双主体"个性化模式实践障碍

学校扩招以来，学生数量急剧增长，这要求高校形成新的管理模式，以服务学生的发展成长。高校推行辅导员与班主任"双主体"个性化模式将更好地关注学生的全面发展和成长，更有效地解决学生在学习和生活中的问题。然而，实践中总会面临一些障碍和挑战，下面将详细阐述。

（一）责任分化模糊导致的角色界限不清

在传统的高校体制中，辅导员和班主任的角色是有明确区分的。辅导员主要负责学生的日常管理、心理健康辅导和职业规划，而班主任则主要关注学生的教学工作，双方责任明确，解决学生问题效率高、速度快。但随着我国大学生数量不断增多，高校匹配的辅导员无法满足如此多的学生的需求，辅导员的学生工作压力逐渐增大，必须适用新模式以解决难题。此时推行"双主体"个性化模式，分割部分辅导员权限给班主任，平衡了辅导员的工作职责，使其压力减轻，同时学生工作得以更高效率的解决。"双主体"模式切实解决了学生工作事务杂、压力大的难题，但同时其带来了管理推诿和管理盲区的问题。此类问题，究其根本原因是因为角色责任界限不清晰，比如部分学生事务游离于辅导员和班主任的责任意识之外，导致二者都不想承担责任，互相推诿，消极面对学生工作，因此不积极主动处理学生工作；又或者辅导员与班主任的部分职责重叠，增加学生工作程序，导致学校通知传达实行不及时，学生工作费时费力。

（二）缺乏约束和奖惩机制导致的怠职失职

从约束角度看，辅导员和班主任之间并没有形成清晰明确的职责规范，并且双方职责经常混杂，致使二者都无法意识到属于自己的责任与义务，对自我的约束大大放松，面对学生工作难题，并不积极主动解决而是互相推诿。从激励方面看，主要是"双主体"模式下对班主任的奖励与惩戒机制不健全，乃至对班主任的评价机制不健全，致使班主任成为可有可无的虚名，老师们依旧是专注于自己的教学任务。这两个方面直接导致辅导员怠职失职，懒于应付学生工作，进而影响学生工作的正常解决；而从班主任角度看，学生工作一般由辅导员来管理就行，仍旧将工作重心放在自身教学任务上。二者都陷入心理懈怠的状况，进而直接影响学生工作的展开。

（三）机制运行不畅导致的低效沟通与低效评价

低效沟通包括管理者和老师的沟通、辅导员与班主任的沟通和老师与学生的沟通。[①]管理者与老师的低效沟通体现在因为"双主体"体制初次运行，多有不畅，学校管理层与老师的沟通出现职责不清、流程冗杂、重复通知、通知错误等问题，班主任与辅导员在连接学校与学生时费心费力但往往效率

---

① 刘兴波.辅导员和班主任："双主体"治理的问题与应对[J].中国轻工教育,2015(5)：13.

不高；辅导员与班主任的沟通则是因为双方责任和角色意识模糊导致积极沟通意识欠缺，双方出现责任推诿的情况，互相误解彼此责任界限，心生隔阂，致使学生工作难以顺利推行，无法齐心协力针对学生工作发现问题、分析问题、解决问题。

低效评价指的是对辅导员特别是对班主任工作的评价存在低效、不准确和不真实的现象。[①]因为班主任实际参与学生工作的职责模糊，具体工作仍由辅导员承担，学生缺少接触班主任工作的途径，更是对班主任参与的学生工作一无所知，自然无法给出具体的评价。且学校的评价体制单一，往往采取问卷调查，无法真正评价辅导员及班主任在学生工作中的贡献，简单的等级核定也与实际生活中复杂的学生工作相脱钩。使辅导员、班主任失去积极参与学生工作的动力，往往导致辅导员、班主任，尤其是班主任难以找到学生工作的落脚点，最终导致学生工作的开展虚于表面，学生遇到的问题难以解决。

四、创新高校辅导员与班主任"双主体"培养模式的具体策略

（一）制定明确的工作指南

高校可以制定明确的工作指南，详细规定辅导员和班主任在"双主体"模式下的工作职责和任务，班主任与辅导员之间的关系到底是强强、强弱、弱弱之间的何种模式，即在学生日常管理工作中，班主任是辅导员的助手还是与辅导员具有平等的地位。目前，绝大多数高校通行的模式是以班主任协助辅导员展开日常学生工作，那就必须进一步明确双方的协作方式和合作要求，必须明晰班主任的具体职责，必要时应当制定《班主任工作实施办法》作为职责依据。辅导员也应牢记自身职责界限，积极努力解决学生工作问题。如此，班主任与辅导员的职责都明确了，避免了角色重叠和责任模糊，切实推进学生工作进程。

（二）建立协作机制

学校可以建立辅导员和班主任之间的协作机制，明确辅导员与班主任之间的关系，定期召开协商会议，促进双方沟通，解决低效沟通问题。双方同心协力，彼此分享工作经验和学生情况，互通学生状况，共同研究解决方

① 刘兴波.辅导员和班主任："双主体"治理的问题与应对[J].中国轻工教育,2015(5):13.

案。同时双方的协作可以减少隔阂，促进信息共享和沟通，增进合作效率，共同摆脱消极的心理懈怠。

（三）增加资源投入

学校应该适当增加资源投入，为辅导员和班主任提供培训机会，提高他们的专业能力。辅导员的流动性较强是客观存在的问题，而班主任原本作为专门的教师，往往专注于自身领域的研究以及教学领域相关的学生工作，对日常的学生管理工作普遍陌生。因此，构建辅导员、班主任"双主体"模式，势必要增加资源投入，锻炼二者尤其是班主任的专业能力，使二者能更好地完成日常领域的学生工作。

同时，提供必要的物质资源和技术支持，为"双主体"模式的实施提供保障。学校应当健全沟通制度，疏通全校各方面之间的沟通。网络时代的沟通特征是全天候全方位全方式的沟通模式，要求学校建立一个可以连接校——老师——学生的沟通平台，为辅导员、班主任解决学生问题提供平台支持，妥善处理学生工作遇到的问题。

（四）建立评价体系

学校可以建立针对"双主体"个性化模式的绩效评价体系，将辅导员和班主任在该模式下的工作纳入绩效考核体系中。评价体系应当多元化、科学化、合理化，同时绩效评价一定要鼓励学生参与。只有科学合理的评价体系能够真正衡量辅导员与班主任为学生工作作出的贡献，也只有学生的真实评价才是评价体系科学合理的体现。而一个完善、科学、真实的评价体系才可以激励辅导员、班主任的积极性，同时也更好地评估模式的实施效果。

（五）建立奖惩机制

学校应当建立适当的奖惩机制，对积极参与"双主体"模式实践的辅导员和班主任给予认可和奖励。需要注意的是，辅导员的奖惩机制已普遍完善，而对于新加入学生日常管理工作的班主任来说，奖惩机制还极其不健全，难以发挥实际作用，比如对于大部分高校的班主任来说，惩戒其不负责的结果仅仅是剥夺其班主任身份，但却没有有效的奖励机制，这直接导致班主任对专职教师来说仅仅是"虚名"，使很多年轻老师不愿意兼职班主任，而是选择一心研究自身领域或者仅仅只是管理学生教学工作。因此，高校必须建立切实有效的奖惩机制，这样才可以激发班主任、辅导员的积极性和创造性，推动模式的发展和持续改进。

（六）培养学生参与意识

学校可以开展学生评价班主任与辅导员的活动，增加学生参与"双主体"模式的积极性，鼓励学生主动反映问题和需求。学生是"双主体"模式的服务对象，学生有权也应当积极参与老师的沟通、对老师的评价等活动。只有建立学生与辅导员、班主任之间的有效沟通渠道，"双主体"模式才能真正实现；只有学生参与辅导员、班主任的评价体系，"双主体"模式才能不断完善。

（七）增强校际交流

目前国内"双主体"模式处于起步发展阶段，各个高校都在摸索，试图推行一个科学合理的运行模式，故高校之间理应通过交流和学习，吸取借鉴彼此的成功经验，如此才有助于推动该模式在本校的有效实践，才能够推动"双主体"模式在全中国的实践。

最终，要成功构建高校辅导员与班主任"双主体"个性化模式，需要全校师生共同的努力和支持。通过与学生密切互动，倾听他们的需求与心声，根据实际情况灵活调整模式，相信能够为学生提供更加全面和个性化的教育服务，促进学生的全面发展和成长。

参考文献

[1] 彭章美，陈青松，郭德超. 高校辅导员与班主任的工作模式研究 [J]. 品位·经典，2023（03）：131-133.

[2] 刘岳树，蒋建国. 基于"三全育人"理念的班主任工作的探索与思考 [J]. 现代职业教育，2023（01）：113-116.

[3] 刘一江，李振荣. 高质量发展背景下辅导员与班主任协同育人路径研究 [J]. 湖北开放职业学院学报，2022，35（16）：58-59+62.

[4] 达苗. 高校"辅导员+"协同育人实践方式研究 [D]. 成都：四川师范大学，2022.

[5] 羊栋，王晶晶，周文娟. 高校辅导员与班主任协作育人的路径构建 [J]. 大学，2022（13）：129-132.

[6] 刘兴波. 辅导员和班主任："双主体"治理的问题与应对 [J]. 中国轻工教育，2015（05）：11-15.

以社会主义核心价值观引领高校校园文化建设的现实路径研究

——以通信工程学院为例[*]

王　晴　柴　华　王　博[**]

摘　要：社会主义核心价值观是社会主义核心价值体系的内核，高校校园文化是新时代中国特色社会主义文化发展的重要载体，校园文化建设作为高校思想政治教育意识的重要阵地，在以社会主义核心价值观引领高校校园文化活动建设的过程中存在价值导向不突出、活动形式不新颖、活动内容不落地、实际效果不显著等问题亟须破解。基于此，从吉林大学通信工程学院校园文化建设的实际情况出发，探索以社会主义核心价值观引领高校校园文化建设的有效路径，实现其对多元文化思潮的引领，形成正确的舆论导向，具有不可或缺的时代价值和现实意义。

关键词：社会主义核心价值观；高校校园文化；建设路径

高校是培养新时代人才的主要阵地，肩负着坚持为党育人、为国育才的时代使命，加强高校校园文化建设、发挥校园文化在育人中的重要作用势在必行。社会主义核心价值观是凝聚人心、汇聚民力的强大力量。用社会主义核心价值观铸魂育人，完善思想政治工作体系，推进大中小学思想政治教育一体化建设。坚持依法治国和以德治国相结合，把社会主义核心价值观融入

---

*　本文为吉林大学大学生思想政治教育发展研究中心2023年学生思想政治工作研究专项课题"以社会主义核心价值观引领高校校园文化建设的现实路径研究——以通信工程学院学生为例"（课题编号：XGY2023020）研究成果。

**　王晴：吉林大学通信工程学院本科生辅导员，助教，主要研究方向为思想政治教育。柴华，吉林大学通信工程学院党委副书记兼副院长，副教授，主要研究方向为思想政治教育。王博：吉林大学通信工程学院本科学生工作办公室主任，讲师，主要研究方向为思想政治教育。

法治建设、融入社会发展、融入日常生活。校园文化建设以社会主义核心价值观为引领，才能更好强化校园文化对高校学生的思想引领、价值导向的德育作用。因此，以社会主义核心价值观引领高校校园文化建设的现实途径，也成了新时期通信工程学院学生思想政治工作研究的主要方向。

一、以社会主义核心价值观引领高校校园文化建设现状——以通信工程学院为例

为全面了解学院当前以社会主义核心价值观引领高校校园文化建设的现状情况，采取调查研究法，通过问卷调查的方式，选取学院三个专业、四个年级的在校学生为调研对象，共发放400份问卷，回收375份，其中有效问卷370份，有效率达到98.7%，具有一定的普遍性及代表性。

（一）学生对社会主义核心价值观的了解程度不深入

问卷调查中显示，学院学生当前对社会主义核心价值观的内容有一定了解，但了解程度并不深入，对社会主义核心价值观的主导地位认识不足。以社会主义核心价值体系为主导的校园文化活动建设的前提是学生必须了解社会主义核心价值观的基本内容，在了解内容的基础上才能把内容转化为自己的思想认识。

学生对社会主义核心价值观内容的了解情况同自己的知识结构存在一定的关系，人文社科类专业的学生对社会主义核心价值观的了解程度自然会远远高于其他专业类型的学生的，通信工程学院里作为理工科的学生对社会主义核心价值观的内容了解程度是相对较低的，非常了解的仅占40.11%。在本次问卷调查的数据中，学生对社会主义核心价值观的了解程度范围主要集中在"比较了解"，占比为50.32%。9.57%的同学处于"了解不多"的程度。

（二）校园文化活动对学生价值观引导效果不突出

在问卷调查中，存在部分学生认为高校校园文化建设对个人生活的影响较小的情况。有26.73%的同学认为高校校园文化建设对其大学生活有着非常重大的影响，64.69%的同学认为有比较大的影响，8.58%的同学认为高校校园文化建设对自己的大学生活影响较小。这个调查充分反映出，现在的大学生虽能够意识到高校校园文化建设的重要性，但对校园文化活动影响的重视程度并不统一。

从问卷调查数据来看，大部分学生对于自己所参加的校园文化活动的类型及目的是不完全明晰的，而校园文化活动的主旨正是校园文化活动承载的思想价值的凝练，大部分学生在不了解活动主旨的情况下就盲目地加入活动，只为玩乐或是其他功利性目的。甚至是在参加完校园文化活动后还不了解活动的目的及意义。这也同时说明此类校园文化活动的突出问题：活动水准质量较低，思想引领效果不突出，对学生的指导意义不大且形式大于内涵。

（三）以社会主义核心价值观为引领的校园文化活动类型偏少

当前，社会主义核心价值观在学院的校园文化活动建设中没有起到切实有效的引领作用。以正确的世界观、人生观、价值观为导向，引领各类校园文化活动的开展，丰富文化活动类型及内容以有效实现育人功能。从学院学生曾在中学和大学参加过的校园文化活动类型的情况统计来看，社会实践类、文娱体育类的校园文化活动占比最高，占比分别达到了57.80%和47.40%，而参加过科研竞赛类、文化教育类校园文化活动的人数占比相对较低，比例分别占到了37.31%和33.03%。相对来说，当前学生可选择的校园文化活动类型受限，且学生对校园文化活动的喜好取向偏文体实践、轻教育科研的现象较为显著（见表1）。

表1　通信工程学院学生曾参加过的校园文化活动类型情况统计表

活动类型	文化教育类	科研竞赛类	文娱体育类	社会实践类	其他
占比（N%）	33.03%	37.31%	47.40%	57.80%	3.36%

（四）缺乏对以高校校园文化建设如何推进社会主义核心价值观教育的思考

从过往研究成果来看，大多聚焦于"如何以社会主义核心价值观引领高校校园文化建设"这一视角，然而却鲜少以全新的视角思考和审视"社会主义核心价值观"和"高校校园文化建设"二者之间的关系。逆向思考如何以高校校园文化建设为载体，推进高校学生社会主义核心价值观教育，进而反哺助力校园文化建设，在拓宽理论教育路径的同时，将理论贯穿到实践中，发挥理论和实践的双重作用。

二、通信工程学院以社会主义核心价值观引领校园文化建设的具体实践

（一）积极响应学校总体事业发展规划要求

学院重视校园文化建设，把文化建设放在全局性工作的突出位置，系统性推进校园文化建设工作，积极响应《吉林大学"十四五"事业发展规划》中"四大基础支撑"之对"彰显吉大特色文化"的要求，推进文化引领战略。坚持以社会主义核心价值观引领文化建设，围绕立德树人根本任务，涵养吉林大学"又红又专"的历史底蕴，彰显中华优秀传统文化、革命文化和社会主义先进文化，为建成中国特色、世界一流大学夯实文化基础，积极融入国家文化建设传播大战略，推进文化强国建设。通信工程学院加强文化育人，推进社会主义核心价值观教育落细落小落实，以学院校园文化建设助力吉大精神的凝聚与发扬，凝聚文化合力、发挥文化育人功能、提升吉林大学的文化影响力。

（二）以理想信念教育为核心促进校园文化建设

始终坚持用中国特色社会主义理论武装全院师生头脑，牢牢掌握意识形态工作的领导权、管理权、话语权，大力培育和践行社会主义核心价值观，提高全院师生思想道德水平。全院上下认真学习贯彻党的二十大精神，扎实有效地开展理想信念教育活动，举办"与信仰对话""我的中国梦""光辉的旗帜""祖国在我心中"等党团教育活动。同时，定期组织党支部团支部座谈、学生党员重温入党誓词等活动，引导学生坚定中国特色社会主义道路自信、理论自信、制度自信和文化自信，对大学生开展价值观教育与引导和相关深化研究及探索，具有非常重要的意义。

（三）以品牌活动为抓手推进校园文化建设

校园品牌活动是传承和发展校园文化的重要抓手，对促进"一院一品牌，一年一创新"特色校园文化的打造提供了有力平台及支撑。结合学院特点打造贴近实际、贴近学生、贴近生活的校园文化品牌活动，对于开发学生专业潜能、发挥学生的能动性与创造性、提高学生的综合素质有着重要的意义。通信工程学院近年来的校园品牌文化活动精彩纷呈、品类多样，每年定期开展吉甲大师夏令营、"朋辈引航，就业'通'行"线上分享会和保研经验分享会等极具通信工程学院专业特色的文化教育类活动。同时，学院还推

出了"歌聚通信，唱响未来"班歌比赛、南湖歌会、合唱比赛、青春心向党、建功新时代——迎"五四"系列活动、"梦响通信，杏好有你"才艺比赛等经典文娱类品牌活动，此外，还曾多次开展"破冰·启航"阳光系列活动、"新生杯"篮球赛等大型体育比赛。近年来在延续过往优秀经验的基础上，学院品牌文化活动不断创新、走出新路。

在对于通信工程学院学生进行的校园文化活动相关的问卷调查中显示，对学院开展过的社团类活动更感兴趣的学生占比最高，达到了45.57%，41.59%的学生对文艺类活动兴趣较高，对体育活动和学术活动感兴趣的学生相对较少，比例分别占到37.61%和26.30%，均不感兴趣的学生仅占7.13%。（见表2）可见，学院大部分学生对过往举办过的各类校园品牌文化活动的参与度、认可度均较高，但仍存在部分学生对学院活动类型、活动内容、基础设施建设、宣传力度等存在一定意见及建议的情况。

表2　通信工程学院学生对学院过往校园文化活动类型的喜好程度统计表

活动类型	文艺活动	体育活动	学术活动	社团活动	其他活动	均不感兴趣
占比(N%)	41.59%	37.61%	26.30%	45.57%	1.22%	7.13%

（四）以网络阵线为补充助力线上线下相结合的校园文化建设

线下广泛开展各类社会实践活动的同时，拓宽线上宣传渠道。通信工程学院近年来逐渐注重学院官网、微信公众号等线上宣传体系的搭建，发展以校园网络文化为契机的校园文化建设新趋势。利用宣传、展示师生校园文化建设成功的契机，助推网络思想政治教育平台建设，塑造社会主义先进思想文化，传播当代大学生应有之气，更好地彰显吉大特色文化、传承弘扬吉大精神。引入信息化校园网络文化载体，为促进学院学生的全面发展开辟了创新型宣传、教育途径，使社会主义核心价值观逐渐成为被高校学生所认可并广泛接受的优质思想文化，使社会主义核心价值观真正实现内化于心、外化于行。

（五）以社会实践为动能辅助校园文化建设

学院在校园文化建设过程中始终注重理论与实践相结合，近十年来，通信工程学院组织过50余次社会实践活动。除学院寒假社会实践团于每年寒假定期组织的"千人千团进校园，招生宣传拓影响"专项实践活动、"学党史、融团史、讲校史"社会实践活动、"奥运精神"体验官、"返家乡"等实践活动外，还包括学校统一组织的学雷锋主题活动日，具有学院特色的清明节祭扫活动，同时学院与所处湖苑社区多年保持紧密联系，带领学生党员不定期开展党史学习主题教育实践活动、防范电信网络诈骗宣传、清扫马路垃圾、清理乱贴小广告等一系列社区实践活动，扎根服务群众，筑牢信仰信念，凝聚奋进力量，将践行社会主义核心价值观落到实处。社会实践活动是大学生了解国情、感知社情、体察民情的重要途径，是增强社会责任感和使命感的有效路径，同时在这一过程中也更好地培育了他们的责任担当和实践能力，为他们树立正确的人生观与价值观夯实基础、铺平道路。

三、以社会主义核心价值观引领高校校园文化建设的现实路径研究

（一）以社会主义核心价值观指导高校制度文化建设

高校应把社会主义核心价值观渗透到各项规章制度之中，以此来规范和引导广大师生的行为。坚持贯彻落实党的二十大重大决策部署，紧紧围绕学院建设发展的根本目标和三全育人的根本任务，以管理培育优良校风为重点，以社会主义核心价值观指导建立健全规章制度为高校校园文化建设提供制度保障。

首先，建立健全校园各项规章制度。基于以人为本的出发点，依托学校总体要求，制定符合学院实际、切实可行的规章制度，实现制度管理和民主管理双管齐下，体现学生工作的科学性、民主性、平等性。同时，从组织制度上保证校园文化建设的规范化、人性化，以形成具有权威性、指导性的实践体系。此外，应充分发挥学院各级党团组织和各类学生组织在建设校园制度文化中的重要作用，通过具备领导力和决策力的学生骨干力量树立榜样力量，有效整合教师、学生、学生组织这三类校园文化建设主体，真正做到走近学生、贴近学生。

其次，深入开展校风、教风、学风建设。良好的校风一方面能提高人才培养能力，引导实现人才的全面发展，另一方面能促进高校学生社会主义核心价值观的弘扬与培育，帮助学生树立正确价值观。习近平总书记在2016年的全国高校思想政治工作会议上，谈到全国高校思想政治工作要点时指出，"四个坚持不懈"："坚持不懈传播马克思主义科学理论，坚持不懈培育和弘扬社会主义核心价值观，坚持不懈促进高校和谐稳定，坚持不懈培育优良

校风和学风。"①建设优良校风可以从加强教风建设和涵养优良学风两个方面来开展，具体体现在：

搭建"学在吉大""学习通"等师生网络互动平台，充分利用网络资源，共享实现线上线下联动的教育教学模式；定期开展面对面答疑课，任课老师组织学生集中进行针对性答疑解惑，打造浓厚的学习氛围；宣传榜样力量，定期开展"传帮带"学习互助小组、经验交流分享会等活动，帮助学生构建互帮互助互相进步的沟通交流渠道；严格学生日常管理，坚持每周课堂打卡及晚点名制度，认真做好学生课堂学习考勤和在校学生统计；深入开展学生诚信教育，开展"考风考纪教育宣讲""考风考纪教育周"等活动，严肃查处考试舞弊行为，以考风促学风；强化学业预警制度和跟踪指导服务体系，加强对学生成绩的督促检查和动态管理，形成学校、学生和家长三方联动、协作、共管的局面，构建有效的学业危机干预机制。

（二）以社会主义核心价值观渗入高校物质文化建设

高校校园作为学生进行社会主义核心价值观教育的重要场所，完善且齐备物质条件是确保学校各项工作正常运转的客观条件。高校物质环境建设是校园文化发展建设中的重要一环，校园内优越的硬件设施及软件建设不仅能为高校师生提供优质的工作、学习、生活场域，同时环境文化孕育滋养的物质文化，更是一种潜移默化的影响与熏陶。因此，要将核心价值观渗入高校物质环境建设中，为物质文化建设提供良好环境保障，进而实现对校园文化建设的引领作用。从宏观上来看，高校物质环境包括高校整体的规划布局、整体建筑风格等；从中观上来看，高校物质环境包括教育教学科研场所及设施、生活休闲娱乐场所及设施等；从微观上看，高校物质环境包括标志性建筑、图书馆、体育馆、实验室、绿化美化、学生宿舍等，如果继续细分，还包括图书资料、实验器材、教学设备等。

首先，将社会主义核心价值观渗入校园内部规划的同时，注重发挥校园建筑的育人功能。在物质文化建设中的校园规划上应坚持继承与创新相结合，将社会主义核心价值观元素适当注入校园文化底蕴中。当人身处优美的校园中，可以更好地感受环境带来的思想熏陶与文化洗礼，反之，杂乱无章、陈旧破败的校园条件和人文景观给师生的正向影响较之优越环境将大打

---

① 习近平. 习近平谈治国理政（第二卷）[M]. 外文出版社, 2017: 376.

折扣。每所高校都存在兼具标志性和功能性的文化建筑，例如，教学楼便是集中展现高校的治校理念、办学传统和校风建设的场所设施。在校园建筑物的前期建造建设或者后期维护修缮过程中，可以将思想理念和文化素养等相关要素体现在建筑细部，在设计理念上融合社会主义核心价值观的要素，形成标志性的校园文化特征。不仅是教学楼，还有其他教学科研场所，如图书馆、实验室、学生宿舍及休闲娱乐场所及设施、绿化设施及其他公共设施等，都会对育人育才及校园文化的发展产生重要影响。

同时，在校园宣传设施建设中扩大宣传阵地。高校的宣传板块在物质环境建设中扮演着极为特殊的重要角色，宣传设施的重要性和必要性不仅体现在日常进行的科普教育，还承担着意识形态和思想观念的传播功能，而专业知识的教育和思想意识的灌输都是高校校园文化建设的目的所在，有效且正面的宣传手段不可或缺，基于此，完善高校宣传设施对发展校园文化至关重要。尤其是校园内随处可见的实体形式的宣传设施，例如，校园内的各类宣传栏、布告栏、条幅，教学楼、宿舍楼等内的宣传屏、通知栏，教室黑板报等。

（三）以社会主义核心价值观引导高校行为文化建设

1.规范教师教学育人行为

教师作为高校发展的主力军，其教学科研能力及水平直接关系到学校的办学水平和实力，立德育人行为决定了学生走出校园后能否在工作岗位中发挥实际效用，是学校未来发展的希望，是为我国输送打造实用型、创新型人才的必要途径，是解决"培养什么人、怎样培养人、为谁培养人"这一教育根本问题的落脚点，因此要通过规范教师教学育人行为，引导高校教师不断丰富自身知识储备、不断提升自身综合素养。

引导高校行为文化建设，应从规范教师教学、育人两大行为入手。

首先，有效引导高校教师教学科研行为，始终以社会主义核心价值观作为教学行为的标杆和准绳。完善教师培训制度，拓展培训内容，多维度提升教师教学能力，尤其是注重刚入职的青年教师队伍建设，做到后继有人。创新教学方式，创造性开展形式多样的科研教学活动，不断探索符合人才培养模式改革要求的教学模式、人才培养模式和管理模式，不断提高教师的综合素质，以适应当前高校教育需求和学生特点，例如：以赛促教，以大赛提升教师教学能力；立足青年教师培养，创新教学督导模式等。另外，高校还应高度重视对教师的师德修养培养。当前高校大多以提升教师的教学水平和科研能力为最终目标，而忽视了师风师德建设，加强教师的师德教育是促进教师队伍树立正确发展方向、引领校园文化建设的重要保证。

其次，育人行为直接影响了人才综合素质及质量，是解决"培养什么人"这一问题的关键，以核心价值观融入高校立德树人的实践研究。应加强高校思政教育工作队伍建设，创新师生沟通机制。当前00后大学生个性独立、涉猎广泛、性格多样，对传统的思政教育普遍存在抵触心理，普遍存在拒绝交流、不懂沟通的问题。在新时期高校辅导员需充分把握和利用互联网给思政工作带来的机遇，以平等的身份与学生交流，及时回复和解决学生存在的问题，为深入了解学生的思想动态、情绪变化，要创新沟通机制，搭建线上线下相结合的多元互动平台。例如，通信工程学院辅导员通过添加所带年级全部学生微信与学生保持紧密且平等的交流，根据交流的内容和性质选择合适的语气，挖掘不同学生的心理接受点，利用思政教育规律进行正向价值引导；同时也保证了学生有疑问、有难题时能在第一时间联系到辅导员本人，避免因时间差信息差造成严重问题及恶劣影响，有利于辅导员及时掌握学生思想动态，及时发现问题并解决。

2. 创新校园文化活动内容

校园活动是校园文化的亮点之一，是校园文化最为生动和具体的表现，是人们可触可感的文化现象。它为校园文化的创新发展提供动力，为学生的全面发展提供舞台，是校园文化与其他亚文化、社会主流文化相互碰撞、交流的重要途径。

注重校园品牌文化培育意识。每所学校每个学院的具体情况各不相同，每个院系的历史渊源、专业发展前景和专业优势特点各有千秋。因时而动，因势而变，根据时代条件发展创新，加强学生对社会主义先进文化的认识，以及对核心价值观的自觉靠拢和追随。利用学院自身专业优势，培育独特的校园文化品牌，将最具专业独特性的品牌活动发展壮大，以文化辐射感染学生的思想品行，朝着符合时代要求的人才培养方向进发。通信工程学院在通信工程、信息工程、空间信息技术、自动化、机器人等专业学科优势的基础上，成立"吉甲大师梦工厂"，横跨文、理、工、管多学院。该团队通过参加RoboMaster机甲大师赛及其他创新型科研学术类竞赛，设计研发各类符合先进产业需求的产品，追求项目式培养学生的工程实践能力。在学院众多优秀教师的带领下，现已组建了包含机械、运营、视觉、AI、电控、软件6个分组的稳定健全的组织结构，社团各项活动在全院乃至全校范围内反响热烈、有口皆碑。

3.加强学生组织队伍建设

重视学生队伍建设，提高学生干部的工作水平及综合能力。坚持以学生为主体，充分发挥学生组织及学生干部在校园各项文化活动中的主体性作用，充分调动与发挥学生参与校园活动的积极性、主动性、创造性。要加强学生组织骨干的选拔、任用及培养，提高学生干部整体素质的同时，为学生干部的成长进步创造条件。有效地组织管理和服务是加强学生队伍建设的重要保障。建立健全的组织架构和服务体系，营造民主和谐的氛围和平等交流的平台，更好地为学生服务并创造良好的发展环境。在具体活动中，指导教师应只协助做好各项协调统筹工作，要让学生骨干放手去干，相对独立自主地承担活动中的各项分工，使他们能各司其职，为他们迅速培养各方面能力积极创造条件，加速他们的进步与成长，同时增强学生组织的凝聚力和战斗力。另外要完善激励处罚机制，在树立优秀典型、表彰先进的同时，做到严格要求、定期考核，对工作不积极、以权谋私的不正之风要及时批评教育、督促改正，优化组织管理，进一步激发学生工作热情。

加强学生社团规范建设。通过规范化、制度化建设，强化对社团的监管和指导，厘清学生社团的管理体制，明确社团管理的原则和基本思路。结合我校学生社团发展实际制定《吉林大学学生社团管理条例》，以问题为导向对学生社团的成立、注销、组织建设、活动管理等提出了细致且规范化的要求，为学生社团的规范化管理提供制度保障。同时，充分发挥学校各方联动作用，以建立健全学生社团健康发展的工作机制。不断优化评价体系，完善激励处罚机制，以此实现学生社团在校园文化建设工作上的新发展、新助力、新突破。

（四）以社会主义核心价值观融入高校网络文化建设

1.完善网络文化平台建设

搭建完善的网络文化平台，只有搭建好弘扬和传播社会主义核心价值观的载体，才能借助正确价值观的精神力量引导校园网络文化建设。建设平台不难，但重点和难点在于要搭建高质量的网络平台。网络平台的搭建要拓宽眼界，只依靠校内资源是不够的，还需要吸纳校外资源到体系之中，继而进行进一步的优化整合，同时还需投入足够的人力保障，即应成立专项宣传工作组跟踪推进工作进展，各司其职，共同推动形成合力，更好地将社会主义核心价值观融入校园网络文化建设中来。

2. 丰富网络文化内容建设

00后是在互联网高速发展的时代中深受网络文化熏陶成长起来的一代，信息获取和知识汲取除了从课堂和生活，大多来源于互联网，应用和浏览微信、短视频、微博等等社交媒体是他们日常进行思想交流和思维碰撞的主要途径。因此，利用线上宣传媒介发挥培育和践行高校学生社会主义核心价值观的网络力量，要打造和学生日常生活紧密相关的内容，充分利用各类网络公共平台，重点在网络平台内容的生动性、生活化上做文章，发挥学生的主观能动性，丰富其体验感和代入感。丰富网络文化内容不仅要有思想输出，还要在方式上极具感染力和生命力；不能仅依靠理论平铺，而是要把握学生兴趣点敏感点，与其生活相连相通。

应将核心价值观融入网络宣传设施建设中，充分利用学校官网、微信平台、微博等大力宣传主流文化，扩大核心价值观的影响力，既可以利用社交媒体平台的即时性宣传，让学生及时参与到与社会主义核心价值观内容相关及社会热点时事的讨论中去，又可以在平台中开通专门渠道用于学生反馈，对学院校园文化建设提出建设性的建议和意见，也可以通过开设网络在线交流平台进行学生间的健康、有效的学习生活互助交流。此外，学院还可以运用学校心理中心等专业性平台，加强对学生心理健康的监测与指导。

3. 加强网络引导管理监控机制

建立健全校园网管理体制。师生在享受互联网给工作、学习、生活带来便利的同时，也要时刻提防其可能带来的不良影响。高校应同时通过技术手段加强网络道德监控和教育引导。高校要在充分利用网络平台资源的同时，洞悉互联网基本规律，主动抢占网络道德建设的阵地，因势利导、顺势而为，将社会主义核心价值观渗透进大学生网络文化的方方面面。在完善网络平台建设中，时刻以核心价值观为指导，严防不良思想文化对学生的侵蚀，谨防违反社会主流的不当言论出现，践行符合社会主义核心价值观的行为准则。

加强实时动态网络监控。要求学生主动规范自己的网络行为。鼓励引导学生在网络中通过正确的方式表达自己的观点，对不良思想动态行为及情况加以监控和关注，适时提醒学生，确保其符合正向思想发展路径。应宣传校园网络使用规范，建立完备的网络素质教育体系，严明互联网言行底线，要求学生自律自控，不可逾矩，导致严重后果甚至违法行为。但需注意，在严控的同时仍要保障学生个性化且合理的诉求表达，引导学生主动分享、宣传社会主义核心价值观相关正能量事迹，传播优秀传统文化和榜样精神，建设健康文明的网络环境。

参考文献

[1] 贺雨菲. 社会主义核心价值观引领高校校园文化建设研究 [D]. 长沙: 湖南大学, 2020.

[2] 梁玉婷. 学生视角下的高校校园文化建设路径 [D]. 成都: 四川师范大学, 2019.

[3] 孙瑞琪. 社会主义核心价值观融入高校校园文化建设的路径探析 [D]. 天津: 天津工业大学, 2019.

[4] 习近平. 高举中国特色社会主义伟大旗帜 为全面建设社会主义现代化国家而团结奋斗——在中国共产党第二十次全国代表大会上的报告 [J]. 中国产经, 2022 (19).

新工科背景下研究生党支部建设探索与实践[*]

孙思文　魏　乐^{**}

摘　要： 在我国经济科技迅猛发展、国际竞争日趋激烈的大背景下，研究生党支部建设逐渐成为高校思政领域的一项重要工作。面对研究生群体的特殊性，党建工作者及专家学者们不断探索研究生党建的规律方法，取得了一定成效，但仍面临着很多困难。本文以吉林大学汽车工程学院为例，分析了在理工科院校中，纵向模式建设的研究生党支部相比于横向党支部所具有的优点，并针对理工科纵向研究生党支部建设提出几点思考，以进一步提升研究生党组织的凝聚力、战斗力。

关键词： 研究生思政；基层党组织建设；纵向党支部

近年来，我国科技、经济水平迅速发展，自主创新能力不断提升，综合国力显著增强。在当今世界国家间竞争不断增强的大背景下，国与国之间的竞争归根结底就是人才与科技的竞争。高校作为传播先进文化、先进思想的重要基地，承担着培养和造就社会主义建设者和接班人的重要职责。研究生作为我们国家教育体系中的一个重要群体，他们受教育水平高、接受新事物的能力强、思维较为活跃、具有独特的视角，是人才培养的重要储备力量，也是国家建设的接班人。高校基层党建工作尤为重要，要建立健全高校基层党组织，加强教师党支部、学生党支部特别是研究生党支部建设，充分发挥党支部战斗堡垒作用。随着国家高等教育体系的迅猛发展，不断深化改革，研究生招生规模连续扩大，研究生总数不断增加，学生成员构成日趋复杂

---

* 本文为吉林大学2022年研究生思想政治教育工作研究课题"'三全育人'视阈下导学思政融入研究生基层党组织建设模式探究"（课题编号：ysz202207）阶段性研究成果。

** 孙思文：吉林大学汽车工程学院研究生辅导员，主要研究方向为研究生思想政治教育。魏乐：吉林大学汽车工程学院研究生辅导员。

化。加之国际国内形势的变化带来的不利影响，这些都为高等学校思政工作带来了诸多挑战，所有的一切要求我们在思想引领工作中势必达到更新、更高的标准。研究生党支部作为以研究生为主体的党的基层组织，是研究生管理的基本单位之一，更是研究生思政工作的重要抓手。理工科研究生作为其中数目庞大的一个群体，具有更强的创造性思维与逻辑思维，但同时也存在理论学习较为薄弱的特点。努力优化研究生基层党组织的建设，完善研究生基层党建的保障机制，着力探索研究生基层党建的新形式，力求将研究生党支部建设得更加科学、合理，对于充分发挥理工科研究生党支部在广大研究生群体中的战斗堡垒作用有重要意义，有利于以点带面，引导广大研究生同学树立家国情怀，以更饱满的热忱投入党和国家的建设中，这对于提升人才培养质量、促进科技经济发展有重要意义，也是在新时期推动高等教育改革和发展的时代要求。

一、当前高校研究生党支部建设现状

研究生党支部扎根于学生群体当中，是与研究生同学们联系最密切的基层党组织，也是我们党与广大研究生建立联系的重要桥梁。近年来，各高校以研究生同学实际情况为出发点，开展细致、深入的调查研究，力求用改革创新的手段优化研究生党支部的建设，在研究生党建工作中进行了多方面的有益探索，以达到不断激发研究生党支部的生机活力、提高研究生党员的综合素质的目的，截至目前取得了不小的进展。但不可忽视的是，随着近年来我国高等教育体系的不断改革，以及高校研究生日益复杂的群体特征，现阶段高校研究生党建工作仍面临层出不穷的新问题亟待解决。

（一）高校研究生基层党建工作取得的成绩

中央16号文件下发以来，党建工作者们始终以充分发挥研究生党支部战斗堡垒作用为根本目标，努力探索提升研究生党支部战斗力的有效路径，取得的成绩主要可以概括为以下几点：一是坚定用马克思主义思想武装研究生的头脑。在研究生党支部内持续推进学习型支部建设，从入党申请人到积极分子、发展对象，持续做好教育、培训工作。在规定教学环节中，除自然辩证法、习近平新时代中国特色社会主义等相关课程外，还逐步推进课程思政、科研育人进程，力求全方位强化正面引导和理论武装。同时通过丰富多样的主体教育活动，如讲座、参观、实地走访等，反复开展党员的再教育，筑牢思想根基。二是通过完善制度建设促进党支部工作规范化、有序化。广大高校已逐步形成包括三会一课制度、党员发展制度、请示汇报制度等在内的完整、严格的党支部工作规章制度，对组织生活频次、内容、形式作出了明确合理的要求，以保证研究生基层党建工作有章可循。同时在支部建设中设立了监督反馈环节，如印发《党支部工作手册》，要求研究生党支部对组织生活情况进行及时记录，定期开展研究生党支部民主评议，对党支部开展的各项工作情况进行反馈。三是研究生党支部活动日趋丰富多样。组织生活作为研究生党建工作不可或缺的组成部分，逐渐脱离了"开会读文件""单纯灌输"的枯燥组织生活形式，党建工作者们充分利用网络、新媒体等平台，形成一套对于理工科研究生来讲更加易懂、易接受的理论学习模式，让组织生活开展得更加便利、更加触手可及。

（二）高校研究生党支部建设存在的问题

近年来，在国内外形势复杂多变及研究生数目不断扩张的大背景下，高校研究生党建工作面临的困境逐步凸显出来。从外部环境来讲，研究生党建工作人员队伍有待加强，只有少部分院校配备了专门的党建指导老师，大部分承担党建工作的研究生辅导员在繁杂的事务性工作以外对于党建工作投入精力不足，缺乏系统的党组织建设知识培训；随着研究生党员数量不断提升，研究生学习方式的差异、科研与生活场所的分散，导致支部成员之间的沟通交流很难开展，缺乏行之有效的党支部设置模式。从党支部内部管理的角度，支部委员的选拔不够规范合理，对于由学生担任的支部书记，缺乏符合实际情况的系统性培训和完善的支部书记培养体系，支部书记的"终身制"使很多支部书记产生了懈怠心理；在理工科党支部，面对繁重的科研、学习任务，部分支部书记很难将精力分配到支部工作中，导致组织生活流于形式，很大程度上影响了基层党支部职能的发挥；在广大研究生党员范围内，党员之间的认知水平和思想觉悟参差不齐，部分研究生党员存在着一定的功利心理，责任感不强、理想信念逐渐淡化等消极情况时有发生，致使研究生党支部部分功能在一定程度上被削弱。

（三）高校研究生基层党组织建设存在问题的原因

当前阶段研究生党建工作所面临的困境，除了大环境给青年人思潮带来的冲击以及高校对研究生党建投入的限制外，更多的来自当代研究生的独特群体特征。首先，研究生作为高校内兼具高知和年轻两个突出特点的群体，接受信息速度更快，范围更广。其中的大部分同学在经历本科学习后直接升学进入研究生阶段，缺乏工作经验和社会阅历，关注社会热点问题不足，对于接触到的繁杂冗余信息缺乏甄别的能力，对事物的判断比较片面，面对社会变革时期出现的各种复杂问题容易出现不解。其次，随着研究生招生规模的不断扩大，高校研究生生源日趋复杂化，他们的个体素质、社会阅历和年龄都存在较大的差异，阶段性规划和人生目标各有不同。虽然研究生党员大部分是在上一学历阶段发展，属于思想较为进步的青年学生，但由于各个高校在发展党员的标准上各不相同，学生党员个人素质、基本情况也存在一定的差异性。此外，理工科研究生在学历阶段更多注重的是科研能力的提升，在对理工科研究生进行学位授予时，进行硬性和量化的学术成果要求，逐渐在高校中成为发展趋势，规定学制之内，学生面临着越来越大的学业压力，找借口逃避组织生活的情况在理工科学院内时有发生，教育效果难以保证。最后，丰富的求学经历塑造了研究生同学更强的独立性，以及各不相同的生活、学习方式，他们普遍有更强的自主意识、集体观念淡薄，这对研究生党员的管理以及组织生活的动员开展造成了一定困难。

二、传统研究生党支部建设的利与弊

在研究生党建工作中非常重要的一环是研究生的支部设立情况，其合理性直接关系到支部组织生活开展的力量，进而对党支部的凝聚力、战斗力产生影响。目前，高等学校中普遍采用的是横向党支部的设置方法，即以几个班级或专业为单位，同一年级的同学按人数划分，构成党支部，对于部分容量较小的学院，则以年级为单位设立党支部。这种模式有利于将研究生与本科生或教工党支部区分开来，对于研究生党建工作更有针对性。同时通过支部组织活动可以加强同年级同学的交流沟通；支部成员在学业进度、申请入党等环节的相同节奏，有利于党建工作与思政、管理的有机结合。这种模式在实践的初期，有效地推动了研究生基层党组织的建设，在很多院校中沿用至今。

近段时间以来，随着研究生党员的数目与日俱增，横向设置的研究生党支部弊端逐渐暴露出来。首先，理工科研究生的基础课程学习一般只集中于一年级，其余的主要时间是跟随导师进行科研项目的研究。即便是相同的专业，由于导师、课题组、研究项目的区别，导致同一年级的研究生科研、生活场所上比较分散，时间上也难以统一，这给研究生党支部的党员组织工作带来了不小的困难；支部成员之间很难保持频繁的日常交流，不利于支部团结。同时，由于成员之间相互不够熟悉，缺乏足够的了解，部分党建工作难以开展，如：民主评议不够深入，逐渐流于形式，对入党积极分子的推优考察也不够全面客观，很难顺利进行。

此外，在支委选拔过程中，横向党支部的委员必须在入学初期选定，选举人没有足够的时间对候选人进行充分了解，仅能通过短期的发言、表现来进行选拔，可能存在片面性、盲目性，后期若支部委员没有责任心或能力不足，会导致党支部职能发挥大打折扣。

在横向建设的研究生党支部内，随着支部成员的毕业，党支部必然要解散，抛开新生党支部重新建立的难度不谈，党支部建设中的经验，多年来形成的良好传统都很难传承和发扬下去，先进成员的示范作用也很难继续留存。

党建工作与科研业务相互脱离，导致研究生党员缺乏内驱力，党建对科研的带动能力很难发挥出来，造成研究生业务教育与研究生德育工作"两张皮"的现象。

三、基于纵向模式建设研究生党支部探索与实践

2017年2月28日印发的《普通高等学校学生党建工作标准》（以下简称《标准》）明确指出，"根据实际需要，探索依托重大项目组、课题组和学生公寓、社区、社团组织等建立党组织，探索学生党建工作向最活跃、最具创新能力的组织拓展，扩大党的覆盖面，做到哪里有学生党员哪里就有学生党组织，哪里有党组织哪里就有健全的组织生活和党组织作用的充分发挥。"按照《标准》要求，新的时代背景下，高校党建工作者们应当依照大环境及被教育对象的改变，以提升党支部战斗堡垒作用及永葆研究生党员先进性为目标，探索更加有效的党支部建设模式，在这样的环境下，研究生纵向党支部应运而生。

纵向党支部是指在研究生党员总体数目比较多的单位，成立以课题组、相近研究方向为载体，跨年级的党支部。在理工科学院，其一般以实验室党支部的形式存在。以吉林大学汽车工程学院为例，学院研究生总数多，党员比例大，涉及车辆、车身、能动等多个不同学科，年龄层次比较复杂，同年级、同专业的研究生研究方向各有侧重。按照导师科研项目需求，大家的科

研时间、场所、进度各不相同，不少同学常常需要出差到企业进行科研工作，给党建工作造成了一定困难。学院按照纵向模式进行了研究生支部建设，以课题组为基本单元，参考不同导师指导研究生党员的规模、人数，15～40人编为一个党支部，定期换届，工作过程中发现诸多优势，总结为如下几点。

（一）便于组织生活的开展，有利于提升党支部凝聚力

理工科研究生纵向党支部的设立，一个重要的优势是其突破了年级的限制，支部内既有博士党员，也有硕士党员，随着毕业生离开党支部，又会有新成员加入，整体建制比较稳定。新鲜血液的不断加入，可以促使党支部保持富有活力的状态，对于支部建设更加熟悉的老党员与对于组织生活更有积极性的年轻研究生党员同时存在于一个党支部，可以让研究生党支部更具稳定性、创新性。此外，党支部成员隶属于同一个（或相近）科研团队，具有相似的研究方向，成员之间具有更多的共同语言，实验场所与作息时间的接近也为开展组织生活提供了便利，党支部整体凝聚力有显著提升；党支部成员之间沟通多，相互更加了解，在组织生活中可以有更深入的交流，使民主生活会的开展更有针对性。党支部建在实验室上，有利于对非党员同学的宣传和吸纳，可以吸引更多优秀的研究生向党组织靠拢。在推优过程中，对积极分子的考察与培养也更全面、更立体。

（二）党支部优良传统得以传承，有利于打造品牌化支部建设

理工科研究生的纵向党支部中，支部书记一般由高年级的博士担任，支部委员由较低年级的硕士担任，充分发挥了党支部"高带低""老带新"的传帮带效应；在支部委员的选拔过程中，规避了一入学就选拔支部委员可能造成的盲目现象，而是经一段时间的培养、考察后，通过换届、改选，形成新的支部委员班子，班子成员在上任前已经对组织生活有了一定了解，工作能力得到保证，能够更快地进入工作状态。基于这种建设模式，支部书记能在工作周期内，将自己的工作经验传授给低年级的支委，党支部内部形成的优良传统、好的工作经验也可以在得到传承的同时不断扩充、不断发扬，有利于打造品牌化党支部，更好地发挥研究生党支部的战斗堡垒作用。

（三）有利于"党建带动科研"效应的发挥

在这种模式下，党支部成员具有相似的知识储备，为党建和科研的有机融合提供了平台，在支部活动中可加入研讨会等丰富多彩的活动形式，在科研团队中通过支部建设引领思想作风建设，挖掘科研项目中的育人因素，起到了以党建带科研、以科研促党建的作用，真正实现了科研育人，在调动研究生党员、普通同学积极性的同时，增强了研究生党支部的感召力。

四、对理工科研究生纵向党支部建设的思考

在纵向建立党支部的基础上，还应在支部日常运行的环节当中多方面尝试探索，进一步提升研究生党支部的活力。以下几个方面可以作为完善支部管理的着力点。

（一）构建纵向党支部绩效评价体系

在短期内，要制定研究生党支部的工作办法和考核方案，从创新性、组织力、战斗力等方面，结合支部成员的民主测评情况，定期对党支部工作进行评议。对于开展组织活动流于形式、凝聚力差、战斗堡垒作用发挥不强的党支部，要及时开展自查自纠，引导其整改完善。同时还要建立长效评价机制，以支部成员为考核主体，从在学期间表现和毕业后发展两个阶段入手，制定科学合理的评价体系，长效、动态地考核党建工作对学生长远发展的影响。

（二）加强对研究生党员的考核，充分选优树先，强化先进示范效应

在党支部建设中，要摒弃重视前期发展考核、忽视党员再教育和考评的工作思路。在完善、细化考核要求的过程中，除理论水平、课业成绩、业务能力等方面，更要重点考核其人品修养和参与组织生活的态度。要将考核结果及时告知党员本人，鼓励其保持优点改掉缺点。对于阶段性表现不佳的研究生党员，要及时对其进行关注引导，保持研究生党员队伍的先进性、纯洁性。

在此基础上，要在党员群体内，以考核情况为参考，定期开展"争优创先"活动。挖掘研究生党员中的先进分子并树立典型，在学生群体中形成追求进步的风潮。发挥先锋模范作用、示范带动作用，营造风清气正、利于研究生成长成才的校园环境。

（三）探索师生共建党支部的有效途径

在相对成熟、项目发展稳定的科研团队中，可以尝试建设导师参与的学术团队型党支部。在探索初期，可以尝试聘请业务教师为党支部的指导教师，逐渐进行教工支部、学生支部的融合。在这种模式下，研究生导师与学生可以将党支部建设作为桥梁，将课题组打造成一个集党建、科研指导和思想引领为一体的教育平台，有助于导师在用高尚的道德情操和较高的科研水

平引领学生的同时，及时掌握所指导研究生的思想动态。导师普遍在学生群体中有较高的个人威望，导师的加入不但能够在组织生活中加入学术探讨，提升组织生活趣味性，同时还能促使研究生党员在组织生活中的出勤率及组织生活频次得到保证，进而提升党支部的凝聚力。作为双向反馈，学生党员也能够以组织生活会等为契机，对老师的指导情况进行反馈，进而参与到课题组建设中来，从而对课题组更有归属感，在科研生活中的主观能动性也将得到进一步发挥。

五、结语

研究生教育在我国高等教育中占有举足轻重的地位，如何做好研究生党建工作是研究生思政工作中的一个重要课题。在研究生党支部的建设模式中，相比于传统的横向模式，纵向党支部在实践工作中展现出了突出的优点。目前，研究生纵向党支部的建设仍处于初步尝试阶段，这就要求广大党建工作人员不断创新研究生基层党组织管理方式，不断探索党建工作中的新思路新方法，提升研究生党支部的凝聚力，充分发挥研究生基层党组织在学生群体中的战斗堡垒作用。

参考文献

[1]张启钱，王爱伟.导学思政与研究生党支部建设的融合模式研究[J].学位与研究生教育，2021(6)：6.

[2]王娟.高校硕士研究生思想政治教育现状及对策研究[D].重庆：重庆工商大学，2012.

[3]单子贤.全面从严治党视角下高校研究生党员教育管理问题研究[D].马鞍山：安徽农业大学，2019.

[4]刘涵.论高校研究生党支部建设中的思想政治教育[D].长沙：湖南师范大学，2010.

[5]付冬娟，夏晓川，孙雪辉.提升新时代高校基层党支部组织育人功效的研究与实践——以大连理工大学微电子学院为例[J].大学：研究与管理，2021(9)

[6]王期文，张成相，杜秀娟.新时代研究生党支部建设探究[J].山西青年，2020.

网络育人视域下高校团属新媒体"青年化" 传播影响力提升策略研究[*]

李芊满　曲昭琦　朴东赫[**]

摘　要： 在教育数字化纵深的当下，高校共青团可以更好地利用数字化新媒体平台对大学生进行"青年化"传播与教育，本文基于社会网络分析对高校团属新媒体微信公众号信息传播过程进行量化分析，同时通过深度访谈等研究方法开展本主题下的质化研究，将网络育人视域下高校新媒体对青年的传播影响力进行深入探析，对高校团属新媒体矩阵"青年化"建设的内涵、机制、效能三方面提出了提升策略。

关键词： 高校共青团；团属新媒体；青年化；网络育人

一、研究缘起

新时代新征程，大力推进教育数字化，培育教育教学新形态，对于深化教育改革创新、推进教育现代化、办好人民满意的教育具有重要意义。习近平总书记在党的二十大报告中对加快建设教育强国作出一系列重要部署，强调"推进教育数字化，建设全民终身学习的学习型社会、学习型大国"[①]。

从高校新媒体网络空间来看，当代青年体现出了与过去不同、更为个性化的教育需求，高校育人工作被赋予了新的意义，这就要求高校教育工作

---

[*]　本文为吉林大学大学生思想政治教育发展研究中心学生思想政治工作研究专项课题资助"网络育人视域下高校新媒体对青年的传播影响力提升策略研究"（课题编号：XGY2023014）的研究成果。

[**]　李芊满：吉林大学文学院学生工作办公室主任、辅导员，主要研究方向为思想政治教育。曲昭琦：吉林大学文学院兼职辅导员，主要研究方向为网络思政。朴东赫：吉林大学文学院团委学生副书记，主要研究方向为新闻传播学。

[①]　习近平. 高举中国特色社会主义伟大旗帜 为全面建设社会主义现代化国家而团结奋斗——在中国共产党第二十次全国代表大会上的报告 [J]. 中国产经，2022（19）：28.

者在做好学生的德育工作时，必须结合时代的要求，探索新平台，挖掘新渠道；重视网络文化的发展，更新网络育人理念，提高网络文化育人水平，进一步推进大学生的健康、全面发展，创新信息传播的理念、内容、体裁、形式、方法、手段、业态、体制和机制，充分利用新媒体平台，努力使其成为弘扬主旋律、传播正能量的坚强阵地。此外，我们必须辩证看待这种信息时代衍生出的新型党建工作模式，"互联网+党团建设"作为网络技术嵌入党建工作的重心，是新时代党加强对共青团领导的有效路径，其关键是如何进一步增强党建"带"团建的能力，并坚持以党、团联动发展的互动形式，进一步推动"党团共建"。

基于此，本文基于社会网络分析对高校团属新媒体微信公众号信息传播过程进行量化分析，从而对网络育人视域下高校新媒体对青年的信息传播影响力的提升进行探析，以期为高校新媒体运营、提升高校新媒体信息传播效率、改善信息传播网络结构提供有益参考。

二、高校团属新媒体发展现状

如何更好地利用新媒体平台对青年进行数字化教育，可以对综合影响力强的高校共青团微信公众号的内容和数据进行整理归纳，分析其共通特点，为高校共青团新媒体提升传播影响力提供实用思路。

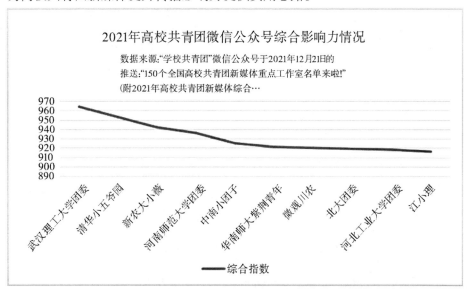

图2.1　2021年高校共青团微信公众号综合影响力

根据2021年1月1日至2021年12月12日，以上10个优势账号的热门内容与数据整理来看，这些优势新媒体公众号在建设上有以下两大方面共同特点，为其注入育人活力。

（一）把握特色风格

1. 软教育，入人心

新媒体网络育人区别于传统说教，巧妙宣传身边榜样故事，起到思想引领效果。例如公众号"清华小五爷园"，其有关"2021年清华大学本科生特等奖学金"的三篇推送，分别取得了8.5万、4.1万和6.5万的高阅读量。此外"北大团委"推出挑战杯团队风采展示系列推送，于2021年7月22日至8月20日集中推出41篇"力行纪实"实践团队动态报道。

2. 强趣味，流量高

用喜闻乐见的方式趣味表达主题，解构流行语或赋予新意义，进行正面思想引领，是优势账号的流量密码。在2021年1月1日至2021年12月12日的推文中，公众号"武汉理工大学团委"达8.4万最高阅读量的推文为："'张老师'，你骗我！！！"这篇提醒同学们警惕网络诈骗的严肃主题推文，在趣味化表达下焕发新生机。

3. 外联动，质量优

不拘泥于校内自身的能力，积极与优势账号联动，出品或宣传优质内容，也能够让高校共青团新媒体受到广泛欢迎。在宣传方面，"河北工业大学团委"在推文"首次！全国百强！全国重点！全国高校共青团新媒体NO.9"中提到的相关内容，可以看出联动的效果影响之大。

（二）育人角度全面

1. 扎实党团知识教育，进行专题报道

高校共青团新媒体建设的重要意义在于对青年的思想政治教育。通过对"武汉理工大学团委"在2021年1月1日至2021年12月12日发布的阅读量过万的66条推文统计（见图2.2），内容类型可归纳为党团知识教育、榜样力量、重要资讯等方。其中与"青年大学习"有关的推送占33条，达到阅读量过万推文中的50%，充分体现红色文化整体基调。此外，"河南师范大学团委"公众号对话框设有"团情资讯"专栏、公众号"中南小团子"开设"#小团子学党史"系列等。

公众号"武汉理工大学团委"2021年1月1日—2021年12月12日阅读量过万的推文统计			
推送日期（2021年X月 X日）	阅读量	赞	内容分类
12.12	2w	157	榜样力量
12.11	1W	571	宣传
12.10	1.2W	135	重要资讯
12.6	3.5W	52	青年大学习
12.3	1.3W	128	贴心＋趣味
11.29	3.1W	47	青年大学习
11.24	4.7W	845	榜样力量
11.23	2.5W	519	榜样力量
11.22	3.1W	51	青年大学习
11.20	8.4W	311	安全教育
11.15	3.2W	57	青年大学习
11.12	1.0W	37	校内活动跟进报道
11.11	1.9W	146	校内活动跟进报道
11.8	3.2W	70	青年大学习
11.3	1.0W	159	贴心＋趣味
11.1	3.1W	53	青年大学习
10.31	1.1W	270	贴心＋趣味
10.25	2.9W	47	青年大学习
10.21	1.6W	124	校内活动跟进报道
10.18	2.9W	59	青年大学习
10.13	1.1W	48	安全教育
10.11	2.2W	46	青年大学习
9.27	3.2W	70	青年大学习
9.20	2.2W	48	青年大学习
9.16	1.1W	243	趣味＋心理
9.12	2.6W	482	榜样力量
9.8	1.1W	251	学校正面宣传
8.28	1.0W	35	重要资讯
8.4	1.2W	213	学校正面宣传
8.2	1.3W	32	青年大学习
7.26	1.1W	9	青年大学习
7.19	1.2W	35	青年大学习
7.12	1.0W	20	青年大学习
7.5	1.7W	37	青年大学习
7.5	1.7W	37	青年大学习
6.28	1.3W	22	青年大学习
6.23	1.1W	212	情怀
6.21	2.2W	30	青年大学习
6.14	1.5W	25	青年大学习
6.7	2.5W	42	青年大学习
5.31	1.5W	25	青年大学习
5.24	3.1W	64	青年大学习
5.21	1.2W	131	学校正面宣传
5.17	2.5W	32	青年大学习
5.10	2.4W	25	青年大学习
4.26	3.7W	74	青年大学习
4.24	1.1W	143	贴心＋趣味
4.20	1.3W	335	党团知识教育
4.19	2.5W	45	青年大学习
4.14	1.4W	165	学校正面宣传
4.12	2.6W	42	青年大学习
4.5	1.6W	26	青年大学习
3.29	3.1W	41	青年大学习
3.22	2.1W	35	青年大学习
3.21	2.7W	113	党团知识教育
3.15	3.6W	71	青年大学习
3.14	1.4W	299	趣味宣传
3.7	1.3W	63	安全教育
2.25	1.0W	120	榜样力量
2.19	1.5W	33	重要资讯
2.10	1.7W	120	热点＋趣味＋学校特点
2.2	1.3W	158	热点＋趣味＋学校特点
2.1	1.2W	214	榜样力量
1.31	1.4W	129	安全教育
1.21	1.8W	303	学校正面宣传
1.11	2.4W	51	青年大学习
1.4	2.1W	34	青年大学习

图2.2 "武汉理工大学团委"阅读量过万的推文统计

2.心理关怀缓解焦虑，定位青年受众

心理健康是在大学生青年群体教育中关注的重要内容，优秀高校共青团新媒体账号能更贴心实现这一育人要求。例如，"新农大小薇"开设了"#玫瑰不用长高，遥望星光闪耀"专栏。"微观川农"以"解忧"为关键词，推出解忧信笺、解忧电台等推送，提供暖心提醒。

3.提供实在服务功能，加强用户黏性

优质账号提供实用的便捷入口、推出即时重要资讯，加强了用户黏性。"清华小五爷园"公众号2021年8月11日发布的关于调整学生返校和新生报到的通知的推文阅读量约达同期推出的另一篇推送的16倍。"江小理"公众号简介中，将自己定位为"团学动态信息 校园活动发布 生活温馨提示"，体现其功能性。"华南师大紫荆青年"对话框中，也能直接进入办公指南和团务百科。"新农大小薇"也十分注重实用功能，在对话框中能进入就业讯息首页，其含"宣讲会""双选会"等8大种求职实用功能，为学生提供实在服务。

三、以"青春吉大"为研究对象的问卷调查量化研究

（一）调查对象与方法

吉林大学"青春吉大"微信公众号（下称"青春吉大"）是高校新媒体的典型代表，本研究以"青春吉大"为对象，通过问卷调查的方法，选取吉林大学学生为调查对象，研究"青春吉大"的用户偏好与习惯，为研究提供数据支撑。

本次调查共发放168份问卷，回收168份，排除无效问卷2份，获得有效问卷166份，有效率为98%。

（二）用户调查结果

1.阅读与转发偏好

从阅读时间看，40.36%的学生习惯于晚上（17：00—22：00）阅读，而较少在上午（10：00以前）阅读。（见图4.1）这一数据分布较为符合当代大学生"晚睡早起"造成的主要活跃时间滞后的特征。

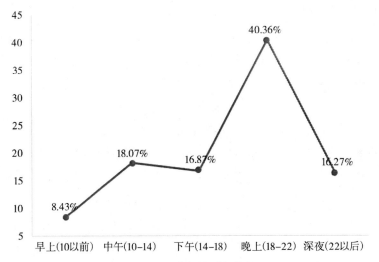

图4.1 用户阅读时间偏好

从阅读形式看，图片（68.67%）漫画（52.41%）文字（48.8%）分居偏好形式的前三，图片和文字作为推送的常态化形式被普遍接受，而漫画形式作为近年来新兴的呈现形式受到用户认同，或许是公众号推送后续应该倾向的重点。（见图4.2）

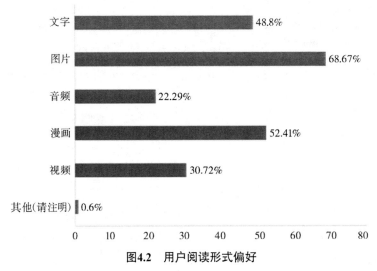

图4.2 用户阅读形式偏好

从影响阅读的主要因素上看，通过运用SPSS处理数据，得出用户对于各因素影响程度的相关性分析。（见表4.1）

在各影响因素中，内容质量（41%）和排版质量（38.79%）被认为是最主要的影响因素，而奖励奖品（48.53%）"不明显偏好"的数据表明多数用户对于奖励奖品并不过于关注。

表4.1　各因素的影响程度

程度因素	内容质量	排版质量	封面质量	语言风格	推送时间	多媒体呈现	奖励奖品
非常影响	41%	38.79%	34.72%	35.51%	33.67%	35.64%	20.47%
比较影响	41%	43.42%	42%	39.27%	43.33%	45.45%	25%
一般影响	16%	15.16%	21.11%	23.05%	19.67%	18.91%	20.59%
不太影响	1%	2.63%	2.17%	4.17%	1.67%	0%	25%
不影响	1%	0%	0%	0%	1.67%	0%	8.94%

2. 账号转赞评互动

转赞评（转发、点赞、评论）是反映一个媒体账号活跃粉丝的重要指标，同时也可作为公众号实际效果的直观反馈。统计结果显示，多数用户（63.85%）在初始状态下愿意赞转评。而当推送中以直接、生动、有创意的方式引导用户点赞、转发、评论时，虽然用户中的积极者占比有所下降（21.09%、38.75%），但对于摇摆用户的争取从初始状态的7.83%大幅提升到了23.49%。因此"自卖自夸"寻求用户转赞评的方式从总体收益比看，对于实际意义上"看客"的行为引导是具有直接性的。（见图4.3）

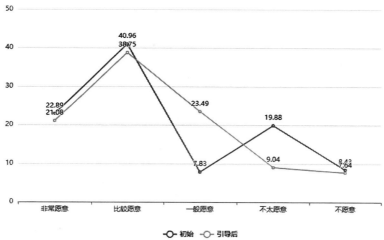

图4.3　转赞评愿意程度对比

从转发的推送内容类别看，校园热点资讯是用户最愿意分享给朋友的主题（64.46%），而有关美食美景的推送转发积极性相对较低，可能是由于同主题竞争中"青春吉大"与其他校内媒体相比更难触及用户或对于这一主题的资源开发耗竭所导致。相比较而言，"青春吉大"应更重视校内热点资讯的产出，同时对幽默创意图文与创意活动等主题保持产出，美食美景主题的推送则需要内容生产者更加的别出心裁才能打动用户。（见图4.4）

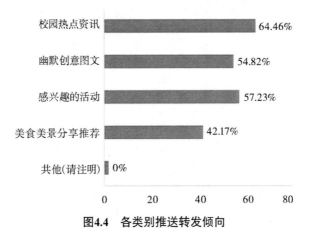

图4.4 各类别推送转发倾向

3. IP形象认知

"青小鹅"作为"青春吉大"的IP形象，是加深用户印象与塑造公众号形象的重要因素。然而根据统计显示，仅有不足一半（49.4%）的用户清楚且认识"青春吉大"的IP形象"青小鹅"，而另一半用户（50.6%）并不认识"青小鹅"。（见图4.5）仅以数据判断，目前"青春吉大"并未充分利用IP形象协助账号建设，仍有较大改进空间。

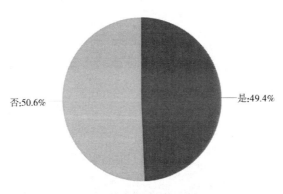

图 4.5 IP形象认识情况

从对"青小鹅"的喜爱程度看,多数用户(68.68%)对这一IP形象并不反感而是较为喜爱,希望在推文中更多地看到"青小鹅"相关元素。因此,"青春吉大"在后续推送中应考虑适当增加"青小鹅"IP形象的出现频率,以更具创意、更加生动的形象为推送添彩。(见图4.6)

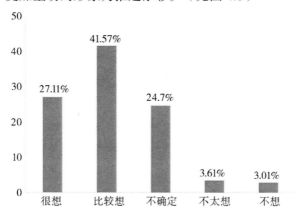

图4.6　IP形象喜爱程度

4.用户反馈建议

从与校内同类其他新媒体账号的对比看,多数用户认为"青春吉大"的账号风格特点更活泼(64%)、更青春(46%)、更贴近学生(23%)。作为吉林大学共青团青年群体的新媒体阵地,"青春吉大"活泼、青春、贴近学生的风格需要进一步得到发挥,从情感上让用户更加亲近,多以学生视角加强互动以提升宣传效果。(见图4.7)

图4.7　用户评价词云

从改进策略看，大多数用户（77.11%）的斧正建议正契合了上一问中的风格评价，推文的趣味性、生动性再次被摆在了首要位置。增加互动活动（42.17%）、开创新板块（38.55%）等创新性部分也是用户对"青春吉大"未来期许的一个重要部分。相较而言，基本保持日更的推文频率并不是"青春吉大"现阶段的短板，甚至有一位被调查者（0.6%）建议青春吉大应该"适当减少推文数量"。综上，保证质量，加强互动，求变创新，精简推文，应是"青春吉大"未来的改进重点。（见图4.8）

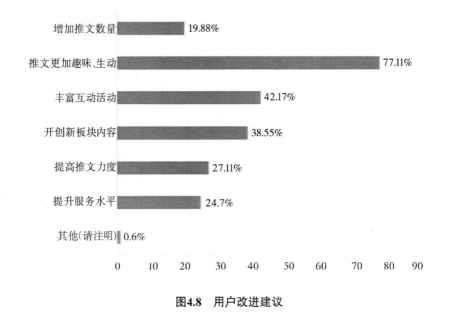

图4.8　用户改进建议

四、以"青春吉大"为研究对象的深度访谈质化研究

（一）访谈设计

1. 访谈样本

本研究将访谈对象分为两类，共17人。"青春吉大相关负责人"覆盖了青春吉大新媒体中心以及其涵盖的阳光志愿者协会、大学生艺术团、还睡呀、吉大青年报社、吉大青马，样本为1名负责教师与7名学生负责人；"青春吉大学生关注者"则在九大学部（人文、社会科学、理、工、信息科学、地球科学、白求恩医学、农学、新兴交叉学科）各选择1名学生作为样本。

2.访谈内容

分设两种访谈框架，题目设计为开放式。对于"青春吉大相关负责人"，访谈提纲分为运营结构、推文机制、发展建设、阻碍因素；对于"青春吉大学生关注者"，访谈提纲分为关注度评估、知名度评价、观感型建议。下文中括号里的数字为"节点来源数"，表示提到某关键词或议题的受访者人数。

（二）访谈发现

1.结构与机制的协调

青春吉大及内部团体在工作组划分上重视文字功底和艺术素养，文案组（6）、美工组（5）、摄影组（5）普遍设立，月度（3）或随时（3）收集选题，积极（5）、自主策划（5），采用了在固定小组（4）内主动接任务（5）的灵活（3）策划执行方式，十分重视内容审核（8）。然而，多组织存在于同一个公众号也增加了内容产出工作的障碍（2）。

2.内容与质量的打造

青春吉大的主要内容主题有活动信息发布与记录（5）、趣味新媒体选题（4），受访者在观看时感受到了思政素养（7）、人文精神（7）、心理健康（7）的提升。受访者偏好其中贴近校园（15）、活泼有趣（12）的内容，希望看到更多学术活动（7），与各学院联动（8）。

面对表现形式、内容深度、产出速度、热点把握能力、生产频次、曝光度不足的问题，全流程优化方向有：选题多样化（5），活动线上线下结合（1），内容创新有趣（6），美工技术高质量（1），信息发布与回复及时（4），团体内容分类明确（2）。

3.理念与形象的宣传

青春吉大希望在艺术上将"青小鹅"打造成高曝光率的IP，大多数受访者对"青小鹅"有印象（7）且认为可爱（6）。此外，虽然青春吉大对其slogan"青春吉大人，不变少年心"没有特殊的宣传，但是受到受访者赞美（7），希望能够给予更高的宣传力度。

青春吉大计划保留内部团体风格各异的特色，提升用户黏性。然而其知名度在青年中具有社群空间的限制，推广力度不够大（5），受访者表示愿意（7）主动推广以展现校园精神风貌（4）和分享校园生活（4），并建议青春吉大结合校园精彩生活（2），运用线下地推（1）等手段，打开校内外宣传局面。

五、高校团属新媒体的提升策略

综上，为切实提升高校团属新媒体的传播影响力，应在高校团属新媒体矩阵建设的内涵、机制、效能等三方面入手。

（一）在内涵上加强高校团属新媒体的内容质量建设

以校园文化为背景，以学校丰富的文化资源为主题素材，产出与本校学生息息相关的新媒体文化内容。重视创新新媒体传播的形式和内容，影像化、符号化、漫画化的这些感性且直观的传播方式能让观众更容易理解和认同创作者想表达并传播的价值理念、行为规则和理想目标。比如灵活运用IP，如提高青小鹅等校宠或地标的拟人化形象的出现频率或采取更加灵活的表现形式如触点式交互与h5呈现等。充分考虑新媒体内容的意识形态领导和教育作用，应以正确和积极的思想引导学生思考，积极引导学生独立和理性思考。

（二）在机制上加强高校团属新媒体的长效机制建设

高校应在操作系统管理方面建立完善的激励机制和培训机制，制定相应的平台管理制度和团队管理制度，结合新媒体微信公众号的传播特点，以制定适当的平台管理系统，并随着时间的推移进行改进。这不仅将确保新媒体内容信息来源的权威性、每日更新的规律性、内容共享的正式化、语言风格的校园化和舆论传播的可控性，还将提高团队成员对新媒体和活动规划的理解。

高校新媒体面对海量的社会热点事件以及无数与学生生活及未来发展相关的信息，可以将平台上分散的用户数据信息进行整合，按照不同的信息种类进行归纳，再进行精准运用，充分挖掘其中蕴藏着的巨大价值，为打造更加优质的内容提供数据支持和技术支持。

（三）在效能上加强高校团属新媒体的传播能力建设

重视新媒体平台中的良性互动，增强用户的向心力。为增加亲和力、影响力，更加"接地气"，高校新媒体平台要善于结合大学生年龄、思想、爱好等情况，开展与学生的互动。高校新媒体官方账号还要改变形象，采取提高亲和力的有效策略，增加曝光率，提高推广效率，以及畅通用户意见反馈渠道，健全反馈机制，及时采纳合理建议或新颖想法。

　　加强公信力建设，引导主流思想舆论。高校要注重新媒体平台官方账号的公信力，寻求高校主流思想舆论和学生舆论的最大重合度，对网络热点、社会热点积极发声，在各种信息真伪莫辨、对错不明之时提供正确的有说服力的回应，给大学生受众及时、易于接受的回应，将官方的公信力通过新媒体转化为网络舆论引导力。高校官方新媒体账号应该在保障信息真实性的基础上，做到积极主动发声，拿下话语主动权，提高自身的公信力和权威。

"互联网+"视域下高校党团宣传教育模式研究[*]

常荣剑　张乃俊　闫国栋[**]

摘　要：高校作为思想教育的主要阵地，新时期，高校党建工作的创新开展将成为高校思政工作重难点。新媒体时代，互联网各类产品与学生生活的融合兴起，改变着学生的认知范围和学习思路。"旧地图找不到新宝藏"，对于高校思政而言，应创新路径，贴合时代发展。因此本文以"互联网+"视域下为前提，探索党团宣传教育的新媒体模式，更新党团宣传教育理念、创新管理方式方法、优化组织队伍建设，实现组织、数据、制度全面协同，为高校思政教育工作提供新思路。

关键词：互联网+；党团宣传教育；思政；高校

一、新媒体形势下，开展"互联网+"教育多样化的必要性

新媒体行业飞速发展，区别于传统媒介的滞后性，新媒体带来的高开放性、高创新性的信息传播特点给学生带来思想观念和道德素质的多元化转变。但是值得注意的是互联观点言论良莠不齐，这使我们在追求"互联网+"模式下给思政工作带来便利的同时，也带来了一定的风险。习近平总书记强调："做好高校思政教育工作，要因事而化、因时而进、因势而新……要运用新媒体新技术使工作活起来，推动思政教育工作传统优势同信息技术高度融合，增强时代感和吸引力。"于高校而言，在此机遇和挑战并存的节点，如何利用这一先进"武器"，为思政工作保驾护航，同时，又能克服互联

---

*　本文为吉林大学2023年学生思想政治工作研究课题"新时代背景下学生思政教育工作路径探究"（课题编号：XGY2023009）的研究成果。

**　常荣剑：吉林大学建设工程学院学生工作办公室主任。张乃俊：吉林大学建设工程学院辅导员。闫国栋：吉林大学建设工程学院党委副书记。

网不良思潮风向带来的不良影响，寻找出一条思政党团宣传教育新思路，进行思政引领，将高校立德树人的根本任务贯彻到底，落实学校线上教学等相关工作规定。从育人内容、育人方法、育人途径、育人载体找思路找突破。

二、"互联网+"视域下，高校大学生党团教育现状

建立"互联网+"视域下党团教育新模式的前提是要了解高校学生目前的网络意识形态和目前的网络思政教育现状。当代高校学生是在互联网高速发展下成长起来的年轻一代，在物质条件优渥的前提下接受良好的教育。高校学生对于互联网内部的多元文化、新兴理念和新鲜事物都有着较强的接受能力。为此，我们也希望通过互联网多种渠道提升高校学生对于党团教育的接受度和认可度。给予高校学生正确的、积极的思政引导。

（一）"互联网+"视域下高校党团宣传教育成果

高校为适应新时代党团宣传教育需求，已经逐步更新、积极引入网络思政模式辅助传统教育课堂。引入MOOC慕课、微课、多媒体等现代化宣传教学手段，同时对于互联网这一技术的应用，高校更是在资金、硬件设施等各方面给予了充足的保障，不断促进互联网技术在高校党团宣传中的有机融入，转换教育方式方法，弥补传统宣传教育模式存在的不足。种种举措有效加深党团宣传教育成果。

（二）"互联网+"视域下高校党团宣传教育不足

虽然高校已经有意识地跟进互联网党团宣传教育的方式方法，也取得了一些良好的成果，但是由于线上教育理念和教育经验的欠缺，导致"互联网+"教育模式存在诸多问题，大部分的教育手段依然流于形式，无法成为主流的宣传媒介和教育载体。具体表现在：（1）在宣传内容上存在着生搬硬套的特点，缺乏个性化的内容和依据学生自身的互联网属性定制内容。例如直接将课本上的党团教育内容置于互联网媒介中，导致内容依旧老套、枯燥，教育的效果不强。（2）忽略了互联网传播范围极其广泛这一特点。互联网上形形色色的社会思潮在不停地撞击，对于党团宣传教育内容的评论并不可控，这对于三观未定型的高校学生来说是莫大的冲击。（3）互联网上内容信息更新过快，信息留存范围及长效性上不能很好地形成机制，内容获取碎片化、片

面化，不能形成宣传教育的一种长效机制。

三、"互联网+"视域下高校党团宣传教育模式构建思路

基于"互联网+"视域下提出的结合理论武装、学科教育、管理服务、队伍建设于一体的党团宣传教育体系。抓维稳、提思想、促分享、控全员。以思想价值为引领，以方案台账为基础，以线上媒体为平台，以线上活动为引线，以存档成果为巩固。把思政教育落深落实，构建长效机制，层层递进，层层落实，做到铺排方面广，群体影响大，时间效果长，周期循环好，成果转化高。在新时代背景下，贴近学生心理，贴合思政引领，为新时期高校思政教育提供新思路。

四、"互联网+"视域下高校党团宣传教育模式探讨

（一）建立自上而下的党团学习机制

1. 提升党团宣传教育教师队伍素质

作为党团宣传教育的"领头羊"，思政教师应在培训的最前端进行学习，党团宣传教育教师队伍的自身素质是进行党团宣传的基石。因此需要建立新型的学习体系，自上而下，以线上线下相结合的方式，先对辅导员、党支部书记、团委书记等党团宣传教师队伍进行培养培训，提升思政教师队伍的互联网思维，剖析和把握"互联网+"视域下教育发展规律，不断更新自己的知识结构，积极向职业化、专业化、专家化方向发展，同时，通过网络传播媒介，了解和学习其他高校当前网络平台运用的先进机制，主动地适应学生群体的多变需求，能够主动把握和借助在学生中推广和应用都较高的网络平台开展党团宣传教育，开创全员育人工作新局面。

2. 加强党团宣传教育榜样思想引领

充分发挥学生骨干的作用，坚持从学生中来到学生中去，指导党支部、团学组织组建一批用网、护网、爱网的青春团队，通过他们积极维护网络秩序、传播网上正面声音、传播主流价值观等，让"互联网+"视域下的党团宣传教育模式更加触手可及、更加可期。同时，充分发挥青年党员、青年团员的示范引领作用，通过云端录摄党史主题、时事主题党课，铺排党课系统，提炼吉大精神，讲出吉大故事。将吉大精神与党团宣传教育有机结合，作为新时期学生的思想动力，将"求实创新、励志图强"的校训精神、"毫不利

己、专门利人"的白求恩精神、"心有大我、至诚报国"的黄大年精神融入吉大学子的精神血脉，融入每一次志愿服务当中去，充分发挥新时期爱国主义教育的鲜活题材，增强思政教育的时效性，将思政理论与实践引导有机结合做到根本统一，帮助青年学子树立正确的世界观、人生观、价值观。

（二）搭建线上党团教育宣传平台

随着互联网教育模式的介入，高校对于党团宣传教育的整体战略部署也在发生日新月异的变化，伴随着宣传平台发展，打造党团宣传教育线上媒体矩阵，扩大党团教育的线上宣传面，同时从便携式角度考虑，让学生利用碎片化时间，随时随地接收党团教育信息，扩展党团宣传维度。打造集微信公众平台、视频号、抖音、bilibili网站（以下简称"B站"）、微博为主要宣传平台和媒介，推出党团宣传教育专题栏目。

打造党团宣传教育线上管理队伍，从专业教师、辅导员、学生党员、主要学生干部中选优组成党团教育线上宣传团队。规避掉"自娱自乐"式的线上宣传，要从学生角度出发，打造学生自身喜闻乐见的线上宣传模式，优化党团宣传内容。"教师+学生"宣传队伍模式下可以加强内容把关、完善宣传角度；"专职+兼职"宣传队伍模式下可以增强宣传队伍流动性、提高全体学生覆盖面，调动学生学习积极度。

建设线上党校、线上团校，以此为学习园地开展党团宣传教育线上丰富活动，例如网络作品征集展示，学习生活打卡活动，线上比赛，主题电影放映厅等以思政教育为主题背景的特色活动。始终秉持因事而化、因时而进、因势而新的特色育人理念，为学子搭建机动灵活、平台广阔、展现自我、科学高效的育人平台。同时优化育人队伍、延长育人时间、拓宽育人空间，切实提升人才培养的针对性、时效性和有效性。全员互通，协助办公，将党对高等教育人才培养的要求落到实处，让每一名学子深入感知历史、深化自身成长、深心投入实践，以更加优异的精神风貌和文化底蕴蓬勃发展。

（三）整合党团宣传教育线上信息库

互联网具备开放性、丰富性、便捷性等特点，使其在党团宣传教育过程中发挥作用的空间越来越广阔，对于信息发布和管理者来说，如何系统地对各层面的党团知识进行收集、加工、整合、传递和存档，使学生们从孤立的信息接收到系统融入宣传教育的闭环中是最先应当解决的问题。整体架构的稳定性、便捷性、权威性、可操作性也是值得考量的标准。将符合学生群体的党团宣传教育素材，进行及时且充分的整理，形成线上信息库，投入到党团教育宣传平台中，帮助学生群体根据自身需求，有针对性、目标性地获取相关信息。

由此看来，线上宣传信息库的存在，不应当是单单的内容堆砌，例如可以提出符合高校的亦或是学院内部的线上整合系统，这种即出即存的整体存档模式不仅仅在于最后的内容整合，而包含人员培训，前期素材拍摄、编写、收集等相关工作，同时又包含了中期的素材编撰修订工作，最后通过跟进后续的问卷调查工作，了解学生在线上信息库模式下对于党团宣传内容理解的深度与广度，积极探寻新体制下的对于"00后"学生的作用效果，为后期完善体系建设作出相应准备。

建立内容征集系统，可以通过党团活动或直接线上征集，避免党团宣传内容枯燥，不贴合实际，以院级党委为旗帜，以党支部为领航，以团支部为抓手，铺排全体师生的思想宣传工作，同时整合思政教育工作素材，分门归档。通过建立线上团支部，由团学干部成立先进事迹故事分享专班，周期性开展重温入团誓词，先进故事巡展，学习系列讲话等主题团日活动。利用团校，组织发力开展精品团日，拓宽思维，贴合时事开展特色团日，同时，在先进团员中推优入党，提升学生的爱国情怀。通过建立思政教育工作线上宣传库，开放线上树洞，接受思政教育工作投稿，开展线上思政素材巡展活动。同步在宣传教育平台上，开放"树洞"形式征集，对于青春故事、身边趣闻、个人感悟、校园文化作品进行征集。综合整理树洞内容作为"我的青春故事集"的主基调之外，同时以老师、同学等不同角度征集个人思政教育工作方面的感悟心得。

绘画线上线下同心圆，结合线上内容，从新媒体党建、线上教学、云端奋斗、青春有我、志愿服务、专题讲座等六个方面的素材刻画党团宣传教育工作中的主线故事，从党团宣传教育模型内部建设内容出发，构建思政教育工作宣传图册内容，综合整理党员先锋模范作用，师生服务育人，高效管理机制，劳动实践成果，学生成长收获等，留存党团建设宣传图鉴。

五、结语

"互联网+"背景下，党团宣传教育模式需要因时而异、因势而新，要结合当代大学生的特点，充分发挥新媒体运用所发挥的积极作用，通过线上新媒体平台搭建，建立党团宣传教育新模式，形成自上而下的党团联动学习宣传体系化建设，深化内部构建，填补学习材料繁杂而无从下手导致学习情况粗制滥造的空白，建立党团学习一体化的线上知识库；加强外部辐射，以党课团课为基调，以党校团校为平台，输出学生观点，为党团学习教育提供自身力量。精准党团宣传教育内容，拓宽党团宣传教育平台，延长党团宣传教育作用效果时间，形成党团宣传教育线上闭环，推进党团宣传教育工作实效。

参考文献

[1]吴满意，黄冬霞，苗国厚.网络意识形态相关问题初探[M].北京：人民出版社，2019.

[2]薛羽婷，文璐.新媒体环境下的大学生思想政治教育工作研究——基于辅导员视角[J].教师.2022（27）：3-5.

[3]林秀莲，彭文.自媒体时代大学生网络思想政治教育的困境及对策[J].辽宁经济职业技术学院.辽宁经济管理干部学院学报.2022（06）：89-91.

[4]涂涛，张煜明.基于知识图谱和共词分析的"互联网+教育"研究评述[J].西南大学学报（自然科学版），2021，（1）.

[5]袁希.融媒体时代高校思想政治教育教学改革探索[J].学校党建与思想教育，2020（15）：68-70.

[6]周学智，王子安，高思航.高校共青团改革视域下党团班协同育人研究与实践[J].黑龙江教育（高教研究与评估），2018（5）.

[7]张端."互联网+教育"背景下高校思想政治教育新路径探索[J].教育理论与实践，2017，（33）.

[8]刘建军.论高校思想政治工作的育人格局[J].思想理论教育，2017（3）.

[9]周昊."互联网+"时代高等教育管理模式创新及启示——评《善用MOOC："互联网+教育"视域下的应用模式》[J].中国科技论文，2021（3）.

[10]张丽.新媒体网络背景下高校辅导员思想政治教育模式创新研究[J].品位·经典.2022（24）：114-115+150.

[11]柴彦红.基于"互联网+教育"的高职数学课程信息化教学资源库建设与实践探索——以

宁夏财经类高职数学（经济类）课程在线教学实践为例［J］.中国管理信息化，2021（6）.

[12]边黎明，张闻，周超.构建高校本科生"党团班"协同育人机制［J］.教育教学论坛，2020（30）.

[13]吴满意，黄冬霞，苗国厚.网络意识形态相关问题初探［M］.北京：人民出版社，2019.

[14]涂涛，张煜明.基于知识图谱和共词分析的"互联网+教育"研究评述［J］.西南大学学报（自然科学版），2021（1）.

[15]单紫薇，吕素香.高校党团班协同工作的实践探析——以北京工商大学为例［J］.北京教育（德育），2019（9）.

[16]周学智，王子安，高思航.高校共青团改革视域下党团班协同育人研究与实践［J］.黑龙江教育（高教研究与评估），2018（5）.

[17]张端."互联网+教育"背景下高校思想政治教育新路径探索［J］.教育理论与实践，2017（33）.

[18]刘建军.论高校思想政治工作的育人格局［J］.思想理论教育，2017（3）.

[19]周昊."互联网+"时代高等教育管理模式创新及 启示——评《善用 MOOC："互联网+教育"视域下的应用模式》［J］.中国科技论文，2021（3）.

[20]柴彦红.基于"互联网+教育"的高职数学课程信息化教学资源库建设与实践探索——以宁夏财经类高职数学（经济类）课程在线教学实践为例［J］.中国管理信息化，2021（6）.

[21]边黎明，张闻，周超.构建高校本科生"党团班"协同育人机制［J］.教育教学论坛，2020（30）.

基于"一站式"学生社区的具有吉林大学特色的寝室文化建设路径探究

朱洪宇*

摘　要：学生公寓是高校学生学习生活的重要场所，对远赴外地求学的莘莘学子而言公寓正发挥着第二个家的作用。而今随着思想政治教育工作迈进新时代，学生公寓也承担起越来越重要的育人使命，应该逐渐从单一地满足学生基本住宿需求，向融合思政教育、师生交流、文化活动和生活服务等多功能、更智能的方向转变，以学生第二课堂的形式发挥公寓协同育人功效。

"一站式"学生社区试点工作为公寓文化建设带来了重要的发展契机，结合不同社区不同学生群体的不同特点以及不同需求，因地制宜、因势而新地丰富完善学生公寓功能，在做好公寓基本服务保障体系的同时，把吉林大学的专有特色融入寝室文化建设当中，不仅有助于提升学生的幸福感和获得感，更有助于加快构建我校"大思政"格局。

关键词："一站式"学生社区；公寓文化建设；协同育人；吉大特色

一、"一站式"学生社区对校园寝室文化建设具有促进作用

习近平总书记强调，"要注重文化浸润、感染、熏陶，既要重视显性教育，也要重视潜移默化的隐形教育，实现入芝兰之室久而自芳的效果。"[①]由此可见，做好校园文化建设是高校立德树人根本任务快速实现的有力途径。而"一站式"学生社区的建设，可以将校园进行科学合理地划分，实现社区之间特征相对明显、资源相对集中，利于集中调动人力和物质资源对社区进行针对性的管理并提供多元化服务，也利于在相对独立的社区内开展具备相

---

* 朱洪宇：吉林大学经济学院辅导员，主要研究方向为思想政治教育。
① 习近平首次点评"95后"大学生[N].人民日报，2017-01-03.

应社区特色、符合社区发展趋势的校园文化活动。

公寓文化是校园文化的重要组成部分，公寓文化的多样性是"一站式"学生社区建设的根基。推进各校区"一站式"学生社区公寓建设要结合社区和公寓实际情况，一区一策、一楼一策制定公寓文化建设方案。充分发挥"一站式"学生社区的优势，加快公寓基础设施现代化建设，营造整洁、舒适、安全、文明、智能、多功能的寝室文化氛围，并探索出一条充分融合吉林大学特色的公寓文化建设路径，对于习近平新时代中国特色社会主义思想铸魂育人，牢固树立社会主义核心价值观，进一步推进学生思想政治教育工作，提高学生管理服务工作质量具有十分重要的理论意义和实践价值。

二、"一站式"学生社区经过历史沉淀显露出鲜明特色

"一站式"学生社区以其特有的运作模式在近几年的实践中取得了长足进步：将校园划分为社区，合理分配领导力量、管理力量和服务资源，并下沉到社区，成立学生公寓临时党支部，组建党员先锋岗、党员责任区、党员突击队，构建"社区长—楼长—楼层长—片区长—寝室长"的层级管理模式，在各社区采用"楼长负责制"，分社区开设心理咨询平台，邀请专业医生驻社区服务，充分让学生感受到社区的温暖，实现了健康、安全和育人的有机融合。

吉林大学在实践中总结出宝贵的工作经验，建立起长效的社区管理机制。各社区、各公寓楼宇开始成为思政育人的重要阵地，让思政元素伴随学生成长。"一站式"学生社区通过实践证明了其先进性和实际性，在新时代，应继承"一站式"学生社区的宝贵经验，并结合社区实际加以改进和创新，让它成为恢复校园文化活力的有力武器和重要载体。

三、基于"一站式"学生社区平台构建多元寝室文化的优势

"一站式"学生社区的主体是学生公寓，而公寓是学生在校学习生活的最小单元。将类型和特点相近的公寓楼宇划分成社区，将校内资源进行整合再进行统一调配，将领导力量、管理与服务力量、思政力量等下沉到一线，将吉林大学的以"红"与"专"为特点的党团建设优势带入社区，不断挖掘寝室文化建设潜力，在学生公寓内探索新的管理服务模式，能够满足社区内学生的个性化需求，也有利于有针对性地开展主题教育与文化熏陶。

（一）利于拉近师生距离

课堂上的思想政治教育的主体地位不可动摇，但是难免会受环境、时间、形式和师生关系等多方面因素的制约，难以完全走进学生的内心，导致不能达到最理想的效果。学生是思想政治教育的主要目标，也是建设多元寝室文化的根本目的。通过"一站式"学生社区的建设，思政教育队伍能够下沉一线，思政元素能够走近学生身边。辅导员与学生同吃同住同学习同劳动，解决学生身边的疑难杂症，满足学生正常成长发展多方面诉求，更容易和学生在思想上产生共鸣，在心灵上发生碰撞，潜移默化中拉近了师生的距离。彼此信任的师生关系是有效开展一切工作的基石，在此基础上开展思想教育和价值引领会让学生有如沐春风之感。

（二）利于思政元素和寝室文化的融合

"一站式"学生社区是辅导员育人工作的延展手臂，把思政元素和寝室文化有机融合容易得到学生认可。在社区完全能做到同时聚焦学生的思想状况、心理状态、学业情况、文体活动、劳动教育以及就业指导，整合现有教育资源，集中力量通过精准推送的方式让学生耳濡目染，从机械性地开展常规工作转化为趣味性的全员参与，让寝室充分发挥协同育人活力，以此辅助主体课堂上的思政教学。

四、依托"一站式"学生社区的公寓文化建设方案

（一）牢固树立党建工作在公寓文化建设过程中的领导地位

构建以社区为基础的党建模式，坚持以党建领导公寓文化建设，推动各级党政干部参与不同程度的社区管理及公寓管理。思政系列辅导员担任公寓楼长的同时也担任公寓党支部书记，全面开展党务工作；在公寓内设置党员活动室，完善室内基础设施，扩大党史学习藏书数目，让党员学习交流的空间更先进、更智能、更有文化底蕴；粉刷党建文化墙，大力宣传党的时政方针；铺设"红色"宣传栏，分享优秀党员的先进事迹，讲好公寓内优秀党员的先进故事；抓好关键时间节点，开展社区范围内以公寓为参与对象、以寝室为最小参与单元，全面开展党团知识竞赛活动，将红色基因浸润到每一间寝室；将党员标杆寝室的评选和表彰工作纳入宿舍考评体系，发挥党员寝室的先锋模范作用，以区域带动整体。

在"一站式"学生社区内搞党建，激发了党支部的活力，党建工作会更

有深度、更有宽度，以党建引领寝室文化建设，能够让思政旋律在社区内回响，让党旗在公寓上空高高飘扬。

（二）严格履行宿舍管理制度是寝室文化建设的基础

做好寝室基本管理工作是寝室文化建设的基础。为学生营造整洁优美的住宿环境，引导学生养成自觉践行安全寝室的责任使命，从而为进一步建设寝室文化奠定环境基础。为校、院两级公寓管理委员会进一步赋权赋能，协同相关部门开展周期性公寓内务卫生安全检查专项行动，全面提升学生公寓内务卫生；以寝室为最小单位，广泛建立寝室公约和轮值值日制度，帮助学生养成自觉打扫寝室卫生的良好习惯，保证寝室长期整洁有序；做好公寓日常防火、防触电教育，摸排公寓火灾隐患、电路隐患，责令整改现存问题，确保学生人身和财产安全；在对优秀寝室进行表彰的工作中，加大年度"标杆寝室"的奖励力度，并根据标杆寝室所在地区，评选出年度"最美学生社区"，并对先进成果进行宣传展示。

以自上而下、内外结合的检查机制，以制度建设和实际行动相结合为主要方式，释放寝室管理的巨大能量，走好发挥公寓协同育人作用的先行棋。

（三）健全寝室基础设施建设是构建特色寝室文化的重要保障

功能完备的学生社区是校园和谐稳定、寝室管理制度平稳运行的坚实基础。同样，做好基础设施建设能够促进寝室文化的迅速建设。筑牢寝室安全工作防范体系，扩大应急预案覆盖面，准备应急防范工具，做到有备无患；进一步修缮寝室破损的家具、公共区域生活供水、冬季供暖管道以及网信通道，保障学生日常生活的方方面面；健全服务功能，充分利用公寓内闲置空间，继续开设洗衣间、饮用水、淋浴间、健身房、小超市等多功能区域，让学生享受智能化的寝室服务。

进一步深化寝室的服务功能，提高学生对生活的幸福感和满意度，成为公寓文化的主动建设者和受益人。

（四）辅导员工作室成为公寓文化建设的广阔平台

"一站式"学生社区的建设和完善，需要下沉一线的管理服务力量。按照学校相关工作部署，辅导员进驻公寓与学生同吃、同住、同生活、同劳动，走到学生身边。搭建领导干部和学生的沟通平台，学生工作相关部门领导干部走进学生寝室，了解一线学生发展诉求，解决同学们学习生活中的痛点难点，为他们的未来发展指明道路；依托工作室，邀请一线教师走进寝室，帮助学生提高专业能力，营造浓郁的学习氛围，拉近了教与学的距离，提高了学生培养质量；辅导员整合各类资源，依托工作室平台进行一对一的、专业化的经验分享，强化第一思政课堂的育人成效；随着辅导员工作室的不断完善和发展，在探索寝室文化建设的实践中不断地总结凝练，寻求"打造精品项目、创建特色品牌"的发展机会，不断提高辅导员工作室在"一站式"学生社区内的影响力，促进领导干部、一线教师、辅导员与学生的良性互动关系。

辅导员工作室立足于服务学生成长成才，实现资源整合和优势互补，是寝室文化建设的广阔平台，不断激发学生建设寝室文化的动力和热情。

（五）让丰富多彩的寝室文化系列活动成为"一站式"学生社区的优良传统

丰富多彩的寝室文化活动是公寓文化建设成效的主要表现形式，是激励学生主动参与寝室文化建设的驱动力，是构建文明和谐美丽校园的必要途径。举办寝室文化节、社区文艺晚会等活动，形成同学们广泛参与的良好风尚；开展某某精神进寝室文化系列活动，在公寓内设特色角、文创墙、文化展板，在日益丰富的文化活动中逐渐融入思政教育与日常管理工作的各方面元素，提高公寓环境的朝气与活力，达到寓教于乐的成效；利用文化活动多样性的优势，设置主题书画比赛、征文活动、摄影及VLOG展等活动，能充分调动学生主动参与的积极性和创造性，对寝室文化的宣传和发展具有重要作用。

充分利用"一站式"学生社区的特点，以同学们喜闻乐见的形式开展寝室文化活动，深入融合思政教育的各方面元素，让丰富多彩的寝室文化系列活动成为"一站式"学生社区优良传统，让学生公寓成为思想政治教育工作的宣传窗口和重要阵地。

五、结语

吉林大学以其切实有效的管理机制展示了学生社区的生命力与管理优势，"一站式"学生社区是寝室文化建设的动力之源、活力之源，是寝室文化建设和校园安全稳定的新引擎与新动能。在此基础上，吉林大学更应充分发挥将学生以社区为单位管理的优势，并在此基础上进行创新和改进。通过党建引领、规范寝室规章制度、健全寝室基础设施、充分发挥辅导员工作室的力量，针对不同专业、不同特点的学生社区，分别制定适应学生需求的寝室文化活动等方式，将具有吉林大学特色的寝室文化建立在"一站式"学生社区的管理模式下，能够充分发挥校院两级的领导力量、管理与服务力量，使思政、服务、育人"一站式"完成，建设别具一格的寝室文化活动，为我校"大思政"格局的构建添砖加瓦。

寝室文化建设是高校校园文化建设的重要组成部分，是思想政治教育工作深入学生一线的重要体现，对于学生成长成才有着重要意义。将寝室文化建设与"一站式"学生社区相结合是寝室文化建设的大胆尝试，充分利用了学生社区的特点，集中优势，针对不同的学生群体因地制宜、因势而新地制定寝室文化方案，提升公寓文化育人的成效，真正做到五育并举、协同育人，具有较大的推广空间。

参考文献

[1] 习近平首次点评"95后"大学生[N]. 人民日报, 2017-01-03.

[2] 王利. 全面加强和改进新时代校园文化建设[N]. 青海日报, 2020-06-08（010）.

[3] 王懿. 高校"一站式"学生社区建设的价值意蕴、现实问题与实践理路[J]. 思想理论教育, 2022（02）: 107-111.

[4] 杨爱华. 新时代大学生社区育人面临的挑战与优化路径[J]. 思想教育研究, 2021（05）: 154-157.

[5] 焦莹莹. 高校寝室文化建设的路径探析[J]. 大众文艺, 2022（12）: 167-169.

"三全育人"视域下儿科学课程思政教学的
探索与实践[*]

陈　鹏　吴　昊　种金森[**]

摘　要：把思政工作贯穿教育教学全过程，实现全程育人、全方位育人是习近平总书记作出的重要指示。聚焦"引领工程"，构建吉林大学特色学科教学体系，需要做好儿科思政工作，首先要明确目标，然后精心设计课程，以学生为中心，将思政元素与专业知识有机融合，运用行之有效的教学实践中的方法，探讨儿科学思政建设，培养出具有情怀的岗位胜任者、具有国际视野的医学人才。

关键词：三全育人；儿科学；课程思政；教学

一、引言

习近平总书记在党的二十大报告中指出，"高质量发展是全面建设社会主义现代化国家的首要任务"，"教育、科技、人才是全面建设社会主义现

---

[*]　本文为 2021 年度吉林大学本科教学改革研究立项项目，"以'岗位胜任力'为目标的儿科学实践教学体系研究与实践"（课题编号：2021XZD063）研究成果；2021 年吉林省高等教育教学改革研究项目"以'岗位胜任力'为目标的儿科学实践教学体系研究与实践"（课题编号：JLJY202161290298）研究成果；2021 年度吉林大学研究生教育教学改革建设项目"案例教学在儿科学专业学位硕士教学中的探索与实践"（项目编号：2021JGY06）研究成果；2022 年吉林省高教科研课题立项"新医科背景下儿科学实践教学模式改革与探索"（项目编号：JGJX2022D28）研究成果；吉林省教育科学"十四五"规划课题"'新医科'背景下儿科学实践教学改革研究"（课题编号：ZD22116）研究成果。

[**]　陈鹏：吉林大学第二医院儿科诊疗中心主任医师，主要研究方向为小儿呼吸系统疾病及神经系统疾病的诊治和儿科教学方法研究。种金森：吉林大学第二医院2021级临床五年制本科生。吴昊：吉林大学第二医院档案图书馆助理研究员，主要研究方向为医学教育、行政管理、信息管理。

代化国家的基础性、战略性支撑。"①为加快社会主义人才培养，吉林大学积极进行"三全育人"综合改革和思想政治工作质量提升工程建设实践，推出"引领工程"，积极构建符合社会主义现代化道路的具有吉林大学特色的思想政治工作体系。吉林大学白求恩医学部拥有悠久的红色传统，在此次改革中更要发挥自身优势，培养医学生的爱国情怀。在人才培养的过程中，课程是至关重要的要素，体现教育过程中最微观的问题。课程改革要体现出"以学生发展为中心"的理念，这也是落实"引领工程"中目标化、操作化和具体化的要求。儿科学是临床医学的重要分支，医学本身要求医生具有良好的品德，儿科学更是如此，儿科学的医学人才要有高尚的医德、精湛的专业医学知识，更需要有仁爱之心。加快儿科学思想政治建设是培养合格儿科学医生的有效方式，身为儿科学教育工作者，有责任加强专业医学知识的培养，在授课中将思政元素如盐入水般融入其中，从而实施有效的课程思政。教书育人、服务育人和管理育人是"三育人"的要素，"三育人"已在高校中广泛开展，在落实立德树人的过程中，其中的根本任务非常重要的一项措施就是课程思政，构建"三全育人"战略布局的重要举措是课程思政。

二、"三全育人"视域下医学教育中课程思政的困境

（一）对课程思政的教学理念理解不足

由于一线教师长期从事医学专业教育教学工作，对课程思政的理解需要一定的时间。教育的本质不能仅仅是医学专业知识的传授，更重要的是帮助学生形成职业道德等观念，不能忽略学科知识的精神价值，要真正做到立德树人。

（二）课程思政的教学方法在专业教学中较为单一

目前大部分医学院校的课程思政的教学设计不够灵活，其教学形式主要采用讲授式，学生学习主动性不高。此外，由于课程教授过程中常常以教师的讲授为主，学生参与度不够，从而使医学生不能真正有效融入课程思政的教学当中。

课程思政的建设是一项具有系统性和长期性的工作，在此过程中涉及

---

① 习近平. 高举中国特色社会主义伟大旗帜 为全面建设社会主义现代化国家而团结奋斗——在中国共产党第二十次全国代表大会上的报告[EB/OL]. 共产党员网, 2022-10-25[2023-08-06]. https://www.12371.cn/2022/10/25/ARTI1666705047474465.shtml.

医学人才培养的每个具体细节问题，而且其中涉及每个环节的有效衔接非常重要。在高校课程思政建设中，避免出现"两张皮"的现象，避免思政教育不能有效融入专业课程。部分职业院校在推动课程思政建设中多数是在"点"上发力，应避免课程思政的设计不充分，从而导致课程思政的教学效果不佳。

三、医学教学中应精心设计课程教学内容，融入思政元素

教师在课堂教授过程中，应以学生为中心，选择适当的思政内容，使学生对课程提起兴趣，以取得更好的学习效果。

（一）提高授课教师对于课程思政重要性的理解

我校一直非常重视课程思政的建设，因此要求教师从思想意识上对课程思政建设高度重视，充分理解课程思政"育人"的核心要义，能够充分认识我国目前"大思政"格局中的重要组成部分之一是课程思政，课程思政也是完成"三全育人"的重要部分。在进行专业课的授课过程中承担医学生的思政工作，培育医学生的家国情怀，坚实地筑牢"大思政"育人的主阵地，建设"引领工程"，构建具有我校特色的"大思政"格局，从而有效完成课程思政的体系建设。

专业医学教师属于非思政课教师，是课程思政建设的中坚力量，肩负着课程思政的建设。在医学课程授课教书育人的过程中，应作出表率。最直接的思政教育就是教师以身作则，潜移默化地影响学生。教师的教学态度、教学方法、教学理念等都会影响教学效果，以至于影响学生。

我校一向重视师德师风的建设，同时经常举办教师的思政课程相关培训，提高老师对思政课程的认识程度，加强教师的观念更新，避免出现仅仅重视传授医学专业知识、对思想教育不够重视的思想。儿科学课程就是要培养未来的具有岗位胜任力、具有仁爱之心的儿科医生，在课程中同样体现育人功能。总之要进一步加强非思政课教师团队的建设，充分调动医学老师对于课程思政的主动性，充分应用各种方式提升其课程思政的建设能力，并有效激发课程思政的活力。鼓励医学教学名师积极投身其中并发挥其模范示范作用，通过典型示范、先行先试，增强教师们参与课程思政建设的内驱力。

（二）充分挖掘课程相关的资源，有机融合到教学中

儿科学教学中积极落实课程思政，充分挖掘儿科学作为临床专业课的相关资源，注重课程的高阶性，发挥课程的特有特点，使授课教师根据思政教育的内容，深入挖掘其中的育人资源，并在教学的全过程中融入课程思政元素，包括但不限于在课堂大课、课间实习以及生产实习中进行融入。在此过程中，教师要充分利用现代化教学技术，充分利用各种数字平台的相关资源，发挥智慧课堂的优势，使教育效果达到最佳，提高学生的能动性。

在教授过程中，教师应根据自己授课内容、教学特点以及自身优势，努力挖掘课程资源，如引入网上数字平台等，认真制作相关课件并充分利用数字资源。如以奉献精神为例，可以讲述在过去几年的抗疫过程中，儿科医生对于抗击疫情作出的贡献，不仅要治疗众多儿童新冠患者，在"全院一盘棋"的情况下，其他科室床位吃紧时，也要帮助其他科室抗击疫情，发扬儿科医生的奉献精神。

（三）充分挖掘课程思政的重点要素

突出课程思政的要素是在教学中应该遵循的重要原则，因此在医学生的儿科学教学过程中，根据儿科学大纲，加入相关思政教育的内容。根据小儿生长发育的特点，加入小儿与季节相关的热点疾病等教育资源内容。避免儿科学专业课存在着与儿科专业知识契合度不高的问题，积极探索儿科学专业课与思政课的相关性，在讲授专业课知识时提升儿科学授课过程中的思政教学能力。

在儿科学教学中课程思政的重点之一是践行社会主义核心价值观，授课教师要根据课程中涉及的公民价值要求，不断加强与专业课内容的有效融合。在教学中通过临床儿科真实案例，在增加儿科学专业知识的同时，激发医学生的职业自豪感、增强社会责任感，从而培养医学生敬业精神。

（四）增强思政元素建设的力度

课程思政建设是医学教育中的一个系统工程。国家教育部、省教育厅等相关教育主管部门要求充分发挥教学督导的责任，不断完善切合实际的思政课程设计。吉林大学应当在学校层面设立课程思政建设的专门研究和管理机构，甚至各学院也要设立相关部门，各学科也要有人负责，包括制定课程的情感价值目标、课程思政的相关资源库以及教材的建设，同时注重制定课程思政背景下的教学计划，把握课程思政建设过程等，加强课程思政建设的广

泛宣传、培训医学教师思政能力。

四、开展儿科学课程的多样思政教学方法

为激发医学生在儿科学教学过程中的积极性，探讨开展学生的自主合作。教师在授课过程中，为充分发挥学生的学习主动性，也可以采用多种教学方法，如小组协作讨论法、探究式教学法和任务驱动法等展开教学。

（一）积极开展小组协作讨论法

在儿科学生产实习和课间实习过程中，为培养医学生的临床思维能力，提高医学生对于儿科临床的兴趣，可以进行小组协作讨论。在此过程中，为避免学生学习积极性不足，可以通过小组讨论活动让学生成为主角，充分发挥学生们的学习积极性。如可以通过小组讨论，让学生分析在救治小儿高热惊厥过程中出现高热时的处置方法，以及紧急进行医疗处理的方法，从而加强对高热惊厥专业知识的理解，培养学生的岗位胜任力。

（二）实施任务驱动法的教学方法

在授课过程中，以任务驱动学生，可以使学生更加明确学习目标，尤其可以应用到线上教学或者课堂展示中。为了提升医学生的临床实践能力，节省教学时间，授课教师充分利用任务驱动的方法以顺利完成教学任务，如在教授医治病毒性脑炎的过程中，教师可先创设问题情境，发布"如何救治可减轻患儿痛苦"这一任务，使学生除了学习到专业知识外，更能换位思考，感受患儿及其父母的痛苦，培养医学生的以人为本意识，提升其对于病人的同理心。

（三）采用探究式教学法

探究式教学法的目的是增强学生的自主学习能力以及合作精神。如在教授医治川崎病的过程中，教师在课前可以通过数字平台发布讨论内容，让学生对川崎病的病因进行预习。学生可以通过相互合作，查阅川崎病的资料，在与同学们进行探究的学习过程中，体会到留心观察细小差别的重要性，培养学生在临床中仔细观察的意识，提高自己的学习关注度。

在教学过程中，授课教师要根据不同教学方法以及不同的实施条件，注意此种教学方法运用的时机。要根据讲授课程的内容来确定如案例教学等多种具体实施方法，在课堂教学中融入思政元素，根据教学内容选择教学方法，达到良好的教学效果。

五、优化儿科学课程思政的教学评价

教学实施过程中的教学评价是考量教学效果的要素之一，并且贯穿教学活动的整个过程。在实施课程思政的过程中，授课教师不断改进教学过程中存在的不足之处，同时对教学进行反馈，总结实际教学效果。

（一）制定合理的有效的评价标准

在实施课程思政的过程中，对教学目标的考核是整个教学评价的重要元素。因此教师要将思政元素有效融入多个教学环节中，对整个教学过程，包括教学目标、教学方法、采用教材及教学资源等多个维度，制定行之有效的评价标准，从而促使教学评价活动更具有合理性。授课教师应充分利用现代化的教学手段以及适当的教学组织方式积极开展课堂教学。同时需要挖掘不同教学资源，使评价标准规范化，从而提高思政教育的质量。

（二）强化师资队伍建设

授课教师是教学过程中的重要主题，课程内容的相应思政元素、同一教学内容中蕴含的不同的思政元素都是由老师进行内容的整理而提炼出来的。在此过程中，需要加强师资队伍的建设、争取构建专业教师与思政教师共同打造的全面教学评价的体系。学校可通过设立网络课程、进行培训思政教育等方式提高自身评价水平。教研室应以定期开展教学研讨、进行讲课比赛等多种形式，鼓励授课教师充分挖掘思政元素，进一步丰富教学内容。

（三）建立教学评价体系，促进教学持续发展

教学评价是课程思政实施体系的重要机制。实施课程思政的过程是一项长期工作，因此，在实施课程思政的过程中，相关主体需要建立并不断完善评价工作的保障机制，推动课程思政的实施。

六、结语

儿科医生肩负着保障儿童健康生长发育的伟大使命。目前儿科医生缺乏、儿科医生的培养之路较为艰辛，因此要求授课教师不仅要有坚定的学习态度、积极努力的钻研精神，还需要具有扎实的基本功、精湛的医术，更需要有良好的道德修养。儿科思政教育的核心是让医学生对儿科形成正确的价值观以及价值取向，这并不是一朝一夕的工程，还需要学校与教师共同努力。

参考文献

[1]高翠.深化课程思政建设之路径探析[J].辽宁高职学报,2023(6):51-55.

[2]徐兴华,胡大平.推进课程思政需要把握的几个重要问题[J].中国大学教学,2021(5):60-64.

[3]任园园.课程与教学论课程思政教学的探索与应用[J].德育与管理,2023(4):6-8.

[4]马兴铭等.医学免疫学"课程思政"的教学改革与探索[J].医学教育研究与实践,2018(6):1013-1015,1086.

[5]董雅洁等."互联网+课程思政"模式在泌尿系统整合课程教学中的应用[J].教育教学论坛,2020(28):67-68.

大学生恋爱价值观特点及教育策略

李　娜[*]

摘　要： 通过采用杨良群编制的《大学生恋爱价值观问卷》进行调研，探究大学生恋爱价值观现状及特点，最后得出结论，学生恋爱动机较多样，主要为婚姻性、情感性和消遣性，择偶时最看重个性品质。男生恋爱动机更强、更加多元，女生择偶标准更加严格，在个性品质、家庭背景和才智三个维度上得分显著高于男生。博士生有更多积极恋爱动机，本科生有更多消极恋爱动机。

关键词： 大学生；恋爱价值观；教育策略

心理学家埃里克森的人格发展阶段理论认为19～25岁成年早期的发展核心问题是发展亲密关系，避免孤独感。如果发展良好，顺利度过这一阶段，个体会有较好的共情能力，能够与他人分享自己的感受和想法，与他人建立良好关系。如果无法顺利度过这一阶段，个体则会变得回避亲密，与他人关系淡漠。大学是青年发展亲密关系的重要时期，研究者张丽君、解晓东在2017年[①]的研究调查中发现有50.4%的大学生在大学期间有过恋爱经历。恋爱价值观会影响个体在恋爱中的行为选择和行为方式，了解当代大学生恋爱价值观有助于高校深入了解学生群体对于爱情、婚姻和性关系的看法和态度，更好地把握学生心理、需求和价值观，为学生提供针对性的恋爱教育和支持。

---

[*]　李娜：吉林大学学生心理健康指导中心工作人员，讲师，中国心理学会注册心理师。

①　张丽君，谢晓东. 广州大学生恋爱动机调查报告［J］. 中国健康心理学杂志，2017，25（04）：547.

黄希庭等人[1]提出恋爱价值观是一个综合的观念系统，具体体现在个体认为的恋爱的价值所在。刘晓明、曾天德[2]认为："恋爱价值观是个体针对恋爱问题所持有的观念，它不仅决定个体将选择什么样的人作为恋爱对象，而且对个体未来家庭及婚姻等产生影响。"廖莎莎[3]认为恋爱价值观是人们在恋爱过程中所表现出来的对恋爱问题的基本观点、恋爱动机和择偶标准，是人们对爱情的一种认识心理。杨良群[4]提出爱情价值是个体对待爱情的一种内在标准和价值尺度。爱的价值尺度主要回答什么样的爱是值得的和重要的。恋爱的价值标准主要回答选择什么样的人恋爱。恋爱价值观分为恋爱动机和择偶标准。

恋爱价值观对个体发展的诸多方面都有影响。有研究发现[5]，处在恋爱关系中的大学生生活满意度更高，并且，积极的恋爱动机与主观幸福感中的积极情感和生活满意度正相关，消极的恋爱动机与主观幸福感中的消极情感正相关；程刚和肖友琴[6]发现秉持传统奉献取向恋爱价值观的大学生在失恋后更有可能采取积极的应对方式，相反，秉持贪图性欲恋爱价值观的个体在失恋后更有可能采取消极的应对方式；王舒仪[7]发现个体自尊与恋爱价值观的相关关系。

为了解大学生恋爱价值观现状及特点，把握学生内在需求，对吉林大学学生进行恋爱价值观调研。

一、对象与方法

（一）对象

2023年2月20日—5月31日，心理中心应用大数据平台开展春季学期学生成长发展自助心理测评，吉林大学2465名学生参与了《大学生恋爱价值观问

① 黄希庭，郑涌，等.当代大学生心理特点与教育[M].上海：上海教育出版社，1998.
② 刘晓明，曾天德.大学生恋爱观研究述评.教育评论，2015（1），90-93.
③ 廖沙沙.青年爱情价值观的横断与纵断研究[D].重庆：西南大学，2009.
④ 杨良群.大学生恋爱价值观问卷编制及其特点研究[D].重庆：西南大学，2009.
⑤ 杜昊楠，高甜.大学生恋爱价值观和主观幸福感的关系研究[J].太原城市职业技术学院学报，2019（01）：82-85.
⑥ 程刚，肖友琴.大学生恋爱价值观与失恋应对方式的相关研究[J].中国健康心理学杂志，2012（05）：764-767.
⑦ 王舒仪.离异家庭大学生父母冲突知觉与恋爱价值观的关系：自尊的中介作用[D].石家庄：河北师范大学，2022.

卷》测试。其中男生有1122（45.52%）人，女生有1343（54.48%）人，本科生1372（55.66%）人，研究生1093（44.34%）人。

（二）工具

本研究采用杨良群编制的《大学生恋爱价值观问卷》[①]包括《恋爱动机问卷》和《择偶标准问卷》两个分量表，为进一步研究大学生恋爱价值观的特点提供了科学有效的测量工具，全问卷的Cronbach，sa系数和分半信度分别为0.88、0.85，具有良好的信效度。恋爱动机包括6种类型：性爱性、情感性、婚姻性、面子性、功利性、消遣性。性爱性指以满足自己的生理需要、缓解性压抑、满足性欲望为目的而恋爱的一种内部动力；情感性指以情感与爱情的需要为目的而恋爱的一种内部动力；婚姻性指以寻找终身伴侣，建立家庭等为目的而恋爱的一种内部动力；面子性指以满足自己的面子需要，自我确证为目的而恋爱的一种内部动力；功利性指为了满足自己的经济、社会地位，事业发展等为目的而恋爱的一种内部动力；消遣性指为了打发时间、消遣娱乐、驱逐空虚、排遣孤独寂寞、调剂学习压力等为目的而恋爱的一种内部动力。"择偶标准"是指个体选择什么样的恋人进行恋爱的依据或尺度。它是恋爱价值观的重要组成部分，包括4类：家庭背景、个性品质、外表、才智。

（三）数据处理

对问卷进行一次性测试，结果使用SPSS 24.0统计软件处理。

二、结果

（一）总体情况

总体来看，我校学生恋爱动机较多样，各种动机由高到低排序为：婚姻性＞消遣性＞情感性＞功利性＞性爱性＞面子性。择偶标准中最重要的是个性品质，其次是外表，然后是才智和家庭背景。

---

① 杨良群,刘衍玲.大学生恋爱动机问卷的初步编制［J］.宜宾学院学报,2011（07）：114-118.

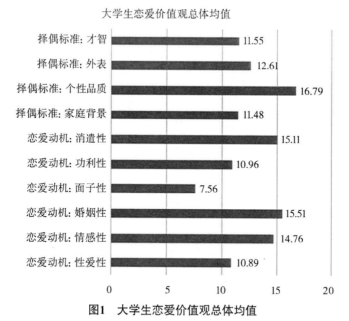

图1　大学生恋爱价值观总体均值

（二）性别差异

从结果来看，男生在性爱性、情感性、婚姻性、面子性、功利性、消遣性六类恋爱动机倾向上显著高于女生。女生在个性品质、家庭背景和才智这三个择偶标准倾向上显著高于男生。

表1　大学生恋爱价值观性别差异

类型	男（N=1122）		女（N=1343）		t
	M	SD	M	SD	
恋爱动机：性爱性	11.97	4.21	10.01	3.64	12.40***
恋爱动机：情感性	15.14	3.41	14.45	2.89	5.41***
恋爱动机：婚姻性	17.15	5.02	14.13	4.8	15.25***
恋爱动机：面子性	8.48	4.2	6.79	2.99	11.64***
恋爱动机：功利性	11.68	4.77	10.36	3.62	7.81***
恋爱动机：消遣性	16.03	4.99	14.34	4.35	9.02***
择偶标准：家庭背景	10.90	3.99	11.97	3.55	−0.74***
择偶标准：个性品质	16.54	3.44	17.01	2.58	−3.85***
择偶标准：外表	12.58	3.54	12.64	3.54	−0.43
择偶标准：才智	10.93	2.72	12.07	2.12	−11.67***

注：*表示p<0.05，**表示p<0.01，***表示p<0.001，下同。

（三）学历差异

从结果来看，博士生为了寻求情感支持和建立婚姻关系而恋爱的积极恋爱动机更强，本科生为了性爱和消遣的消极恋爱动机更强。择偶方面，硕士生相对更看重家庭背景，博士生相对更看重个性品质。

表2 大学生恋爱价值观学历差异

类型	本科生（N=1372）		硕士（N=924）		博士（N=169）		F
	M	SD	M	SD	M	SD	
恋爱动机：性爱性	11.13	4.01	10.67	4.06	10.25	3.85	5.94**
恋爱动机：情感性	14.85	3.21	14.57	3.13	15.10	2.80	3.28*
恋爱动机：婚姻性	15.07	5.22	15.87	4.94	17.08	4.94	15.39***
恋爱动机：面子性	7.54	3.70	7.64	3.70	7.21	3.53	0.98
恋爱动机：功利性	10.97	4.17	11.07	4.38	10.33	3.98	2.24
恋爱动机：消遣性	15.47	4.75	14.74	4.63	14.19	4.83	10.15***
择偶标准：家庭背景	11.09	3.75	12.00	3.79	11.84	3.81	16.96***
择偶标准：个性品质	16.88	2.99	16.58	3.11	17.21	2.54	4.48*
择偶标准：外表	12.61	3.18	12.67	3.21	12.37	3.08	0.64
择偶标准：才智	11.50	2.48	11.57	2.49	11.91	2.33	2.16

（四）学部差异

1.各学部参与测评人数占比

如图2所示，地球科学学部有450（18.26%）人参与测评，信息科学学部有432（17.53%）人参与测评，人文学部有409（16.59%）人参与测评，社会科学学部有343（13.91%）人参与测评，工学部有262（10.63%）人参与测评，农学部有248（10.06%）人参与测评，白求恩医学部有233（9.45%）人参与测评，理学部有82（3.33%）人参与测评，新兴交叉学科学部有6（0.24%）人参与测评。

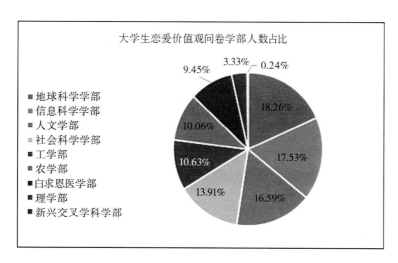

图2　大学生恋爱价值观问卷学部人数占比

2. 各学部测评结果比较

从结果来看，各学部学生在情感性上恋爱动机得分没有显著差异，且相较其他动机得分较高；信息科学学部的学生的恋爱动机中婚姻性和功利性得分相对其他学部较高；工学部的学生的恋爱动机在性爱性、面子性和消遣性上得分相对其他学部较高；社会科学学部的学生的择偶标准相对来说更看重另一半的家庭背景；人文学部的学生择偶时相对其他学部更加看重另一半的个性品质、外表和才智。杨良群研究同样发现理工科类学生恋爱动机更多元化，出现这种差异的原因可能是理工科的学业负担比文科类学生重，更渴望恋爱，心态也更复杂。另一方面，理工科类男生较多，文科类女生较多，以上差异也可能源于男女差异。

表3　大学生恋爱价值观学部差异

	人文学部 N=409		社会科学学部 N=343		理学部 N=82		信息科学学部 N=432		工学部 N=262		新兴文文学科学部 N=6		地球科学学部 N=450		农学部 N=248		白求恩医学部 N=233		F
	M	SD	M	SD	M	SD	M	SD	M	SD	M	SD	M	SD	M	SD	M	SD	
恋爱动机：性爱性	10.61	4.05	10.55	4.21	10.77	3.57	11.64	4.06	11.25	4.19	8.00	1.79	10.80	4.02	10.51	3.84	10.87	3.66	3.41**
恋爱动机：情感性	14.71	3.10	14.55	3.28	14.95	2.75	15.02	3.32	14.97	3.10	16.50	2.07	14.64	3.22	14.46	3.13	14.89	2.83	1.39
恋爱动机：婚姻性	14.51	5.06	15.29	5.11	15.87	4.71	16.37	4.95	16.30	5.08	17.67	5.82	15.22	5.25	16.11	5.00	14.82	5.25	5.73***
恋爱动机：面子性	6.84	3.17	7.24	3.55	7.39	3.37	8.11	4.18	8.32	4.05	8.40	2.58	7.60	3.73	7.76	3.62	7.18	3.16	5.43***
恋爱动机：功利性	10.78	4.05	10.70	4.34	10.33	3.50	11.51	4.50	11.34	4.66	8.50	1.87	10.88	4.28	11.11	4.12	10.53	3.56	2.30*
恋爱动机：消遣性	14.63	4.61	14.32	4.87	14.51	4.51	15.97	4.93	15.51	4.75	15.67	3.67	15.32	4.67	14.81	4.54	15.14	4.46	4.18***
择偶标准：家庭背景	12.16	3.87	12.19	3.76	11.04	3.43	11.28	3.80	11.45	3.79	10.33	3.88	10.61	3.71	11.88	3.83	11.10	3.51	7.24***
择偶标准：个性品质	17.29	2.66	16.67	3.25	17.04	2.44	16.90	3.07	16.51	3.12	17.33	1.63	16.51	3.23	16.36	3.11	17.13	2.52	3.47**
择偶标准：外表	12.95	2.99	12.74	3.25	12.09	2.87	12.82	3.38	12.49	3.30	12.00	2.61	12.39	3.27	12.37	3.27	12.49	2.68	1.74
择偶标准：才智	12.09	2.20	11.70	2.59	11.79	2.00	11.45	2.54	11.18	2.54	11.67	2.88	11.23	2.59	11.44	2.53	11.66	2.25	4.62***

注：新兴文文学科学部参与测评人数较少，结果不具有代表性。

三、讨论

总体来看，学生恋爱动机较多样，这可能源于大学生内在需求的多样化，例如：生理需要、物质需求、归属与爱的需求。同时，大学生重视爱情的价值和恋爱对象的内在品质，将恋爱的最终目的确定为找到人生的另一半，不赞成因为性、攀比等原因而谈恋爱，反对将恋爱看作是达到个人功利目的的工具。

男生在六类恋爱动机倾向上显著高于女生。不管是积极的动机还是消极的动机，男生均比女生动机更为明显，这与黄晓林、张淑华、杨良群的研究结果一致，其原因可能因为男生相比于女生而言，性格更具主动性和目标性，所以恋爱动机得分较高。女生在个性品质、家庭背景和才智这三个择偶标准倾向上显著高于男生。这可能是出于女生在父系社会中其自身地位较低，需要有一个发展前景优良的伴侣的现实需要。

博士生为了寻求情感支持和建立婚姻关系而恋爱的积极恋爱动机更强，本科生为了性爱和消遣的消极恋爱动机更强。说明随着心理发展和年龄增长，我校学生恋爱价值观更加成熟。

所有学部学生的情感性恋爱动机都较强，说明总体来说大学生恋爱主要是源于积极动机。理工科类恋爱动机更多样，杨良群研究同样发现理工科类学生恋爱动机更多元化，出现这种差异的原因可能是理工科的学业负担比文科类学生更重，渴望恋爱心态也更复杂。人文学部的学生择偶时相对其他学部更加看重另一半的个性品质、外表和才智。另一方面，理工科类男生较多，文科类女生较多，以上差异也可能源于男女差异。

四、教育策略

高校在帮助学生树立正确恋爱观方面可以采取以下措施。

（一）开展宣教活动

高校可以通过开设情感教育课程、举办讲座等活动形式，强调性别平等和尊重他人的权益，培养学生关于同意和边界的意识，教导学生在恋爱关系中重视对方的意愿和感受。同时，帮助学生了解性行为与安全、性别认同、恋爱发展阶段、恋爱沟通技巧等知识，教育引导大学生端正恋爱动机，增强恋爱中的道德和责任意识。

（二）促进朋辈交流

高校可以通过组织各类社交活动、宣教活动等形式为学生提供交流和结识朋友的机会。通过参与社团、学术研讨会、文化艺术活动等，学生可以扩大社交圈子，培养社交技巧和人际关系，从而有更多机会认识潜在的伴侣。

（三）提供心理健康支持

恋爱是爱情的培育过程。如果一方或者双方认为无法培育爱情，提出终止恋爱关系便形成失恋。在高校大学生中，由于失恋引起的自杀或者情绪障碍占有一定比例。为此，学校心理健康教育应加强学生失恋心理承受能力的培养，并及时做好心理教育工作。其中最主要的是做好学生的心理认知调适，使大学生领悟到失恋不等于失去一切，不等于以后就不会得到他人的爱情，教会学生有效地摆脱失恋的消极情绪困扰，把精力转移到刻苦勤奋学习上，用学业、工作的成功充实自己的人生。学校可以通过个别咨询、小组讨论或心理健康宣传活动等方式，帮助学生了解和应对恋爱中的压力和挑战。

（四）加强家庭教育

高校可以与学生的家庭保持联系，加强家庭教育和学校教育的协同作用。学校可以组织家庭教育讲座、家长学校等活动，向家长传递正确的恋爱观念和方法，让家庭与学校共同合作，帮助学生树立正确的恋爱观。

（五）建设和谐的校园文化

高校应该努力营造积极、健康、平等的校园文化氛围。倡导尊重、包容、平等和互助的价值观，遏制校园中的性别歧视、性骚扰等不良行为，以营造良好的恋爱和伴侣关系环境。

总之，高校应该通过教育和支持的方式，积极引导学生树立正确的恋爱观，提供知识、心理支持和社交机会，帮助学生在恋爱中健康成长。

五、结论

总体来看，学生恋爱动机较多样，主要为婚姻性、情感性和消遣性，择偶时最看重个性品质。男生恋爱动机更强、更加多元，女生择偶标准更加严格，在个性品质、家庭背景和才智三个维度上得分显著高于男生。博士生积极恋爱动机更强，本科生消极恋爱动机更强；硕士生择偶时相对更看重家庭背景，博士生择偶时相对更看重个性品质。理工科类学生恋爱动机更加多元，文科类学生择偶标准更加严格。高校可以从开展宣教活动、促进朋辈交流、提供心理健康支持、加强家庭教育和建设和谐校园文化五个方面入手，引导学生树立正确恋爱价值观。

参考文献

[1]张丽君,谢晓东.广州大学生恋爱动机调查报告[J].中国健康心理学杂志,2017,25（04）:546-550.

[2]李承宗,甘雄.大学生恋爱动机的心理学分析[J].中国电力教育,2008(15):182-183.

[3]林毅、陈粮宜.大学生依恋与恋爱价值观的现状及关系[J].南京航空航天大学学报(社会科学版),2019(02):104-108.

[4]李志,彭建国.大学生恋爱价值观特点及教育对策[J].重庆教育学院学报,2000(04):76-81.

用党的科学理论武装青年

戴雨桐　　孟祥龙[*]

摘　要： 党的二十大报告提出了要用党的科学理论武装青年的战略任务，是我们党立足于新时代新征程新的历史任务而提出来的。用党的科学理论武装青年，是马克思主义政党的传统和优势，能够始终保持我们党的事业后继有人，更加有利于我们党保持自身的先进性。新时代更需要我们用党的科学理论武装青年，这是增强新时代青年理论思维能力的现实需要，是新时代青年成长的特点和承担的责任决定的，同时是培养时代与社会所需的新时代好青年的现实需要。新时代用党的科学理论武装青年，必须发挥思想政治理论课的主渠道作用、拓宽用党的科学理论教育青年的现实渠道、深入开展社会实践。

关键词： 党的科学理论；理论武装；青年；马克思主义政党

党的二十大报告指出："全党要把青年工作作为战略性工作来抓，用党的科学理论武装青年。"[①]立足新时代党的使命任务，面对复杂严峻的国内外环境，党的理论创新每前进一步，用党的科学理论武装青年就要跟进一步。新时代用党的科学理论武装青年，就是要使青年在新时代伟大社会革命中把自身锻造成才，引导青年把个人命运、自身发展融入党和国家伟大实践中，为实现中华民族伟大复兴的中国梦而不懈奋斗。

---

[*]　戴雨桐：吉林大学数学学院辅导员，主要研究方向为思想政治教育。孟祥龙：吉林大学数学学院辅导员，主要研究方向为思想政治教育。

[①]　习近平. 高举中国特色社会主义伟大旗帜 为全面建设社会主义现代化国家而团结奋斗——在中国共产党第二十次全国代表大会上的报告[EB/OL]. （2022-10-25）[2023-05-17]. https://www.gov.cn/xinwen/2022-10/25/content_5721685.htm.

一、用党的科学理论武装青年是我们党的优势

纵观世界政党史，世界上没有哪一个政党像我们党一样，如此注重和关心用自己的理论武装和教育青年。我们党作为马克思主义政党，始终坚持用党的科学理论武装青年，既是对马克思主义政党的传统和优势的继承与发扬，也是出于保证我们党的事业始终后继有人，同时又能始终保持自身先进性的现实需要。

坚持用科学理论武装青年是马克思主义政党的传统与优势。马克思主义科学揭示了人类社会发展的规律，同时为人类指明了实现共产主义远大理想的光明前途。马克思主义政党始终以马克思主义科学理论不断说服青年，以共产主义远大理想感召青年。"理论一经掌握群众，也会变成物质力量。"[1]广大青年在走近、学习和接受马克思主义科学理论的过程中，自觉确立起对马克思主义的信仰、对实现共产主义理想的坚定信念，自觉投入为无产阶级和全人类求解放的伟大斗争中来。马克思恩格斯认为，青年永远都是推动社会进步最为活跃的力量，是新的生产力的代表，肩负着推翻资本主义旧世界的历史使命，"我们的未来比任何时期都更多地取决于正在成长的一代"[2]。因此，马克思恩格斯十分重视对青年进行理论教育，用马克思主义科学理论武装青年。恩格斯曾指出："我们绝不想把新的科学成就写成厚厚的书，只向'学术'界吐露"[3]，而是要使马克思主义科学理论"深入到政治运动中"，尤其是要取得青年知识分子和无产阶级的拥护。俄国第一个马克思主义团体"劳动解放社"成立后，就毫无保留地用马克思主义科学理论将青年武装起来，恩格斯对此称赞道："得知在俄国青年中有一派人真诚地、无保留地接受了马克思的伟大的经济理论和历史理论，……我感到自豪。"[4]"十月革命"胜利后，列宁强调必须用马克思主义科学理论将青年武装起来，以

---

① 中共中央马克思恩格斯列宁斯大林著作编译局编. 马克思恩格斯选集（第一卷）[M]. 北京：人民出版社，2012：9.

② 中共中央马克思恩格斯列宁斯大林著作编译局编. 马克思恩格斯全集（第二卷）[M]. 北京：人民出版社，2005：304.

③ 中共中央马克思恩格斯列宁斯大林著作编译局编. 马克思恩格斯文集（第四卷）[M]. 北京：人民出版社，2009：233.

④ 中共中央马克思恩格斯列宁斯大林著作编译局编. 马克思恩格斯选集（第四卷）[M]. 北京：人民出版社，2012：574.

培养新一代共产主义接班人，"青年团和所有想走向共产主义的青年都应该学习共产主义"①。马克思主义政党不断用马克思主义科学理论武装青年，保证了共产主义事业后继有人，使共产主义事业在青年的自觉奉献中不断焕发出新的生机活力。

我们党在实践中不断用党的科学理论武装青年，始终确保了党的事业后继有人。新民主主义革命时期，毛泽东指出："改变中国现在的这个半殖民地半封建的地位，建立人民民主主义的制度。全国青年应当为此而努力。"②因此，毛泽东十分重视对青年的宣传教育工作，"对取得青年群众的宣传，是整个宣传任务中的一个重要任务"③。在革命斗争中，我们党不断用党的革命理论武装青年，使青年认识到中国革命的艰巨任务、主要敌人、斗争策略，帮助青年树立起战胜敌人的必胜信心，团结广大进步青年参与到革命斗争中来，为取得新民主主义革命的胜利建设了一支不怕牺牲、理想信念坚定的青年革命队伍。新中国成立后，党在青年群众中广泛开展马克思列宁主义和毛泽东思想的教育活动，如扫盲运动、青年与工农群众相结合的教育活动等。1957年，毛泽东针对当时知识分子和青年当中存在着的减弱思想政治教育的倾向，他强调无论是知识分子还是青年，都需要学习马克思主义，学习时事政治。这一时期我们党用党的科学理论武装青年，为我们党探索社会主义革命和建设道路，发展国民经济和科学技术提供了人才支撑。改革开放和社会主义现代化建设新时期，我们党用中国特色社会主义理论体系武装青年，使青年的政治信念更加坚定，更加自觉地投入改革开放和社会主义现代化建设当中。同时保证了中国青年在经济的快速发展期和经济体制的转轨期，成功抵制住了各种负面思潮的影响，尤其是在苏联解体时，使中国青年对社会主义事业保持住了信心，稳住了社会主义的阵营。新时代以来，我们党以习近平新时代中国特色社会主义思想武装青年，用党的初心使命感召青年，使青年自觉参与到了新时代社会主义现代化建设的伟大社会革命中。

---

① 中共中央马克思恩格斯列宁斯大林著作编译局编. 列宁选集(第四卷)[M]. 北京: 人民出版社, 2012: 282.

② 共青团中央, 中共中央文献办公室编. 毛泽东邓小平江泽民论青少年和青少年工作[M]. 北京: 中央文献出版社, 2003: 39.

③ 共青团中央, 中共中央文献办公室编. 毛泽东邓小平江泽民论青少年和青少年工作[M]. 北京: 中央文献出版社, 2003: 3.

　　坚持用党的科学理论武装青年，更加保证了我们党能够始终保持先进性。恩格斯指出："我们党有个很大的优点，就是有一个新的科学的世界观作为理论的基础。"①马克思主义政党区别于其他政党的独特标志和显著优势，不仅在于拥有马克思主义科学理论的指导，而且在于用马克思主义科学理论不断感染和教育青年。使青年在加入马克思主义政党之前，就具有良好的政治素养，确立起对马克思主义科学世界观的坚定信仰，这更加有利于马克思主义政党保持自己的先进性。毛泽东指出："共产党从诞生之日起，就是同青年学生、知识分子结合在一起的；同样，青年学生、知识分子也只有跟共产党在一起，才能走上正确的道路。"②我们党一经成立，就把目光转向青年。党的一大就专门研究了建立和发展青年团作为党的预备学校的问题，1922年5月，中国社会主义青年团第一次全国代表大会的召开标志着中国共青团的成立，陈独秀在大会上指出："社会主义青年团就是根据马克思的学说而成立。……青年们尤其是社会主义青年团诸君，须发挥马克思实际活动的精神，把马克思学说当作社会革命的原动力，不要把马克思学说当作老先生、大少爷、太太、小姐的消遣品。"③中国共青团成立的一百年来，始终将用马克思主义理论教育和武装青年作为自己的使命任务，始终把青年凝聚在党的理想信念旗帜之下，充分发挥着党的预备学校的作用，为党培养了一批又一批理想信念坚定的优秀青年。习近平总书记指出："中国共产党始终向青年敞开大门，热情欢迎青年源源不断成为党的新鲜血液。"④我们党既对青年敞开大门，又对他们提出了严格要求，其中最严格的要求无疑是要确立起对马克思主义世界观的坚定信仰、对共产主义的坚定信念，这样就可以使一批批具有马克思主义理想信念的优秀青年成为我们党的后备军，在确保我们党的事业始终后继有人的同时，又能永远保证我们党不变质、不变色和不变味，永远保持我们党作为马克思主义政党的先进性。

---

① 中共中央马克思恩格斯列宁斯大林著作编译局编.马克思恩格斯文集（第二卷）[M].北京：人民出版社，2009：599.

② 共青团中央，中共中央文献办公室编.毛泽东邓小平江泽民论青少年和青少年工作[M].北京：中央文献出版社，2003：63.

③ 陈独秀.陈独秀著作选读（第二卷）[M].上海：上海人民出版社，1993：346-345.

④ 习近平.在庆祝中国共产主义青年团成立100周年大会上的讲话[M].北京：人民出版社，2022：13.

二、新时代更需要我们用党的科学理论武装青年

"理论创新每前进一步，理论武装就跟进一步"①，新时代用党的科学理论武装青年的任务尤为重要也尤为紧迫。新时代青年注定是我们全面推进中华民族伟大复兴的中坚力量，是建成社会主义现代化强国的生力军。只有不断用党的科学理论武装新时代青年，才能够促使他们成长成才，才能够保证他们有能力、有信心承担起时代交给他们的历史责任。

新时代更需要我们用党的科学理论武装青年，是增强新时代青年理论思维能力的现实需要。恩格斯指出："一个民族要想站在科学的最高峰，就一刻也不能没有理论思维。"②马克思主义理论思维以历史唯物主义和辩证唯物主义为理论基石，以无产阶级立场为根本政治立场，能够为新时代青年一生的成长提供思想基础，有助于新时代青年在学习科学文化知识的同时，形成科学的思维方法，最终成长为堪当民族复兴大任的时代新人。因此，我们必须以党的科学理论武装新时代青年，使他们在学习马克思主义和中国化时代化的马克思主义的过程中，确立起马克思主义的科学理论思维，提高理论思维能力。第一，马克思主义理论思维有助于新时代青年形成坚定正确的价值取向。马克思主义理论思维最鲜明的特征就是它的人民性，始终把实现全人类的幸福当成自身的价值取向。"青年的价值取向决定了未来整个社会的价值取向"③，新时代青年要承担起实现中华民族伟大复兴的历史重任，在成长的过程中，最为重要的就是确立正确的价值取向。新时代青年只有把党的初心使命当成自身的初心使命，确立为人民服务的政治立场，在党的带领下不断报效祖国和服务人民，把自身的成长成才与全体人民的幸福联系在一起，才能在历史发展大势中找到自己的位置，造就自己出彩的青春。第二，马克思主义理论思维有助于新时代青年形成系统科学的思维方式。由于科学技术的飞速发展，当今世界变化的速度前所未有地加快，特别是网络和大数据技术的发展，让世界的变化呈现出更大的不确定性。新时代青年必须要紧跟时代步伐，形成科学的思维方式，提升自己思维的科学水平。马克思主义理论

---

① 中共中央文献研究室. 十七大以来重要文献选编（下）[M]. 北京: 中央文献出版社, 2013: 439.

② 中共中央马克思恩格斯列宁斯大林著作编译局编. 马克思恩格斯文集（第九卷）[M]. 北京: 人民出版社, 2009: 4.

③ 习近平. 习近平谈治国理政（第三卷）[M]. 北京: 外文出版社, 2018: 172.

思维是"显微镜"和"望远镜"①，能够使新时代青年在面对纷繁复杂的社会现象、各种意识形态的冲击和网络信息的轰炸时，以及在面对学业、情感与择业等困惑时，时刻保持清晰冷静的头脑以进行理性的分析，最终作出正确的选择。第三，马克思主义理论思维有助于新时代青年提升自己的创新精神和能力。当前，我们正处于全面推进中华民族伟大复兴的关键时期，培养和提升新时代青年的创新精神和创新能力至关重要。"广大青年要树立科学精神、培养创新思维、挖掘创新潜能、提高创新能力。"②新时代青年成长的环境变化速度之快，深刻影响着他们成为当今中国最具创造潜力的群体，但是这种创造必须具有科学的规范和指引，否则就可能会变得天马行空，甚至变成不符合客观规律的空想和想象。马克思主义理论思维系统地勾勒了人、自然、人类社会和思维的客观图景，能够帮助新时代青年在总体把握客观规律的基础上改造客观世界，使他们站在时代的潮头，以唯物史观把握历史发展大势，对未来的发展进行合理想象和大胆创新，为推动人类社会进步贡献出自己的青春力量。

新时代更需要我们用党的科学理论武装青年，是新时代青年成长的特点和承担的责任决定的。从新时代青年成长的特点来看，他们正处于人生的"二元阶段"③，具有极强的可塑性、发展性和成长性等特征，因而"最需要精心引导和栽培"④。正处于世界观确立、价值观定型、人生观形成的关键阶段的新时代青年，在不断实现自身价值与社会价值的过程中，内在地需要科学的理论指引，为自身的成长成才明确方向，奠定基础。同时，由于新时代青年各方面思想意识尚不成熟，容易被外在价值观念和思维方式所影响。经济不断发展和物质生活的不断充裕带来的享乐主义、拜金主义、个人主义等价值观念时刻影响着青年。少部分青年甚至对自身前途产生迷茫与困顿，导致"躺平"与"摆烂"等现象时有发生。从新时代青年承担的责任来看，新时代青年是实现中华民族伟大复兴的中流砥柱和依靠力量，承担着实现中华民族伟大复兴的重大责任。习近平总书记指出："中国梦是一场历

---

① 毛泽东.毛泽东选集（第一卷）[M].北京：人民出版社，1991：212.

② 习近平.习近平谈治国理政（第一卷）[M].北京：外文出版社，2014：128.

③ ［美］马斯洛.人的潜能与价值——人本主义心理学论文集[M].北京：华夏出版社，1987：55.

④ 习近平在学校思想政治理论课教师座谈会上的讲话[N].人民日报，2019-03-19（2）.

史接力赛，当代青年要在实现民族复兴的赛道上奋勇争先。"①当前，经过改革开放四十余年的发展，尤其是在我们取得了新时代中国特色社会主义伟大成就之后，实现中华民族伟大复兴已经迈上了不可逆转的历史进程。过去的发展成就给新时代青年施展自己的才能提供了广阔平台，也极大地增添了他们对实现中华民族伟大复兴的信心。正如习近平总书记所指出的："当代中国青年生逢其时，施展才干的舞台无比广阔，实现梦想的前景无比光明。"②因此，我们必须用党的科学理论武装新时代青年，使他们在不断为实现中华民族伟大复兴而不懈奋斗的过程中，始终拥有科学的世界观和方法论的指引。

新时代更需要我们用党的科学理论武装青年，是培养时代与社会所需的新时代好青年的现实需要。毛泽东指出："青年是整个社会力量中的一部分最积极最有生气的力量"③，一个社会要保持生机活力，就必须不断培养出有理想、充满生机活力的好青年。习近平总书记对新时代青年提出了殷切期望："广大青年要坚定不移听党话、跟党走，怀抱梦想又脚踏实地，敢想敢为又善作善成，立志做有理想、敢担当、能吃苦、肯奋斗的新时代好青年。"④理想是指路的灯塔，建成社会主义现代化强国，实现中华民族伟大复兴的梦想，新时代青年必须有坚定的共产主义理想信念。同时，在世界百年未有之大变局下，我国面临的国内外形势复杂多变，我们前进道路上将要遇到的艰难险阻、风险挑战前所未有。新时代青年必须在为实现中华民族伟大复兴而奋斗的过程中，勇于面对时代挑战，善于化解时代问题，增强自己的担当精神、吃苦精神和奋斗精神，保持不畏艰难险阻奋勇前行的姿态，如期实现中华民族伟大复兴的伟大梦想。要使新时代青年有理想、敢担当、能吃苦、肯奋斗，就必须用党的科学理论武装头脑，使他们不仅树立起共产主义的远大理想，明确我们正在进行的伟大斗争，而且从党的科学理论中内蕴的

① 习近平. 在庆祝中国共产主义青年团成立100周年大会上的讲话 [M].北京: 人民出版社, 2022: 7.
② 习近平. 高举中国特色社会主义伟大旗帜 为全面建设社会主义现代化国家而团结奋斗——在中国共产党第二十次全国代表大会上的报告 [EB/OL].（2022-10-25）[2023-05-17].https: //www. gov. cn/ xinwen/2022-10/25/ content_5721685. htm.
③ 共青团中央, 中共中央文献办公室编. 毛泽东邓小平江泽民论青少年和青少年工作 [M].北京: 中央文献出版社, 2003: 108.
④ 习近平. 高举中国特色社会主义伟大旗帜 为全面建设社会主义现代化国家而团结奋斗——在中国共产党第二十次全国代表大会上的报告 [EB/OL].（2022-10-25）[2023-05-17].https: //www. gov. cn/ xinwen/2022-10/25/ content_5721685. htm.

精神品质中汲取营养，提升自己的精神境界和责任意识，不断成为社会和时代所需的新时代好青年。

三、新时代用党的科学理论武装青年的现实途径

新时代用党的科学理论武装青年，我们必须照顾青年的成长特点、思想特点，因时因地制宜地对青年进行思想疏导，坚持理论与实践相结合，发挥思想政治教育的主渠道作用，开展社会实践活动，利用网络技术、新媒体等拓宽理论教育的渠道，强化对思想政治教师队伍的理论武装，同时也应发挥高校和研究结果人才优势，对党的科学理论不断进行阐释与研究。

第一，发挥思想政治理论课的主渠道作用。习近平总书记指出："思想政治理论课是落实立德树人根本任务的关键课程。"[1]迈向实现第二个百年奋斗目标的新征程，用党的科学理论武装青年，必须紧紧抓住思想政治理论课的主渠道作用，增强思想政治理论课的感染力、亲和力和针对性。使青年在学习思想政治理论课的过程中，不断解决思想上、学习上、生活上的困惑，顺利成长为中国特色社会主义事业的合格建设者和可靠接班人。一是要提高思想政治理论课教材的理论性、科学性与时效性。思想政治理论课教材要充分体现马克思主义理论的立场观点方法，充分增强理论性和科学性，在内容上要囊括马克思主义和党的理论创新成果，特别要保证习近平新时代中国特色社会主义思想，这一党的理论创新的最新成果进教材，同时不断增添党对新时代治国理政的创新思想。二是要不断提升思想政治理论课的教学质量。思想政治理论课的教学质量，是保证党的科学理论能不能进青年头脑的关键所在。思想政治理论课教师要增强责任意识，认真备课，做到以情动人和以理服人。三是要充分重视思想政治理论课教师的关键作用。思想政治理论课教师要做青年思想上的带头人，首先要保证自己具有正确的政治信念、立场和观点，同时还要保证自己具有较高的学术水平，能够做到把理论讲透彻。因此，要培养一批理论功底扎实、理想信念坚定的思想政治理论课教师队伍。

第二，拓宽用党的科学理论教育青年的现实渠道。党的理论创新永不止步，用党的科学理论武装青年的途径和方法也必须与时俱进。一方面，

---

① 习近平. 习近平谈治国理政（第四卷）[M]. 北京: 外文出版社, 2020: 329.

当今社会，随着网络在人们的日常生活中发挥的作用越来越大，青年人上网的频率也随之增长，可以说青年人无一人不上网和无一日不上网，我们用党的科学理论武装青年的工作就必须利用网络的作用。要充分用好抖音、火山短视频、QQ、微信、微博等新媒体，将马克思主义理论的最新成果融入新媒体的宣传过程中。要加强建设思想政治理论网站，通过使其内容、形式和功能不断丰富，吸引广大青年。同时，我们尤其要注意的是，网络是一把双刃剑，既有利于我们开展对青年的理论武装工作，也会因为其自身的虚拟性、自由性等特点对青年的思想价值观念产生负面影响，我们应当遵循网络传播规律，以扬长避短的方法，努力发挥网络传播的优势，避免其不足。另一方面，用党的科学理论武装新时代青年，我们必须照顾新时代青年的成长特点，不能采取一味地说服教育的方式，而应该更多地注重与青年开展对话，采取心理疏导的方式。要在坚持讲道理的基础上，加强与青年的对话和交流，通过在交流中产生情感共鸣，使青年切实感受到科学理论的巨大价值。

第三，深入开展社会实践，使青年在社会实践中加深对党的科学理论的认识。要坚持理论与实践相结合的方法，使新时代青年在社会实践中掌握党的科学理论，感受党的科学理论的真理性和实践性。社会实践是青年形成政治信念的"催化剂"，有利于教育和锻炼青年学生，强化他们坚定走中国特色社会主义道路的理想信念。要建立社会实践的长效机制，引导青年深入社会，在实践中领会和掌握党的科学理论的精髓。要引导新时代青年向社会学习、向群众学习、向实践学习，在实践中进一步加深对党的科学理论的认识，更加坚定新时代青年的理想信念。

"三全育人"视角下高校培育青年马克思主义者的困境及对策研究*

毕景硕　　时运通**

摘　要：培育青年马克思主义者，不但是引领当代青年成长成才的现实要求，也是新时代高校思政教育工作的重要环节之一。"三全育人"理念是落实立德树人根本任务的科学理念，符合青年马克思主义者的成长规律，能够顺应时代发展的要求。本文在"三全育人"视角下，具体研究高校青年马克思主义者培育的基本问题并探究其培育的对策，发现当前青年马克思主义者培养工作中还存在教育主体之间联动性不足、未能形成育人合力等问题，因此本文提出聚合多方力量、优化育人过程、改进育人方法等对策，以期促进高校青年马克思主义者培养工作的顺利开展。

关键词：三全育人；马克思主义教育；思想政治教育

习近平总书记曾殷切嘱托过当代青年，"要以实现中华民族伟大复兴为己任，增强做中国人的志气、骨气、底气，不负时代，不负韶华，不负党和人民的殷切期望"①，培育青年马克思主义者就是要打造一批堪当时代大任，能够主动承担起自身的历史使命和责任的时代新人，因此必须不断优化大学生马克思主义者的培养方式，将"三全育人"教育理念与高校青年马克思主义者的培养有机融合，为高校的育人工作提供新的思路，推动马克思主义理论教育由"理论学习"的认知自觉向"理想信念"的信仰自觉及"改造主客

---

*　本文为吉林省社会科学基金项目"'三全育人'视角下的青年马克思主义者培养路径研究"（项目编号：2021S7）、吉林大学2023年学生思想政治工作研究课题"高校青年马克思主义者培养路径探析"（项目编号：XGY2023007）阶段性研究成果。

**　毕景硕：吉林大学生物与农业工程学院学生工作办公室主任，讲师，主要研究方向为高校党建与思想政治教育。时运通：吉林大学生物与农业工程学院本科生。

① 习近平. 在庆祝中国共产党成立100周年大会上的讲话［N］. 光明日报，2021-07-02（02）.

观世界"的实践自觉转向。

一、培养青年马克思主义者的必要性

培养青年马克思主义者是我们国家开展青年工作的一项重大工程。新时代背景下，青年马克思主义者的培育工作是实现中华民族伟大复兴的必然要求，是确保党的事业薪火相传的必然要求，更是确保马克思主义永葆生机的必然要求。

（一）实现中华民族伟大复兴的必然要求

青年马克思主义者的培育有助于凝聚全面推进中华民族伟大复兴的青年力量。马克思曾指出，青年是"人民生命的源泉"。青年时期正处于社会教化的关键阶段，青年学生对社会的认知尚未完全成熟，因此，在对待个人与集体、个人与社会、个人与国家的关系上尚处于探索的初级阶段，很容易被错误的价值导向所误导，而应对这一问题的重要举措是开展青年马克思主义者培育。加强对青年各项素质与能力的培育，努力建设与打造一支思想纯洁、信念坚定的优秀青年骨干队伍，着力培养一支政治立场明确和勇于攻坚克难的青年政治骨干，将有助于全面增强与发展青年马克思主义者的责任感和使命感，使青年自觉投身到实现中华民族伟大事业的实践奋斗中，从而成为国家发展进步的可靠人才力量。

（二）确保党的事业薪火相传的必然要求

新时代高校青年马克思主义者培育有助于进一步促进确保党的事业能够薪火相传。青年价值既是当代青年群体进行各种社会实践创新活动时的一种重要的价值导向，同时又是当代青年群体在各种社会活动过程中实现自我价值的一种科学导向。广大青年群体是党执政事业取得成功的关键因素与重要力量，而青年马克思主义者是青年群众中的优秀楷模，进行培育有利于全方位地提升青年马克思主义者的潜能与修养，进而巩固党的执政根基，并有助于中国共产党的先进性和纯洁性的创新继承和全面发扬，从而使青年真正成为党执政的坚实后盾和支持力量。

（三）确保马克思主义永葆生机的必然要求

习近平总书记指出："与时代同步伐，与人民共命运，关注和回答时代和实践提出的重大课题，是马克思主义永葆生机活力的奥妙所在。"马克思主义科学理论的传承和发展离不开一批能够真正读懂、学懂、用懂马克思主义理论的青年不断践行和应用马克思主义，让马克思主义能在青年的实践中开辟出新的应用场景和发展契机，让青年能够用马克思主义的思维方式去思考新时代青年所面对的时代课题，用马克思主义的观点回应新的历史条件对青年的要求，用马克思主义的方法论去解决中国发展的实际问题，并在新时代的伟大实践中思考马克思主义在中国建设与发展过程中的不可替代的地位，使马克思主义理论能始终深植于中国建设发展的土壤中不断革新，始终能焕发出强大的生命力和感召力。

二、"三全育人"视角下的高校青年马克思主义者培养的困境

面对新时代背景下复杂多变的现实环境，应用"三全育人"理念去培养高校青年马克思主义者也有着诸多困境和问题。正确地分析"三全育人"各环节中所存在的现实困境，对新时代高校马克思主义者的培育工作有着重要的现实意义。

（一）"全员育人"中的困境

高校是培育青年马克思主义者的重要实践主体，在新时代发挥着积极的保障作用。在"全员育人"的机制下，高校的各个部门本应形成上下级的合力，但在实际运行过程中，部分高校还未能将高校青年马克思主义者的培养提高到"全员育人"的高度。同时，校级管理主张的育人理念或者育人思想传递往往是线性衔接，思政专职教师在进行教育工作时往往也是秉公办事，"全员育人"理念下的青年马克思主义者培养仅仅停留在部门内部，并没有形成校、院全体人员的资源整合。在专业课程教学中，也往往存在部分专业课教师并没有深入理解课程思政的内涵，在育人方面更多依赖思政课教师，没有将所讲授知识与学生的马克思主义教育有机融合。这样的思想意识将直接导致青年马克思主义者培育工作在"全员育人"过程中缺少了专业课程的支持，即使落实了马克思主义理论课程教育，也呈现出单一和僵化的情况。

（二）"全程育人"中的困境

"全程育人"是涵盖大学生整个生涯的育人理念。"全程育人"要求大学生在生活学习中的每个阶段都不能脱离马克思主义理论教育，但在具体的实践中，高校青年马克思主义者的培育仍存在连续性较差的问题，许多高校在开展马克思主义教育活动时容易犯形而上学的错误，无法为不同阶段、不同专业的学生提供多手段、多维度的马克思主义教育。同时，部分高校仅仅

关注课堂上的教育，而忽视了课堂外、校园外的教育，没能有效地将马克思主义教育融入学生的生涯教育之中，没能根据学生的实际情况设定不同的、有针对性的马克思主义教育内容，并且在教学中很难将与学生日常生活和学习中接触较多的内容融入课程中，导致青年马克思主义者的培养工作缺乏全过程的连贯性和阶段性重点，这种枯燥的宣读和填鸭式的教育显然不利于马克思主义教育的"全程化"发展。

（三）"全方位育人"中的困境

要想营造良好的"全方位育人"氛围，实现"全方位育人"的效果，就需要高校各育人主体处理好马克思主义教育内容上的分工和合作，思政教师和专业课教师必须形成互助力，才能满足青年马克思主义者学习和成长的客观需要，培育出合格的青年马克思主义者。①但是，在实际的马克思主义教育工作中，各育人主体既没有清晰地界定各自应当承担的马克思主义教育内容，也没有从自身的关键点出发形成马克思主义教育的有效开展思路。高校中各个部门在进行马克思主义教育时，教育方式过于单一，缺乏对自身岗位以及相关的马克思主义教育内容的深入分析和把握，导致多数马克思主义教育内容只是被硬性地植入工作，主体的自我适应性欠佳，最终影响"全方位育人"的效果。同时，各育人主体对学生的学习需求和阶段特征把握不够透彻，学生与教师之间的交流反馈渠道和评价渠道也不够畅通，导致马克思主义理论教育的教和学之间存在割裂感，部分高校也缺乏科学的考核与评价指标体系，使青年马克思主义者培育工作长效化机制建设不完善，无法真正贯彻落实"全方位育人"理念。

三、"三全育人"视角下的高校青年马克思主义者培养的对策和建议

（一）聚合多方力量，实现"全员育人"

"全员育人"理念下的青年马克思主义者培养不是简单地要求高校全体人员参与到培育工作中，而是要求所有育人主体相互沟通、相互合作，形成具有耦合效应和协同效应的育人矩阵，最终实现"1+1＞2"的效果。高校的不同部门往往肩负着不同的育人责任，要想形成自上而下的育人合力，就必

---

① 冯刚. 新时代高校"三全育人"的理论蕴含与深化路径［J］. 厦门大学学报（哲学社会科学版），2023，73（01）：7.

须在更高的站位上对青年马克思主义者的培养工作进行规划，打通原本各部门之间固有的分工，在统一的马克思主义教育目标下开展工作。具体来说，就是要构建起思政教师、专业教师、行政管理人员及辅导员"四位一体"的高校青年马克思主义者培养组织架构，形成高校协同育人共同体，这一共同体中的每一位成员都要清醒地认识到自己在马克思主义教育中的不可或缺的地位，努力拓展日常管理、专业教育中马克思主义教育方法和能效，将马克思主义的思维方式和价值观念教化融入学生生活中，使青年马克思主义者即使在生活中也能感受到各种马克思主义教育元素的熏陶，最终达到真正的育人效果。因此，在青年马克思主义者的培养工作中，高校必须大力促进各部门及各育人主体之间的协调联动，青年马克思主义者的培育工作才能顺利且高效地开展，培育效果才能大幅提升。

（二）优化育人过程，实现"全程育人"

青年马克思主义者的培育工作不是一蹴而就的，"全程育人"理念要求高校要把马克思主义教育的任务贯穿到青年马克思主义者成长发展和教育教学的全过程。第一，马克思主义教育应当是连续的。在不同学习阶段中，学生对马克思主义的认识以及对马克思科学原理的需求都会表现出一定的差异性，这就需要各育人主体深入学生群体之中，把握这种微妙的差异，并通过具有指向性的、精细化的马克思主义教育活动来满足学生不同的学习需求，使马克思主义教育在高校的阶段划分中始终作为一条主线，使其贯穿马克思主义教育的全过程。第二，马克思主义教育应当是系统的。高校应当提高青年马克思主义者的培育工作的系统性，即在育人过程中要形成一个完整的马克思主义教育体系，在马克思主义教育的内容和形式上进行大胆革新，使之形成叠加累积、耦合融通的效果。第三，马克思主义教育应当是面向未来的。在"全程育人"的实践中，马克思主义教育不仅要贯穿学生整个求学生涯，还要能够持续影响到学生毕业后乃至一生的生活，让马克思主义理论能被学生终身学习、终身受用。这就需要高校不断扩大马克思主义理论的教学广度，使理论教学能充分与学生实际的生活以及社会发展的情况进行融合，让学生能够深刻认识到掌握马克思主义理论武器对自己思想境界和未来发展的巨大作用，使学好用好马克思主义理论成为学生的习惯甚至本能，才能彻底实现"全程育人"的马克思主义教育效果。

（三）改进育人方法，实现"全方位育人"

新时代开展高校青年马克思主义者培育工作要选择适当的方法，采取各种手段，不断根据时代背景和青年马克思主义者的成长规律改进教育方法，使马克思主义教育能够融入学生学习和生活的方方面面，以实现"全方位育人"的目的。第一，高校要重视网络育人的作用。高校应当组织起一支年轻化、专业化的马克思主义网络教育团队，充分发挥数字化教育手段在破除信息壁垒、实现精准思政方面的巨大作用，着力建设一个数字化马克思主义教育网络育人平台。第二，高校要重视红色文化育人的作用。高校应当深挖各类红色文化资源，引导学生从马克思主义先驱者的伟大实践中去理解马克思主义，引导青年马克思主义者树立理论自信、文化自信。第三，要重视环境育人的作用。校园环境建设也是马克思主义教育中重要的一环，高校应当加强各类校园文化设施建设，将马克思主义教育融入看得见、摸得着的校园硬环境之中，积极组织马克思主义读书活动、交流活动、辩论活动等，营造良好的马克思主义教育氛围。

四、结论

"三全育人"理念为传统的青年马克思主义者培育工作中的不足之处提供了全新的解决方案，拓展了马克思主义育人主体的教学思路，"全员育人、全程育人、全方位育人"分别对应着马克思主义教育活动中的主体问题、时间问题和空间问题，运用"三全育人"理念去完善青年马克思主义者的培养工作，对新时代的马克思主义的宣传教育以及高校思想政治工作质量的提升都具有重大的理论和现实意义。

在构建人类命运共同体视阈下
高校外语专业学生成长成才路径研究

刘　宇*

摘　要：今年是习近平总书记提出人类命运共同体理念十周年。当前，高校外语专业学生存在专业自信不足、专业能力受限、专业责任不强等问题。本文以人类命运共同体理念为指引，以大学生思想政治教育为牵引，提出对接服务国家发展战略、应对世界形势变化、创新教育培养模式三大路径，为高校外语专业学生提供更全面多元的发展路径引导，培养具备专业素养、家国情怀和国际视野的新时代外语人才。

关键词：外语专业；人类命运共同体；成长成才；思想政治教育

党的十八大以来，习近平总书记站在历史和哲学的高度洞察全球发展大势，在对"世界怎么了，我们怎么办"这一时代之问的深度思考之上，提出了构建人类命运共同体的倡议。多年来，人类命运共同体理念的内涵、本质、原则和实践路径不断完善，人类命运共同体理念不仅是中国为世界和平与发展提出的中国方案，也成为凝聚众多国家认可的国际共识，成为引领时代潮流和人类前进方向的鲜明旗帜。高校外语专业学生成长成才需要在人类命运共同体理念指引下，重视培养学生全球话语能力和站稳立场、兼济天下的对外人才意识，从而更加精准应对目前高校外语专业学生成长成才中存在的误区和问题。

＊　刘宇：吉林大学外国语学院辅导员。

一、题中之义：用人类命运共同体理念引领解决高校外语专业学生成长成才实际问题

（一）外语专业学生服务国家发展全局使命感不强

当前，高校外语专业学生学习发展和个人成长与社会需要存在一定偏离，缺乏以专业服务国家发展需要的责任意识和秉持全人类共同价值理念推动全方位、宽领域、多形式、深层次国际交流合作的格局感。一是学生大局意识有待提升。学生过多强调个人"想要"，不去考虑国家和社会"需要"，缺乏考虑集体需要，导致自身发展因脱离国家发展大势而受限，使外语专业学生整体发展缺乏统一性而难以形成合力，从而导致外语人才对国家对外工作和国际交流合作贡献有所削弱。二是时事敏锐度有待增强。对国内政治、经济、文化的形势与变化感知不足、了解不深，对国家重大决策和政策的理解程度尚浅，在学习和工作中无法精准把握政策导向，缺乏指导方针，自觉配合不足；对世界局势、地缘关系、国际合作等关心较少、缺少作为，缺乏清晰动态的全球视角和"全人类"格局感。三是政治立场和政治鉴别力有待强化。少数学生对鱼龙混杂的国际舆论和思潮不能准确辨别是非，对国内存在的错误言论和局势变化不能及时鉴别曲直。

（二）外语专业学生在国际交流和价值观对话方面程度不深

当前，许多高校外语专业学生在成长发展上存在一定的局限性，外语专业学生尽管注重语言的表达和应用，但在文化背景和跨文化沟通等方面的专业知识和能力却相对较弱。在面对真实的国际交流环境时，无法充分理解和应对复杂的文化差异和交际场景，只停留在"听说读写"等纯语言学习上，无法进一步利用语言和对象国文化知识实现促进跨文化交流与合作的目标。其次，外语专业学生缺乏对不同文化的时代敏感度和充分的文化转换能力，往往以自己的文化视角看待世界，不能以对象国的视角体验去理解不同文化的特点和差异。这种缺乏国际文化沟通自觉性的问题，不仅影响了高校外语学生跟进国际文化交流的及时性，也进一步限制了学生在参与文化交流中的表现，更影响对世界的全面理解和认知。高校外语专业学生在面对当前地缘政治冲突和文化碰撞频繁的国际环境和世界各国之间的相互了解和共存愈加重要的国际需求时，因其对不同文明的认识和理解有限，缺乏多元文明的视野和智慧，在面对全球化时代的诸多问题时，较难协调多元文明主体实现对

话和沟通，更难以提供具有建设性的思考和解决方案。

（三）外语专业学生职业生涯规划中专业融合不足

目前，高校外语专业学生在学习、研究和工作过程中对外语专业的实践应用明显不足。部分外语专业学生选择转专业、跨专业考研脱离外语专业，或在毕业后从事与外语专业不相关的工作和学习研究，使外语专业在职业生涯发展中断层，外语教育在个人成长发展中缺少应用和贯通。许多外语专业学生对外语专业缺乏自信心，对外语专业的学习、升学和就业等情况缺乏了解，在面对不利的舆论环境和复杂的就业情况时倾向于放弃对外语专业的选择，学生倾向外语专业本、硕、博贯通培养，成为专业外语人才的意愿不强。即使是在本科阶段接受了完整的外语专业培养周期，许多学生在研究生阶段离开外语专业后，并没有将专业的外语能力和开拓的国际视野应用到其他专业的研究和工作当中，忽视了外语专业素养与其他学科的融合应用。同时，部分外语专业学生在学生生涯期间仅以顺利完成学业或拿到毕业证为目标，忽视在校期间外语学科与其他学科及职业领域的结合，导致他们在毕业参加工作后缺乏专业素养的综合运用能力和交叉学科的应对能力，或是在工作当中不能深度运用学习期间接受的外语教育，或是难以跨越学科边界在行业内进行创新和行业外实现跨领域合作。

二、必然要求：以人类命运共同体理念驱动高校外语专业学生常保开放胸怀、站稳中国立场、把稳世界脉搏

（一）用人类命运共同体理念塑造外语专业学生以服务国家战略

从命运与共的角度看，世界是宽广博大的，处处都有合作机遇。人类作为一个整体，其中的任何人、任何国家都无法独善其身，人类只有和衷共济、和合共生，朝着构建人类命运共同体方向不断迈进，才能共同创造更加美好的未来。高校外语专业学生作为促进中外文化沟通、交流的对话者和宣传中国优秀文化的传播者，承担着其他学科不可替代的桥梁作用和纽带作用，对寻找不同国家间利益统一，促进国际社会的协调合作有巨大的潜力。特别是在新文科的建设要求下，外语专业学生要提升专业融合能力，重点服务于改革开放、"一带一路"等国家战略和"十四五"中对外发展目标等经济规划，成为外语专业学生的时代使命和自身的重要发展方向。在引导高校外语学生成长成才的过程中引入人类命运共同体理念，就是在培养外语专业

学生对不同国家文化的包容、对世界和平稳定的责任和世界合作治理的能力。这样将更加促进不同社会制度、不同意识形态、不同历史文化、不同发展水平的国家在国际事务中实现利益共生、权利共享、责任共担，形成合作共建美好世界的最大公约数，进而为我国的国家战略实现、改革开放走向深入、经济发展推向高质量提供更好的国际环境和更多的国际支持。

（二）用人类命运共同体理念提升外语专业学生语言交际能力

2018年12月，习近平总书记在庆祝改革开放40周年大会上的讲话中着力推动新时代改革开放走得更稳、走向更远，强调，必须坚持扩大开放，不断推动共建人类命运共同体。[①]在构建人类命运共同体视阈下，将中国的发展放在世界整体发展的格局中统筹把握是开放发展的一个重要向度。外语专业学生因其与不同国家文化接触更多，相较于其他专业应当更具有国际化的视野和开放包容的心态。参与全球治理需要一大批熟悉党和国家方针政策、了解我国国情、具有全球视野、熟练运用外语、通晓国际规则、精通国际谈判的专业人才。高校外语专业学生应承担起建设高水平对外开放的责任，深度融入并善于引领世界发展潮流，构建开放的人类命运共同体。以人类命运共同体理念引领高校外语学生成长成才，就是要培养外语专业学生常保开放胸怀、站稳中国立场、把稳世界脉搏的能力。在人类命运共同体理念引领下的外语专业学生将以精练的语言交际能力、开放的跨文化交流能力和先进的信息技术应用能力，着力增进多语种互通，迈好开放交流的第一步；加强多文化互融，加快民族文化走出去；推动多领域互促，勇当开放合作领军人，努力参与国家全球治理能力提升的专业型人才，扛起新形势下外语人才的重大使命。

（三）用人类命运共同体理念引导外语专业学生应对发展变化

构建人类命运共同体是实现人类持久和平和共同繁荣的时代宣言及伟大构想，契合了各国求和平、谋发展、促合作的共同愿望。外语专业学生面对风云激荡的国际形势，自当彰显中国人才的国际担当。新时代的中国在面向世界时怀抱开放包容的国际交往态度，互利共赢的合作价值取向，为实现世界各国互利共赢提供了具有操作性的实现路径。在百年未有之大变局向纵深

---

① 习近平：在庆祝改革开放40周年大会上的讲话[EB/OL].（2018-12-18）[2023-07-19]. http://www.xinhuanet.com/politics/leaders/2018/12/18/c_1123872025.htm.

演进的背景下，尽管面临危机、风险和挑战，和平与发展、公平与正义、合作与共赢仍是世界各国人民的共同企盼和追求。外语专业学生应当认识到互利共赢是人类命运共同体的出发点和落脚点，也是外语学生应对世界形势以观照自身成长路径的出发点和落脚点。以人类命运共同体理念引领高校外语学生成长，就是在培养外语专业学生拨乱求真的能力、求同存异的原则和互利共赢的目标。不仅要求外语专业学生具有扎实的语言功底，更要求在跨国别交际和跨专业融合两方面有前瞻性规划和实践，着眼全人类共同利益和共同福祉，超越"你输我赢、零和博弈"的西方国际关系理论。

三、实现路径：人类命运共同体理念融入高校外语专业学生成长要坚持思想入心、专业入脑、发展入行

（一）坚持用习近平新时代中国特色社会主义思想铸魂育人

培养新时代外语人才，应当坚持不懈用习近平新时代中国特色社会主义思想凝心铸魂，加强学生思想政治教育，并将其引导转化为坚定立场、锤炼品格和指导专业、推动创新的强大力量。通过构建全员全程全方位思政育人大格局，树立学生正确的世界观、人生观、价值观，培养学生坚定的中国立场和民族意识，使外语专业学生勇担民族复兴大任，成为德智体美劳全面发展的社会主义建设者和接班人。通过增进马克思主义时代化创新理论学习，从哲学的高度指引外语专业学生研究、工作及对外实践，用科学的世界观和方法论指导学生更好地进行学习研究和生涯规划。

（二）坚持引导学生从"语言传递者"向"文化传播者"转变

"为适应新形势，我国的外语专业人才在国际话语体系中不仅充当着'语言传递者'的角色，更在建设国家文化与话语'软件'、塑造我国良好形象和提升我国国际话语能力的过程中扮演着'语言与文化传播者'的角色。"努力打造拥有较强语言技能、创新能力、批判精神、人文素养、家国情怀的又红又专的复合型外语人才，已成为高校外语专业人才培养的时代新要求。铸牢外语专业学生服务社会意识，要优先以语言服务为抓手，以社会实践服务为契机，让学生的发展更好地融入社会需要，对接国家战略，服务经济发展，强化外语专业学生"外语+"综合能力。在夯实外语的基础上，要引导学生勇于走出"舒适圈"，用其他学科知识武装头脑，塑造新文科思维，让外语人才走向更广阔的世界舞台。面对更丰富的专业问题，要做好应

对百年未有之大变局给外语人才提出的新要求新挑战。

（三）坚持构建高校外语专业学生生涯贯通式发展培养模式

面对外语专业人才流失多发、发展后劲不足、专业应用尚浅等问题，构建高校外语专业学生生涯贯通式发展培养模式，主要以外语专业生涯规划指导和贯通式培养两点为抓手，解决当下外语专业学生成长引导短板，深入推进专业生涯规划指导的设计和开展。提供外语专业就业市场信息和就业技能培训，帮助学生了解外语专业的就业前景和发展路径。积极推动校企、校校合作，制定个性化的职业发展计划，为学生提供更多实习和实践机会。建立校友外语职业发展路径资源库和信息共享平台，充分利用优秀校友资源，形成外语专业"前辈带后辈"的成长引导新常态，构建外语专业一体化贯通式培养模式。推动外语教育在各教育阶段的良好衔接，促进学校、教师培养理念的一体贯彻，实现外语学生人文素养与科学素养协同成长。完善选拔、培育与评估的系统设计，推动学校、企业、科研院所的协同培养。

四、结语

人类命运共同体理念为高校外语专业学生成长成才提供了面向世界、勇担重任的理论指引。在开展高校外语专业学生思想政治教育工作中，要引导学生开放胸怀、站稳中国立场、把稳世界脉搏。

本文在构建人类命运共同体视阈下提出思想入心、专业入脑、发展入行三维举措，希望能为外语学生解决成长中存在的误区问题并提供实践路径，支撑外语学生勇担新形势下外语专业的重大历史使命，成为具有站位高、思维深、专业广的国际英才。

参考文献

[1]习近平. 携手建设更加美好的世界——在中国共产党与世界政党高层对话会上的主旨 讲话[N]. 北京: 人民出版社, 2017.

[2]习近平: 在庆祝改革开放40周年大会上的讲话[EB/OL]. （2018-12-18）[2023-07-19]. http://www.xinhuanet.com/politics/leaders/2018-12/18/c_1123872025.htm.

[3]习近平.加强政党合作 共谋人民幸福——在中国共产党与世界政党领导人峰会上的主 旨讲话[EB/OL].（2021-07-06）[2023-07-25]. https://www.gov.cn/xinwen/2021-07/06/ content_5622851.htm.

[4]杨金龙, 沈骑.“人类命运共同体”视域下我国外语专业人才的价值重塑——“工具”与“人 文”之辨[J].外语教育研究前沿, 2019（03）.

"三全育人"对高校青马工程创新发展的
价值意蕴与策略研究[*]

吕　游　乔怡康^{**}

摘　要：进入新时代以来，"三全育人"理念已经逐渐融入高校思政教育工作的方方面面，同时也对高校青年马克思主义者的培养产生了巨大的影响。本文主要分析了"全员育人、全程育人、全方位育人"理念对高校实施青马工程的提升作用及其背后的价值意蕴，认为在"三全育人"视域下，青马工程的实施应当通过加强马克思主义育人队伍组织建设，推进育人工作的多元化，完善网络育人阵地建设等方式来不断推进高校青马工程的创新发展。

关键词：三全育人；青马工程；思想政治教育

一、前言

青马工程的实施始终是高校思想政治教育工作及马克思主义教育工作中的重要一环，青马工程的创新发展应当紧紧围绕高校育人工作的实际情况以及国家对新时代青年马克思主义者的现实需求。"三全育人"是国家对高校思政工作及育人工作的规律进行深刻总结后所得出的科学理论，这一理论的提出为新时代青马工程的实施提供了全新的视角和科学的指引，也给青马工程的创新发展提出了新的要求。在"三全育人"理念的指导下，青马工程的

* 本文为吉林省社会科学基金项目"'三全育人'视角下的青年马克思主义者培养路径研究"（项目编号：2021S7）；吉林大学2023年学生思想政治工作研究课题"高校青年马克思主义者培养路径探析"（项目编号：XGY2023007）研究成果。
** 吕游：吉林大学生物与农业工程学院党委副书记兼副院长，副教授，主要研究方向为高校党建与思想政治教育。乔怡康：吉林大学经济学院硕士研究生。

实施也应与时俱进，回应时代提出的新要求，不断解决各种具有新的历史特点的问题，最终实现青马工程的创新发展。

二、"三全育人"对高校青马工程创新发展的价值

新的历史方位和新的育人理念细化了高校青年马克思主义者培养的要求，而"三全育人"理论的出现则为高校青年马克思主义者培养工作的创新发展提供了全新的契机，为高校思想政治教育工作者提供了全新的方法论，更拓宽了高校青马工程实施过程中适用的对策渠道。

（一）"全员育人"对高校青马工程创新发展的价值

"全员育人"即将全体教职工有效组织起来，借助岗位职能和岗位职责的划分来细化、拓展育人责任，围绕大学生的成长成才开展各项教育和管理工作，真正发挥引导学生思想认知和价值观念发展的职能。"全员育人"强调了在高校青马工程实施过程中全员参与的重要性，这就拓宽了育人主体的范围，不光思政教师要参与其中，校领导、党委、团委等都要肩负起传播马克思主义观念、积极参与马克思主义教育活动的任务，教授专业课的教师也应该以"全员育人"的观念来打破原本的学科边界，将马克思主义理论有机地融入专业课程的教学之中，使学生在非思政课的教学中也能接收到马克思主义理论的熏陶，提高马克思主义教育的能效。同时，这一理念对高校非思政专业的教师提出了更高的要求，只有让高校自上到下的育人主体都认识到自己也是青马工程实施过程中不可或缺的一环，才能更有效地开创育人工作的新局面。

（二）"全程育人"对高校青马工程创新发展的价值

"全程育人"要求高校的马克思主义教育不能局限在特定的阶段，也不能局限在学校中，应贯穿大学生入学到大学毕业的整个大学生涯乃至就业初期。[①]这就需要高校按照不同的阶段和次序进行多手段、多维度的马克思主义教育，从而形成一个时间上保持持续的教育过程，最大限度地提升高校马克思主义教育的连贯性和有效性。在实施青马工程时贯彻"全程育人"理念，就要不仅关注课堂，在课后也要不断宣传马克思主义；不仅关注学习，在生活中也要践行马克思主义；不仅关注学生在校期间，毕业后也要贯彻马克思

---

① 李沐曦. 新时代高校"三全育人"理论与实践研究［D］. 长春: 吉林大学, 2022.

主义。马克思主义是实践的理论，而许多高校在实施青马工程时，仅仅只重视集中培训期间的理论教学，忽视了平时的实践培训，"全程育人"理论则打破了时间的界限，使青年马克思主义者的培训工作不再局限于特定的时间，育人工作也不再是简单的说教，而是切实融入了学生生活的方方面面。

（三）"全方位育人"对高校青马工程创新发展的价值

在青马工程中贯彻"全方位育人"需要高校通过各种途径，利用各种载体把马克思主义理论渗透到学校工作的教学、科研、管理、服务、实践等各个方面，形成全方位、多层次的育人空间，充分挖掘与开发各种教育资源与平台，这一理念彻底了打破传统马克思主义教学的空间限制，使马克思主义理论无处不在、处处发力。现在，数字化时代的不断发展让大学生所面对的生活环境也进一步朝着开放化、复杂化的方向发展，大学生的生活和学习已经不再被限制在传统意义的大学校园之中。在这种背景下，大学生的世界观、人生观及价值观的形成也呈现出完全不同于过去的新的特点，网络育人的重要性日益凸显。"全方位育人"的意义就在于这一理论改变了传统马克思主义教学中仅仅着眼于有形的、显性的教育资源，而忽视无形的、隐性的教育资源的现状，青马工程也应当在更为广阔的空间中开展。

三、"三全育人"对高校青马工程创新发展的新要求

"三全育人"的关键在于"全"，其最显著的特征就是全面性和整体性，这就要求高校育人主体应当与大学生积极互动，通过强化共同的育人基本理念，实现覆盖全员、贯彻全程、涉及全方位的育人理念。这就对高校青马工程创新发展提出了全新的要求，重点体现在以下三个方面。

（一）拓宽育人主体的范围

在"三全育人"视域下，实施青马工程需要不断扩展育人主体的范围，具体来说，就是要形成一个以思政课教师为中心，涵盖专业课教师、辅导员、管理人员等的立体化育人组织结构。其中，思政课教师主要负责理论层面的教学工作，这是培养新时代青年马克思主义者的关键环节和主要途径；专业课教师有责任深度挖掘马克思主义教育在其专业课程中的价值，并在专业实践中引导学生去践行马克思主义；辅导员是所有育人主体中最贴近学生学习和生活的群体，因此要充分发挥这一优势，对学生进行马克思主义的日常教育，将马克思主义教育元素融入学生生活的方方面面；管理人员则需要

在更高的站位上对青马工程的实施工作进行规划，积极寻找合适的切入点对学生进行马克思主义教育，主动深入学生群体中了解学生的需求并与其他育人主体一道去推进马克思主义理论教育工作。同时，如果上述育人主体仅仅只是从个体出发完成了上述任务，这是远远无法达到"三全育人"的要求的，只有所有育人主体相互沟通、相互合作，形成具有协同效应的育人矩阵，才能真正实现"三全育人"理念的巨大作用。

（二）保证育人工作的连续

大学生的知识水平、认知观念、思维能力等会随着大学学习生活的不断深入而不断变化，这主要体现在不同年级或处于不同成长阶段的学生其思想观念的成熟度和可塑性的不同，使马克思主义育人工作也要主动适应其发展变化。这就要求高校在进行青年马克思主义者的培训过程中必须把握学生成长的规律。在每个过程中，高校都应有序地对学生进行马克思主义教育，保证育人工作的连续性，在高校内部形成一个完整的马克思主义教育体系，既关注学生在不同阶段的特殊性，也关注过程的整体性，使马克思主义教育能完整覆盖学生成长中的心路历程，进而提升高校马克思主义教育的连贯性和有效性。

（三）开辟全新的育人阵地

进入新时代，传统的育人阵地已经很难满足具有很多新的历史特点的青马工程的现实要求，因此高校也应该探索开辟更多全新的育人阵地，通过更多维的、学生喜闻乐见的方式，使马克思主义在高校中无处不在。大学生更愿意从自我认知的角度出发加以理解、分析和判断各种新的思想，公式化的、传统的马克思主义教育是难以适应新时代大学生的这一思维方式的。因此在"三全育人"视域下实施青马工程就要不再局限于微信推送、影视作品、校园文化建设等传统阵地，而要更加重视诸如短视频阵地、亚文化阵地、Z世代文化阵地等非传统阵地，实现立体育人。

四、"三全育人"视域下高校青马工程创新发展策略

在确定了"三全育人"视域下高校青马工程创新发展的价值和新要求后，针对高校青马工程的实施现状，需要从具体的实施路径与保障机制入手，以"三全育人"思想为指导，构建马克思主义教育的组织体系，制定马克思主义教育的科学规划，打造全方位育人的互动平台，推动"三全育人"

视域下马克思主义教育目标的实现。

（一）加强育人队伍组织建设

高校"青马工程"身处于高校马克思主义育人的大环境之中，青马工程教学的教师队伍同时也是高校思想政治教育工作队伍。第一，要加强对青马工程教学团队带头人及后备队伍的遴选，提高对教学团队的管理水平，清除教学队伍中存在的重功利轻学术、重科研轻教学等不良思想芥蒂，营造优良的马克思主义育人环境。第二，高校要不断完善考核制度和激励机制建设，制定符合新时代"全员育人"要求的内部评价体系和教学效果学生评价体系，使教师队伍的教学方法既能充分体现"三全育人"理念的核心要求，又能契合学生的发展规律，回应新一代青年马克思主义者对思政教育的新需求和新期待。第三，新时代高校"三全育人"实践中，教师作为参与主体，要在育人过程中明确自身的基本职责，不断拓宽研究领域，致力于丰富、发展马克思主义，用精准的专业力量增强高校学生对马克思主义思想和中国特色社会主义的认识和自信心。

（二）推进育人工作的多元化

高校应按照"三全育人"的基本思路，积极发挥不同育人方法的育人优势，通过多元化的育人方式来推进新时代的青马工程。第一，要实现教育资源的多元化。除了思政教育课程、青马工程活动等显性思政教育资源外，高校还应当深挖思政教育中的隐性教育资源，要把马克思主义教育元素融入专业课程体系、校园文化建设、学生实践活动等非传统思政教学环节中，充分利用高校所有教育资源来践行"三全育人"理念。第二，实现育人主体的多元化。专业教师及高校管理人员要清醒地认识到自己在马克思主义教育中不可或缺的地位，努力拓展日常管理、专业教育中马克思主义教育方法和能效，弥补传统马克思主义教育中难以涉及的领域，打造立体化的育人矩阵。第三，要实现教育模式的多元化。高校要确立符合学校实际的育人模式，更要打造符合不同学科专业背景的特色育人模式，开展多样化的马克思主义教育，为专业教育中的马克思教育提供多种可能，实现青马工程创新发展的目标。

（三）完善网络育人阵地建设

第一，提高育人的广度。高校"青马工程"要充分发挥好互联网各种新媒体传播速度快、共享效率高的优势，利用网络育人手段来破除传统思政教育中时间和空间的客观限制，因势利导地利用互联网方式拓宽育人方面的教育资源，实现青马学员和大学生的网络同步教育，通过细化网络教育形式来充分发挥网络平台的可复制性，共享学习信息，促进全体师生的思想进步。第二，提高育人的深度。高校应不断提升网络融媒体平台对学生的吸引力和黏合力，增强新型网络育人阵地的示范性和引领性，重点建设一批马克思主义教育类公众号，使学生能够在第一时间了解并学习最前沿的马克思主义理论创新成果，让马克思主义教育从"指尖"到"心尖"。第三，提高育人的精度。要充分发挥大数据等网络手段在精准育人方面的优势，将传统的"漫灌"式育人转变为精准度和匹配度更高的"滴灌"式育人，要善于运用社交平台、亚文化平台、娱乐视听平台、社会性分享平台等众多网络媒体，通过各种教育资源的搜集、整理、汇总、分类和利用，实现对不同年级、不同学科的学生进行思政教育资源的精准投放，来提高育人的针对性、匹配度和实效性。

五、结语

在"三全育人"的视域下，青马工程的实施也有了新的特点，因此我们需要积极拓展思想政治教育的内容，改善青年马克思主义者的培养方式，以"三全育人"理论为指导，通过加强马克思主义育人队伍组织建设、推进育人工作的多元化、完善网络育人阵地建设等方式，培养和造就一批拥护马克思主义，能够正确运用马克思主义的科学立场、观点和方法来分析并解决问题的青年马克思主义者。

讲好吉大红色故事　赓续红色育人血脉

——以校史剧为载体的吉林大学文化育人实践研究[*]

曲盛妍^{**}

摘　要： 教育部于2017年提出"十大育人"体系的总要求，全国各高校纷纷开展具有本校特色的文化育人实践活动，其中戏剧、音乐剧等舞台剧形式，以参与度高、吸引力强、观赏性好、思想性深的特点，成为各高校文化活动的重要组成部分。吉林大学秉承红色传统，以自身独特的校史为着力点，充分发挥舞台剧的传播优势，打造了一系列传承红色基因、讲好吉大故事的校史剧，在文化育人方面作出了自己的创新和尝试。

关键词： 文化育人；校史剧；吉林大学：高校思想政治教育

习近平总书记在党的二十大报告中指出，"全党同志务必不忘初心，牢记使命，务必谦虚谨慎、艰苦奋斗，务必敢于斗争、善于斗争，坚定历史自信，增强历史主动，谱写新时代中国特色社会主义更加绚丽的华章。"^①作为我党在建国后亲手创办的第一所综合性大学，吉大人从吉林大学校史中不断发掘、汲取营养，将红色校史教育贯彻到日常教学和工作中，创作出多部优质校史剧，充分发挥文化育人功能。讲述吉大故事，引导学生坚持红色传统，传承红色基因，适应时代需求，勇担时代重任，努力成长成为国家培养

---

* 本文为吉林大学2023年学生思想政治工作研究课题"基于时代精神视角下大学生宣传引领价值与路径研究"（课题编号：XGY2023005）、2022年度吉林大学共青团专项课题"大思政视角下校园文化建设途径研究——以商管学院为例"研究成果。

** 曲盛妍：吉林大学商学与管理学院辅导员。

① 习近平. 高举中国特色社会主义伟大旗帜 为全面建设社会主义现代化国家而团结奋斗——在中国共产党第二十次全国代表大会上的报告[EB/OL]. 2022-10-25[2023-06-30]. https://www.gov.cn/xinwen/2022-10/25/content_5721685.htm.

中国特色社会主义发展需要的人才。

一、新时代党和国家对高校文化育人的总要求

2017年12月，教育部印发《高校思想政治工作质量提升工程实施纲要》，提出实施"十大育人"体系，即课程育人、科研育人、实践育人、文化育人、网络育人、心理育人、管理育人、服务育人、资助育人、组织育人。强调高校应当紧握意识形态工作主动权、领导权，推动开展中华优秀传统文化、革命文化、社会主义先进文化教育，端正校园风气，引导学生增强文化认同，践行社会主义核心价值观。

（一）培养社会主义核心价值观

新时代党和国家要求高校通过文化育人传递和弘扬社会主义核心价值观，即富有中国特色、具有时代精神的道德观念和价值取向。高校应培养学生树立正确的人生观、价值观和世界观，培养爱国主义情怀、集体主义精神、社会责任意识等，使学生具备社会主义核心价值观的认同和实践能力。

（二）培养社会责任意识和担当精神

以文化人、以文育人，通过培养学生对文化的认知、理解和感知，培养学生的文化认同感，坚定理想信念。文化育人的本质是培养学生的人格、情感和世界观，使其成为有文化内涵和价值追求的全面发展的人。校史中涵盖了许多为民族发展和社会进步作出巨大贡献的人物和事迹。通过校史教育，可以激发学生的社会责任意识和担当精神，引导他们关心时代发展，为社会进步贡献力量。同时，还有助于高校学生传承和弘扬民族文化和校园文化。通过对历史、传统和价值观念的教育，培养家国情怀，培育爱校荣校情感。推动弘扬民族精神和学校精神，促进将个体成长融入社会发展。

（三）培养国际视野和跨文化交流能力

随着全球化进程的深入推进，党和国家要求高校培养具有国际视野和跨文化交流能力的学生。高校应加强国际交流与合作，引进国际优质教育资源，提供国际化的教育环境和机会，培养学生的国际竞争力和国际视野。同时，高校还应加强学生的跨文化交流能力培养，培养学生具备跨文化沟通、理解和合作的能力，使他们能够适应全球化时代的需求和挑战，成为有担当、富有全球视野的中国公民。

二、吉林大学开展文化育人的必要性

学习历史、了解历史是一个国家、一个民族向前发展的重要动力，我党历代领导人都对历史学习和教育作出过重要论断。毛泽东曾指出，一个政党要想领导人民革命运动，"如果没有革命理论，没有历史知识，没有对于实际运动的深刻了解，要取得胜利是不可能的"①。这句话充分证明了历史学习的重要意义。邓小平指出，"要用我们自己的历史来教育青年，教育人民"，将青年作为历史教育的重点群体。②

（一）"为党育人，为国育才"的使命要求

1991年，江泽民先给国家教委负责人致信，强调学校要对学生进行中国近代史、现代史及国情教育，要由浅入深、持之以恒，而后在庆祝建党70周年的大会上，江泽民向全党和全社会发出号召，都要"进行中国近代史、现代史教育和国情教育。"③胡锦涛在讲话中表示，"历史是一面映照现实的明镜，也是一本最富哲理的教科书"，强调历史的鉴今功能。习近平总书记在党的历史学习教育动员大会上强调，要在全社会广泛宣传"四史"教育，以"总结历史经验、把握历史规律、增强开拓前进的勇气和力量"为目标，教育引导全党深刻认识党团结带领人民为中华民族作出的重要贡献和根本成就，以历史为镜、以史明志为镜。励精图治，再创历史新伟业。

（二）吉林大学红色血脉传承的精神要求

校史承载着一所学校的精神积淀，有着丰富的文化内涵，具有极为重要的传承作用，校史教育在学生的培养和成长过程中有着不可替代的功能。而吉林大学由于自身独特的发展经历，使吉林大学校史有着独属于自身的特殊价值。首先，吉林大学是我党建国后创立的第一所综合性大学，这赋予了吉林大学根深蒂固的红色血脉——吉林大学前身为1946年建立的东北行政学院；1950年5月更名为东北人民大学；1952年全国院系调整，国家从北京大学、清华大学、燕京大学等高校抽调一批知名学者充实学校师资，东北人民大学由此成为我国建国后创立的第一所综合性大学；1958年，学校更名为吉林大学，吉林大学是与新中国同呼吸共成长，而各位学者大家来到东北支援

---

① 毛泽东选集：第三卷[M].北京：人民出版社，1991：1481.
② 中共中央党史研究室.邓小平论中共党史[M].北京：中央党史出版社，1997：1.
③ 江泽民论有中国特色社会主义（专题摘编）[M].北京：中央文献出版社，2002：402.

学校建设的一腔热忱成为吉林大学精神传承的一抹底色。其次，2001年开始，吉林大学陆续与原吉林工业大学、原白求恩医科大学、原长春科技大学、原长春邮电学院、原中国人民解放军军需大学合并，成为当今的吉林大学。六所大学都是有着红色基因传承的高校，全方面、全方位支援了国家的建设，并涌现出了一批批杰出的爱国学者，六所学校的合并使吉林大学校史的深度和广度得到了极大提升。再次，吉林大学的校史是一部不断更新的历史，吉大人始终坚持不忘初心、与时俱进，在不断变化的时代大潮中努力拼搏奋发向上，书写新的历史。2016年7月，被教育部评为全国创新创业典型经验高校；2017年9月，吉林大学入选国家"双一流"建设高校；2020年1月，学校入选基础学科招生改革试点（"强基计划"）；2022年2月，吉林大学入选第二轮国家"双一流"建设高校，可以说吉大人的不断奋进，赋予了吉林大学校史以鲜明的时代性，因此，吉林大学有必要大力开展红色校史教育，弘扬爱国主义精神，传承红色基因和革命精神，培养爱校情感和价值观念，增强学生的文化认同和凝聚力。通过红色校史教育，学生们能够更好地铭记历史、珍惜现在，坚定理想信念，为实现中国梦作出自己的贡献。

（三）中华民族伟大复兴的时代要求

中华民族伟大复兴意味着经济、科技、军事、农业等各个方面的发展，但真正决定一个民族强大的是其文化底蕴。文化育人的目的是培养全面发展的人才，使其具备创新、担当和贡献的精神，并树立正确的价值观和国家意识。只有在全面发展的人的基础上，中华民族的伟大复兴才能真正实现。创新是中华民族伟大复兴的重要驱动力。中华传统文化中蕴含的智慧和理念，可以为现代社会的发展提供重要的参考和启示。通过对传统文化的学习和理解，可以培养人的创新思维、跨学科能力和解决问题的能力。这样的人才培养方式，能够推动科技进步、经济发展和社会进步，从而为中华民族的伟大复兴提供强大动力。开展红色校史教育，能够使学生深入了解学校的发展历史，将校史发展的时代历程启示和大师先贤的崇高精神融入高校思想政治教育中，激发学生把个人价值实现和祖国发展需要相结合，肩负起新时代中国青年的使命与担当。

三、我国校史剧育人实践的发展历程

戏剧，指以语言、动作、舞蹈、音乐、木偶等形式达到叙事目的的舞台表演艺术的总称。戏剧的表演形式多种多样，常见的包括话剧、歌剧、舞剧、音乐剧、木偶戏、皮影戏等。戏剧是由演员扮演角色在舞台上当众表演故事的一种综合艺术。将校史元素融入戏剧中，以学校发展的重要历史事件、人物为蓝本，校史剧应运而生。校史剧是基于真实人物事件，符合校史史实，具有校园特征的文化艺术表现形式，极具观赏性、直观性和宣教性。校史剧在戏剧中具有独特的创新之处。它以学校的历史为题材，通过真实的历史事件和人物，通过戏剧表演和各种艺术形式的融合，激发观众对学校的热爱和认同，传递学校的价值观念和精神追求，具有教育性和启发性。同时，校史剧也为戏剧注入了新的创作元素，丰富了戏剧的形式和表现手法，使其更具感染力。

中国高校校史剧的创作可以追溯到20世纪60年代。当时，中国共产党在全国范围内开展了一系列的革命运动和社会主义建设，高校作为知识分子的重要阵地，承担着培养革命接班人的重要任务。为了弘扬党的优良传统和革命精神，激励广大学生为共产主义事业奋斗，一些高校开始创作红色校史剧，其中反响较为突出的是同济大学文工团创作的原创校史话剧《同济风暴》，讲述了同济大学学生在"一二·九"运动中身先士卒，高举"反迫害、争民主"的旗帜，为了国家的前途命运和人民的根本利益展开了一场反抗国民党反动派的腐败统治、争取民主权利的伟大斗争。

随着经济的快速发展和社会的多元化，高校红色校史剧的创作也在不断探索和创新。一方面，创作团队开始更加注重对历史事件的严谨考证和真实还原；另一方面，他们也在剧本创作、舞美设计、表演方式等方面进行创新尝试，力求更好地传递红色精神和价值观。高校红色校史剧的创作也逐渐走向多元化和专业化。带有更多人文关怀和思考，更广泛地传播红色精神，也能够更好地满足不同观众的需求。2012年，中国科学技术协会和教育部共同启动"共和国的脊梁——科学大师名校宣传工程"，协调几所高校创作一批校园原创戏剧或音乐剧，以对国家作出突出贡献的科学家为主题，弘扬大师精神。自此，以校史为主题的校园戏剧创作氛围开始形成，这一时期涌现出许多经典的原创校史剧，如清华大学的《马兰花开》、北京大学的《青春之

歌》、厦门大学的《歌德巴赫猜想》等。2016年12月，习近平总书记在全国高校思想政治工作会议上明确强调，高校要坚持立德树人这个中心环节，把思想政治工作贯穿于教育教学全过程，实现三全育人，即全员全过程全方位育人；要更加注重以文化人、开展丰富多彩的校园文化活动，引导学生培养健康向上的态度、格调高雅的情操。紧接着，全国高校掀起原创戏剧创作热潮，涌现出一大批高质量的校史剧。广大学生通过校史剧深入了解学校发展历史，挖掘校史故事的文化内涵，汲取优秀师长的精神力量，校史剧已然成为传播校园文化、弘扬校史精神的重要载体。

四、吉林大学以校史剧为实践的文化育人实践

吉林大学作为建国后我党创立的第一所综合性大学，红色血脉流淌在整部校史中。从1952年的院系调整，到世纪初的六校合并；从1960年被教育部列为重点大学，到现在的"双一流"建设高校，吉林大学一直坚持党的领导，没有党的总揽全局、协调各方，就不会有吉林大学今天的蓬勃发展。而吉林大学几经重组、不断发展，累积了丰厚的校史资源和深厚的文化底蕴，为校史剧创作储备了丰富素材。校史剧作为一种形式独特的宣传和传承方式，通过戏剧艺术的手段，将吉林大学的历史和精神内涵生动地呈现给观众，弘扬学校的优良传统，激励师生们承前启后。

吉林大学创作排演的第一部校史剧《唐敖庆》于2016年9月10日首演。该剧以原吉林大学校长唐敖庆先生为主角，讲述了他赴美留学后，带着先进的知识理论归国报效，力求真实地还原了唐敖庆先生在建校初期物资匮乏、设备简陋的条件下带领吉大学子潜心向学、开拓创新。歌颂了他为祖国的教育事业奉献一生、为我国科学进步忘我拼搏的崇高精神。随后，在2018年10月，原创音乐剧《黄大年》的首演进一步丰富了吉林大学校史剧的题材。该剧以吉林大学新兴交叉科学部首任部长、地球探测科学与技术学院教授、博士生导师黄大年老师为主角，讲述了他放弃国外优厚生活条件，说服家人一同回国，支持祖国的建设与发展，通过夜以继日的艰苦付出，带领团队填补多项科学技术空白。该剧通过生动的情节和精彩的演绎，向观众展现了黄大年老师把有限的生命投放到无限的科学研究当中，歌颂了黄大年老师"心有大我，至诚报国"的爱国情怀和淡泊名利、敢为人先的高尚追求。在吉林大学医学学科暨原白求恩医科大学创建80周年之际，为纪念白求恩同志逝世

80周年，弘扬白求恩精神，吉林大学历时一年创作排演了原创话剧《白求恩》，于2019年9月22日成功首演。该剧力求全面展现伟大的国际共产主义战士诺尔曼·白求恩"毫不利己，专门利人"的精神境界，阐释了"白求恩精神"的来源，让青年学子感受到英雄虽已远去，但英雄的精神一直指引着我们不断前行。最新的一部校史剧《先生向北》于2023年5月28日首演。该剧讲述了吉林大学建校初期，以匡亚明、唐敖庆、于省吾、高鼎三、余瑞璜等为代表的一大批革命家、教育家、科学家，一路向北、扎根东北，为吉林大学的学科建设和事业发展夯定基础、架梁立柱的故事。引领学生们在回顾校史、循迹溯源的过程中，领悟"求实创新，励志图强"的吉大精神。

吉林大学的每一部校史剧都得到了师生们的热烈反响和极高的评价，在各个平台上引发热议，传播效果拔群。

（一）坚定理想信念，凝聚信仰共识

吉林大学的特殊之处，在于多校合并，其规模和学科跨度在全国范围内都非常罕见，且各学部分散在各校区，学生的学习、生活节奏各不相同，在客观上不利于学生互相之间认同感的形成，对校史的系统梳理、统一学习有利于不同学部、不同校区学生对吉林大学产生归属感，进一步产生学生之间的互相认同，而校史中对于红色基因传承的讲述是重点中的重点，通过对学校历史上的重大事件、重要人物的经历、精神的学习，使学生产生荣誉感、集体感、认同感和归属感。

（二）树立模范典型，突破学术桎梏

当前我国的社会发展面临多重压力，其中既有来自西方的各种经济、科技上的无理限制，也有来自社会发展过程中产生的一系列思想、认知层面的迷茫与困惑，从学校学科发展的角度，一方面需要鼓足干劲突破外界强加给我们的制约，在各种"卡脖子"技术上取得进展，另一方面也需要综合我国历史、社会、国情等各方面之所长，发展中国特色社会主义理论体系，这就需要我们不断学习和感悟校史红色传承中不畏艰难、勇于探索、实事求是的精神，使师生能够在科研、学习、工作中做到"不忘初心、牢记使命"。

（三）提升美育修养，增强文化自信

我国目前面临的国际局势比较复杂，以美国为首的西方各国以意识形态为主要社会区分方法，对我国进行无端打压和肆意抹黑，我国对外传播能力亟待提升，同时，社会发展过程中文化层面上的多元化日益凸显，伴随市场经济的一些负面影响，二者叠加下年轻学生更易受到冲击，在这一背景下通过对校史的学习，感受校史上各位杰出人物对我国发展作出的贡献，领会他们经历背后的精神内涵，增强文化自信，有利于青年学子们树立正确的世界观、人生观、价值观。

高校是文化精神传播的重要阵地，中国青年肩负着传承民族精神、继承优良传统的历史使命。以文化育人为目标，以校史剧为载体进行高校思想政治教育是极具意义的重要实践。吉林大学校史剧紧密围绕着学校的历史和人物展开，通过戏剧的形式，生动地再现了吉林大学在不同历史时期的发展和校友们的英勇事迹。这些戏剧作品不仅为观众们呈现了吉林大学深厚而独特的校史文化，同时也激励着师生们继承和发扬学校的红色传统，不忘初心，承载光荣使命，砥砺奋进，为国家的科技进步、未来的繁荣发展贡献出自己的力量。

新时代加强高校辅导员队伍建设研究

王春艳　金　博[*]

　　摘　要：高校辅导员是开展大学生思想政治教育、综合素质提升的骨干力量，其队伍建设直接关系到高校教育工作的成效。当前辅导员队伍存在角色职责与收益不匹配、职业倦怠感强、能力培训不足等问题，需要综合措施强化辅导员角色的职业认同，在辅导员队伍的能力培养、考评管理、激励约束和职业发展等多方面投入资源，创新实践，以促进辅导员队伍长期稳定发展，支撑新时代教育事业全面发展。

　　关键词：新时代；高校辅导员；职业倦怠；激励机制

　　习近平总书记在中国共产党第二十次全国代表大会上指出："育人的根本在于立德。全面贯彻党的教育方针，落实立德树人根本任务，培养德智体美劳全面发展的社会主义建设者和接班人。"^①党的十八大以来，党中央高度重视高等院校的思想政治提升工作。习近平总书记曾多次强调，高等院校的立身之本在于立德树人，要把立德树人作为中心环节，把思想政治工作贯穿于教育教学全过程，实现全程育人、全方位育人，以培养担当民族复兴大任的时代新人。

　　高校辅导员的根本任务就是立德树人，在大学生思想政治教育工作中的作用是不可替代的。

　　进入建设发展新时代，在党中央的重大决策部署下，高校辅导员队伍的建设中心聚焦专业能力、职业素养、科学管理以及综合提升，在这一建设路

---

　*　王春艳：吉林大学商学与管理学院国际合作与交流办公室主任。金博：吉林大学党委组织部七级职　　员。

　①　习近平. 高举中国特色社会主义伟大旗帜 为全面建设社会主义现代化国家而团结奋斗——在中国共　　产党第二十次全国代表大会上的报告［N］. 人民日报，2022-10-16（3）.

径上，经过广大高校干部和辅导员队伍的不懈努力，已经取得了显著成效。高校辅导员是对一线大学生进行思想政治教育的核心力量，是斧正纠偏和常态管理的引路人、教练员、践行者，也是大学生成人、成才的设计师，更是健康生活、茁壮成长的向导。自2017年9月教育部《普通高等学校辅导员队伍建设规定》颁布实施以来，在高校思想政治建设领域，打造高素质的辅导员队伍这一课题愈发重要，经过几年的资源投入和工作开展，辅导员队伍建设已取得了一定的突破和进展。但是，我们也必须清醒地认识到，高校辅导员队伍的综合素养总体来看是得到了提升，但是在个别领域仍然存在着不容忽视的短板，尤其是在政治素养、职业能力、履职态度等方面。因此，高校要持续加强辅导员队伍的建设，以立德树人为核心目的，做好全维度能力强化，以达成理论与实践结合、品德与能力俱佳、个人和团队都强的效果。

高校辅导员队伍建设不是单一维度任务，而是一项复杂的系统工程，要从实际问题出发，从具体情境出发，提升辅导员对自身职业的认同感、使命感、价值感以及主动性、专业性、科学性。这不仅要求辅导员个体要具备端正的发展理念，积极贯彻、准确落实党中央和政府政策中关于高校思想政治工作、辅导员队伍建设的系列文件精神，更需要政府机关持续升级指导政策，各高校在内部管理过程中也要紧跟发展要求，持续健全管理规则，做好流程标准化，优化好内部循环机制，充分发挥宣传与组织优势，以良好的激励机制与约束措施破局。

一、高校辅导员队伍高质量建设发展的现实意义

习近平总书记在全国高校思想政治工作会议上强调："要拓展选拔视野，抓好教育培训，强化实践锻炼，健全激励机制，整体推进高校党政干部和共青团干部、思想政治理论课教师和哲学社会科学课教师、辅导员班主任和心理咨询教师等队伍建设，保证这支队伍后继有人、源源不断。"[①]高等院校是培养社会主义建设者和接班人的重要阵地，辅导员作为学生的思想政治引导者和教育者，要更好地培养学生适应新时代社会发展要求，为国家储备人才，为发展积蓄力量。

---

① 习近平.全国高校思想政治工作会议上的讲话[N].光明日报,2016-12-09(01).

（一）增强高校辅导员自我认同的必要条件

高校辅导员承担着立德树人的重担，需要兼顾事务性工作、思想教育工作、学生管理工作等高强度、长时间、强响应的日常性工作，这就需要有强大的精神动力，和对自身职业的高度认同感。

一方面，高校辅导员队伍高质量发展，正能够极大程度地提升辅导员自身的综合素质，进而衍生由内驱力激发的工作积极性和工作热情，使其能够主动投入工作中，提高为学生服务的质量和效能，只有这样形成认知、行动、反馈的正向循环，才能建立起基于认同的精神堡垒，提供源源不断的精神动力。

另一方面，辅导员的岗位职责综合性强，要做好精神文明建设与思想政治的传播者，做好求知求学的引导者，还要做好常态生活的管理者，知、行、责任"双肩挑"。因此，必须推动高校辅导员队伍高质量发展，提高认知、增强认同，帮助辅导员建立敢作为、有底线、敢担当的职业观。面对"管了自己担责、不管内心谴责"的纠结，有限精力下"立德树人、职业晋升"难平衡，"师长、管理"角色不清晰等等境遇，正确的职业观能够帮助高校辅导员更从容地去应对。高质量的建设发展塑成正确职业观、高精度职业定位、高水准职业能力、高境界责任担当，进而持续强化高校辅导员的职业认同。

（二）辅导员是大学生思想上的引领者

作为大学生思想政治教育工作的排头兵，大学生成长成才的引路人，辅导员首要的职责就是帮助和引导当代大学生做好世界观、人生观、价值观这"三观"建设。在具体的思想政治教育实践过程中，习近平新时代中国特色社会主义思想是核心指导思想，既能够指导教育工作的开展，也是教育对象需要学习领会的要旨，只有充分研究、深入思考、持续实践，才能助力当代大学生树立共产主义远大理想和中国特色社会主义共同理想，最终成长为中国特色社会主义事业的合格建设者和可靠接班人。具体来看，辅导员了解学生的成长与发展规律、心理特点和困惑，能够根据学生的需求和问题提供具体的帮助与支持。在人际关系塑成方面，辅导员由于其与学生的高信任度，因此可以以朋友的身份与学生进行沟通和交流，帮助学生认识到自己的潜能和长处，从而引领学生打造积极进取、健康向上的思想底色，同时辅导员这一示范、引领和激励的角色，也能够提供正向的影响力，通过自己的行为和言行传递正能量，对大学生的思维方式和价值观起到正向作用。

（三）辅导员是大学生成长成才的培育者

当代大学生不仅仅需要在专业领域对理论知识进行学习应用，还要注重打造实践能力，才能成为国家建设的储备人才。在个人成长方面，部分学生结束紧张有序的中学生涯之后，会陷入过度松弛的精神状态当中，在新的生活阶段，要面对更复杂的人际关系和社会活动。

高校辅导员可以通过自身的专业知识和经验，帮助学生制定学习计划，提供心理咨询，克服各种困难，做好职业规划，这种全方位的支持和指导，能够帮助学生成长为具有综合素质和专业能力的人才。

（四）是回应高等教育事业实现中国式现代化发展的必然要求

习近平总书记强调：“要坚持把立德树人作为中心环节，努力开创我国高等教育事业发展新局面。”

党的十八大召开以来，社会主义建设进入新时代，高等教育事业现代化发展要面对更严峻的挑战和更高的要求。检验高等教育事业现代化发展的根本标准是立德树人，从政策端到执行端，无论政府机关、高校本身还是社会机构，以及教研、辅导、管理、家长，广义来看，整个教育界都要协同开创高等教育事业新局面。

中国正处于实现中华民族伟大复兴战略全局和世界百年未有之大变局的时代交汇点，基础研究、科学技术、文化建设等各个领域的竞争，本质上都是人才竞争，我国高等教育事业担负着培育既能担当民族复兴大任又具备深厚专业知识的时代新人的使命。辅导员作为教育事业的一线力量，要有坚定的政治立场，能用科学的方法和易于接受的形式来引导、教育大学生，尤其是在网络时代，在纷繁复杂的各类思潮冲击下，辅导员队伍自身要本领高强，帮助大学生在面对大是大非时，保持清醒认知，掌好思想的舵，行好成才的船。一定程度上，大学生、学生家庭和社会各界要通过对辅导员队伍的审视来衡量高校综合教育工作的优劣，国家要从知识、技能和思想多维度评价人才教育成果，因此，实现辅导员队伍建设高质量发展意义重大，是对我国高等教育事业现代化发展的现实回应。

二、高校辅导员队伍建设存在的问题

（一）政治理论素养发展要求与现实育人需要的差距

认识事物内在的客观规律是做好工作的前提，高校辅导员想要践行好育人使命，思想是本源，政治是基础，掌握思想政治教育工作的客观规律是必要条件。

但是由于专业和履历不同，辅导员队伍并不完全具备专业的思想政治理论，总的来看，整体政治理论素养并未达到理想状态，这导致在对大学生进行思想政治教育时，往往不能抓住问题的关键所在，缺乏足够的政治敏锐性和工作应变能力，在维护校园和谐稳定方面往往也面临巨大挑战。

（二）高付出与低回报，促使辅导员产生职业倦怠

高校辅导员的工作范围非常广泛，有时候需要同时处理多个任务。这些任务包括：帮助学生解决学业和生活中的问题，向家长传达学生的状况，为学生提供心理支持和辅导，以及协助学生处理社交问题等。这些任务都需要高校辅导员具备较高的沟通能力和处理问题的能力。但是，由于高校辅导员的工作压力较大，长期以来可能会导致他们感到疲惫和失去热情。

高校辅导员的职业发展路径也相对有限，晋升空间不如教学岗位或科研岗位广阔。这种职业路径的难以突破可能会导致一些高校辅导员感到职业发展天花板的到来，从而产生懈怠感。一般而言，高校辅导员的工作内容是与学生和家长进行咨询、辅导和解决问题等，其中常见问题和咨询内容可能会反复出现。这种重复性的工作内容容易使辅导员感到枯燥和乏味。

在高校中，教学工作往往受到更多的关注和认可，而辅导员的工作容易被忽视或低估。这种缺乏工作认可感和价值感的现象，可能导致辅导员对工作产生不满和倦怠。作为高校辅导员，他们要面对学生的各种问题和挑战，同时还需要承受自身的心理压力和负担。对于一些敏感或严重的情况，例如学生的心理健康问题、自杀倾向等，辅导员往往需要承担较大的心理压力和责任感。

这些因素综合起来，会导致高校辅导员产生不同程度的职业倦怠感。

（三）育人效果的时代要求与辅导员的个体发展要求错位

教育部对辅导员队伍的建设始终强调"育人为本"，但从实际效果来看却并不能达到理想预期。从教育部对高校辅导员队伍建设的调研结果显示，相当部分的大学生与辅导员的交互仅仅限于办理必要手续，缺乏生活指导、思想教育、价值观引导等内容。辅导员群体与学生群体对学生工作结果的评价也呈现了尴尬的偏差。

与繁杂的工作内容相比，高校辅导员的职业发展路径相对单一，晋升空间不如教学岗位或科研岗位广阔。与高校的教学工作相比，辅导员工作往往难以受到更多的关注和认可，容易被忽视或低估。这种缺乏工作认可感和价值感的现象可能导致辅导员对工作产生不满和失落，进而引发心理压力和负担。

全国二十几万名辅导员大多长时间处于职称和级别的底层，个人发展意愿与现实的错位现象非常普遍。

在工作推进中，个人魅力、沟通协同、组织宣传等能力得以施展，但更需要依靠情感连接、事务性权威和评比资源去落实学生管理工作，而这些无法全面提升辅导员队伍的综合能力，进而导致其个人发展意愿与立德树人的时代化要求愈发偏离。

（四）掌握时代新知的需要与辅导员自身知识积累的差距

新时代的发展要求决定了大学生教育工作也要跟上步伐。这意味着辅导员队伍的发展建设标准也要与时俱进。

当代生活已经很难脱离互联网及其衍生应用，在网络舆论传播、虚假信息识别、智能设备使用、在线学习平台、网络安全保障、个人隐私保护等方面的知识尤为重要，有效掌握，才能引导学生正确、安全地使用互联网，适应信息化时代生存要求。

日益激励的社会竞争导致更高的职业要求和更大的心理压力，高校辅导员需要了解不同行业的职业发展趋势，掌握就业市场的最新动态和职场技能的要求，学习心理学研究的新成果、心理咨询的方法和技巧，这都对辅导员队伍的知识储备提出了更高的要求。

三、新时代加强高校辅导员队伍建设的有力举措

（一）构建多元化人才体系

为社会培育人才是沉甸甸的担子，辅导员队伍是扛起这个担子的重要角色之一。因此，必须设好队伍的"入口"，通过引进或招聘渠道的拓宽、专业程度的提升、提高评价标准等方式来壮大队伍、提升队伍。

从机制设计角度，设置多层次的职业发展路径，例如初级辅导员、高级辅导员、资深辅导员的模式，并通过多样化福利、个人继续教育机会、子女教育资源供给等多方面的待遇提升，吸纳更广泛、更多元的社会各界优秀人才进入高校辅导员队伍。在高校内部，院系党政、团干部熟悉学生管理工

作，^①也熟悉学生思想动态，能够有针对性、灵活性、实效性地做好辅导员工作，也可以作为队伍建设的人才源头。在提高岗位价值的基础上，试点推进教研、管理等队伍与辅导员队伍的人员考评流动，也能够极大程度提升人员梯队综合素养。

（二）把好过程关，规范岗位管理

建立开放、包容的文化环境，在保证思想端正统一的前提下，让不同背景的辅导员都能够融入，能够协同，打造发挥人才作用的"反应炉"。

优化晋升机制。个人发展是长远谋划，职业生涯是持续前行，好的晋升机制能够充分激发积极性，促使个体主动提升工作能力。在传统晋升管理中，职务和职级是主要抓手，行政职务有相对固化的评价标准，不能实现评价的全面性。因此，在专业技术职务的评价因素基础上，可以增加学生评价、队伍内民主评价、量化指标评价、工作年限、个人成果等多维度因素，强化晋升评价监督，以保障晋升选拔的科学性、有效性。

加强考核管理。在日常工作方面，考察敬业精神、责任心、工作效率、工作态度、与学生的沟通和指导能力。在能力成长方面，考核专业知识水平和持续学习情况、创新意识和新方法应用等。这样不仅能有效衡量工作结果和产出，也使工作过程较为可控，有效促进辅导员队伍完善进步，更好地做好学生工作。

多元激励模式。在关注物质激励的同时，重视精神激励。在物质生活条件保障之外，还要提升优秀人才的生活水平，同时帮助其做好个人发展建设。通过设立专业技能培训机会、管理和研究交流活动，与其他领域教师和专家合作项目等形式，为优秀人才的发展提供更多资源和机会，提供专业发展的平台和支持。

（三）注重辅导员队伍育人导向和能力提升

新时代高校辅导员角色定位更加清晰明确，整支队伍专业化职业化发展的能力导向不断强化。能力素质是职业理想的实现基础，问题导向是能力建设的指导方向，思想水平和育人本领是能力提升的应用目标。

从现状来看，各地区高校都不同程度地在做专业或职业的培训，但地区之间经济发展不平衡，资源分配无法满足需求，那么发展在线教育就成为有

---

① 王青山，王平平.高校辅导员队伍建设高质量发展的现实审视和路径选择[J].吉林广播电视大学学报，2023（03）：36.

效手段。另外，部分高校自身即拥有丰富的教学资源，尤其是领先的院校，商科与管理学科师资力量强大，可以进行内部资源盘活利用。同时，专项的形式和常态化模式应该有效结合，要注重日常工作应用的侧重常态化学习，注重长期能力积累的则侧重专题学习，特别是可以有针对性地为储备人才提供脱产研修等学习模式。

针对辅导员队伍建立合适的能力模型，从年龄梯队、专业背景、实践领域等维度，分层、分类设计标准化的课程体系，结合通用能力和专业能力，结合理论性内容和实践性内容，结合落地应用性和前瞻性探索，为队伍能力的建设和个人发展提供长效保障。

在线可编辑文档在研究生管理中的使用策略分析

任艺菲[*]

摘　要：本文从在线可编辑文档的传播特点角度出发，结合研究生的管理实践，分别对在线可编辑文档对研究生管理系统、传统的邮件等数据收集方式的补充作用及优势进行分析，以及在使用它进行研究生管理工作时需要注意的问题及对策作出了分析，以便研究生管理人员能够更好地应用在线可编辑文档与研究生进行数字化沟通及数据管理。

关键词：在线可编辑文档；研究生管理；信息交互

随着互联网web 2.0时代的到来，腾讯文档、金山文档等软件推出了可在线编辑功能，即在文档发布者权限设置的范围内，多名用户可以同时在同一文档中进行编辑。随着技术的发展，在线可编辑文档的稳定性逐渐完善。在2021年7月21日的河南特大暴雨事件中，在线可编辑文档通过信息的传递为救援提供了更为精准的信息，为救援工作提供了点对点的精准信息，在线可编辑文档也走入了大众的视野。在研究生管理中，常常需要收集大量研究生的数据，面对这种情况，在线可编辑文档尤其是excel文档能够在技术上精简议程设置，缩减信息传播流程，在一定程度上替代了传统的"表格发布—信息填写—表格生成—学生邮箱—研究生管理者邮箱—信息逐一下载—整理收集"的传播链条，打造"表格发布—信息填写—生成下载"的一次性新型传播模式，为信息收集工作大幅提高效率。

一、在线可编辑文档对研究生管理系统的补充作用

在研究生管理中，信息采集的主要方式是各校专门的研究生管理系统。

---

*　任艺菲：吉林大学超硬材料国家重点实验室助理研究员，主要研究方向为新媒体与网络传播、高教管理。

然而，研究生管理系统虽然可以较好地收集研究生信息，但在一定程度上存在灵活性差、维护成本高、对于突发事件中信息采集需求反应速度较差的弊端，尤其是对于高校思政管理信息统计较为频繁的部门来说，体现得尤为明显。在线可编辑文档所具有的灵活性、即时性，可以很好地弥补这一缺陷，以下从技术支持、传播模式、信息更正等三个元素分析在线可编辑文档对研究生系统的互补作用。

（一）技术支持：即时性降低时间成本

在线可编辑文档的出现，基于两个硬性条件：其一是智能手机的出现和普及，在线可编辑表单是需要多方协作完成的，智能手机的普及使大多数使用者具备使用在线可编辑文档的条件；其二是web 2.0 时代能够提供的技术支持，在线可编辑文档虽然呈现方式是文档，但它的本质仍然是技术支持下的网页，除了对于在线可编辑的需求之外，在实时更新的速率、人数容纳范围、服务器稳定等方面，在线可编辑文档对于服务器的技术支持都具有较高的需求。在两个硬性条件都具备的情况下，在线可编辑文档能够为一定范围内、具有共性闭合性问题居多的人群提供帮助。在研究生管理中，数据统计的范围常常是上级部门布置的固定项目，研究生管理系统往往需要技术人员添加程序后，才能上线新功能，其中的时间成本较高。因此，在线可编辑文档是能够很好地提供数字化支持的统计工具，同时，即时性也能够降低统计成本。

（二）传播模式：可供性环境提高统计灵活度

相比于互联网web 1.0时代，互联网web 2.0时代最大的特点是用户交互。在研究生管理中，经常需要填写一些学校要求的、表头具有固定项目的表格。在研究生管理中，在线可编辑文档可以看作是一种可供性的环境提供，在传播学中，施洛克将传播可供性定义为"在个人对效用的主观感知与技术的客观质量之间的相互作用"[①]，Vitak和Ellison则认为"沟通中的可供性观点往往是工具性的且相对规范的，在这种情况下，技术则是潜在行为的框

---

① SCHROCK A. Communicative Affordances of Mobile Media: Portability, Availability, Locatability, and Multimediality ［J］. International Journal of Communication，2015（9）：1229-1246.

架"①。当在线可编辑文档被应用到研究生管理的过程中，在线可编辑文档自身成为一个特定的公共领域，研究生管理人员设计的表头，则成为连接师生之间信息传授的桥梁，是最基本的框架构建。而填表说明则是对于学生填写表格提出的要求，包含了表格设计者的要求和意志，既是对于信息的限定，又是对于学生填写表格的隐喻与暗示。对于学生填写的信息来说，这是一个个性与共性融合的过程，学生填写的个人具体情况是个性化的展示，而在线可编辑文档的要求又是对于共性的提炼。可供性环境的提供扩大了管理者设计表头的自由度，弥补了研究生管理系统程序相对固化的不足。

（三）用户赋权：谬误信息的实时纠正和隐形的信息填写指导

相比于研究生管理系统，在线可编辑文档在研究生管理中的另一个优势是有利于实时纠正谬误信息。当把可编辑表单设置成全体接收成员互相可视时，谬误信息的纠正在研究生管理中主要体现在三个方面：其一是信源，即学生管理者的表格设计方面；其二是信宿，即学生在填写表格中互相学习方面；其三是信息自身方面。在信源方面，在线可编辑文档在设计阶段，学生管理者仅仅具有表格设计者或信息发布者的角色。当在线可编辑文档发布后，学生管理者又获得了一个新的身份，即普通用户。作为普通用户，学生管理者也可以在发布后的文档中进行编辑。当发现表头设计得不合理或项目不全时，可及时修改信息。在通知研究生后，无须把所有信息重复填写，只需要把修改的项目补充即可，有效节省了人力成本。信道在技术层面提供了可在线编辑的可能性，使信宿成为动态可调整的信息暂存渠道。前文提到，在研究生管理中，在线可编辑文档往往具有特定的传播对象和传播范围，这使在线可编辑文档的使用是基于熟人关系链产生的。这在学生管理过程中，有两个优势：一方面，学生之间可以产生信息习得性，可以让学生在填写表格的过程中，看到其他同学填写的信息，从而在格式、内容等方面纠正自己填写的信息。另一方面，学生之间通过信息传递产生了信息习得性，当学生遇到自己不理解或不知如何填写的项目时，参考其他同学填写的相同栏目的信息便可以获得指导性，从而减少询问的过程，既提高了学生填写表格的效率，又提高了学生管理者收集信息的效率。在信息自身方面，信息的实时纠

---

① VITAK J, ELLISON M. There's a network out there you might as well tap: Exploring the benefits of and barriers to exchanging informational and support based resources on Facebook [J]. New Media & Society, 2012, 15 (2): 243-259.

正促进信息熵的降低，信息的动态化又便于信息与实时变化情况的匹配性。

二、在线可编辑文档在研究生管理中对邮件收集的补充作用

（一）信息众筹构建数字化沟通通道

在Web 1.0时代，学生管理的信息收集模式常常是利用邮件附件提交，下载后整理再整合。然而，这种模式存在三个缺点：其一是效率低下；其二是部分学生提交的材料往往因少填、漏填、错填等原因不够标准；其三是当表格设计有误的时候，无法及时修改，往往需要多次传输。而在web 2.0交互时代下，互联网为用户之间的互动提供了技术支持，在线可编辑文档便是代表性产品之一。学生填写在线可编辑文档的过程是一种信息众筹的模式。利用在线可编辑文档提供的技术支持，以及文档设计者的框架限定，根据自身情况提供相应信息。这种众筹模式的实现，是在交互技术支持与传播者对于学生人为赋权的共同作用下产生的。相比于邮件收集模式，在线可编辑文档从技术层面开通了一个新的信道，使师生之间可以进行信息众筹。

（二）扁平传播节省时间成本和人力成本

在线可编辑文档的使用使研究生管理进一步扁平化，主要体现在信息传播的直接性、信息直观可视化、机构简洁化三个方面。其一，在线可编辑文档的信息传播更具有直接性。相比于传统的使用邮件等工具收集信息时，在线可编辑文档改良了点对点的人际传播局限，集成了需要把每位学生的信息分别下载一次的过程，省略了合并的过程。在学生完整填写后，仅仅需要统一下载一次即可，使信息更加直接地传达。其二，在线可编辑文档所有的数据具有直观可视化，因它可以实时更新并可以通过权限设置，对所有接收到的学生可见，所以，通过它传递的数据更加直观和扁平。其三，通过在线可编辑文档，可以在传播主体上进行机构简化。在研究生管理过程中，有些数据是研究生管理部门需要某些具有特定条件的同学填写，往往这些数据具有量大、涉及学院多的特点。当在线可编辑文档未被应用之前，一般情况下，excel等文档的传递路径是"研究生管理部门—学院的负责老师—学生—学院的负责老师—研究生管理部门汇总"，这个过程需要付出大量的时间成本和人力成本。但在线可编辑文档则可以直接把文档传播给学生，研究生管理部门的老师、学院的负责老师，以及学生都可以实时共享和下载数据。

无论是在传播流程和路径上，还是传播的直观性上，在线可编辑文档

都在传播的过程中精简了很多冗余的流程。它利用互联网提供的技术特性打破了时间与空间上的制约，制造了一个允许特定用户随时进行信息交换的公共领域。因此，在线可编辑文档的扁平传播可以大幅节省时间成本和人力成本。相对于传统的表格收集和整理，不但节省了邮箱或社交软件的内存，还减少了因发送环节遇到的网络或地址有误等原因引起的遗漏。

（三）特定的传播对象和文档设计提高统计效率

一般来说，一个辅导员管理的学生总数或最大值具有可预估性。教育部在2017年发布的《普通高等学校辅导员队伍建设》第三章"配备与选聘"第六条规定："高等学校应当按总体上师生比不低于1∶200的比例设置专职辅导员岗位，按照专兼结合、以专为主的原则，足额配备到位。"[①]因此，在学院的层面，辅导员或学生管理者一般在做统计工作时，都可以具体到某一位学生身上。如果具体到excel表格的设计工作中，表头的横轴是学生需要填写的项目，纵轴便可以是每一位学生的姓名。相比于邮件收集学生信息的点对点人际传播模式，在线可编辑文档的使用，往往带有明显的目的性与命令指向性。研究生管理中，使用在线可编辑文档的过程往往具有三个特点：其一是固定的人员，即师生之间的数量和身份具有明确的边界，这使传播链条相对明确；其二是文档中具有相对固定的栏目，即需要调查的事项通常具有确定性；其三是研究生院等管理部门的服务和管理的基层单位也相对固定。在填写在线可编辑文档的过程中，既包含了管理者与学生之间的互动，即信息的传授过程，又包含了学生之间的互动，即通过文档的可视化进行自我纠正。同时，学生管理过程中在线可编辑文档的使用也是一种对个性化的程序性归纳和总结。

在研究生管理中，信息的收集目的之一就是了解学生的具体情况，减少不确定性因素的产生。学生管理者掌握的确定性信息越多，有助于把表格设计得更详细，从而能够更快地达到信息收集的目的。除此之外，特定的传播范围还有助于闭合性问题的设计，相对于答案更多样化的开放性问题，闭合性问题更能够获得结论性的答复，这也有助于信息统计的效率提升。

---

① 中华人民共和国教育部：普通高等学校辅导员队伍建设规定（中华人民共和国教育部令第43号）[EB/OL].（2017-09-29）[2023-03-01]. www.moe.gov.cn/srcsite/A02/s5911/moe_621/201709/t20170929_315781.html.

三、在线可编辑文档在研究生管理中面临的问题及对策分析

虽然在线可编辑文档在提升研究生管理工作中具有推进作用，但是，它仍然存在一些需要注意的问题。

（一）在线可编辑文档的隐私保护问题及建议

在研究生管理过程中，在线可编辑文档引发隐私保护问题主要有两种原因：其一是对于学生来说，互相之间可以看到对方填写的信息，虽然是学生主动、自发的行为，但这在无形之中给信息暴露提供了方便，增加了隐私问题产生的风险。其二是对于文档的误传，即学生管理者或学生把文档误传至其他群中。

面临隐私泄露的风险，可以采取以下三种措施进行规避：其一，在一些涉及贫困生补助、贷款等经济问题上，要想办法隐瞒学生的姓名和身份，如果无法隐瞒，可以考虑使用在线可编辑文档的替代品；其二，注意在线可编辑文档的传播范围，除了在学生班级群内传播以外，无论是传播者本人，还是群内的学生，都要禁止外传，这可以通过对学生的要求和隐私保护教育来实现；其三，建立完善的班级群管理制度，注重班级群的管理，如果有外人加入，要及时清理。如果发现盗号的情况，及时与账号所属学生进行沟通，并尽快处理。

（二）信息篡改的问题及建议

交互是一种具有"双刃剑"性质的技术提供，当填写在线可编辑文档时，信息篡改也是需要注意的行为。在研究生管理过程中，信息篡改主要体现在以下三个方面：其一是无意中篡改他人信息，即在填写量较大的表格中，因误读表格，把自己的信息填写到他人的栏目中，事后未及时发现；其二是无意中篡改表头，学生在填写表格时，因不小心误把表头删除或更改，或因不熟悉表格发布者设置的快捷键而篡改表头；其三是在极少数情况下，带有不良目的的恶意篡改。信息的恶意篡改与信息填写时间的滞后性密切相关，通常发生在学生管理者已经上报数据之后，一般表现为两点：其一是学生未按时填写表格，在学生管理人员已经把文档上报后，学生自身惧怕承担责任，自己把信息添加在后，并且未及时告知管理人员。一旦发生问题，虽然填写路径可查，但也需要付出一定的时间成本；其二是填写数据有误或更改数据，有一些学生的福利或奖励是在报表上报后，研究生管理部门根据数

据情况，作出相应下发的决定。当学生被下发的福利或奖励吸引后，进行数据修改，此时已经无法再次上报，从而引发管理人员和学生之间的纠纷。

恶意篡改信息虽然在学生管理的过程中比较少见，但一旦发生，就会造成很严重的冲突或纠纷。针对这个情况，可以采取以下三个措施：其一是及时更改在线可编辑文档的权限设置，即在完成相关事项后，及时更改可编辑或可见文档的范围，以此来防止后续因更改在线可编辑文档而引发的诸多问题，同时其二是在事项结束后，及时导出文档为excel表格，并及时让学生核对并规定时限做个别修改。这样做的优势是：既可以与学生建立一个契约，明确文档的截止日期，并再次确定信息，又及时对数据留存证据，保护学生管理者自身，同时对于数据的再次核查也是减少信息谬误、减少因数据产生问题的手段，这也是管理者对上报数据负责任的表现；其三是及时对于相关学生进行思政教育，以此防止类似事件再次发生。

（三）实时保存和终止共享

在研究生管理中，使用在线可编辑文档的情况往往具有时效性。作为文档的使用者，可以实时生成和保存需要的信息；作为文档的发起者，可以从人员、数据、时限等多个方面，设置文档的共享范围和共享时间。实时保存可以有效防止服务器因崩溃、涉及敏感内容等原因引起网络硬件上的意外事件，及时终止共享在研究生管理中，这样做有两个好处：其一是可以作为思政教育的一环，培养研究生的时间观念，遵守截止时间，提高规则意识；其二是可以提高师生双方在数据层面的私密性。

综上所述，在线可编辑文档是web 2.0时代下，基于技术性的用户赋权、可供性关系改变的共享统计工具之一。在研究生管理中，它的灵活性和即时性能够与研究生管理系统形成功能互补，它的扁平化传播与用户赋权能够与传统邮件等统计工具形成优势互补，它的扁平化传播模式和实时的信息交互极大地为带有特定人群特点的研究生管理工作提高了效率。当使用在线可编辑文档时，也需注意隐私保护、信息篡改、实时保存和终止共享等问题。

新工科背景下机械类本科生核心素质培养的研究与实践*

马艳秋　赵　帝　李世超**

摘　要：本文分析了新工科内涵、目标、任务和人才培养要求，在此基础上，结合机械专业背景，构建了机械类本科生核心素质模型，提出了机械类本科生核心素质培养方案，并以机械与航空航天工程学院工科创新基地为例，探讨了模型和方案的实用性和可行性。近5年的实践结果表明：在该模型指导下，机械类本科生的核心素质和综合能力得到显著提升，本文的研究和实践对其他工科专业人才能力培养具有一定的借鉴价值。

关键词：新工科；机械类本科生；核心素质；模型

党的二十大报告指出，培养造就大批德才兼备的高素质人才，是国家和民族长远发展大计。[①]面对新技术、新经济蓬勃发展及人才紧缺的现状，我们国家正在实施科教兴国战略、人才强国战略、创新驱动发展战略，各高校也在积极探索构建面向工业、面向世界、面向未来的具有中国特色、世界水平的卓越工程人才培养体系。2017年国家开始新工科建设，国内各高校在培养方案改革、学科竞赛推动、校企合作、课程实践改革、创新创业意识和能力培养等方面进行了有益探索，并取得了许多重要成果，促进了新工科建设的

---

* 本文为吉林省教育厅2022年度就业专项研究项目"高校工科学生职业能力现状及提升对策研究——以吉林省高校为例"（课题编号：JJKH20220953JY）的研究成果。

** 马艳秋：吉林大学机械与航空航天工程学院党委副书记兼副院长、副研究员，主要从事大学生思想政治教育、学生就业创业研究。赵帝：吉林大学机械与航空航天工程学院辅导员。李世超：吉林大学机械与航空航天工程学院辅导员。

① 习近平.高举中国特色社会主义伟大旗帜 为全面建设社会主义现代化国家而团结奋斗——在中国共产党第二十次全国代表大会上的报告［EB/OL］.（2022-10-25）［2023-03-01］. https://www.gov.cn/xinwen/2022/10/25/content_5721685.htm.

发展。[①]

吉林大学机械与航空航天工程学院（简称学院）作为以机械工程专业为基础的工科学院，始终将本科人才培养作为立足之本，坚持立德树人根本任务，坚持以学生发展为中心，创建了以提升核心素质为主导的本科生能力培养体系。本文以我院工科创新基地为例，展示了学院面向新工科建设，加强机械类本科生核心素质培养模式的实践过程。

一、新工科背景下机械类本科生核心素质构成

"新工科"是科学、人文、工程的交叉融合，是培养复合型、综合型人才，学生要具备整合能力、全球视野、领导能力、实践能力。新工作建设是国家工程教育改革的重要战略选择，其"新"主要体现在新目标、新任务。新目标是以应对变化、塑造未来为建设理念，以继承与创新、交叉与融合、协调与共享为主要途径，培养多元化、创新型卓越工程人才，为未来提供智力和人才支撑；新任务包括教与学的融合、实践与创新创业、本土化与国际化三个关键任务。

素质教育是注重培养学生的综合素养和能力，而不仅仅关注学生的学习成绩。核心素质是指一个人具有的品质、学识、能力以及专业技术特长等条件，也可理解为核心表现力。本文结合新工科的内涵、目标、关键任务及人才培养要求，根据人才培养的内在逻辑，锚定"机械类"这一专业背景，围绕"本科阶段"这一人才培养的"黄金时期"，以机械类本科生应当具有的知识、能力、素养为横坐标，以本科通识教育、工科大类教育、机械专业核心教育为纵坐标，构建机械类本科生"3×3维"核心素质模型，如图1所示。

分类	知识	能力	素养
本科通识	数学与自然科学知识 人文与社会科学知识	学习能力：特别是自主学习能力 沟通交流能力：特别是外语交流能力	核心价值观 批判价值观

---

① 高海涛、张永锋.卓越工程师人才培养路径探索［J］.大连民族大学学报，2021，23（06）：574.

分类	知识	能力	素养
工科大类	工程科学与技术基础	能够研究分析工程领域的力学、热学等物理现象，获得有效结论	工程哲学观 工程职业道德规范 使用现代工具（通用）
专业核心	机械工程学科基础知识 机械工程专业知识	实践能力：能够解决机械领域所涉及的设计、制造、测试、控制等复杂工程问题，提出有效解决方法 创新能力：能够针对机械结构及系统、制造过程及系统在特定条件下的现象进行科学研究，形成有效结论；能够围绕机械设计、制造、测试、控制进行技术创新，提出创新性的解决方案	国际视野：专业领域国内外现状与姿态 使用现代工具：专业领域软件和仪器设备

图1 机械类本科生"3×3维"核心素质构成模型

二、机械类本科生核心素质培养思路

（一）培养目标

紧紧围绕立德树人根本任务，把学生培养成为具有家国情怀和社会责任感，具有良好的道德品质、思想素质、人文素养、职业精神、创新能力和国际视野，具有扎实的学习能力，具备解决复杂工程问题和工程项目管理能力，适应国家战略发展需求的"又红又专"复合型工程卓越人才。

（二）培养任务

从培养目标出发，按照机械类本科生核心素质构成模型，结合机械专业人才培养要求，来组织构建系统、协同、规范的核心素质培养体系，重点在加强学生思想素质、专业素质、创新素质、学习品质、管理能力和国际化视野等六方面下功夫，制定适合机械类本科生核心素质提升的培育方案。

一是加强学生思想素质教育，使学生具有良好的政治思想基础和职业道德基础，不断培养学生的工程哲学理念；二是加强学生专业素质，通过学习机械工程学科基础知识、机械工程专业知识，不断夯实专业基础，提升专业能力；三是加强创新素质培养。使学生具有批判性思维，着重培养学生的创新能力、实践能力；四是加强学生学习品质训练，培养学生的学习能力，具有善于提出问题、分析问题、解决问题的能力，具备熟练掌握现代工具的能力；五是加强学生管理能力提升，着重培养学生团队协作能力、沟通表达能力等；六是提升学生国际化视野，加强外语学习，通过文化体验活动、文化交流等培养学生跨文化交际能力。

（三）培养模式

本文根据工作实际，提出机械类本科生核心素质培养的"一平台、二模块、一基础"模式（简称"一二一"模式），以达到机械类本科生核心素质提升的目标。其中，前面的"一"是指搭建一个平台，以培养未来有"灵魂"的卓越工程人才为目标，构建一个机械类本科生核心素质培养平台。"二"是构建"两种素质培养模块"，即专业素质培养模块和非专业素质培养模块。专业素质培养模块是通过专业知识的学习和积累，不断提高专业技能；通过参与实践环节，不断提升学生的动手能力和工程能力；将理论和实践相结合，不断将定性、定量专业知识碎片与专业基本实践技能联系起来，不断提升专业素质。非专业素质培养模块是核心素质教育的重要组成部分，包含创新素质、学习品质、管理能力和国际化视野。后面的"一"是指"一个过硬的思想基础"，包括坚定的理想信念、厚重的家国情怀及高尚的品德修养，这些要素构成了核心素质培养的思想基础。

三、实践案例

本文以学院工科创新基地（下文简称基地）的建设为案例，具体展现"机械类本科生核心素质培养"的实施过程。

（一）案例简介

工科创新基地始建于2012年，是学院提高学生实践能力、培养创新精神和协作能力的实训基地。基地结合专业特点，秉持"开放、自主、协同、共享"发展理念，坚持以学生为本、以能力提升为导向，注重创新氛围营造，培育学生创新精神，在学院人才培养方面发挥了重要作用。目前，基地通过"以赛促学、以赛促建"模式，整合全院学科竞赛力量，由院长任基地领导小组组长，由负责竞赛的专职教师作为成员成立了基地领导小组。同时设立四个学生组织，即基地管理部、竞赛服务部、技术培训部、意识和实践能力，将基地转变为培养具有国际化视野的"平民化精英"园地。科技宣传部，以项目为引领，实行"一赛一室一师一学"的运行模式，针对每个竞赛成立竞赛工作室，由一名专业教师负责，四个学生组织对接赛事的相关事宜。基地紧紧围绕"培养一批高质量的创新型工程技术人才"的育人目标，坚持以立德树人根本任务，遵循工科人才培养规律，不断创新人才培养模式，努力为学生搭建一个将理论知识和实践设计相结合的桥梁，构建课内与课外相容互长的平台，通过日常培养和项目锻炼，以点带面、层层递进培养学生的创新。

（二）工科学生非专业能力培养实施过程

1.加强思想引领，发挥育人功能。基地始终坚持立德树人根本任务，高度关注学生的思政教育，培养了"长春市百优大学生""吉林大学十佳大学生"等为代表的一批批优秀学子。基地推行全员导师制，保证每名学生均配有对应的专任教师完成学业、学科竞赛全程指导；学业导师也是竞赛项目的指导教师，通过双重身份，建立新型师生关系，实施因材施教和个性化培养；教师通过指导竞赛项目，完成了学生成长的全程陪伴，实现了开展学生思想教育的全过程育人；基地设立学生党支部，院团委书记担任基地学生党支部书记，加强党建引领；党支部定期组织思想理论学习，定期邀请学院党委书记、各系党支部书记讲授主题党课、思政课，加强爱国主义教育；通过主题党日活动，激发学生爱党爱国热情，弘扬红色文化，培育红色精神，引导学生自觉将报效祖国作为人生最高理想和职业价值追求。

2.通过以赛促学，提升学习能力。基地以夯实理论基础、提升外语及软件应用能力为出发点，通过各类竞赛活动，提升学生数理基础、专业能力，树立学业发展目标，自学能力逐渐增强。基地还通过研讨会、学习交流会、"学霸"领航分享会等不断交流学习，夯实专业基础；利用工程训练中心、企业实践基地等，引导学生参加创新性实验设计项目，使学生学以致用，将理论知识转化为生动实践；聘请一流大学知名教授、国内知名企业家、大国工匠进校园开展专题讲座，拓宽学生视野，激发奋斗精神。

3.打造实践平台，激发创新热情。一是打造科创实践平台。以基地团学组织为依托、以实验室资源为基础，分层次、分类别做好学生科技创新引领，持续开展竞赛组织、竞赛技能培训、青科协教师讲座等活动，开阔学生创新思维；二是打造社会实践平台。寒暑假期间，基地组建社会实践队伍开展乡村支教、企业参观等实践活动，加深对区域发展及社会国情的认知，以知促行，以行求知；三是打造就业实践平台。通过开展就业技能培训、邀请企业专家开展就业创业指导活动等，提升学生就业创业能力。

4.依托学科竞赛，提升实践能力。吸引学生参与学科竞赛，激发学生学习兴趣，学业导师对学生科研活动全程指导，以不断提升实践能力为主导，在各类学科竞赛中取得了优异成绩。2022年，基地结题国家级、省校级项目86组，在第七届全国大学生工程训练综合能力竞赛、第十三届全国大学生周培源力学竞赛、全国大学生先进成图技术与产品信息建模创新大赛、美国大学生数学建模比赛、"互联网+"等各类竞赛中均获得奖项，取得优异成绩。

5.营造工程师文化，培养创新思维

基地开展"培风图南"科普系列活动百余场，激发学生专业学习兴趣，引导学生了解学科发展现状及前沿发展方向；基地每年组织开展"创想·研学·求思"师生研讨会、"砥志研思，精业笃行"技术培训会、"匠心传承，砥砺奋进"筑梦大讲堂、机械TA说等系列活动百余场，极大激发了学生创新兴趣，挖掘学生创新潜力，培育了"工匠精神"，营造了良好的创新创业文化氛围，学生创新意识和创新能力得到提高。

6.增强国际意识，开阔国际视野

基地通过双语、全英等培训方式，组织英语演讲比赛及英语配音大赛等活动，持续训练和提高学生英语能力；聘请国外名师做讲座、学术报告，培养学生国际化思维方式；通过组织学生参与ICFDM国际会议志愿者工作，组织学生国外短期实习交流项目，开阔学生国际化视野。

四、结论与展望

工科创新基地作为提升学生核心素质的平台，将创新实践教育与学生的价值观教育、专业教育紧密结合，为学生搭建了一个将夯实理论知识和提升实践能力相结合的平台。基地通过日常培养和项目锻炼，逐步转变为培养具有国际视野的"平民化精英"园地。通过实践与创新活动的开展，加强学生在多层次、多角度、多方面的综合发展，最终利用有效途径与手段，积累凝练高水平研究成果，全面提升了学生的核心素质。近5年的育人成果显示，依托基地培养应用型人才的方法是可行的，能有效提升本科人才培养质量。未来，学院将继续秉持"厚基础、重实践、严要求"育人理念，进一步总结经验，多措并举，不断加强本科生教育培养，为国家培育更多合格的应用型人才。

校园文化建设对新时期创新型人才培养的作用探究[*]

于奥博^{**}

摘　要：创新型人才的培育是高等教育的重大任务之一，本文从校园文化建设的内涵入手，分析了校园文化建设对创新人才培养的重要作用，简要探讨创新人才培养目标下如何进一步加强校园文化建设。

关键词：高等教育；校园文化；创新型人才；人才培养

党的二十大报告明确提出："教育、科技、人才是全面建设社会主义现代化国家的基础性、战略性支撑。"^①努力在新征程上开创党和国家事业发展新局，必须坚持将创新和科技发展放在重要战略地位，为高质量发展注入源源不断的新动力。当今世界，人才是国际竞争中极为重要的战略资源，人才培养质量直接影响着科技的发展，关乎国家的未来、民族的复兴。因此，全面培养创新型人才一直是高等教育的重大任务之一，近年来，我国高等教育的快速发展使教育规模实现了跨越式发展，使高等教育事业迅速步入大众化发展阶段。当前教育体制下，作为高等教育的场所，高校是我国高层次人才的培养基地。高校校园是大学生的主要生活、学习场所，良好的校园文化氛围对于大学生的成长成才有重要的浸润效果，是极其重要的教育资源。因此塑造良好的校园文化氛围，对推行素质教育，培养大学生的创新精神和创造力，起到不可或缺的推动作用。

---

* 本文为吉林大学2022年研究生思想政治教育工作研究课题"'三全育人'视阈下导学思政融入研究生基层党组织建设模式探究"（课题号ysz202207）阶段性研究成果。

** 于奥博：吉林大学白求恩第二临床医学院辅导员。

① 习近平.高举中国特色社会主义伟大旗帜 为全面建设社会主义现代化国家而团结奋斗——在中国共产党第二十次全国代表大会上的报告[EB/OL].（2022-10-25）[2023-03-01]. https://www.gov.cn/xinwen/2022-10/25/content_5721685.htm.

一、校园文化的内涵及在新时期的基本特征

（一）校园文化的概念

校园文化指的是学校所具有的特定的精神环境和文化气氛，具体主要可划分为物质文化、精神文化和制度文化等方面。物质文化即环境文化，是校园文化的基础。包括学校建筑物、教学和科研设施及活动场所等设施产生的文化，是外在显性的文化，良好的环境能够树立良好的校园形象，在增强学校吸引力的同时扩大知名度。精神文化即大学精神，是校园文化的核心，它包括办学理念、精神面貌、思维方式、审美意识、行为道德准则和价值取向等多方面内容，是校园文化的灵魂，渗透到校内各种文化载体之中，对校园文化导向起着决定性作用，是校园文化存在和发展的内在动力。制度文化主要包括学校的各项管理制度、校规校纪、行为规范等，是校园文化的保障。与物质文化相比，制度文化更具稳定性；与无形的精神文化相比，制度文化更具体，可以把它看成是精神文化内容的形象化与规范化。

（二）新时期校园文化的基本内涵

在我国加强创新型国家建设的新时期，高校的校园文化在创新型人才培养过程中发挥着重要作用。新时期校园文化体现以下几个基本内涵：

1.拼搏进取、自觉奉献的爱国情怀。高等学校作为社会主义精神文明建设的重要阵地，承担着"为党育人、为国育才"的重要使命，理应将立德树人作为根本目标，而爱国主义教育正是德育工作的重中之重，要引导学生培养浓厚的家国情怀，立爱国之心、树报国之志、践效国之行，真正把学生培养成为国家的建设者和接班人。

2.求真务实、勇于创新的科学精神。高等学校作为先进科学文化知识的集散地和创造源，在党中央和国务院提出加强自主创新、建设创新型国家的战略决策的指引下，高校培养创新型人才更是一种责无旁贷的神圣职责，这关系到我国科学技术事业的长远发展和国家综合国力的尽快提高。因此，应克服困难，排除干扰，把培养学生的科学精神作为长期任务，坚持不懈地抓下去。

3.团结协作、淡泊名利的团队意识。高等学校在教育过程中要不断培养学生的团队精神，强化集体观念教育，让所有学生都找到自己在集体中的地位。真正认识到只有取长补短、团结协作才能使集体更具有向心力和凝聚

力，使集体中的成员能够自觉、有效地寻求合作来解决问题，主动完成各自承担的工作，真正体会到团队精神的实质所在。

4.敢于探索、宽容失败的创新文化氛围。培养更多、更好的创新型人才是建设高水平研究型大学的根本目标和任务。因此在高校鼓励求真务实的科学精神的同时，也应该倡导对权威的合理怀疑和理性批判，营造自由的学术氛围，鼓励青年学生激活创造性思维，在学术之路上敢于猜想，勇于实践，在大胆假设的同时小心求证，树立不畏困难、不怕失败、越挫越勇的科学研究精神。

二、校园文化建设在创新人才培养中的作用

（一）良好的校园文化有利于引导大学生树立家国情怀

校园文化建设的核心是帮助学生塑造正确的世界观、人生观、价值观，其关系到学生在成长成才过程中，对周围事物、现象进行评价，取舍学习的根本观点，对青年学生学习、生活以及未来发展的各个方面都有重要的影响作用。校园文化以多种形式影响着学生基本观念的形成，如：校风校容、制度建设、文体熏陶等，校园是学生学习和生活的主要场所，对学生的观念形成有潜移默化的影响作用，高校要通过营造积极向上、文明进步的校园生活氛围，进而影响学生形成社会主义核心价值观，树立正确的人生观、价值观，为创新人才的培养提供良好的外部环境。

青年学生是国家未来的建设者和接班人，是我国高质量发展、建设创新型国家的重要有生力量。因此在高校教育环境中，在大力培养学生创新意识的同时，要通过深厚的校园文化，在学生心中厚植家国情怀，引导学生明确历史任务，树立"创新报国"理想。

笔者认为，可以通过学生团学组织和各种学生团体组织举行一系列活动来丰富校园文化内涵，例如以吉林大学白求恩第二临床医学院为例，通过组织诵史崇德主题朗诵活动和缅怀英烈、铭记历史等白求恩精神纪念活动，使广大同学对于白求恩故事及白求恩精神有深刻理解，传承弘扬白求恩精神，提高学生毫不利己、专门利人的服务意识，引导学生坚定理想信念、树立远大抱负，燃起自己强烈的爱国热情和希望，丰富校园文化内涵。

（二）良好的校园文化有助于为学生培养创造性思维和实践能力

校园文化建设对有助于完善学生思维方式，是创新型人才培养的前提和

基础。专业知识的课程学习与课外活动对学生思维方式有不同的锻炼作用。学生在课堂学习专业知识时，主要是对于已有知识的接收，更多的是理解和记忆；在课外活动中，更多的是根据目标提出想法和作出实践，需要创造性思维和动手能力。此外，丰富的校园文化活动，为学生的跨学科交流提供平台，有助于理工科学生理性的逻辑思维与文科学生偏重想象、直觉的思维交流碰撞，完善学生的思维模式，增强适应能力。真正使科技与人文融合，科技教育与人文教育并重的教育方针也得到良好的实践和体现。

　　丰富多样的校园文化活动与创新创业活动，是培养青年学生创新精神，提升学生动手实践能力的有效手段。例如，为探索诺贝尔医学奖发明的前世今生，提升本科生对医学史的了解及其现代应用，激发同学们不断追问、拓展交联的科研思维，营造师生主动探索的浓厚学术氛围，发展教学相长的医学培养模式，由白求恩第二临床医学院院长秦彦国教授发起，学生工作办公室策划承办的百期诺贝尔医学"讲"翻转课堂已开展10期，累计参与师生共计700余人次，共有10位班主任老师带领来自22个科室的46名临床老师组成指导组，42名本科生进行翻转课堂汇报。翻转课堂的举办，让学生转换角色在讲台前授课，指导教师在台下听讲并给予指导，对于学生培养积极探索、敢想敢做、勇于挑战的创新精神起到良好效果。

（三）良好的校园文化有利于培养学生开放、活跃的思维

　　营造民主、包容的教育环境是良好校园文化内涵的重要组成部分。作为全国规模最大、学科体系最完善的高等学府，多年来，吉林大学始终秉持以人为本的教育方针，致力于营造鼓励创新、倡导实践、兼容并包的校园文化环境，打造真正开发学生潜能的创新培养体系，为学生创造性思维的培养提供了坚实的保障。在相互交流中，学生能够完善思维方式，改善知识结构，同时个性意识得到显著发展，最终形成一种鼓励创新、激发创新的校园文化机制。

　　与此同时，作为培养创新型人才的基础，个性教育应该得到足够的重视。学生个性能否完整显现出来，关系到每一位学生的个性特征、个人潜能和工作价值能否被发掘，能否被有力培养，关系到个人天赋能否得到充分发挥，更好地发挥创造性。而只有在开放包容的校园文化环境下，在每一名学生特性被充分认可的前提下，教育才能真正做到尊重差异、因材施教，个性教育才能得以实现。在教学过程中，鼓励和支持思维活跃的学生更好地发展

创新能力，从而培养更多全面发展的创新型人才，以满足社会需求。在白求恩第二临床医学院，校园文化活动内容丰富，通过组建发展本科生兴趣俱乐部，帮助低年级学生迅速适应并融入校园环境与集体生活，为学生身心健康的发展抓住关键入口。

三、加强校园文化建设，培养创新型人才

（一）校园文化建设应全力营造"和谐"的校园氛围和良好的育人环境

在校园文化建设的过程中，人文环境的优化和校园精神的塑造尤其重要。人文环境的优化主要包括校园整体的布局、美化，制度建设和学科管理及学校所处的地理位置，周边的社会环境等等；校园精神包括以知识分子为主体，以高知识层为标志的科学精神和人文精神，同时也包括大学校园内的科学氛围。另外，创新型人才的培养也需要和谐宽松的环境。以上这些都对创新型人才培养产生重要的影响。因此，在校园环境的建设中要下功夫，在建设优美校园环境的同时，要注重将民族性和时代感注入其中，全面提升学生的文化审美；要在制定学生管理规章制度的同时，充分利用好校史、校训等文化财富，形成独特向上的校风、学风。要在鼓励创新创造的同时，提高警惕，抵制不良思想、不良文化的侵袭。举办多样的校园文化活动，为广大师生营造良好的合作交流环境，通过兼容并包的校园文化环境，引导广大学生全面参与到创新活动中，促进来自不同学科、不同文化环境的思想之间的碰撞交流，在碰撞中激发新思路。

（二）加强课程体系改革，开展实践活动，大力培养创新型人才

当今社会，科技迅猛发展，知识体系不断更新，逐渐呈现出领域间不断交叉转化的特点。这些都对高等学校专业教育提出了更高的要求，要求我们持续更新教育理念，不断扩充教学内容和培养体系。将最新的研究进展融入课程教学中，同时将培养体系设置得科学合理，更加综合，来提升学生对业内环境的适应性。同时要注重科技与人文相融合的教育方式，进一步拓展"通才"培养方式，对理工科学生应加强人文学科课程的教育，加强传统文化、人文学科等方面的教育；此外还要避免由于专业划分过于精细导致的学生知识面不够宽、对传统文化了解不足等问题，在教育过程中除书本知识外，注重学习、研究方法的传授，提升触类旁通的解决问题能力，力求培养出知识结构完备、思维方式全面立体、能够适应当前社会和科技发展的复合

型人才。

更重要的，在人才培养的过程中，要将创造性思维的塑造放在重要的位置。现今教育体制下，学生在高考前所经历的教育更多偏向应试教育，导致思维模式较为固定。因此高校的教育除传授课程体系内的知识外，应着力于激发学生的个性化、创造性思维。通过开设创新技能培训课程，传授创造、发明基本技能，系统性地培育创造发明的意识思维，吸引创造兴趣。应广泛开展创新创业比赛，设立专项基金，对于学生好的创意、发明，在鼓励的同时更要给予物质自助，将其推广实现。各大高校在条件允许的情况下应该逐步建立自己的创新实践基地，同时也可以和社会其他部门合作建立社会实践、实习、创新合作项目或计划，鼓励更多的学生参与到创新实践中来，引导学生关注行业最新进展，全方位提升创新能力。

（三）以促进学生个性发展为目标，将创造性思维与校园文化活动有机结合

高校应举办丰富多彩的校园文化活动，以学生为主体，鼓励学生发挥个性意识，从方案制定到决策落实以及突发状况的解决等环节，全方位完善学生的思维方式，激发创造热情、创造灵感，增强动手实践能力、鼓励创新成果，进而达到学生"知"与"行"的最佳统一。要充分发挥校园文化活动在创新人才培养过程中的综合效应，积极引导大学生加入并体验社团文化，促进学生个性发展，启迪创新意识。

四、小结

当今社会，科技发展日新月异，在国家间竞争日趋激烈的今日，高等学校承担着后备人才培养的重要使命，是创新型人才培养的重要基地。良好的校园文化建设能够在引领树立青年学生树立家国情怀的同时，进一步促进创新思维的培育，对创新型人才的培养起到了重要作用。在未来的工作中，我们要进一步营造和谐校园文化氛围，丰富校园文化建设，加强课程体系改革，做好创新型人才培养工作。

参考文献

[1] 郭喜良, 陈轶嵩. 普通高等医学院校创新型人才培养模式的研究与实践 [J]. 中国校外教育 (理论), 2009.

[2] 马赫, 侯建成, 朱天宇, 等. 基于创新型人才培养的医学生德育途径思考 [J]. 中国教育技术装备, 2019 (8): 3.

[3] 孟旸. 高校校史在医学院校校园文化建设中的功能及实现路径探析——以湖北医药学院为例 [J]. 文化创新比较研究, 2022, 6 (24): 161-164.

[4] 龚蓓. 基于创新人才培养下的高校校园文化建设研究 [J]. 读与写: 教育教学刊, 2018 (002): 51.

[5] 刘玉红, 李怡竹. 高校文化建设与创新型人才培养关系研究 [J]. 山西青年, 2017 (20): 2.

创业就业教育

课程思政视角下针对就业过程心理指导的微课设计研究[*]

汤　晓　白仲琪　薛　雷[**]

摘　要： "00后"的"逃避型慢就业"现象在近年来愈加凸显，究其原因在于毕业生在就业过程中遇到了心理困境。研究表明，就业认知、就业压力和价值取向等短期特发的心理状态因素是产生就业过程中常见心理困境的重要成因；通过扎根分析了解到，就业压力管理、自我价值协调和就业认知重塑是有针对性地摆脱就业过程心理困境的有效途径；以微课的形式能够提高学生摆脱就业心理困境的效率；微课为学生提供了正确的就业认知评估和解决问题的策略，教会学生如何应用科学性决策应对"卷"的外界环境，使学生理性认识"职场PUA"（上级对下级的精神控制）和严格管理的本质，应对职场蜕变过程产生的不适；全过程渗透式的思政教育则是使毕业生摆脱就业心理困境的精神内核和思想根基。针对以上问题，从备受关注的小切口议题入手，设计了"守护求职心晴"系列微课，共3节，分别针对"摆烂""内卷"和"职场PUA"这三个热点问题，引导学生做好就业压力管理、自我价值协调和就业认知重塑。在微课设计中紧紧围绕立德树人根本任务，润物细无声地融入思政元素，强化价值引领，激发学生生涯发展与社会价值实现的内生动力。

关键字： 课程思政；就业过程；心理指导

---

* 本论文为吉林大学2022年就业工作课题"针对就业过程中毕业生常见心理问题预防干预的微课设计"（项目编号：JY202204）研究成果。

** 汤晓：吉林大学学生心理健康指导中心副教授。白仲琪：吉林大学学生心理健康指导中心副教授。薛雷：学生就业创业指导与服务中心副主任。

一、高校毕业生就业过程中常见心理困境分析

（一）"00后"慢就业现状剖析

随着社会的发展，年轻一代毕业生面临的就业压力日益增大，从我国高校目前情况来看，每年约有1000万大学毕业生走出校园，就业形势不容乐观。"00后"的"慢就业"现象在近年来愈加凸显，其中相当一部分"坚定"地选择了读研，"一战"不成还会"二战"甚至"三战"，这种现象的存在，不仅影响学生个人的生涯进程，也造成了一定程度的教育资源浪费和人才浪费，对学校乃至整个社会和国家的发展带来了一定的负面影响。

究其原因，很大程度上并非是出于深思熟虑后对于深造的向往，也不是因为这部分学生能力不足找不到工作，而是在就业过程中迷失了人生方向、遇到了心理困境，找不到个人满意的工作或暂时不愿面对找工作的情境，造成了"逃避型慢就业"。

目前大学毕业生将要面对的是网络词语中所提到的"摆烂""内卷"和"职场PUA"等求职过程的心理困境。这些是毕业生求职过程中可能要应对的社会现象，更是大学生心理健康指导工作者必须着力解决的现实社会问题。这些词语是近年在大学生群体中广泛热议的网络词语。所谓"摆烂"，指事情已经无法向好的方向发展，于是就干脆不再采取措施加以控制而是任由其往坏的方向继续发展下去，类似"破罐破摔"。"内卷"，是指在某一领域，人们为了比别人更加出色，导致了过度的竞争。"职场PUA"，根据新华网的定义，是指发生在职场中的精神控制现象，上司通过一系列的精神控制方法使下属丧失自我，最终对上司唯命是从。

（二）就业过程中常见心理困境的成因探索

近年来的很多就业心理研究和实践，都从生涯规划的角度，给学生进行了指向个人特质匹配和素质发展的就业指导，这是针对学生较为稳定的心理素质进行的教育。但是不能忽视的是对于毕业年级学生在就业过程中的就业认知、压力和价值取向等短期特发的心理状态因素，也对学生就业意愿和动力乃至就业结果起着巨大的影响作用。例如，因为畏惧就业压力而主观回避，在为找工作过程中自我设限，不能为之付出应有的努力；或者因为缺乏对于个人价值观和劳动价值观的探索和澄清，盲目攀比造成毕业生在应聘时无法发挥出自己的真实水平，和适配工作失之交臂；抑或是毕业生由于对就

业存在不合理的认知和期待，而无法在真实的职场环境中找到自认为满意的工作，继而对找工作消极抱怨。诸如此类毕业生不敢、不愿就业的"慢就业"现状，尽管是个让人谈之色变的"大问题"，但是从成因入手，大都是就业过程中的短期状态性心理问题，只要能够精准把握"小切口"，给予及时关注和聚焦干预，有的放矢地提供心理指导和思想引领，就有望迅速且有效地帮助他们摆脱就业困境。

（三）就业过程中常见心理困境类别的扎根分析

本研究搜集并分析了近5年与就业相关的成功心理咨询典型案例31个，排除由于个性、素质与能力这些不易短期改变的因素与其他因素导致的就业期间存在心理问题的案例8个，较为典型的就业过程中出现的心理问题案例共23个，表象问题大都是就业过程中出现了诸如焦虑、抑郁等情绪问题，影响到了正常生活和就业过程。

但其原因和表现又不尽相同，通过扎根分析发现，可以归纳为3大类共8个方面，包括：压力问题（含内源压力和外源压力），认知问题（含自我认知不清、职业认知不足和社会认知缺乏），以及价值取向问题（含动机缺乏、攀比从众和意愿冲突）（模型见下图）。

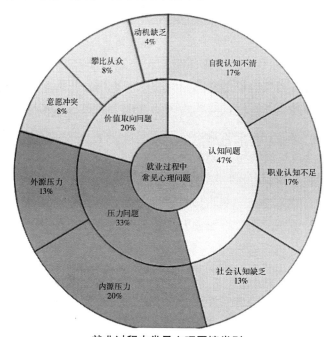

就业过程中常见心理困境类别

基于以上研究结果，以就业压力管理、自我价值协调和就业认知重塑为抓手，进行就业过程中的心理指导干预，对改善学生就业现状具有重要的实践意义。

二、解决就业过程心理困境的途径探索

（一）传统模式解决就业过程心理困境的掣肘之处

针对当前大学生就业面临的就业心理问题进行心理干预，是当下教育工作者和社会各界关注的焦点。诚然，通过心理咨询进行个体干预是卓有成效的，但是考虑到毕业生的群体规模，紧靠个体咨询是远远无法满足实际需求的。有研究发现，就业指导课程对改善大学生就业应对方式、缓解就业压力具有一定帮助，但通识系统课程类似于"大雨漫灌"，很难有针对性地解决学生在新时代新情况下遇到的具体问题。

（二）采用微课形式开展就业过程心理指导的优势

随着信息技术和教育技术的发展，微课也随之产生并得到广泛应用。"微课"这一概念最早是由美国心理学家洛钦斯提出的，后来被人们逐渐应用于教育领域中。它通过"浓缩"视频而达到教学目的，更像是"小雨滴灌"。由于微课形式方便快捷、节省时间等优点在社会上引起广泛关注和使用，并逐步成为一种新型教学方式。它具有很强的针对性，可以帮助学生从一个特定的问题出发，聚焦核心知识点进行学习。每一节课"短小精悍"——一方面，微课时长通常限定在15分钟之内，使学生更方便安排学习时间，也更容易集中注意力；另一方面，微课"麻雀虽小五脏俱全"，授课过程中更注重对象感，会结合反思、案例分析和个人实践等多种教学形式，着力提高学生的自我意识和实践能力。

（三）"守护求职心晴"系列微课的建课思路

本研究以"立足实际，分类指导，注重实效"为课程理念，将微课作为教学手段，优势更为突出，学生面对的就业问题往往都是重要的小问题。尤其是针对学生在就业过程中面对的挑战和困难，通过微课有的放矢地解决，是非常有效且高效的。

此外，在心理指导的基础上，在微课中强化课程思政，引导学生树立正确积极的价值观，也可以激发学生生涯发展的内生动力，帮助学生主动解决就业中遇到的心理困境。

"守护求职心晴"系列微课设计为3节，每节课设计为15分钟以内，分别是针对就业压力管理的《求职路上，想要"摆烂"怎么办？》、针对自我价值协调的《求职路上，如何面对"内卷"？》和针对就业认知重塑的《求职路上，如何看待"职场PUA"？》。

在微课建设中，紧密围绕立德树人根本任务，融入思政元素，强化价值引领，把培育和践行社会主义核心价值观融入教育全过程，帮助学生树立社会主义核心价值观和正确的劳动价值观，培养合理的就业认知和心态，激发学生生涯发展的内生动力。

三、"守护求职心晴"系列微课设计特色

（一）育人育心，从"当务之急"入手开展就业过程指导

"守护求职心晴"系列微课设计从学生的需求出发，以"摆烂""内卷"和"职场PUA"这三个热点问题为索引，针对就业过程中的压力管理、自我价值协调和就业认知重塑等问题进行指导，帮助学生树立积极、健康的就业观念，缓解就业压力，提升就业能力和竞争力，促进学生的综合发展。

第一节课——求职路上，想要"摆烂"怎么办？。直面求职路上可能出现的"摆烂"状态，从心理学专业角度进行现象刨析，引导学生挖掘现象背后的心理机制，认识到摆烂背后不仅是由于心理压力大带来的焦虑，而更重要的是当人们对外部刺激进行认知评估时，发现即使自己拼尽全力也难以成功，或者即使费尽心血也没有好处时，就因逃避而摆烂。因此，面对压力事件的行动选择取决于我们的认知评估。拖延作为摆烂的常见表现形式，将心理压力进行外化，可以采取具体措施克服困难，比如做To Do List、做三件事加小确幸、说服自己就干5分钟等；也可以通过回顾成就事件、及时正反馈等方法增强心理动力。但同时我们也需要尊重自身情绪，不必过度苛求自己，状态不好时也要偶尔允许自己适当休息，主动进行压力调节。通过正确的认知评估，辅之以有效的问题解决策略，帮助学生应对求职压力，顺利度过求职期。

第二节课——求职路上，如何面对"内卷"。找准毕业生对于内卷就业环境的恐惧心理，首先针对内卷的定义和特征进行科学分析。继而明确了学生在求职前需要了解的三个问题，建立不被"卷翻天"的定力。具体包括：第一，工作是什么样的？首先，要养成主动搜集求职信息的习惯，有效利用

互联网进行数据信息获取，还可以从师兄师姐以及相关行业的员工那里求取经验，了解相关工作的具体信息。更进一步，还要明白职业发展的底层逻辑，理解"明尼苏达工作适应论"中提出的职业发展模型，做好个人和职业的动态匹配。第二，我能做什么？可以通过SIGN法来发现自己的才干，同时通过刻意练习，把才干发展成就业所需的核心能力。第三，我想要什么？可以通过列清单、抛硬币的科学加感性的决策方法帮助自己明确职业规划。通过这节课程，学生了解了如何有效应对"卷"的外界环境，善用科学感性决策，对自我进行综合分析，进行职业规划，拥有了卷的实力，也有不卷的底气，为毕业生求职注入了勇气和力量。

第三节课——求职路上，如何看待"职场PUA"。针对人人喊打，甚至让毕业生杯弓蛇影的"职场PUA"问题进行剖析。首先，明确了刚入职时期工作不顺心并不等同于职场PUA，也科学认识了什么是真正意义上的"职场PUA"。认识到求职是个双向选择的过程，要保持清醒的头脑，提前做好功课。其次，如果真遇到了职场PUA，要明确目标界限、理性权衡利弊、强化自我认同。最后，培养结果思维和学徒策略，主动推进职业化蜕变，能减少严格管理带来的"不舒服"。通过带领同学们理清职场PUA的本质，辨析职场PUA和严格管理之间的区别，有效缓解大部分学生在职业蜕变过程中的不适，还可以识别并治愈各种PUA带来的伤害，帮助学生建立自我认同，不再因为惧怕职场PUA而逃避就业或者消极就业。

（二）育心育德，在"润物无声"之中强化课程思政价值

"守护求职心晴"微课始终把握着思政元素，以强化社会主义核心价值观为目标。通过在微课中渗透思政教育，帮助学生树立正确的就业价值观和劳动价值观，引导学生注重个人的社会责任感，培养其正确的职业道德和职业操守，促进其职业发展和进步，以期这样的思政教育能够在学生心中生根发芽，成为他们成长征程中的重要支撑和动力。每节课有不同的思政引领侧重点，具体如下：

针对就业压力管理的第一节微课，不仅是从专业角度进行心理现象分析，抚平学生因求职产生的弥漫型焦虑，有针对性地让学生对于求职过程中出现的可能困境有一个科学的认识，并且掌握相应的心理压力管理能力应对，提升学生投身国家建设的积极性和主动性。微课能更有意、有机、有效地对学生进行思想政治教育，在教学中将人的思想政治培养作为课程教学的目标放在首位，引导学生将个人成长与社会发展相结合，通过课程培养大学生树立积极上进的理想信念、价值取向、政治信仰与社会责任，帮助学生明确奋斗目标，放弃"摆烂"，向值得奔赴的远方奋勇迈进。

针对自我价值协调的第二节微课，通过明尼苏达工作适应论、科学感性决策等心理学专业知识的讲授，培养学生坚持实事求是的原则，引导学生直面困难，科学处理，求实创新，拥有独立思考能力和适应社会的能力，促进其个人发展和实现社会价值。同时，描绘了自我价值的概念，强调了保持自己的核心价值观，避免随波逐流的重要性。此外，在应对"内卷"环境的过程中，着力克服求职路上的重重难关；坚持注重实效原则，注重方法技巧应用性，帮助学生树立正确的劳动观念和价值观，鼓励其以积极务实的态度和行动，为自己的未来发展创造更多的可能性。

针对就业认知重塑的第三节微课，将心理学的学科知识特点与社会实践相结合，注重启发学生思辨的过程，引导学生警惕互联网舆论对青年大学生就业认知的误导，在明晰"职场PUA"的同时，能够辩证、客观地看待入职初期的不适感，用学徒策略来应对职场中的现实情况，从社会实践出发解释理论形成，依据实际来修正理论逻辑，建立正确的职场观念和道德自觉。坚持理论与实际相结合，因事而化、因时而进、因势而新，通过对学生就业认知的重塑来培养正确的职场思维和态度，帮助学生拥有顺利度过职业蜕变期的定力，也有应对职场PUA的能力。引导学生以长远视野看待职业发展，注重培养专业技能和职业素质，强调积极和阳光的职场心态，提倡做一个负责任、有担当的职场人。

综上所述，由于客观原因（如疫情影响的后发效应、生育高峰的滞后效应等），让大学毕业生在就业时产生巨大的心理压力，是现实和将来必须要面对和妥善解决的重要社会问题；通过读研等形式缓冲所谓的就业压力，会导致"逃避型慢就业"现象的发生；就业认知、压力和价值取向等短期特发的心理状态因素，是产生就业过程中常见心理困境的重要成因；通过扎实分析了解到，就业压力管理、自我价值协调和就业认知重塑是有针对性摆脱就业过程心理困境的有效途径；以微课的形式能够提高学生摆脱就业心理困境的效率；微课为学生提供了正确的就业认知评估和解决问题的策略，教会学生如何应用科学性决策应对"卷"的外界环境，使学生理性认识"职场PUA"和严格管理的本质，应对职场蜕变过程产生的不适；全过程渗透式的思政教育，则是使毕业生摆脱就业心理困境的精神内核和思想根基。

参考文献

[1]靳卫东, 李淑玥, 何丽. "慢就业"的职业损失: 工资收入和工作职位[J]. 财经研究, 2022
（07）: 33-47.

[2]张刚生. 互联网舆论对青年大学生就业认知的误导与对策研究[J]. 中国青年研究, 2023
（05）: 51-58+86.

高校毕业生"慢就业"现象与对策研究

——以吉林大学西区为例[*]

郑　蕊　张文浩　姚　彬^{**}

摘　要：毕业生"慢就业"已经成为当前社会的普遍现象，且比例逐年上升。大学生是我国就业的主体，迟迟不能踏入社会，影响着我国的社会经济发展，如何缓解毕业生"慢就业"带来的负面影响是全社会关注的议题。本课题主要以吉林大学西区2022、2023届毕业生为研究对象，探究学生"慢就业"的现状与成因，提出有专业特色的解决方案，为"慢就业"毕业生提供专业化、精准化、全程化的指导服务，帮助毕业生转变心态，走出"慢就业"困境。

关键词：高校毕业生；慢就业；职业发展；就业质量

　　2022年国内高校毕业生规模为1076万人，而2023年高校毕业生人数超过1150万人，增幅和规模均创历史新高，暂不就业的各级各类毕业生依旧同比增加，"慢就业"的风潮普遍弥漫在"00后"大学生就业主体之间。所谓"慢就业"，通俗来讲是指与传统的"毕业即工作"模式相悖，应届生毕业后出于各种各样的原因没有马上投入工作或者学业，而是选择待业慢慢思考未来的一种现象。

　　有一种观点认为，"慢就业"是一种基于目前高质量生活的新型就业

＊　本文为吉林大学2023年就业工作课题"毕业生'慢就业'现象与对策研究——以西区为例"（JYLL202325）研究成果。

＊＊ 郑蕊：吉林大学党委学生工作部西区学生工作办公室，主要研究方向为思想政治教育。张文浩：吉林大学党委学生工作部西区学生工作办公室，主要研究方向为思想政治教育。姚彬：吉林大学党委学生工作部西区学生工作办公室，主要研究方向为思想政治教育。

观，学生放慢脚步，使他们有更多的时间思考想要的未来，制定更适合自己的职业规划。就像在欧美等发达国家常见的"gap year"（间隔年）一样，在任何时间段里都有年轻人选择暂缓下一步的学业或工作，花一两年时间去旅行、做志愿者或游学等丰富人生经验的事情。不可否认这种观点的合理性，但这种"非工非读"的"职业空档期"在我国的大环境中弊大于利。本课题以西区各学院2022、2023届毕业生为研究对象，以实际调研为主要手段，探究学生"慢就业"的原因，阐明"慢就业"的影响及弊端，找寻适合本专业学生的就业发展指导工作策略，提出相应的、有效果、有专业特色的实践对策，解决毕业生就业慢、就业难的困境。

一、毕业生就业现状与"慢就业"现象成因

根据国家统计局数据显示，2022年城镇调查失业率最高的月份达到了6.1%。虽然随着国家各项经济政策的应对实施，全国城镇调查失业率在12月下降到5.5%，仍旧高于往年，且20～24岁大专及以上人员城镇调查失业率高达21.1%，就业压力依然不容小觑。[①]西区各学院2022、2023届毕业生相比往届暂缓就业人数增加，选择考公考研的人数数倍增长，"一战"失利便选择"二战"的毕业生也不在少数。在选择就业的毕业生中，又以选择国有企业、高校、研究所、事业单位的人居多，选择私营企业、自主创业的人数减少。

与往届的毕业流向相比，毕业生的思想和行为更趋向保守。造成这种"慢就业"现象的成因主要有以下几个方面：高校毕业生规模逐年扩大，而受经济下行影响，我国就业市场萎缩，就业岗位需求减少，由此导致的市场供需关系极不平衡。

从劳动市场的供需角度看，高校毕业生规模逐年扩大，然而在复杂外部因素的影响下我国就业市场萎缩，就业岗位需求减少，由此导致的市场供需关系极不平衡。根据近些年的市场反馈来看，很多毕业生并不符合就业市场的需求，究其原因是大学教育与市场需求的不匹配造成了"慢就业"现象。在用人单位对毕业生的需求得不到满足时，毕业生对于用人单位的要求也不能得到满足。他们往往期待着薪资水平高或者收入增长潜力大的工作，以匹配自己对于职业发展的满意度，此类职位往往也伴随着工作强度大、应对市

---

① 国家统计局局长就2022年全年国民经济运行情况答记者问［EB/OL］．（2023-01-17）［2023-03-01］. http://www.stats.gov.cn/sj/sjjd/202302/t20230202_1896734.html.

场波动差等弊端,而且对求职者的综合素质要求更高。求职期望过高也在客观上造成了"慢就业"现象。

经济增长暂缓也在一定程度上打破了就业市场的平衡。之前的毕业生就业流向多点开花,包括升学、国企、私企、外企、事业单位、自主创业等等,然而在目前就业大环境的冲击下,很多毕业生的思想观念发生了转变,他们在就业中更偏向追求稳定,因此放弃了私营企业等就业机会。他们认为私企的就业市场波动大、风险高,受外部影响,各企业不得不缩减开支,大幅裁员,处于动荡之中。很多毕业生因此更偏向于稳定性强的公务员、事业编等体制内单位,希望能获得更多的政策福利和社会保障,这也造成了考公考编的"上岸"浪潮。"公考热"成为"慢就业"的重要推手。

从社会学理论来看,"慢就业"现象也是时代发展不可避免的产物。为了实现高质量就业,毕业生倾向于去地理位置好、发展程度高的一线大城市,如北上广深的就业机会多,薪酬待遇高,有更好的职业发展前景。中小城市虽然也能提供工作岗位,但却与毕业生的就业预期有落差,因此不在大多数人的候选名单中。即使刨去经济动荡这个"催化剂",逐年扩张的高校毕业生的就业竞争也必然会愈演愈烈,"求职难"和"招工难"并存,这种劳动力市场的结构性矛盾下必然会催动"慢就业"现象的产生。

二、"慢就业"现象的弊端分析

虽然"慢就业"可使毕业生有一个充裕的过渡期,一定程度上有利于做好自身未来就业的详细规划,但毫无疑问,其对毕业生自身以及当前社会发展有更多的不利影响。"慢就业"的极端情况就是NEET(尼特族),他们不升学、不就业、不进修,没有独立的经济来源,只能依靠家庭供养,在中国大陆俗称"啃老族"。有的NEET因为高学历拒绝薪酬低的工作,自身又配不上高薪的能力与压力,眼高手低;有的NEET过于偏执地追求考公务员、考研,数次失败也不肯寻找别的就业机会,即使分数差很远也坚持一条路走到黑;有的则是理想过高,不停地转换工作,只为达到脱离现实的"乌托邦",不能及时调整职业规划;还有的NEET家庭条件优渥,自身没有工作的欲望。

毕业生的应届身份是很重要的,"慢就业"对毕业生就业能力有抑制作用,可能会导致错失就业良机。首先,"慢就业"降低了毕业生的个体与环境的匹配程度，浪费培训和实习的机会，阻碍毕业生职业技能的积累。在"慢就业"造成的职业空档期内，很难保持对所学知识的记忆和更新，这种折旧的知识会失去其原有的价值。"慢就业"的负面影响还有滞后性，对毕业生的长期职业发展造成阻碍。如果毕业生一开始没有找到合适的工作，那么后续很可能多次跳槽，不能持续性累积职业技能，会造成工资收入和工作职位的职业损失。站在用人单位的角度，也可能对这段空档期产生质疑，这种负面的信号会使毕业生的就业能力被人为地大打折扣，降低毕业生的价值创造，更不利于毕业生的求职。

毕业生不就业的时间太长会增加焦虑、悲观等负面心理，使"慢就业"转变成"消极就业"和"逃避就业"。部分有过高期待的毕业生梦想一份"好工作"，不想接受不理想的工作岗位，也没有抓住空档期提高职业技能，或是先找份工作积累经验，长此以往会消磨信心与意志，在高不成低不就中走弯路。另外，未就业的毕业生仍需要依靠父母供给花销，如果是条件一般的家庭会产生经济压力；条件中等的家庭即使暂时没有经济压力，也面临着社会压力：如买房结婚、亲戚朋友的询问、同龄人的对比等等。"慢就业"的毕业生不能进入市场创造价值，显然不利于社会的发展，造成资源浪费。

"慢就业"现象将毕业生规划和执行能力弱的缺点暴露无遗。他们对自己的职业规划没有头绪，不知道该如何选择，无所适从，在迷茫中延误了最佳就业时机。部分学生不知如何主动寻找就业资源，不知道该踏足哪个职业领域，由于内心的胆怯与自卑也不会询问他人。部分学生自我认知不足，职业规划单一，比如执意追求"铁饭碗"，非体制单位不去，忽视了公务员的报考人数是岗位数量的几千几万倍，数次落选却不能及时变更职业目标、调整职业规划。这种"慢就业"浪费了自己的就业黄金期，忽视了其他行业也能创造价值的可能性，错失为国家和社会作出更多贡献的机会。

三、"慢就业"现象的应对策略与方法

2023年我国落实经济政策陆续放开，随着经济持续恢复，各级政府也在积极出台各种地区特色就业政策，创造更多就业岗位，强化重点群体就业支持，营造公平合理的就业竞争环境，逐步改善青年人的就业形势。今年以来，国内需求稳步扩大，服务业快速恢复，消费带动作用增强，市场用工需

求增加，促进就业形势整体好转。教育部也联合相关部门出台就业保障政策，开展职业技能培训，为高校毕业生提供更有力的支持。校区各学院将市场经济供需、国家政策纳入学生就业发展指导工作的重要考量中，作为学生培养工作的重点内容。

为了增强学生对工作岗位的匹配能力，各学院大力改革指导方式，优化就业服务，建立了企业—企业兼职辅导员—学校三方联动的就业发展指导工作体系，创建实习实践基地，为学生的就业发展指导工作搭建更好的平台，指导他们在实践中学习，了解就业市场需求，探索专业发展前景，增加社会阅历，提升个人综合能力，以便于在就业竞争中脱颖而出。各学院鼓励学生参加学科竞赛、社会实践等活动，锻炼学习能力、实践能力、研究能力，借助学院的平台全面发展。对于求职能力差的"慢就业"毕业生，就业指导部门需加以干预，帮助毕业生重新进行职业规划并持续跟进。对于对未来迷茫的"慢就业"毕业生，就业指导部门需对学生进行职业辅导，找出问题所在，制定解决方案并帮助学生增强计划执行能力，定期汇报计划执行情况。另外，各学院的就业指导工作也很大程度上决定了学生的就业价值观，部分毕业生在求职或者升学失败后心灰意冷转而进入"慢就业"状态，学院的就业指导部门需加强就业指导的服务力度，帮助学生及时走出沮丧情绪，认真分析，重新进行下一轮评估和规划。

要解决"慢就业"现象，需要在苗头出现之前就及时进行干预。因此各学院加大了职业辅导师资团队的投入，为就业能力弱的"慢就业"毕业生建立求职或升学档案，分配职业辅导老师"一对一"或"一对多"跟进并定期反馈，调整并执行就业规划。就业指导部门利用职业心理测评工具筛查出在早期就有"慢就业"迹象的学生，提前介入，主动出击，在思想上、学习上加以干预和辅导，助其建立正确的职业观和职业规划，在就业过程中潜移默化地改变"慢就业"毕业生的就业结果，帮助他们及时就业，这比在学生要毕业时才做就业指导工作的效果好得多。部分"慢就业"毕业生并非是找不到工作，对职业有超出现实过高的期待是导致"就业难"的重要因素。学院的就业指导教师帮助职业价值观存在偏差的学生正确认识自我和社会，找准自身定位，作为初出茅庐的零经验新手先从基层做起积累经验。对于不满意第一份工作的毕业生加以开导，盲目等待就业永远不能提升能力，只会离心仪的就业岗位越来越远。除了学院对高校毕业生的就业引导，家庭也是一个重要影响因素。一部分"慢就业"毕业生因为家庭条件较好，负担得起自己的花费，丧失了对于就业的热情与需求，心安理得地在家里做"米虫"。还有一部分家长思想观念落后，希望孩子有个"铁饭碗"，非体制内单位不去。这两种都是不利于学生职业发展的家庭情况，父母应与学院、与学生多交流沟通，不要溺爱以至于学生没有工作的动力，也不要过多干预学生的就业选择，要尊重学生的意愿，让学生自主完成就业。各学院建立了学校—家庭联动机制，引导毕业生形成正确的就业观。

在学院的就业指导工作中，贯穿始终的是对学生的思想教育，引导学生形成正确的人生观、价值观、就业观，能大大减少"慢就业"现象。引导学生从大一开始，就为自己未来职业发展制定奋斗目标并为之努力。"慢就业"现象的蔓延，暴露出我们工作的一些不足，比如应该培养学生的职业生涯适应能力，之所以"慢就业"群体较往年激增，经济衰退、就业市场萎缩可谓是起了推波助澜的作用，也为学院的就业工作敲响了警钟。当前就业环境瞬息万变，以前冷清的岗位可能瞬间万人哄抢，冷门的行业可能迅速爆火，发展不错的企业也可能裁员倒闭。机会是转瞬即逝的，就业指导部门需要培养学生与时俱进的能力和良好的心理素质，帮助学生敏锐地察觉就业环境的变化，并且作出能顺利应对的计划，妥善解决问题。良好的职业生涯适应能力要在学院的实践就业平台上培养，让学生接触真实的职业环境，在实践中学会从容应对，有助于减少"慢就业"群体。若毕业生暂时陷入"慢就业"泥潭中，学院要及时跟进，帮助他们纠正职业目标的偏差。空档期如果太长，拖延就业的进度，学生就会因为就业环境变化太快而跟不上步伐，甚至被社会淘汰。

"慢就业"现象是当前社会形态下不可避免的产物，政府、高校、家庭都应参与其中，多方协作，帮助毕业生认识到"慢就业"的弊端，促进毕业生快速、合理就业，推动社会经济的发展与进步。

缓解地学类专业毕业生"慢就业"现象工作举措研究[*]

王洪宇　李　洋[**]

摘　要： 大学生就业一直是党和国家关注的焦点，与日益严峻的就业形势相反，当代大学生"慢就业"现象日益凸显。而地学相关领域行业由于其自身特点，这一现象更加明显。本文以吉林大学地球科学学部毕业生为研究对象，以问卷调查、统计分析为研究方法，探索地学类专业毕业生"慢就业"现象的成因和对策，旨在为毕业生高质量就业提供参考。

关键词： 地学专业；慢就业；就业指导；就业育人

习近平总书记在党的二十大报告中指出"实施就业优先战略"[①]，为新征程上进一步做好就业工作指明了方向。近年来，多方因素导致"更难就业季"，"慢就业""懒就业"等现象愈加凸显，就业工作面临着愈加严峻复杂形势。

"慢就业"现象在高校毕业生中广泛存在，在地学类专业毕业生中也十分突出。日渐严峻的就业形势，让"慢就业"成为高校毕业生就业生态中的常态现象。但从社会大环境看来，"用人难"问题在用人单位中持续存在，而企业单位却仍有招工需求。大学生"慢就业"现象的形成，既与"主动慢就业"群体职业目标坚定、追求"人-岗匹配"信心充足等积极因素有关，也

---

* 本文为吉林大学2021年学生就业工作研究课题"缓解地学类专业毕业生'慢就业'现象工作举措研究"（项目编号：JY202112）的研究成果。

** 王洪宇：吉林大学地球探测科学与技术学院辅导员，主要研究方向为思想政治教育。李洋：吉林大学地球探测科学与技术学院党委副书记兼副院长，主要研究方向为思想政治教育。

① 习近平.高举中国特色社会主义伟大旗帜 为全面建设社会主义现代化国家而团结奋斗——在中国共产党第二十次全国代表大会上的报告[EB/OL].（2022-10-25）[2023-03-01].http://www.news.cn/politics/cpc20/2022-10/25/③1129079429.htm.

受"被动慢就业"群体自我认知不清、职业韧性较差等消极因素影响。[①]分析地学专业毕业生"慢就业"现象的成因，探索应对策略，对于提升就业质量、推动精准就业、落实人才发展战略具有重要意义。

一、"慢就业"研究现状

"慢就业"是指部分毕业生毕业后既不打算继续深造，也不选择立刻就业，而是选择以兼职、创业、游学等方式，慢慢探索未来人生之路的现象。[②]总之，"慢就业"这个现象可以概括为"不需就业""不愿就业""不能就业"三种情况。

通过梳理国内外相关文献发现，国内外针对"慢就业"现象的研究都有丰富的研究成果，国外有关"慢就业"的研究分析主要集中在国家政策、家庭环境、求职动机、职业理想等方面；而国内有关"慢就业"的研究则更侧重于政策研究、现象分析、就业指导等方面，更多地展现在报纸杂志、网络媒体上，而基于数据调查、数据分析的实证研究偏少，研究对象为地学类专业大学生的则更少。因此，本文针对地学类专业毕业生设计了调查问卷，以实证研究的方式对地学类专业大学生"慢就业"现象进行了调查研究。

二、调查研究对象与方法

调研重点围绕吉林大学地学类专业毕业生展开。通过问卷、访谈、座谈等调研方式，掌握地学类专业毕业生"慢就业"现状和相关数据；通过现状分析和数据统计，提炼挖掘地学类专业毕业生"慢就业"内在原因和外在原因。

根据理论与实践相结合的研究模式，通过文献研究法、调查研究法和统计分析法，按照分阶段、分步骤开展研究工作。运用调查研究的方法，一方面通过向毕业生发放调查问卷、召开座谈会获取相关调研信息和数据；另一方面通过访谈地学行业用人单位，了解行业发展对学生"慢就业"现状的影响因素。运用统计分析的方法，对前期获取的信息和数据进行分析，从毕业生自身、家庭以及学校、行业等维度剖析"慢就业"现状的原因，谋划设计和推动实施能够有效破解地学类专业毕业生"慢就业"问题的就业指导教育模式和载体。

---

① 张莎.大学生"慢就业"群体就业质量提升探析[J].学校党建与思想教育,2021(08):66.
② 陈芳.慢就业背景下高校就业创业工作创新[J].中国市场,2018(21):171.

三、调查研究结果与分析

（一）调研对象基本信息

调查对象为吉林大学地球科学学部2020届、2021届和2022届地学专业毕业生和用人单位。针对毕业生共回收485份有效问卷，其中，受访者中男生占比为67.4%，女生占比为32.6%；受访者中吉林省内就业占比12.6%，吉林省外就业占比87.4%，回收问卷中毕业生就业地域分布如图1所示。

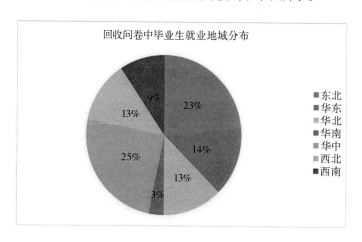

图1　地学专业类毕业生就业地域分布

针对用人单位共回收15份有效问卷，其中，吉林省内用人单位占比13.3%，吉林省外用人单位占比86.7%，回收问卷中用人单位地域分布如图2所示。

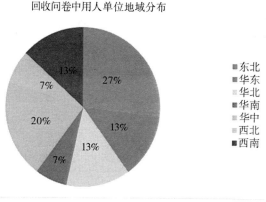

图2　用人单位地域分布

（二）"慢就业"的现状分析

在对用人单位开展的问卷调查中，招聘单位招聘数量变化情况如表1所示。

表 1　招聘单位招聘数量变化情况

类别	数量（个）	占比（%）
增加	8	53.3%
无变化	5	33.4%
减少	2	13.3%

在对毕业生开展的问卷调查中，受访者对就业形势的理解如表2所示。

表 2　受访者对就业形势的理解

类别	数量（个）	占比（%）
十分严峻	178	36.7%
有点严峻，与低学历者差不多	41	8.5%
有点严峻，但比低学历者容易	255	52.6%
不太了解	11	2.2%

在调查受访者中，"非慢就业"毕业生的去向选择为"毕业后直接找工作"和"毕业后继续深造读书"，"慢就业"毕业生的去向选择为"未找工作""考事业单位""考公务员"等。从毕业去向来看，此次调查中属于"非慢就业"的毕业生占比77.4%，属于"慢就业"的毕业生占比22.6%。其中，属于"慢就业"的毕业生中，男生占比为66.7%，女生占比33.3%。由此可见，"慢就业"现象在地学类专业学生中较为普遍。

（三）"慢就业"的态度分析

在调查毕业生受访者对大学生"慢就业"的看法时，"赞成"和"中立"的占比分别为17.1%、73.6%，仅9.3%的受访者持"反对"态度。数据显示，受访者对"慢就业"更倾向于中立的态度，男生和女生的"反对"态度的占比均低于"赞成""中立"两种态度，如表3所示。

表 3　大学生对"慢就业"看法

类别	赞成	中立	反对
男	52（62.7%）	245（68.6%）	30（66.7%）
女	31（37.3%）	112（31.4%）	15（33.3%）
总数	83（17.1%）	357（73.6%）	45（9.3%）

受访大学生中对"慢就业"持消极态度的占比为28.4%，认为这是存在于毕业生就业过程中的不良现象；对"慢就业"持积极态度的占比为36.9%，认为这是毕业生就业过程中的正常现象，如表4所示。

表4 大学生对"慢就业"态度

类别	数量（个）	占比（%）
认为是大学生就业的不良现象	138	28.4%
认为是将来大学生就业的正常现象	179	36.9%
无所谓，不关心	168	34.7%

通过进一步深入调查发现，29.5%的受访者认为"慢就业"会逐渐转变为"懒就业""啃老族"；13.7%的受访者认为"慢就业"是一种大学生逃避现实的行为；14.7%的受访者是为了更好地进行职业定位而选择"慢就业"；42.1%的受访者是为了加深自己的知识储备，提升就业质量和竞争力而选择"慢就业"，如表5所示。其中，前两种观点可以看作是对"慢就业"的负向评价，占比为43.2%；后两种观点可以看作是对"慢就业"的正向评价，占比达56.8%。

表5 大学生对"慢就业"评价

类别	数量（个）	占比（%）
易转变为"懒就业""啃老族"	143	29.5%
大学生逃避现实的行为	67	13.7%
为了更好地进行职业定位	71	14.7%
为了加深自己的知识储备，提升就业质量和竞争力	204	42.1%

（四）"慢就业"现象成因分析

调查中发现，毕业生就业时选择地学行业比例仅为30.5%，而"不考虑专业，只考虑热门行业"占比6.3%，如表6所示。

表6 毕业生择业行业分析

类别	数量（个）	占比（%）
不考虑专业，只考虑热门行业	31	6.3%
地学行业	148	30.5%
非地学行业	66	13.7%
都可以	240	49.5%

毕业生选择慢就业的前提中，"无经济压力"占比最多，达47.4%；"有强大承受能力"占比最少，仅为12.6%，如表7所示。

表 7　毕业生选择"慢就业"前提

类别	数量（个）	占比（%）
个人目标不明确	97	20.0%
家人理解支持	97	20.0%
无经济压力	230	47.4%
有强大承受能力	61	12.6%

用人单位调查问卷中，5个用人单位表示招聘过程中学生对地学行业岗位的关注度呈下降趋势，仅1个用人单位表示呈上升趋势，如表8所示。

表 8　用人单位反映毕业生对地学行业岗位关注程度

类别	数量（个）	占比（%）
上升趋势	1	6.7%
无变化	9	60.0%
下降趋势	5	33.3%

综合分析"慢就业"现象产生的原因，一部分是为了做好就业准备，提高就业质量和就业竞争力的主动选择，如备考考试、创业筹备等；一部分是因为找不到预期工作，就业迷茫期的被动选择；还有一部分是因为自身专业能力欠缺、心理素质较差等原因造成就业困难的被迫选择。

（五）"慢就业"现象的影响分析

为厘清大学生对于"慢就业"现象的理解和态度，本项研究就选择"慢就业"可能会产生的影响做了调查。从用人单位的角度来看，受访者认为"慢就业"一方面是毕业生在就业时的择业观念发生变化，趋于现实化、多样化；另一方面，选择"慢就业"可能会导致"懒就业""不就业"等负面影响，这也是对高校人才资源的浪费。从个人层面的角度来看，受访者认为"慢就业"可能有助于提升自身能力、开阔视野，可以更好地进行职业规划与探索；同时，也认为选择"慢就业"可能会承受经济、社会舆论等方面的压力，造成无法就业、与社会脱节等不利影响。

四、结论与建议

（一）结论

通过以上调查结果数据的统计与分析，得出结论如下：

1. 地学类专业毕业生中，"慢就业"占比较高，其中了解"慢就业"概念的毕业生中，"承认自己为慢就业学生"和"听说周围有慢就业学生"均占比较高。从性别来看，女性慢就业者的占比低于男性。

2. 地学类专业毕业生中，选择地学行业进行就业的比例仅为30.5%，其选择"慢就业"的主要原因是职业规划不明确、工作不符合自身预期、就业竞争力不强等，也表示在就业时较为看重的是发展前景和薪资福利。

3. 地学类专业毕业生对"慢就业"持中立态度的占比较高，男生和女生对"慢就业"持"反对"态度的占比均低于"赞成"态度，且对"慢就业"负面评价的占比均低于正向评价。

4. 地学类专业毕业生认为选择"慢就业"有助于更好地适应职场，提升自身能力。但也担心"慢就业"会浪费时间，达不到预期效果，同时还要承受社会舆论和经济方面的压力。

（二）影响因素

地学类专业毕业生就业"慢"起来是由多种因素相互作用而导致的，展开来说有以下几个方面：

1. 地学类专业毕业生个性化就业指导的缺失。很多高校对大学生的就业指导停留在浅度的集体指导，针对个体的深度差异化、个性化指导不足，针对地学专业思想的团体类辅导不够，地学专业指导师资储备不足等。

2. 地学类专业毕业生结构性就业难的现实困境。就业期待上，要解决学生的精英就业思想和地学专业就业大众认知之间的矛盾；培养过程上，要解决社会发展需要、社会需求多样化与地学学科人才培养模式单一、专业设置滞后之间的矛盾。

3. 家庭对就业稳定性的价值期待需要调整。目前对于许多学生及家长而言，首选目标已经不再是追求教育投资回报率，但普遍能看到的是，很多学生及家长宁愿选择错峰就业以期待让就业节奏慢下来，进而追求就业的稳定性。家庭希望能通过高等教育实现大学生自身处境的改变，也希望能通过高等教育实现社会性质的向上流动。

4. 大学生择业价值观的偏离与缺位。大学生的择业观受政策因素、教育因素、社会因素、家庭因素等影响，在长期的教育和生活实践中逐步形成和发展。地学专业毕业生就业时易受社会普遍认知的影响，造成就业定位不准、脱离现实、就业浮躁、追求眼前利益等现象。

（三）建议

1. 学生层面。对于地学专业大学生来说，一是要理性认识自我，不断提升自身的综合素质。客观地评判自己的专业知识与技能、自身的优势与不足，结合自己的个性化特征，提升专业和职业竞争能力；二是要合理追求理想化职业，尽早地确立人生理想。在大学四年期间，要在不同的年级分阶段、分思路做好就业准备和职业规划，并及时调整就业期望，给自己设定一个追求理想化职业的时间，逐步实现人生理想。

2. 家庭层面。对于家长来说，一是要帮助孩子客观评价自我，了解孩子的优势与不足，认识到"行行出状元"，尊重孩子的职业选择；二是要理性认识地学学科专业，正确认识地学专业的就业形势；三是要营造良好的家庭氛围，帮助孩子在大学期间及早地做好就业准备和职业规划，不将择业目标局限在传统、狭窄的职业范围里。

3. 学校层面。对于学校来说，主要可以从以下几个方面着手：

（1）坚持系统谋划，推进就业形势向上向好。一是加强就业观念教育和宣传。针对消极被动型的"慢就业"，要持续引导学生稳定地学专业思想，树立勇于面对竞争的积极就业观；二是加强职业生涯规划与就业指导。把专业学习、实习实践、就业指导等有机结合起来，使学生对"想干什么"和"能干什么"有明确的答案；三是扎实推进创新创业教育。创业是许多"慢就业"一族的重要选择，也是高校毕业生就业的重要增长点。地学专业不是传统的创新创业优势学科，在地学专业领域内扎实推进创新创业教育、打造创业平台十分必要。

（2）坚持协同联动，构建全员参与的就业工作机制。一是动员系主任、科室负责人和辅导员，通过校友、合作单位、就业平台等渠道，挖掘梳理有效的地学专业类就业信息；二是调动党支部、班级等群体力量，持续做好精准摸排，一对一分析存在的问题，找到解决办法，实现就业岗位有效配给，解决学生求职择业困难；三是依托班主任、班导师等，加强生涯规划指导，重点强化考研升学辅导。

（3）坚持就业育人，健全全过程衔接的教育指导模式。地学是艰苦专业，学生专业思想不稳定，"慢就业""缓就业"问题突显。因此，要聚焦学生大学成长发展全过程，按照分时分段、持续递进的思路，探索创建就业育人工作模式。结合学生实际需求，对不同阶段学生展开教育指导，围绕低年级，从专业认知入手进行认识教育；围绕高年级，以提升升学率和求职技能为重点，进行专题培训教育；围绕毕业年级，坚持精准摸排、分众分类，准确掌握学生就业意愿，提供针对性指导服务。

参考文献

[1] 董燕红, 戴从昕, 陈月容, 等. 农林类高职院校毕业生"慢就业"现象调查研究[J]. 科教文汇(上旬刊), 2021(19): 18-20.

[2] 李洪岩. 精准帮扶视阈下大学生"慢就业"的应策理路[J]. 吉林师范大学学报(人文社会科学版), 2018, 46(5): 119-124.

[3] 王翔. 三全育人视角下的高校大学生慢就业[J]. 山西财经大学学报, 2022, 44(S2): 73-75.

[4] 王丹丹. 新时代高校毕业生"慢就业"对策研究[J]. 中国大学生就业, 2021(05): 40-46.

[5] 李宁. 高校毕业生"慢就业"的缘由与对策[J]. 人民论坛, 2019(14): 116-117.

高等教育大众化时代大学生就业增值提效路径探索

李 丽*

摘 要： 就业是社会稳定的压舱石，对经济社会发展至关重要。当下，我国主要的就业群体有两个：一个是高等院校毕业生，另一个是进城务工的农民工。习近平总书记多次强调，要采取有力措施，扎实做好高校毕业生就业工作。[①]据教育部数据，2023年大学毕业生总量约1250万人，其中高校毕业生1158万人，回国留学毕业生近百万。而在2023年政府工作报告中提道："今年主要预期目标中，要实现新增就业1200万人左右"，这意味着妥善解决了大学生的就业问题，就完成了全部就业目标。面对严峻的就业形势，处于大学生就业工作一线的高校，要与社会各界和毕业生本人一起齐心协力，共谋就业之路；作为高校，要提高内生动力，培养适配人才，提高就业率，实现就业增值；作为毕业生，要降低外部影响因素，去"标签"化，杜绝慢就业思想蔓延等，免受传统就业观念影响，俯下身子，脚踏实地，从而破解就业难题。

关键字： 高校；大学生；就业探索

一、高校就业工作现状分析

（一）高等教育普及化深入发展时代，大学生就业观念应多元散发

当今社会仍然在有意无意地用错误的精英化尺子比量大学生就业，给就业套上了桎梏和枷锁。一个职高毕业生去餐馆当服务员，去流水线打螺丝，

---

* 李丽：吉林大学考试中心综合科科长，副研究员，研究方向为考试研究、考试与学生就业相关领域。

① 习近平. 决胜全面建成小康社会 夺取新时代中国特色社会主义伟大胜利——在中国共产党第十九次全国代表大会上的报告[EB/OL]. （2017-10-27）[2023-03-01]. https://www.gov.cn/zhuanti/2017-10/27/content_5234876.htm.

舆论不觉得有什么，因为职高毕业生是一个普通劳动者。高校毕业生从事送外卖、送快递、环卫等工作就会频频上热搜，这与传统观念里高学历从事"不体面"工作、拿"低工薪"不匹配，也就是就业期望值没与学历关联，这种主流舆论最终使毕业生在就业上向前跨不过去、向后不甘心。

与20世纪90年代相反的是，在今天的中国达不到本省专科录取线已经变成一件非常困难的事情。2022年全国本科录取分数线最低为黑龙江理科308分，其次为吉林理科327分，其他省份也有300出头的录取分数，而多省的专科录取分数仅有150分、160分。2023年3月《中华人民共和国2022年国民经济和社会发展统计公报》公布2022年普通、职业本专科招生1014.5万人，研究生教育招生124.2万人，而1998年（108万）本专科招生的总和都没有2022年研究生招生数量多，90年代一个高校招生2000多人就算比较多的了。2023年北京高校毕业生又呈现出一个新的变化，即研究生（硕士和博士）的毕业人数首次超过本科生。可见一个残酷的现实：当下的大学生只是一个普通的"劳动者"，从稀缺度来说，现在的研究生可能还不如90年代的本专科生，就更别提本专科生的稀缺度了。下图为近年高校招生人数。

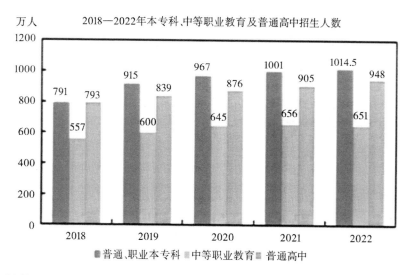

2018—2022年本专科、中等职业教育及普通高中招生人数

另外，社会舆论、新兴自媒体对新时代灵活就业的传播表述，因一些大学毕业生的个体差异和理解偏差，使毕业生在求职择业中产生政策误读与形势误判，导致很多人对就业存在不切实际的期望，据中金公司2022年关于中国收入情况的统计，月收入在5000元以上的人口占14亿人的5.2%，而国家

统计局发布的《中华人民共和国2022年度国民经济和社会发展统计公报》显示，2022年度城镇居民人均可支配收入为49283元，可见高薪者是极少数。此外，当前自媒体的误导，使行业选择盲目集中，过于扎堆，愿意投身基层、边远山区、艰苦行业的毕业生寥寥无几，比如从事能源、农林类工作的高校毕业生，他们的意愿就非常低。高校有责任引导毕业生树立科学的就业观念，特别是国家倡导的大众创业、万众创新、就业新业态等理念，推动毕业生实现高质量就业。

（二）因地、因时设置学科，转变人才培养模式

习近平总书记在党的二十大报告中高度重视学科专业设置工作，强调要优化同新发展格局相适应的教育结构、学科专业结构、人才培养结构，并指出培养造就大批德才兼备的高素质人才，是国家和民族长远发展大计，要全面提高人才自主培养质量，着力造就拔尖创新人才。[①]

高等教育人才自主培养的质量，以及为国家和区域经济社会发展服务能力的高低，在学科专业结构和质量上都要有所体现。近日，教育部等五部门印发了《普通高等教育学科专业设置调整优化改革方案》中指出，专业设置一是服务国家发展大局，强调以服务经济社会高质量发展为导向，想国家之所想，急国家之所急，应国家之所需，把国家战略和区域发展急需的学科专业建设好。二是突出优势特色，调整优化专业结构，做强优势学科专业，做优特色学科专业，以新文科等新兴学科建设为引领，形成特色优势学科专业集群和高水平人才自主培养体系。三是强化协同联动，强调教育系统和行业部门的协同联动，实现学科专业和产业链、创新链、人才链的相互促进。

2023年4月，教育部公布了2022年度普通高等学校本科专业备案和审批结果，其中撤销的专业点有925个，27所高校撤销信息管理与信息系统专业，23所高校撤销公共事业管理专业，23所高校撤销市场营销专业，18所高校撤销广告学专业[②]；从2021年度普通高等学校本科专业备案和审批结果看到，2021

---

① 习近平. 高举中国特色社会主义伟大旗帜 为全面建设社会主义现代化国家而团结奋斗——在中国共产党第二次全国代表大会上的报告[EB/OL].（2022-10-25）[2023-03-01]. https://www.gov.cn/xinwen/202-10/25/content_5721685.htm.

② 中华人民共和国教育部. 教育部关于公布2022年度普通高等学校本科专业备案和审批结果的通知[EB/OL].（2023-04-06）[2023-07-18]. http://www.moe.gov.cn/srcsite/A08/moe_1034/s4930/202304/t20230419_1056224.html.

年全国高校共撤销804个专业点，其中信息管理与信息系统专业33个，公共事业管理专业31个。①两年内撤销的管理类专业占比最高，艺术类第二，这些撤销的专业都属于不能适应经济社会发展需要的自然淘汰，是需求与供给错配导致的死亡。此类专业在开办时投入少、学费高，因此很多高校只看重经济效益，都积极尝试，并不真正面对社会需求，如某体育学院开设舞蹈编导专业，某科技大学开设表演专业等，但这些文化课成绩要求不高的专业，大量考生涌入，往往也是就业难度最大的专业。教育部公布2012年、2013年就业率较低的15个本科专业名单中，艺术类及管理类占9个（艺术设计学、播音与主持艺术、音乐表演、动画、广播电视编导、公共事业管理、艺术表演、旅游管理、市场营销）。

另外，在专业内容上也要有所调整，比如车辆工程专业，以前的学科培养侧重于传统汽车的设计、研发和试验，随着科技的发展，国家出台了鼓励新能源汽车生产和销售的政策，这就要求高校在专业课程设置上要及时进行调整，以适应市场对就业的需求。从以上不难看出，专业课设置需要以就业市场和国家发展方向为基础，及时调整高等教育相关学科设置和教师培养，特别是以大数据、AI智能、虚拟现实、网络营销为代表的互联网高新科技正在颠覆整个传统行业，深刻改变传统行业的生态格局。以高科技为引领的行业，亟须具有创新思维、能够掌握高科技技术的复合型人才，这与以往传统学科培养出来的学生类似，既与这个时代的要求不相符，也不再被用人单位看好。

为了促进毕业生更好地服务于国家相关产业，及时适应用人单位的需求，高等院校的学科设置突出了授之以渔的重要性，真正实现了传统教育体系与新兴学科的有机融合，为学生加快转型升级培养模式提供了创新的环境。此外，就业还要考虑地域环境，要以当地的经济为本，以当地的人才市场为本。只有高校在设置专业时充分考虑当地的就业环境，才能在为当地培养和输送人才上下功夫，避免人才的流失和浪费。

---

① 中华人民共和国教育部. 教育部关于公布2021年度普通高等学校本科专业备案和审批结果的通知［EB/OL］.（2022-02-22）［2023-07-18］. http://www.moe.gov.cn/srcsite/A08/moe_1034/s4930/202202/t20220224_602135.html.

二、高校就业增值提效实施路径

（一）广泛践行社会主义核心价值观，培育时代新人

高校应重视加大对学生的就业指导、就业心理教育。高校就业指导理念要从着眼于当下的"就业安置"转变为学生的长远发展。就业指导内容也要从注重传授学生就业知识转变为培养学生就业能力与态度。一个民族的文明进步，一个国家的发展壮大，需要一代又一代人接力努力，需要很多力量来推动，核心价值观是其中最持久最深沉的力量。它既承载着一个国家和民族的精神追求和价值追求，又体现着一个社会评判善恶是非的价值标准和诚信体系。只有坚持正确的世界观、人生观和价值观，才能引导大学毕业生向往和追求有道德的生活，才能形成良好的就业观，慢就业不就业甚至不健康的就业行为都不可取。当下一些年轻人为了谋取钱财，不惜扮丑相、被虐相、痞子相赢取流量，从而用高流量吸引眼球从事直播带货，更有一些平台以谈论整容、变性等内容为手段赚取流量带货，并对此行为不加任何干预，曾经一位变性主播以"过来人"身份说过："他奉劝大家轻易不要整容，他自己整容是迫于生计，因为只有一张网红脸才能赚钱。"这些与社会主义核心价值观不相符的传播，都会深刻影响大学生的世界观、人生观、价值观，所以高校必须广泛践行社会主义核心价值观，让年轻一代逐步实现对核心价值观的认同，并将其内化为自己的思维方式、价值观、行为习惯。真正内化"服从、奉献、扎根、求实"精神，引领学生把"小我"与"大我"环环相扣，把个人的理想追求融入党和国家的事业之中，让人才培养的闭环真正在个人发展与社会进步中"合二为一"。

高校一方面要以学生就业为导向，在引导学生培养成长的过程中，有效发挥专业教师的优势和示范作用。而不是只注重知识传授，忽视对学生的兴趣培养、技能培训和价值引导，那样对学生形成社会主义核心价值观是不利的。另一方面，学生要为中华崛起而读书，树立正确的择业观，这首先意味着要怀揣一颗平实的心，在增强就业创业能力转换能力的同时，综合考虑自身条件和社会需求。只有以正确的择业观，才能引导良好的就业预期，只有科学把握就业方向和职业目标，才能为今后走上工作岗位后，摆正心态，促进工作业绩的提升打下坚实基础。

（二）建立健全的培养机制，为就业市场提供复合型人才

当前就业市场迎来倒春寒，但是复合型人才需求更加旺盛。高校通过社会主义核心价值观教育理念运用于复合型人才培养模式的探索之中。"复合型人才"已经成为就业市场抢手货，根据上海市劳动和社会保障局发布的全日制职位工资指导价位表明，复合型人才工资增幅达15%。毕业生就业大潮中"多技能"人才往往抢占先机，"复合型"专业背景成为未来就业保障。在培养复合型人才的具体措施层面，高校主动适应行业变化，聚焦"复合型人才"特点、知识复合等多方面，突出专业能力，重视全面发展，如具有广泛的知识背景和多方向的培养潜力，发展前景不局限于某一领域，不拘泥于某一专业。中国复合型人才培养协会认证委员会（CCTA）认为，职业能力是劳动者对个人最重要的竞争力。复合型人才，其特点是知识复合、多才多艺，能够在多个领域大显身手。当今社会的主要特点是学科交叉、知识融合。这一特点决定了每个人都要提高自身的综合素质。《国家中长期科学和技术发展规划纲要（2006—2020年）》强调："加强基础科学和前沿技术研究，特别是交叉学科的研究。"可见，加强跨学科研究，发展新兴跨学科，已成为科教兴国战略的重要组成部分。在行业、学科分工的综合性越来越强的情况下，复合型人才已经成为交叉创新学科的重要人才基础。

（三）聚焦国家政策，促进学生就业

各高校根据教育部的要求，充分运用国家和地方有关就业方面的政策，做好基层选调生、"西部计划""三支一扶""大学生村官"等项目的宣传动员工作，引导学生到中西部地区和基层就业，在推动农村振兴创新实践中发挥高校的作用。充分利用今年"专升本"和研究生扩招的时机，进一步做好动员工作，在服务上细化措施，加大毕业生继续深造的机会。同时，积极宣传大学生应征入伍政策，鼓励毕业生投身军旅，献身国防，保家卫国，奉献青春。

（四）精准追踪调查，及时反馈就业情况

官方数据显示，2022年中国高校毕业生规模预计达到1076万，比2021年增长167万人，规模和数量均创历史新高。这也是中国年度高校毕业生人数首次突破千万大关。面对"史上最难毕业季"，中国顶住压力，交出了一份来之不易的就业"成绩单"，而这与院校两级及用人单位开展人才培养质量跟踪调查分不开。各高校结合每年就业实际情况开展毕业生跟踪调查，以毕业五年为时间维度，及时了解毕业生在入职初期和五年期间的职业和职业技能满足状况。高校要进一步做好就业调查的顶层设计，确保调查内容全面系统，对人才培养方案要根据用人单位和毕业生的反馈意见进行调整完善，增强人才培养与社会需求的契合度，促进人才培养质量不断提高。

就业工作是重大的民生工程、民心工程和基础工程，是社会稳定的重要保证。高校就业工作，一方面与亿万群众联系在一起，承载着学生和无数家庭对安居乐业的渴望；另一方面，关系国家发展全局，关系着民族振兴，关系着国家的强盛。高校就业工作是联系高校与社会、联系学生与用人单位的桥梁纽带。高校、用人单位、学生是就业工作的主体，一旦在需求和供给方面出现信息错位的情况，就意味着在人才培养方式、定位、理念、效果等方面存在不足，就应该迅速转变思路进行相关调整，如人才培养方案、教学计划和实践课程等。

新形势下工科院校辅导员就业指导能力提升路径探析[*]

柴　媛[**]

摘　要：新冠疫情之后，高校毕业生人数再创新高，就业已成为最大的民生问题。在就业结构性矛盾突出、学生"慢就业"心理泛化等各种压力下，高校辅导员开展就业指导工作面临前所未有的挑战。本文就工科院校辅导员就业指导能力提升的意义进行阐释，结合实际分析了辅导员就业指导工作的现状、面临的挑战，并从辅导员自身和学校工作两个层面就辅导员就业指导能力提升路径提出可行的建议。

关键词：就业指导能力；辅导员；大学生就业；工科

党的二十大报告强调，就业是最大的民生问题，要实施就业优先战略，强化就业优先政策，实现更高质量和更充分就业。[①]而高校辅导员是高校学生思政教育和管理的中坚力量，是大学生成长的"引路人"，对大学生就业具有重要的引领作用。高校工科辅导员，要结合时代发展特点，结合工科学生学科特点，以及外部社会环境变化和学生就业择业心理变化的实际情况，分析大学生就业所面临的问题，根据所面临的问题提出对策，与时俱进、因势而新、因势而为，不断提升就业指导能力，积极引导大学生就业，帮助大学生走出"就业难"的困境，提高大学生就业率和就业质量，为维护社会稳定、推动社会发展贡献智慧和力量。

---

*　本文为吉林大学2023年学生就业工作研究课题"吉林大学工科辅导员就业指导能力提升研究"（项目编号：JYLL202322）的阶段性成果。

**　柴媛：党委学生工作部东区学生办公室主任。

①　习近平. 高举中国特色社会主义伟大旗帜 为全面建设社会主义现代化国家而团结奋斗——在中国共产党第二十次全国代表大会上的报告［EB/OL］.（2022-10-25）［2023-03-01］. https://www.gov.cn/xinwen/202-10/25/content_5721685.htm.

一、辅导员提升就业指导能力的重要意义

首先，从学生教育培养的视角看，可以更好地引导学生树立正确的就业观念，促进学生成长发展。《普通高等学校辅导员队伍建设规定》中明确指出，职业规划与就业创业指导是辅导员的主要工作职责之一。高校辅导员既是学生思政教育的负责人，也是直接管理者，他们与学生长期相处，接触最为密切。辅导员可以发挥得天独厚的优势，将自身了解的最新就业信息、掌握的就业政策内容、跟踪的行业发展变化、把握的就业方向趋势，在职业生涯规划教育和日常思政教育中，有的放矢、循序渐进地传授给学生，引导学生将自身成长和国家发展需要密切结合，帮助其树立正确的、积极的就业观念。同时，我们也看到，新时代互联网信息技术、新媒体平台的广泛应用，在校学生获取信息的方式更加多元，在让生活更加便利的同时，也受到各类繁杂无序，甚至是消极负面信息的影响和扰动，让学生滑向更加迷茫、无从着手甚至是价值虚无、与现实割裂的深渊。在这样的情况下，辅导员可以凭借自身掌握的就业指导技能优势，有针对性地开展思想教育和就业心理指导，帮助学生全面认知自我，理性认清就业形势，有效梳理有价值的就业信息，修正因信息偏离导致的心态失衡，培养学生积极的就业心理，有效提供就业保障，促进学生高质量就业，为学生更好地成长成才保驾护航。

其次，从自身职业发展的视角看，可以更好地提升核心竞争力，助力高校辅导员队伍向职业化专业化方向发展。进行学生职业生涯规划和就业指导是一项专业性较强的工作，需要对辅导员进行系统的专业培训。辅导员在学习相关理论知识、应用相关测评工具的过程中，也是提升自我的过程。辅导员要想更好地指导专业性较强的相关学科的学生就业，就要促使自身由过去的事务型工作人员向职业型、专家型人才转变，要立足于全新的行业发展形势、用人单位最新的人才需求标准，要结合本专业历届毕业生就业情况，为相关专业学生提供具有针对性的就业指导，进而帮助学生明确职业发展定位和发展方向，最终实现学生的全方位发展。只有辅导员掌握的就业指导理论知识全面、系统，积累的就业指导经验专业、丰富，才能更好地引领和服务学生，才能引领毕业生向正确的方向和最合适的岗位奔赴，才能在与学生的"双性互动"中，实现"互促互进"，既助力学生职业理想的实现，也促使自身迈向职业化专业化发展路径，为自身职业发展创造更多的机遇。

二、工科院校辅导员开展就业指导的现状和面临的挑战

（一）理论知识储备和实践经验参差不齐

目前，大部分高校以30岁左右的年轻人作为辅导员队伍的中坚力量，同时高校在辅导员招聘和管理上采取了更严格的标准和要求，要求辅导员具备研究生学历，但是对于专业的要求相对比较宽松。以吉林大学工学部本科生辅导员为例，在一线从事学生就业指导工作的辅导员中，年龄在30岁以下的占63.6%，毕业后直接上岗担任辅导员的占90.9%。40.9%的辅导员工作未满两年，带过毕业年级的辅导员占50%，近三年参与校级以上单位组织的系统性就业指导培训的占比54.5%。综合以上数据和实际调研，可以看出工科辅导员队伍年轻化，工作经历相对单一，社会工作经验少，就业指导理论知识储备缺乏，就业指导实践经验积累不够。由于近三年疫情特殊时期，辅导员参与系统性的就业指导培训的机会也相对减少，辅导员落实"走出去"政策要求存在实际困难，深入市场、走进行业、走入企业机会不多，对工科学生就业市场环境变化了解不够清晰，对行业发展趋势把握不够精准，对企业用人需求掌握不够全面，主动"出击"意识不强，面对学生提出的职业生涯困惑和就业中遇到的具体问题，往往提出具体的、有效的、可行的解决思路不够多。

（二）进行针对性的指导和时间投入不足

工科学生与其他专业相比，在就业意愿、岗位选择上，与专业相关度、契合度更高，多数工科学生希望未来从事与所学专业相关的岗位。近三年，吉林大学工学部本科生就业主要集中在先进制造业，如新能源汽车、航天科工、智能制造、新材料等方向，从事设计、研发、生产等岗位。对于学生专业的特殊性和就业意愿的倾向性，对工科辅导员就业指导工作的专业性和针对性提出了更高要求。然而，由于辅导员选留要求和机制的原因，大部分辅导员没有工科学习背景，对工科专业和行业的了解比较浅显，在进行职业生涯规划、就业指导课程教学时，会出现千篇一律的理论教学，而欠缺根据学生专业特长、个性特点、实际情况的差异化开展针对性的教学和就业指导。同时，由于辅导员自身工作的特殊性，不仅是学生思政教育的骨干，也是高校学生日常事务管理和服务工作的主力，辅导员角色多样，事务繁杂，有时很难恰到好处地分配和平衡各项事务的投入时间，无法保证有足够的时间和

精力开展学生就业指导相关工作，出现机械地、简单地转发就业信息，整理毕业生就业数据，往往没有时间针对工科专业学生进行大学阶段全时段、全方位、系统性的就业指导工作。

（三）就业资源利用和指导体系构建欠缺

高校始终把就业指导与服务作为"三全育人"重要内容贯穿人才培养全过程，与毕业生思想政治教育统筹推进，积极优化就业指导服务体系，创新就业指导课程建设。部分高校在学校层面上，整体统筹推出了职业发展指导慕课、微课、直播公益课，推出系列信息化指导和就业服务，就业指导资源和平台建设卓有成效。但是，具体到学院、学科、专业层面上，辅导员作为一线从事学生就业指导工作的主体，是关键环节，然而会出现将课程资源信息、就业渠道信息、各类平台资源等不进行有针对地筛选和整理，就简单地、泛泛地转给学生的情况，就业资源和信息整合、再利用能力还不足，还不能结合学科、专业特点和背景，有效地将普适性的就业指导资源进行细致的梳理、整合和重构，升华为具有学科特色、专业优势的指导体系。

（四）针对学生"慢就业"心理疏导滞后

近年来，高校毕业生"缓就业"趋势增加，工科大学生"慢就业"心态在泛化。表现为本科毕业不急于就业，选择更加多元化，越来越多的学生选择考研、考公，甚至"二次""多次"备考。准备就业的学生，也呈现"眼高手低"的状态，倾向于更稳定的国有企业、高端前沿制造业等。出现这样的现象，一方面是近三年受疫情等客观因素的影响，对市场和企业的冲击较大，工科毕业生也产生向相对稳定的工作倾斜的心理。另一方面，在家长传统就业观念的加持下，学生之间"慢就业"心理泛化，工科大学生就业行动也开始放缓。针对这样的趋势，往往辅导员的就业指导和心理疏导工作相对滞后，多数在学生大四毕业前，才去根据就业情况采取单独的心理疏导和针对性的就业指导。学生在临毕业之前，就业心理和就业观念已经相对稳定、成熟，这个时期再去做转变，相较于低年级时期的工作难度更大，起不到事半功倍的指导效果。

三、工科院校辅导员就业指导能力提升路径

（一）从辅导员自身职业发展角度，要全方位提升就业指导能力

一是要强化主动学习意识，扎实就业指导理论素养。辅导员的就业指

导工作能力，在一定程度上影响着学生就业质量的高低。辅导员要想更好地开展工作，就要着手提升自身的就业指导能力和水平。要通过自主学习，强化大学生职业生涯规划指导的理论水平，对于常用测评工具要熟练掌握。也要积极主动参与就业指导理论知识、就业指导课程、心理咨询等各方面的培训，完善自身的知识结构。更要激励自我向就业指导专家型身份跃升，主动参与全国职业指导师、创业指导师、心理咨询师等各类资格考试和认证，积极报名参与辅导员各类职业技能竞赛和比赛，在比学赶超中不断进阶，以更长远、更全面的视角发觉学生就业指导工作中出现的问题、深刻剖析问题、高效处理问题，全面提升自身理论素养。

二是要转变就业工作观念，发挥好自身角色优势。一方面辅导员是高校学生工作的多面手，尤其在工科学生的教学和实践环节，经常与专业教师接触，要与专业教师保持密切联系，向他们学习和了解相关专业的教学培养方案和基础知识，掌握专业发展方向，与专业教师达成共识，协同发力，在学生大学学习的全过程开展专业认知、职业生涯规划和就业指导工作。另一方面，辅导员要积极总结各项学生工作之间的关联性，探索日常教育与就业指导教育同步、融合进行的模式。要将就业指导各项工作前置，贯穿到大学教育全过程，要将就业工作内容与日常教育、管理和服务内容互相渗透，在潜移默化中引导学生树立正确的就业价值观，培养学生优秀的职业道德品质。

三是要认清自身能力短板，提高精准指导学生的能力。多数辅导员没有在企业就职或创业经历，尤其对于工科学生而言，就业去向主要面向企业，而工科辅导员对行业、企业的了解多数停留在理论层面。鉴于此，辅导员首先要根据实际情况，对自身在学生就业指导方面的短板有充分认识。其次，要主动与相关企业建立经常的、密切的联系，辅导员要定期走进相关企业，了解行业、企业发展现状，掌握人才需求标准和要求，统筹所带学生专业情况，构建学生就业去向企业资源库，促进就业引才长期合作机制的构建。同时，辅导员也要根据学生学业情况，分众分层，有计划性、有阶段性、有针对性地带领学生到企业考察和实习实践，让学生了解用人单位的实际情况和招聘标准，让学生更深刻地认知自我，更直观地掌握企业需求。这样辅导员才能引导学生规划出既符合社会发展需要又能让学生自己满意的职业发展路径，才能实现精准就业指导的目的。

（二）从学校就业指导工作出发，多环节促进辅导员就业指导能力的提升

一是营造浓厚就业氛围。要始终贯彻落实就业工作"一把手"工程，坚持就业工作党委书记、院长负责制。高校就业指导和管理部门要积极引导基层学院成立全体领导班子成员参与的就业指导工作领导小组，要全方位动员专业教师、班主任参与学生就业指导工作，有条件的建立"包干制"对学生进行精准指导，形成"一盘棋"统筹规划学生就业相关工作。全方位参与、多角度重视是对辅导员队伍开展就业指导工作的促进，"一把手"工程的落实、领导班子的关注是对辅导员开展就业指导工作的肯定和激励。在具体工作的推进和落实中，毕业生也能充分感受到学校的全方位关爱和支持。这样就能形成就业育人良好的工作格局，就能让辅导员开展就业指导工作的主动性更强，破解就业难题的劲头更足，引领作用发挥得更充分、实效性更好。

二是完善健全培养机制。首先，高校要逐步配齐建强学生就业指导专兼职工作队伍，要对从事就业指导工作的专职辅导员制定详细完善的培养机制。从内容上要涵盖职业生涯规划、就业指导基本知识、就业政策和相关法规解读、就业指导实践技能、就业信息和数据应用与管理等；从时间阶梯推进上，高校要明确辅导员就业指导培训进程和方案，不仅要有年内的培训计划、课程竞赛、实践比赛的安排，还要制定中长期的培养框架，使辅导员可以根据自身的情况，有更充分的时间和空间，选择更适合的培养内容；从培训对象上，因为不同年龄层次、所带学生不同专业背景、辅导员擅长和短板不同，要根据不同阶段、不同层次的辅导员，采取菜单式分类培养，从学校层面组建辅导员就业指导专项技能团队，扬长避短，形成更强的合力。其次，在校地、校企合作中，在就业市场开拓中，要充分考虑辅导员作为就业指导教师作用的发挥，要为辅导员走进企业、深入了解行业创造更多的机会。有条件的高校可以设计由辅导员到企业、到用人单位人事岗位挂职锻炼的机制，提高辅导员就业指导的实践能力。还可以按照学科和岗位背景，组建辅导员队伍"访企拓岗"专项先导团，通过短期、相对集中的实地调研和考察，让辅导员对行业最新动态、企业最新需求有更直观的了解，从而更具有针对性地指导学生就业。

三是细化落实激励制度。一方面，高校在对辅导员年度学生工作综合考核评比中，要着重夯实就业指导工作内容的考核，要细化量化考核标准，可以适当增加指标权重，促进学生就业指导工作走深入实。另一方面，辅导员既是高校管理干部也是思政专职教师，与专业教师相比，有一定的特殊性，而很多高校在辅导员职称评定中，还沿用旧有的职称评定模式，侧重以文章和科研课题完成情况作为主要衡量指标，导致一部分辅导员职业满意度和职业认同感不高。高校要尝试将辅导员参与就业指导课程设计和研发的工作量、参与就业指导大型赛事获奖等情况作为辅导员职称评定的重要参考或指标内容，以此来更好地激励辅导员参与就业指导工作的热情。再一方面，有条件的高校可以制定高校学生就业工作先进集体和先进个人奖励机制及办法，设立专项奖励经费，对参与学生就业指导工作有突出贡献的辅导员队伍或个人予以表彰和奖励。

工作案例

摆脱心理困扰，做自己生命状态的主人

于 航[*]

一、案例简介

新生入学后，开启了"大学第一课——军训"。紧张又充实的军训生活磨炼了新生的意志，塑造了新生的集体主义精神以及专业学习能力。但小黄入学后，尤其是军训结束后，从之前每天节奏紧张的训练到逐渐进入大学日常学习生活，却出现了不适应的现象。有一天，小黄室友向辅导员反映，小黄经常出现情绪状态不稳定的情况（时哭时笑），并说一些莫名其妙的话。辅导员第一时间赶到寝室，与小黄谈心，通过谈话，发现小黄最近睡眠不好，情绪较为低落，谈话后情绪略有好转。辅导员及时上报学院领导、心理健康中心老师后，第一时间联系家长，家长同意来学校。

当天晚上，辅导员接到小黄同学电话，称其被传销组织控制并怀疑室友是坏人，并已给学校保卫处老师打电话报警。到达寝室后，只让辅导员、保卫处老师以及被认为陷害她的室友在场。保卫处老师向小黄了解情况后，得知其所说的"传销"是指校园发的广告宣传单。小黄所说的情景都是"幻想"出来的。简短交流，安抚小黄情绪后，小黄请保卫处老师和学工办老师离开。为避免小黄情绪激动，学工办老师与保卫处老师一直等到家长来后，向家长全面描述了小黄的情况，建议家长带学生去医院做详细检查，并提及小黄自己谈过高中时曾有这种情况，家长避而不谈，也未说明小黄高中休学原因，但接纳了学院的建议，并给小黄请一个月的假。

一个月后，小黄在其父母的陪伴下返校，边继续恢复，边在校上课，并在母亲的陪伴下申请校外居住，按时服药，目前已正常学习，恢复平稳状态。

---

[*] 于航：吉林大学文学院暨新闻与传播学院辅导员，院团委书记，主要研究方向为思想政治教育理论与实践。

二、工作方法

解决该案例，关键是做到管理和教育相结合、育德与育心相结合、快思维与慢思维相结合、人文关怀和心理疏导相结合。一是依托《中华人民共和国精神卫生法》，用好管理的手段这一"快思维"。就是先处理好当下紧急的危机问题，全力保障学生安全。既要做好与家长沟通成功、家长积极配合的准备，但也要做好沟通不畅、问题更加复杂的准备。二是依托《高等学校学生心理健康教育指导纲要》，用好教育的手段这一"慢思维"。传授心理健康知识，提升对常见精神障碍和心理行为问题预防、识别、干预的能力和水平。做到育德育心相结合，不断增强对于学生的人文关怀和心理疏导，提升学生群体的心理健康素质。辅导员在处理学生心理危机干预问题时，关于危机的认识及定位尤为重要。

（一）关于危机的认识

危机是每个人都会面临的紧急状况，处于危机状态，个人会显示出短时间的思维、情绪、行为和社会功能方面的干扰，需要即刻的干预。它是一个转折点，解决面临的新问题，采纳他人合理意见，挖掘自身潜力，个人会得到进一步的发展；而不良的应对方式也会使人的防卫机制受到削弱而退缩。辅导员在这个过程中的主要职责是为学生缝伤口、贴创可贴。

危机的三种情况：

1.普通情况（与心理咨询师进行确认）：通知监护人来学校，送诊。（轻微及中等情况）（潜在的危机个案、高关怀个案、慢性可转急性）（2-3等级）

2.紧急情况（已经在实施自杀的）：通知监护人（电话录音、纸质同意书等），授权办理住院。（严重）（"高自杀危险度"）（加急）（4等级）

3.严重情况（已经开始自杀，生命受到威胁）：医院直接收治，24小时监护。（极严重）（"严重自杀危险性"）（特急）（5等级）

辅导员通过"共情"的方式，进入学生内心，对于学生来说，危机是一种成长，克服危机后，学生能够完成学业，同时更好地全面发展。辅导员在处理学生心理危机干预问题时，谈心谈话工作尤为重要，例如在面对普通情况心理危机时，往往以谈心谈话作为有效的指导方式，帮助学生走出困境。

（二）辅导员谈心谈话基本原则

1.对话提供的是一个人心理成长的空间：温暖、安全——不批判、理解。

2.站在对方的立场看问题，换位思考带来深度理解。

3.给予方法指引，转换学生注意力，给予他心理支撑。

（三）辅导员心理危机干预谈话的基本技巧

学会运用"跟"的技术——倾听与共情。和学生在谈心谈话过程中，注意学会倾听学生的想法和心理活动，尝试走进学生内心，理解学生产生这种状态、情绪的原因，深入体会学生的感受，培养自身理解学生的能力。

倾听属于有效沟通的必要部分，以求思想达成一致和感情的通畅。辅导员作为倾听者要将学生当作真挚的朋友，要耐心地、诚心地和善意地为诉说者排忧解难。理解学生问题所在，进入对方的思考空间。

（四）心理危机干预工作处理办法

1.探索"五级"心理健康教育体系，畅通心理危机应对的绿色通道

应及早建立"朋辈心理辅导员—寝室—学院—学校—家长"五级心理危机干预体系。朋辈心理辅导员、各班心理委员以及学生党员骨干，是心理健康知识的宣传员、发现班级心理问题的气象员。要做好朋辈心理辅导员、各班心理委员以及学生党员骨干的心理危机干预及防范培训，让学生干部对同学的心理状况变化做到早发现、早报告，帮助辅导员做好学生心理健康状况的排查工作，力争将危机消除在萌芽状态。同时，注重学生自我教育、自我帮扶的意识培育，传授心理健康的相关知识，也注意与家长的联动互通，做好帮扶关爱工作。

本案例中，对于小黄开学后突发的心理状态异常情况，室友及班干部及时发现并上报辅导员，将突发事件的危险性降到了最低。在后续的事件处理中，学生干部及党员骨干发挥了重要作用，协助辅导员处理突发状况。在与该生谈心谈话过程中，发现小黄出现"幻想"、言语表达不清的现象，已经超出辅导员工作能力之外。上报学院后，立即联系学校心理健康中心专业教师进行咨询，按照危机干预流程进行处理，并第一时间联系家长，确保家长及时赶到，及时联系就医。

2.全力保障学生安全，第一时间赶赴现场

学生突发心理疾病，辅导员要做到"三级"处置。"一级"是及时控

制突发事件现场，安抚学生情绪，与学生在一起并及时反馈给家长。本案例中，小黄突然跑向寝室外，其自身安全已经构成威胁，立即采取干预。"二级"是按照在场学校学院领导指示，尽快找到小黄，并进行监护，在家长来之前做好监护工作。案例中，组织20名男生，迅速开展搜寻工作，并于20分钟内找到小黄，排除安全隐患。"三级"是建立"分管领导、学生工作部、辅导员、家长"在内的联系及沟通网络，确保高效、畅通地解决突发事件。案例中，辅导员及时向家长汇报学生状况，便于家长知情，但在事件中间阶段也出现了家长不配合、沟通不畅通的情况。

3. 人文关怀与管理服务并重，走进学生内心

在整个事件处理过程中，学校、学院尊重学生，即使学生夜晚想独自在外行走，整个学生工作办公室老师一直陪伴学生，寸步不离，并没有强制将小黄带回学校。同时考虑到小黄的其他室友产生了恐慌的情绪，并没有将小黄直接送到寝室。当小黄提出走累了、要休息时，帮助小黄找住宿的宾馆，发现没有空余房间，于是学生工作办公室老师一起陪着小黄、学生干部找到一家24小时营业的饭店，一边吃饭一边等小黄父母到达。值得关注的是，小黄高中时已经有过休学史，又再次发生了危机状况，所以需要进行全面彻底的排查。

4. 保护隐私，帮助学生重新适应大学生活

心理疾病在药物治疗的基础上是可以治愈的，因此必须保护好学生的隐私，积极为其创造一个阳光、和谐的人际环境，减少各种不良刺激。本案例中，小黄诊断结果为躁狂，经过一个月的休养，在父母的陪伴下返回学校，在医生的叮嘱下用药，定期复诊。辅导员在与学生干部、心理委员的沟通过程中，叮嘱大家保护小黄隐私，用爱和关怀帮助小黄早日恢复。

（五）焦点解决短期疗法应用于大学生心理危机干预

辅导员作为高校学生工作第一线的工作人员，在大学生心理危机干预工作中具有独特的优势。通过焦点解决短期疗法来开展心理危机干预工作，不同于传统咨询的繁杂，以解决问题为核心，强调实践性和简洁性，从谈话中引导当事人发现自身的力量，并不断树立小目标，促使心理危机问题逐步减轻。将焦点解决短期疗法应用于学生小黄返校后的心理康复过程中，能够更好地帮助学生小黄逐渐恢复。

运用焦点解决短期疗法与小黄进行交谈，此法强调尊重当事人，为当事

人保密，与当事人建立良好的咨询关系。

焦点解决短期疗法方案如下：

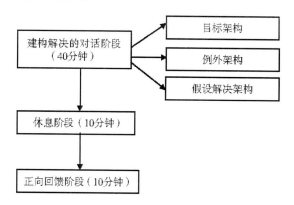

经过定期的焦点解决短期疗法及谈心谈话，可以更好地帮助小黄尽快调整到一个良好的学习状态。每过几天，班级干部就会跟辅导员汇报小黄的状况，一周约谈小黄两次，有的时候辅导员会在中午和小黄一起吃饭，边吃边聊一些学习生活上的困扰、问题等，助力小黄走出心理危机。

三、工作思考

新生在步入大学后，会出现大学生活不适应现象，如何让新生尽快适应大学生活是一个重要命题。无论是通过新生入学教育、新生谈心谈话、专业课教师座谈，还是朋辈之间的交流，都需要新生自身以一个开放、兼容的状态来认识大学、了解大学，加深对于专业的兴趣度，以及培养学生自身压力与动力的转换能力，这需要辅导员透过案例进行深入思考。

当新生出现不适应大学生活，如心理焦虑、抑郁，甚至出现"幻想"、躁狂等现象，一定要立即进行心理危机干预，按照辅导员工作流程和步骤，上报学院、学校领导、学校心理健康中心、学生家长，必要时联系医院，并在家长知情的情况下进行就医。按部就班，共同帮助学生走出困境。

在工作过程中，一定要保证家长与学校同心协力，共同帮助小黄度过此次危机。对于小黄来说，此次经历也是一种成长，所以身为辅导员，更要注重小黄返校后的教育与帮扶工作。

由于当今大学生都是00后的一代，所以针对新时代大学生，要不断更新心理健康教育方法，更好地让新生尽快适应大学生活。比如，通过"心理班会"、"心理工作坊"、团体辅导等形式来指导学生认识了解心理，增强学生抗挫能力、自我心理疏导能力等。

四、案例点评

本案例中，小黄同学入学后，对大学生活以及军训由紧张训练到日常学习生活的过渡出现了不适应的现象。辅导员第一时间赶到现场安抚小黄，并按照工作流程上报学校、学院相关部门，通知学生家长，符合辅导员的工作要求。

在突发事件发生后，辅导员的工作方法具有一定的借鉴和研究意义。辅导员能够第一时间开展心理危机干预工作，并且学校、学院老师齐心协力共同处理学生心理危机突发事件。整个学生工作办公室全体老师陪伴学生，这种陪伴不仅是工作，更多的是一种爱与责任的体现。

案例中，小黄同学出现"幻想"甚至躁狂的表现，辅导员按照心理危机干预工作处理办法，建立"朋辈心理辅导员—学院—学校"三级网络体系，并以学生为本，第一时间进行处理，并从学生的角度出发，保护学生隐私，尽可能地为其营造平稳、和谐的学习氛围。

在帮助学生小黄恢复的过程中，辅导员通过焦点解决短期疗法，定期和小黄进行谈心谈话，并指派班干部进行日常学习生活帮扶工作。帮助小黄尽快适应大学学习生活，更好地融入集体生活之中。

总体而言，辅导员在处理心理危机干预问题时能够沉着、冷静应对，并按照工作流程按部就班地处理。在这个过程中，是学校相关部门老师、学工办老师齐心协力，共同帮助小黄走出心理危机。

一次心理危机干预

裴月莹[*]

一、案例简介

小明是一名研究生，在校期间科研进展比较缓慢，面临着可能延期毕业的风险；同时他在和舍友长时间相处中，也因为生活习惯的不同而产生了矛盾和摩擦；小明和女朋友一直处于异地恋状态，每天只能通过手机视频的方式倾诉彼此的现状和感情。种种原因，小明受多方压力导致焦虑情绪不断累积，心理状态极不稳定，并逐渐出现头痛后背痛等躯体症状。在此情形下，学院第一时间关注，持续跟踪小明的心理情况，通过与小明家长、导师和身边朋友的沟通交流，多方协同，采用多种方式，疏解小明的情绪。在得到小明本人及家人的同意下，带他进行积极的心理治疗干预，鼓励他参与丰富多样的社团活动，最终小明情况好转，重新燃起对生活的热情。

二、工作思考

（一）心理健康工作机制协调性

在心理健康教育过程中，辅导员应意识到"学生心理健康指导中心—学院—家庭—导师—朋友—个人"之间心理健康协调机制的重要性。在学生出现问题和困难时，辅导员应帮助学生纠正认知偏差，安抚好学生情绪，做好学生心理上的陪伴和支持工作。心理健康工作的开展也离不开来自家庭的支持，以恰当的方式与学生家长沟通合作也至关重要。辅导员也要加强责任意识教育引导，引导学生将自己在学校所学的心理健康知识反馈给家人，帮助学生家庭成员有效调控情绪，从而构建家校心理防线。在学生出现明确的心理问题时，辅导员应及时将学生的真实情况反馈给心理健康指导中心，联系

---

[*]　裴月莹：吉林大学商学与管理学院研究生辅导员。

专业的心理咨询师与学生交流沟通，挖掘学生内心真正焦虑的问题。宿舍关系也是影响心情的重要因素，也是了解学生内心变化最精准的渠道之一，辅导员也可以通过舍友的帮助了解学生、缓解学生生活的环境氛围。自此，学生心理健康指导中心、老师、家庭与学生之间形成了具有内在逻辑关联的有机整体，共同构成了支撑心理健康发展的基石。

（二）心理健康工作重点的层次性

在研究生教育管理工作中，家庭经济困难的、宿舍关系紧张的、正在接受心理治疗的同学或是本身心理承受能力较差的同学，需要辅导员对此类特殊群体进行重点关注，并有针对性地制定引导和帮助策略。在心理健康普查上，辅导员应遵从学校相关安排，积极配合心理健康指导中心，对学院学生通过多种方式进行定期心理健康排查，并定期访谈学生干部，从而及时掌握学生的心理状况。心理健康工作应具有一定层次性，针对日常关注的重点人群，要采取辅导员点对点的方式进行疏导沟通，鼓励学生利用室内运动、听音乐、阅读等方式释放压力，帮助这部分重点关注的学生及时获得心理关怀，避免走进心理误区。

辅导员要充分尊重学生群体的真实心理感受，如恐惧、焦虑、抑郁等，切忌随意评判学生的思维想法，也不能一味地指责学生。辅导员应以包容平和的心态与学生进行沟通交流，深入了解学生内心想法，做好学生的倾听者。同时辅导员也要引导学生寻找适合自己的情绪缓解方式，以保证学生日常心理需求，不能让学生在现实层面被限制的情况下继续封闭心灵。

（三）心理健康工作形式的灵活性

随着教育改革的逐渐深入，活动模式已经向学生体验模式转变，从学生的主体性发展入手，强调学生在教学过程中的积极主动参与。心理健康活动应持续不间断，灵活调整活动内容和形式。除了丰富多样的线下活动，线上活动也不能停止，如依托腾讯会议等线上会议平台载体，在学院各年级内部开展心理健康座谈会，借助心理委员等学生干部力量，举办能够覆盖到各班级的线上心理健康趣味活动，充分调动学生线上参与的积极性，从而提升线上心理健康教育活动的最终效果，为同学们舒缓情绪。

辅导员要充分发挥线上教育灵活、便捷、高效的优点，定期为学生举办线上心理健康讲座，邀请专业心理咨询师为同学们答疑解惑。除此之外，结合实际情况，辅导员可将原本的线下心理访谈灵活处理为线上视频、电话语音等方式，及时回应学生的心理健康问题，辅导员也要利用好微信、QQ等社交媒体平台资源，在年级群内向同学们宣传心理健康知识，分享心理健康资源，做好心理健康科普工作。

三、工作方法

（一）持续跟踪小明心理变化

小明在入学前就曾经有过心理疾病方面的病史，一直是辅导员的重点关注对象，辅导员对其关注比较频繁，平时会和他聊天，了解最近的心理状态变化。辅导员通过聊天沟通发现学生开始逐渐丧失对生活的信心和希望，通过进一步沟通，小明开始敞开心扉，主动表达让自己压力不断增加以及近期焦虑感持续增强的原因，包括学业压力、家庭压力、宿舍压力、环境压力等。一天早上，小明焦虑的情绪尤为严重，表明自己出现呼吸急促、身体发抖等躯体变化。小明曾经在心理健康指导中心预约过心理医生，在此情况下，辅导员第一时间联系学生心理健康指导中心，告知心理医生小明的情况，此间辅导员一直陪伴小明左右，带领他不断深呼吸慢慢放松，逐渐平复情绪，后来小明与心理医生进行线上联络，在医生的帮助下，小明逐渐好转。

（二）与小明身边人保持联系

在发现小明的情绪状态变得突然不好时，辅导员第一时间与其家长进行沟通，明确告知小明的情况，希望能够得到家里的支持和关注，家人的关心和爱护有助于小明的心理病情有所好转；同时辅导员与小明的导师进行有效沟通，全面了解小明的情况，帮助导师与小明在科研上正面沟通，降低因科研压力加重小明病情的风险；辅导员还和小明身边朋友进行侧面沟通，了解小明在宿舍的真实情况，同时更全面地了解小明和舍友之间矛盾点所在，帮助老师找到准确的解决方法，辅导员也向小明的舍友建议相处之道，希望能够给小明建立比较轻松愉悦的生活环境。

（三）带动小明积极治疗心理问题

在心理医生与小明进行线上问诊后，辅导员老师更加关注小明的情况，时常通过聊天等方式开导，告诉他对于当前的小困难不必过于焦虑，大家在一起共同努力，共度当前的小难关；同时，辅导员还一直带着小明参加一些学校的集体活动，充实自己单调的生活，让他逐渐找到对生活的信心。此外，辅导员一直陪伴小明积极接受药物辅助治疗，鼓励小明正确看待自身情况。只要接受医生的指导、积极接受治疗，病情会有所缓解甚至康复。最终在心理医生的帮助下、家人的鼓励下、辅导员老师的陪伴下，小明的心理状态成功得到缓解，渡过这次难关。

四、专家点评

本案例来源于真实生活，真实的案例是具有分析的价值和意义的。当代大学生承载着来自家长、老师和社会的期待，但当这些压力超过学生的心理承受能力时，可能会负面影响学生的心理健康状况。随着医学知识的普及，大众对心理健康方面的疾病具有更全面、更准确的认知，心理健康也应当得到社会、学校、家长和老师的重视。辅导员作为学生在校期间接触最频繁的老师之一，学生的心理健康应当是每一位老师、辅导员老师的关注重点，并且老师们应尽最大努力了解学生，引领学生积极乐观地面对学习和生活上的困难，逐步提高学生的压力承受能力，以培养"身""心"健康的学生为己任。谨以此案例，与所有共同奋斗在岗的辅导员老师共勉。

新时代背景下如何深化医学生党员先锋模范作用

施博书*

一、案例简介

2021年7月1日，中共中央总书记、国家主席、中央军委主席习近平在庆祝中国共产党成立100周年大会上的讲话中提道："一百年前，中国共产党的先驱们创建了中国共产党，形成了坚持真理、坚守理想，践行初心、担当使命，不怕牺牲、英勇斗争，对党忠诚、不负人民的伟大建党精神，这是中国共产党的精神之源。"①党的二十大报告指出："广大青年要坚定不移听党话、跟党走，怀抱梦想又脚踏实地，敢想敢为又善作善成，立志做有理想、敢担当、能吃苦、肯奋斗的新时代好青年，让青春在全面建设社会主义现代化国家的火热实践中绽放绚丽之花。"②在新时代教育背景下，高校思想政治教育工作者更应深刻领会党的二十大精神，牢牢把握伟大建党精神实质，以理想信念教育为核心，唱响"党旗领航"主旋律，筑牢"立德树人"根本任务。

目前高校本科学生以"00后"甚至"05后"学生为主体，"00后""05后"学生群体在物资条件丰富、多元文化冲击的社会环境下成长，其具有思想独立、目标明确、个性鲜明的群体特点，同时也存在政治观念淡薄、处事教条、功利性强、组织纪律性较弱的群体问题，这和培养"有理想、敢担当、能吃苦、肯奋斗"的时代新人这一目标存在出入。在近两年录取新生中

---

* 施博书: 吉林大学白求恩第三临床医学院学生工作办公室副主任，主要研究方向为思想政治教育。

① 习近平. 在庆祝中国共产党成立100周年大会上的讲话. (2021-07-15)[2023-05-23]. https://www.gov.cn/xinwen/2021-07/15/content_5625254.htm.

② 习近平: 高举中国特色社会主义伟大旗帜 为全面建设社会主义现代化国家而团结奋斗——在中国共产党第二十次全国代表大会上的报告. (2022-10-25)[2023-06-01]. https://www.gov.cn/xinwen/2022-10/25/content_5721685.htm.

可以发现，新生群体中"非共青团员"比例增加，新生入党意愿不强烈，他们进入大学后，缺乏集体观念和纪律意识。因此，对于高校思想政治教育工作者来说，如何做好正向引导，补足"00后""05后"学生群体身上的"钙"尤为重要。

吉林大学白求恩第三临床医学院学生工作中，立足于"00后""05后"学生现状，深入研究学生的本质特点和群体现状，始终坚持以学生党建工作为龙头，聚焦"引领工程"，以培养"仁心良术、大医情怀"的白求恩传人为己任。具体工作中以"党旗领航计划"为工作脉络，在新时代背景下，开展入党"前中后"三阶段教育，着力提升医学生党员示范作用。

二、工作思考

新时代背景下，高校学生工作充满了挑战，也带来了新的机遇。医生作为特殊的职业群体，需要具备精湛的技术、良好的医德，更重要的是需要具备"毫不利己、专门利人"和"满腔热忱、精益求精"的白求恩精神。同时，白求恩精神和伟大建党精神具备高度一致的实质和内涵，对于一名党员的要求同样适用于一名医者。而目前高校本科学生群体普遍存在政治意识薄弱、组织纪律性较差、功利性较强的问题，这与医生的职业特点存在偏差，给高校思想政治教育工作者带来了挑战。

随着我国实现第一个百年奋斗目标，并向着实现第二个百年奋斗目标昂首前进的历史进程中，党和国家事业取得历史性成就、发生历史性变革，高校思想政治教育工作者应以此为契机，充分发挥学生党建工作的龙头作用，运用多种方式和手段，顶层设计，谋篇布局，守正创新，结合"00后""05后"学生的时代特征，深化优秀医学生党员群体的先锋模范引领作用，唤醒医学生的初心和信念，培养"德才兼备、能担大任"的新时代优秀医学中坚后备力量。

三、工作方法

吉林大学白求恩第三临床医学院积极贯彻落实党的二十大会议精神，牢牢把握"三全育人"的方向舵，聚焦学校三大工程中"引领工程"质量提升计划，做好"时代新人铸魂工程"落实落地。通过实施"党旗领航计划"，在新时代背景下充分总结学生党建工作的先进典型和经验做法，开展入党

"前中后"三阶段教育，提升医学生党员示范引领作用。

（一）"入党前"教育——夯实根基，扬帆引路，鼓励早日站在党旗下

在"入党前"教育阶段，以一年级学生为教育主体，以号召新生早日站在党旗下为工作宗旨，通过模范引领、言传身教，引导新生积极向党组织靠拢。在新生入学教育阶段，开展"入党启蒙教育""传承白医精神""感悟大家风采"三阵地教育，其中开展"入党启蒙教育"由学院党委副书记、学生党建辅导员为学生开展"入党的初心和使命""入党流程"等专题讲座，做好新生入党引路人工作；"传承白医精神"主要邀请院领导班子成员为新生讲述从医经历中的感人故事，直观感受作为一名医生的医者仁心和大医情怀；"感悟大家风采"通过邀请学科带头人、科室党支部书记与新生进行交流座谈，回顾学科名师的求医心路历程，做好新生入学阶段的引路人。在新生适应性教育阶段，邀请学院党委书记讲授"新生入学第一课"，回顾中国共产党建党百年历程；开展"白求恩精神讲述者演讲比赛""白求恩精神微话剧公开汇报展演"等校园文化活动，引导新生在实践中感悟伟大建党精神和白求恩精神内涵及真谛，争做一名优秀医学生党员和白医传人。

（二）"入党中"教育——齐抓共管，强化信念，树立正确的入党动机

在"入党中"教育阶段，以二、三年级学生为教育主体，通过引导医学生端正入党动机，强化入党信念，培养"能堪大任、德才兼备"的优秀医学生党员。依托"院领导""本科生班主任""优秀学生"三个集体，全方位多角度共促学生正向发展。每学期开展"院党委书记开放日"、召开"关心培育青年学生成长成才委员会会议"，组织不同年级和学制的学生群体，分主题与学院领导班子成员、各科室中层干部进行交流座谈，在寓教于行中强化理想信念教育，加强党性教育；本科生班主任队伍以优秀医生党员群体为主，本科生班主任在日常工作中通过主题班会、红色走访、医院实习、交流座谈等形式，在日常的言传身教中帮助学生明确作为医者需要具备的职业素养和作为党员需要具备的精神力量。每年寒暑假组织优秀学生开展"重走白求恩路"社会实践活动，在爱心支教中体验社会民情，在公益义诊中感悟医者仁心，在主题教育中强化党性修养；邀请在学业、科研、实践中有突出表现的优秀学生党员开展"党员接待日""党员进寝室""我和党员有个约会——优秀党员下午茶"等主题活动，强化朋辈教育，提升党员示范引领作

用，坚定学生入党过程中的信念和力量。

（三）"入党后"教育——饮水思源，责任先行，发挥好先锋模范作用

在"入党后"教育阶段，以四、五年级学生为教育主体，主要围绕医学生党员群体如何发挥先锋模范作用开展工作。每学年围绕关键时间节点，在"党的二十大召开""雷锋日""五四青年节""七一中国共产党建党日""中国医师节""11·12白求恩逝世纪念日""一二·九运动纪念日"等节点，依托优秀党员群体，强化党建带团建，开展主题党日活动；深化党员先锋模范作用，建立党员先锋岗，划分党员责任田，一个高年级党员和一个低年级寝室结对共建，在学业发展、科研实践、升学就业等方面给予相应的指导，加强学生党建工作的"传、帮、带"成效，深化学生党员群体的示范引用功效和联系回馈群众机制；开展"学习贯彻习近平新时代中国特色社会主义思想主题教育系列活动""白医青年党员说专题报道""毕业生党员党课公开汇报""五星党员评选""样板党支部创建"等特色活动，深入挖掘医学生党员中的典型事例，做好"一个党员就是一面旗帜"建设工作，加强党支部的战斗堡垒作用。2023年7月，全院全体本科生党员进行施予受器官捐献志愿登记，在全院本科生中树立了良好的榜样作用。

总之，高校思政工作者要充分利用新时代的关键节点，重视医学生思想理论教育和价值引领，以党的二十大召开为契机，将伟大建党精神和白求恩精神有机结合，充分发挥学生党员的先锋模范作用，培养"怀抱梦想又脚踏实地，敢想敢为又善作善成"的新时代白医传人。

四、案例点评

本案例聚焦新时代背景下如何深度发挥医学生党员先锋模范作用视角，探讨了医学生群体目前存在的普遍性问题，以及在新时代高校思想政治教育工作者应如何把握伟大建党精神时代主旋律等问题，通过入党"前中后"三阶段教育，夯实入党基础、坚定入党信念、发挥党员作用，将学生党建工作融入理想信念教育中，培养"政治立场坚定、具备优良品性、甘于付出奉献"的时代新人和未来优秀医务工作者，并为现阶段医学生培养提供思路和经验做法。

关于学生在校期间紧急就医的几点思考

安青显[*]

一、案例简介

小Y同学（化名），男，某高校2022级本科生，学院重点经济关注对象。他来自中部地区某省，家中父母务农，有两个姐姐。入学后，辅导员通过日常谈心谈话和走访寝室了解到，小Y同学平日性格较为内向，不善言谈，但学习刻苦，勤奋进取，未见明显异常。

2022年10月，小Y同学由于腹部疼痛向辅导员申请前往校医院就医。经校医院初步诊断，小Y同学疑似患有肾结石，需转至其他医院进一步诊治。返回学校后，小Y同学再次与辅导员取得联系，申请前往吉林大学第一医院校外就医。收到消息后，辅导员第一时间与学院主管学生工作的党委副书记汇报情况、研究对策。考虑到学生一旦确诊肾结石，有可能急需进行碎石手术，经学院综合研判，辅导员立即联系小Y同学家长，通报小Y同学的身体状况，并请求家长随时做好来长陪护的准备。面对学生可能无人陪护、学院跨校区办学、所带大一学生尚未完全适应和融入大学生活等不利因素，辅导员迅速转变工作思路，在小Y同学班级选择一位优秀学生干部，与辅导员一起陪同小Y前往医院就医。

据了解，小Y同学早在高三时期就经常左腹疼痛，但由于家中经济状况不佳，小Y同学始终没有告知家长，也未曾前往医院治疗，直至此次疼痛难忍才无奈选择就医。经医生初步诊断，小Y同学输尿管两侧均存在结石，结石堵住输尿管导致小Y同学左肾严重积水，需要尽快进行手术治疗，否则将会危及生命。但第二天经另一医生诊断，小Y同学主要病症在于左肾积水，可采取插管排水的方式治疗。面对两位医生诊断结果不一致的情况，辅导员立即联系

---

[*] 安青显：吉林大学地球探测科学与技术学院辅导员，主要研究方向为思想政治教育。

小Y同学家长到长陪护。但由于时值秋收，加之交通不便，车票难求，家长只能在几日后赶到长春。后经进一步诊断，终于确认小Y同学的病情可采取保守治疗。由于小Y同学居住寝室在六楼，行动极为不便，在小Y同学家长赶到前，辅导员帮助小Y同学协调了学校某公寓的一楼房间，安排同行学生干部陪同小Y同学居住，并严格要求学生干部每日报告小Y同学的身体状况。待小Y同学父亲赶到长春后，立即带小Y同学进行了治疗。在小Y同学康复期间，辅导员也时刻关注他的恢复情况，给予关心关爱，并加强了对小Y同学的生命健康教育，向小Y同学详细介绍了学校的各类资助政策，培养小Y同学的荣校爱校意识，目前小Y同学已经痊愈。综合考虑到小Y同学家庭经济困难，本年度无法参加长春市大学生医保，且生源地的农村合作医疗不能在长春使用，医疗费需要全部自付，增加了家庭经济负担，在之后的2022年度"博世"大学新生助学金评选中，学院推荐了小Y同学，小Y同学顺利获得资助。

二、工作思考

本案例虽然是一件学生紧急就医案例，但在事发当时，医生诊断结果出入较大，小Y同学实际身体状况不明，因此辅导员难以在第一时间对事件性质作出判断，形势较为紧迫。在这样的情况下，辅导员应当从以下三个方面思考，帮助学生尽快解决问题。

（一）如何保证学生平稳顺利接受治疗？

当学生出现紧急就医情况时，辅导员应当第一时间与学生家长沟通，做好学校家长之间的桥梁，及时向学生家长通报有关情况，联系家长随时做好来校准备。面对学生病情复杂、事态紧急的情况，辅导员一方面要迅速采取行动，以学生健康为第一要务，帮助学生克服转院检查、医院床位紧缺、返回宿舍不便等重重阻碍；另一方面必须充分利用此前与家长建立的联系，通知家长以最快速度赶往医院，确保学生救治及时。

（二）学生获得救治后辅导员如何开展后续跟踪？

辅导员对于学生的关心关爱是全方位、全过程的。在学生紧急就医后，辅导员依然要随时关注学生身心健康，及时解决学生的急难愁盼问题。例如，学生紧急就医后是否由于缺席课程产生了学业问题？是否由于病情复杂产生了心理危机？是否由于家庭经济困难带来了经济压力？辅导员应针对可能存在的次生危机精准施策，通过向学生提供学业指导、心理疏导、经济资助等方式，解决学生实际困难，做好学生在校期间的主心骨。

（三）紧急就医事件之外是否存在其他问题？

案例中的小Y同学是一名大一新生。大部分大一新生在进入大学之前没有离开父母、独自生活的经历，因此学生容易出现孤独、无聊、压抑的情绪。这一点无论对经校医院初步诊断为肾结石的小Y同学来说，还是对其他大一学生来说都是共通的。因此，辅导员此时不仅要考虑到小Y同学，同时也要考虑到校园内两百多名大一学生可能面临的各类问题，既要果断采取措施让小Y同学得到治疗，也要作出方便教育管理其他学生的合理安排，为学生的后续处置奠定基础，做好学生健康成长的守护者。

三、工作方法

面对学生紧急就医事件，辅导员需要及时掌握事态发展，上报具体情况，精准做出判断，迅速妥善解决。其中，首要关注的问题应该是当事学生的生命健康，然后是事件的处置方式、事件的后续跟踪、事件的经验总结。根据事件的轻重缓急，合理安排处置顺序，兼顾学生的身体健康和心理健康，充分发挥学生家长、学生干部、相关职能部门的合力作用，健全完善危机事件处置程序。在本案例中，辅导员结合以上思路，采取了如下举措：

（一）时刻关注，全程守护学生身心健康

得知学生需要紧急校外就医后，辅导员立刻提醒同行的班干部留意小Y同学可能由于家庭经济状况产生的问题。在小Y同学出校就医后，辅导员坚持每日联系学生，一方面掌握学生的身体状况，另一方面了解学生是否存在实际困难，及时予以解决。小Y同学一开始并不善言辞，对于自身的身体状况和医生的专业诊断描述得不够清晰，需要同行的班干部帮忙转述。但在辅导员的持续关注下，小Y同学渐渐开始敞开心扉，能够准确表述自己的病症和需求，为辅导员全面掌握小Y同学的就诊情况奠定了基础。在小Y同学接受治疗后，辅导员依然坚持关心关爱，全程关注小Y同学的恢复情况，守护学生的身心健康。通过了解，辅导员发现小Y同学家庭经济较为困难。因此，辅导员帮助小Y同学申请了临时困难补助，且在后续的2022年度"博世"大学新生助学金评选中推荐了小Y同学。

（二）积极求变，全员参与突发事件处置

通常情况下，当学生出现紧急情况需要就医时，辅导员应立即将学生送至医院，陪同学生检查治疗后将学生带回。但考虑到学院其余200多名在校学生的安全稳定，也为了让小Y同学能够平安、顺利地接受治疗，辅导员决定安排与小Y同学关系亲近的班干部和自己一同陪护小Y同学，并在初次就医后将小Y同学安置在了便于行动的房间。这名班干部同时也是学院第一批"星火燎原 领航青春"新生入党积极分子。此举既充分发挥了学院—班级—学生"三位一体"处置机制的作用，也发挥了学生干部、入党申请人敢为人先的示范引领作用，一方面可以稳定小Y同学的情绪，帮助小Y同学缓解由于突发疾病带来的心理压力，另外一方面也保证了小Y同学在校外就医期间有人照顾，随时可以报告小Y同学的情况。

（三）家校互动，全面筑牢安全稳定防线

当得知小Y同学可能需要做碎石手术时，辅导员迅速与小Y同学家长取得联系，通报小Y同学的情况，并请家长随时做好来长准备。后经进一步诊断，小Y同学病情较为复杂，辅导员立即请求小Y同学家长来长陪护，但一开始家长有所迟疑。经过反复沟通确认，详细介绍了小Y同学的实际情况，辅导员成功劝说小Y同学父亲迅速赶到长春。小Y父亲到长后立即陪同小Y同学进行了系统治疗，目前小Y同学左肾积水顺利排出，身体已经痊愈。在小Y同学父亲返回家乡后，辅导员保持与家长通话，为远在异乡的小Y同学家长吃下了"定心丸"。事后，小Y同学家长向学校和辅导员表示感谢。

四、案例点评

本案例是一起典型的学生在校期间紧急就医事件。事件能够妥善解决，主要原因有以下三点。

一是保持沉着冷静。案例中的辅导员作为入职时间不到半年的新人，在此前没有处理过突发事件的情况下，始终保持沉着冷静，根据形势作出判断，迅速形成应对措施，及时妥善解决危机，稳定了学生情绪，收获了家长的信任。

二是注重协调联动。本案例中涉及学校与学生家长、辅导员与学院、辅导员与学生、学生干部与学生等多方面的沟通协调。能够顺利化解此次危机，得益于辅导员对学生情况的深入了解和全面掌握，得益于辅导员向学生

家长的及时反馈，得益于学生干部的积极配合。因此，辅导员在日常工作中应着力注重部门联动、家校互动，引导学生营造和谐友爱的班级氛围和寝室氛围，为处置突发事件提供有利条件。

三是坚持以生为本。作为辅导员。应时刻秉承"以学生为中心"的理念，心系学生、关爱学生、引导学生。不仅要做好当事学生的现场处置应对，也要注意做好后续跟踪，真正实现全员育人、全过程育人、全方位育人。

此案例虽然从结果上看是得到了妥善处理，但也暴露出了学生日常管理中仍有部分工作需要进一步强化。

（一）摸清底数，掌握情况

案例中的小Y同学出现病症已经持续很长时间，如果在日常工作中引导学生增强生命安全意识，健全完善室友—班长—辅导员—学院—学校"五位一体"的危机事件处置机制，尽早发现小Y同学的问题并及时医治。因此，辅导员应在日常事务管理中摸清家庭经济困难学生、学业困难学生、就业困难学生、心理关注对象、少数民族学生、网络活跃分子等各类学生底数，通过谈心谈话、电话家访等多种形式，掌握学生基本信息、家庭情况和思想动态、情绪变化等，注重精准施策，及时为学生提供针对性帮扶。

（二）深入寝室，深入课堂

除谈心谈话等工作方法以外，辅导员也应坚持进课堂、进班级、进宿舍、进食堂、进社团、进图书馆，充分联系学生、联系党员、联系专任教师、联系学生家长，做到知思想、知学习、知生活。在严管厚爱中教育引导学生厚植家国情怀，涵养进取品格，矢志艰苦奋斗，敢想敢为，善作善成，努力成长为能担重任、可堪大用的新时代好青年。

（三）跟踪处置，及时反馈

案例中，辅导员在学生出校就医后始终坚持联系学生，关注学生的身心健康和实际需求，及时予以妥善解决。在学生接受治疗后，依然保持对学生健康状况的动态跟踪，确保学生正常恢复，保障学生在校期间的安全稳定。学生痊愈后，辅导员不忘帮助学生缓解治疗后带来的经济压力，积极帮助学生申请助学金，进一步培养学生荣校爱校意识，夯实"三全育人"成果，真正做到为学生成长成才保驾护航。

校园网络信贷类突发事件干预案例探究

曹馨月[*]

摘　要：近年来，高校学生陷入校园网贷欠下高额债务的案例屡见不鲜，其产生之迅速，蔓延之广泛，影响之恶劣，使我们作为高校思想教育工作者，必须要对此问题进行深刻的剖析和认识。如何应对校园网络信贷类突发事件引发的各类问题，应引导学生树立正确的价值观，将宣传和教育工作渗透到日常工作管理中，加强对学生的思想引领，显得尤为重要。

关键词：校园网贷；思想政治教育；学生管理

一、案例简介

小刘（化名），女，某大学大三学生，家庭条件中等，但日常消费水平颇高，学习成绩方面处于班级中下游水平。某天，辅导员收到一则短信，称小刘在某软件上借款已严重逾期，须还款本息共700元钱。收到短信后，辅导员立刻向小刘核实情况，该生称假期急着买票借了500元，后因手机刷机忘记及时还款。辅导员多次询问是否有其他贷款，小刘均坚定否认。次日，辅导员又接到另一个网贷平台的催债电话，证实小刘并未将事情完整交代，于是马上与其家长联系了解情况。经过辅导员深入调查，引导小刘回忆并罗列出借贷清单，结果查出小刘在一年的时间里共在66个网贷APP和平台上贷款20余万元，且在多个网贷平台上有严重逾期的未还款，已收到多个恶意催款的短信和电话。辅导员在了解事态全貌后，及时联系家长，果断实施干预，指导小刘有计划地偿还贷款，并给予充分的情感抚慰和支持。

---

*　曹馨月：吉林大学数学学院辅导员，主要研究方向为学生思想政治教育。

二、工作思考

近年来，高校学生陷入校园网贷欠下高额债务的案例屡见不鲜，其产生之迅速，蔓延之广泛，影响之恶劣，使我们必须对此问题的根源进行深刻的剖析和认识。为何校园网贷在学生中悄无声息地扩散，究其原因，现拟从社会环境、家庭教育和学生自身等因素进行分析。

（一）网络信贷政策宽松，网贷平台缺乏监管

2017年，银监会联合教育部和人力资源社会保障部发布《关于进一步加强校园网贷规范管理工作的通知》，对校园网贷的相关业务进行规范，但在本案例发生时，仍属于政策法规的荒芜期。自2009年，银监会发布禁止在校生办理信用卡的规定后，校园网贷填补了银行向学生提供信贷的空白，获得了很大的生存空间。网络借贷平台为了抢占市场，贷款程序简单，手续便捷。一些平台只需要提供身份证与学生证就可以办理贷款业务；还有一些平台打出"零利息""免担保""为大学生创业提供资金"等广告，诱导大学生过度消费。同时，网络信贷平台等互联网金融企业注册时，不需要经过银监会的批准，也没有具体执行部门对其实施监管，而且互联网时代下，信息的传播已打破了时间和空间的界限，对于网络信贷平台实施管控的难度和成本也难以估算。案例中，小刘仅通过身份证和学信网信息便先后从"拉比鸟""花儿朵朵"等60余个平台贷到20余万元，并且5分钟即可到账，使小刘错误地认为网贷平台可以缓解她当时的经济压力。

（二）家庭疏于正面引导，学生消费观念有误

学生消费观念的认知、发展和形成受社会环境、家庭和学校教育等多重因素的影响，其中，家庭教育对学生消费观的养成发挥着至关重要的作用。学生的消费心理和习惯不是一朝一夕形成的，可以说，进入大学前，每一个个体的消费特质都被社会环境和家庭影响打上不同烙印。部分家庭在学生的成长过程中，过分强调与人攀比，使学生养成了爱慕虚荣的心理；部分家庭对学生日常花费没有管控，对其超前享乐消费的放纵，在学生上大学后疏于管理，并没有关注学生生活费的具体花销，对一些盲目过度消费没有及时制止和引导，使学生对消费缺乏客观合理的规划；部分家庭对学生日常花费管控过紧，在学生进入大学后，与同学的对比可能产生适得其反的效果，使学生转向通过校园网贷等途径满足自己的物质需求。案例中，小刘属于第二

种家庭，她还有一个大她12岁的姐姐，父母年龄较大，对小刘比较宠爱，每个月会陆续给小刘3000～4000元生活费，对小刘的花销并不过问，使小刘消费虚荣盲目，毫无计划。

（三）学生消费心理盲目，校园网贷认识缺乏

在大学相对宽松自由的环境里，部分学生的盲目攀比等消费心理逐渐强化，消费行为也逐渐倾向于超前消费和享乐消费。比如在群体活动中，部分学生相互攀比，为满足自我的虚荣心，进行数码产品、高档服饰、娱乐活动等超出自身承担范围的消费行为，而校园网贷恰恰迎合了学生的这一消费心理。通常情况下，校园网贷平台进行的宣传都非常积极正面，极具诱惑力，学生对网络信贷缺乏全面的认识，没有意识到超前消费不但会给正常的学习生活造成困扰，也会存在不能及时还款的风险，一旦逾期欠款，对学生和家庭都会造成恶劣的影响和沉重的负担。而且，网络信贷平台良莠不齐，可管控向度有限，严重逾期可能遭到恶意催款，对人身安全造成伤害。案例中，小刘起初想买美颜相机才接触的分期付款，后来看到一些网贷平台的宣传诱人，为满足自己的虚荣心，又开始通过网贷购买高档化妆品、高档球鞋，逐渐越陷越深。

三、工作方法

针对小刘陷入校园网贷的突发情况，辅导员从以下几个方面进行了干预和处理。

（一）吃透政策文件，心中有数，有的放矢

第一，熟知形势政策，为宣讲校园网贷奠定基础。近年来，高校学生陷入校园不良网贷事件逐渐增多，校园网贷缺乏有力管控，行业乱象丛生，这样严峻的形势要求我们辅导员工作中必须留意典型案例，熟悉最新形势，掌握相关政策，为在日常教育和管理中对学生开展宣传讲解奠定扎实基础。

第二，梳理官方文件，为维护学生权益寻找支撑。在官方文件精神指导下，对校园网贷开展的管控和整治经历了从模糊到明晰、从缺位到健全的演进过程。2016年10月，银监会联合工业和信息化部、公安部等14部委联合发布了《P2P网络借贷风险专项整治工作实施方案》，开始对网贷行业进行摸查整改。2017年6月，银监会联合教育部和人力资源社会保障部发布的《关于进一步加强校园贷规范管理工作的通知》，提出了整治乱象，一律暂停网贷机构开展在校大学生网贷业务，未经银监会批准设立的机构，不得进入校园为大学生提供信贷服务等明确要求。对于涉嫌恶意欺诈、暴力催收等严重违法违规行为，也作出了坚决移送公安、司法机关依法追究刑事责任的具体规定。这些官方文件的发布为维护学生权益提供了有力的支持，我们应详细梳理研读文件精神，在事件处理中做到有的放矢。

第三，查阅法律条文，为把握信贷关系明确定位。在学生小刘查实欠款20余万元后，辅导员查阅了《民法典》等，以及《最高人民法院关于审理民间借贷案件适用法律若干问题的规定》等相关法律条款和司法解释，通过反复研读，对于网络贷款平台形式支付贷款的合同关系生效条件、借贷双方对逾期利率有约定情况下的利率限额等重要问题有了较为清晰的了解，在为学生及其家长进行咨询和后续寻求法律援助等工作时能够准确把握，心中有数。

（二）家校协同共育，信息对称，沟通有效

第一，事前建立联系。辅导员要将工作做到平常，如日常谈心谈话，召开主题班会等，由于小刘的成绩一直属于中下游，辅导员因其成绩和在校表现等问题，约谈过小刘多次，并与其家长通过电话，谈过小刘成绩的问题，在学生教育的方面，已经初步建立联系。

第二，事中形成合力。在事件发生时，辅导员与学生核实完情况，及时与该生家长沟通。在深入调查后，得知学生欠款的具体数额，与家长沟通，建议家长及时还款与申请法律援助双管齐下。在事情进入还款阶段时，学生家长嘱咐学生拿到家长的汇款之后主动联系辅导员，要在辅导员的陪同下还款，并定期与辅导员电话沟通学生的情况。

第三，事后达成共识。家长意识到之前对孩子疏于管教，以为孩子已经长大，自己年岁已高，跟不上孩子的步伐，将孩子的教育和管理就一并抛给学校。该事件解决后，家长与辅导员达成共识，孩子的教育和引导，需要家校协同共育，一起努力，为孩子将来步入社会少走弯路、脚踏实地生活指明方向。

（三）处理全程介入，反应迅速，干预得当

第一，宣传及时，讲解到位。辅导员在年级大会上进行安全教育时，要结合具体案例与学生宣讲校园不良网贷的危害性，同时让学生了解相关政策法律法规，提醒学生树立正确的消费观念，提高自我保护意识，适度理性消费，量力而行。

第二，预设充分，铺垫全面。在事情发生时，辅导员应在心中对该事件有个初步的预设，学生一旦接触校园不良网贷，很有可能有多个借款行为。在向学生反复核实时，学生坚持说只在一个平台贷款后，第一时间与家长取得了联系，并向家长提出，如果学生只在一个平台欠款和学生有所隐瞒还有其他欠款两种情况的解决方案。并在深入调查中，与家长保持密切联系，对事件进行全面铺垫，将按时还款与申请法律援助双管齐下，尽力将损失降到最低。

第三，教育引导，情感支持。对学生不坦诚的行为，辅导员及时进行纠正，多次找学生谈心谈话，对其进行诚信教育，引导小刘详细列出所有贷款平台欠款明细，并和小刘及其家长一起逐一核算每个贷款平台逾期滞纳金的利率，以求为学生寻求法律援助时提供原始证据。而小刘因此事被家长责备后，情绪低落，辅导员一面安慰鼓励小刘，用今天的努力，创造明天的成功，弥补昨天的过失；一面引导其正视自己的过错，感恩父母，努力学习，日后以更好的表现回报亲人。

第四，持续关注，定期反馈。由于担心学生在面对恶意催款信息和电话时心理防线的崩塌，辅导员建议帮学生暂时保管手机，每天接收各地的催款电话和消息，替学生解释，会尽快还款，并提醒学生截图留好证据。在此事件解决之后，辅导员还定期了解学生的生活和思想动态，并侧面引导学生，体谅父母的不易，鼓励学生好好学习，让父母少操心。辅导员事后的跟踪与反馈，可为学生未来的成长保驾护航。

四、案例点评

随着社会经济的快速发展和人们思想观念的不断变化，对于思想政治教育的时代性提出了更新的挑战，思想政治教育要跟上时代的步伐，因时而化、因事而进、因势而新，更好地适应社会的发展和人们的需求。此案例立足实证，以学生具体个案的解决为现实基础，力求通过实际案例验证、丰富和发展理论。

我与"卓玛"的二三事

——对于少数民族贫困学生的发展型帮扶培养路径分析

王振彰[*]

一、案例简介

卓玛（化名）为我校2022级学生。2022年8月，辅导员通过2022级新生情况摸排工作，以电话沟通的方式第一次与卓玛取得了联系。在接下来的交流中，辅导员了解了卓玛的详细情况，卓玛住在西藏自治区一个偏远的山村里，父母在2019年离世，家中唯一的亲人是正在贵州上大学的姐姐，几乎没有任何的经济来源。并且因为当时西藏地区严峻的疫情，卓玛需要暂缓返校。

与卓玛第一次沟通结束后，辅导员第一时间将卓玛的具体情况上报给主管学生工作的副书记，并与副书记初步商讨制定了对于卓玛的资助帮扶措施。比较遗憾的是，由于西藏地区距离遥远，中转地区较多，受2022年下半年反复的疫情影响，直到大一上学期结束，卓玛一直没机会来到吉林大学的校园。但是在整个大一上学期的过程中，辅导员一直与卓玛保持着频繁的沟通，包括关注卓玛家乡的疫情情况、返校的可行性、线上学习的效果以及帮助卓玛申请奖助学金事宜。虽然素未谋面，但是通过频繁的交流和沟通，辅导员与卓玛的距离也在不断拉近。

2022年学期末，文学院暨新闻与传播学院开展以"夜读"为主题的朋辈心理系列活动，此活动由一名同学投稿夜读稿件，另一名同学进行朗读录制成音频进行发表，卓玛主动报名朗读了一篇名为《一名JLUer的碎碎念》的文章。在朗读中，她体验了还未曾感受过的吉大校园生活。通过参与本次活动以

---

[*] 王振彰：吉林大学文学院暨新闻与传播学院辅导员，主要研究方向为思想政治教育。

及辅导员与卓玛的沟通，辅导员也发掘了卓玛对于写作、朗诵和配音的热爱。

寒假结束，卓玛终于能够来到吉林大学的校园开始自己的大学生活，通过了解，辅导员发现卓玛对于自己的线下校园生活既有期待同时也有担忧，整整一个学期没有来到校园，卓玛比较担心自己能否融入寝室、融入班级。辅导员一方面与卓玛沟通，叮嘱卓玛来校行程和注意事项；另一方面与卓玛所在班级的班长、寝室室友进行沟通，提醒同学们要帮助卓玛尽快融入校园生活。卓玛的校园生活融入得很好，与同学和室友们相处得非常融洽。

在大一下学期，辅导员充分发掘卓玛的潜力，鼓励卓玛参加了多项活动并且取得了非常优异的成绩。2023年6月，卓玛将大一学年与辅导员发生的故事写成一篇名为《我是辅导员眼中先飞的"笨鸟"》的文章，并投稿至"辅导员说"网络育人工作室开展的"我与辅导员的故事"网络文章征集活动，成为我校唯一入围此活动的投稿文章。

大一结束后，在学校、学院、辅导员和卓玛自己的共同努力下，卓玛不仅没有因为经济问题影响学业和个人成长，个人的学业成绩、获奖经历、实践成果、个人能力都得到了很大程度的积累和提升。短短一年时间，卓玛从一个内向的藏族姑娘成长为有理想有抱负、能力完备、懂得感恩的优秀大学生。

二、工作方法

根据《吉林大学"三全育人"综合改革建设方案》中对于资助育人重点任务的相关要求：实质性推进发展型资助工作，要实现由单一资助向多元资助、从解决生活保障向促进学生全面发展的模式转变。卓玛作为少数民族经济困难学生，是资助育人工作中的重点对象，如何将资助与育人结合、如何将扶贫与扶志齐行，是对于卓玛的成长引导和帮扶的工作重点。

（一）资助育人，多维协同

辅导员在全面了解了卓玛的家庭情况后，从以下几个方面进行了资助工作的谋划和推进：一是全面详细地向卓玛讲解了吉林大学完备的资助体系和资助政策，根据卓玛的实际情况给予她资助申请的建议和帮助，同时向卓玛了解了她在西藏地区的受助情况，使卓玛在第一时间感受到国家和学校对于她的关心关爱和帮助，同时吉林大学有着完备的学生资助体系和线上教学系统，经济困难和疫情原因并不会影响卓玛在大学的学习成长，有困难一定第一时间联系辅导员老师。二是在资助申请过程中耐心地给予指导。因为卓玛孤儿的特殊身份以及她无法到校就读的特殊性，她对于相关资助的申请填报还缺乏相关的经验和方法。当进行资助申报时，辅导员会耐心为她讲解该资助项目的具体政策、资助方式、申报要求、申报方式，指导她顺利完成申请工作。在大一学年的上半学期，学院和辅导员充分利用国家和学校对于家庭经济困难学生的资助政策，帮助卓玛申请了返校路费、爱心学习礼包等爱心物资，将卓玛评定为重点经济关注对象，帮助卓玛成功入选了2022—2023学年"一汽丰田·筑梦行动"资助项目。帮助卓玛成功申请了"学费全额减""国家助学""吉林大学助学金"等助学金，最大程度上减轻了卓玛求学路上的经济压力。三是为卓玛构建全方位的协同帮扶体系。在掌握了卓玛的具体情况后，辅导员第一时间向主管学生工作的副书记通报了该同学的相关情况，并结合学校学院实际情况，初步为该同学制定了帮扶培养计划。同时也将部分情况同步给了卓玛的班主任老师，构成了院校两级多维度的关心关爱帮扶体系，在成长引导、关心关爱、学业帮扶等方面给予卓玛全面帮助。

（二）授之以渔，发掘潜力

针对卓玛的发展成长引领，总结起来可分两个主要方面。一是帮助卓玛克服自身存在的短板，经过与卓玛的沟通和对她的观察，辅导员发现卓玛的主要问题是学业问题和性格过于内向。在学业方面，由于卓玛为藏区学生并且缺席了一个学期的线下学习，在学业上可能会存在一定困难，辅导员经常询问卓玛每一阶段的学习情况，鼓励卓玛主动向任课教师和身边的同学寻求帮助，经过大一下学期的努力，卓玛的学习成绩有了很大程度的提升。卓玛的第二个短板是她的性格比较内向，不太善于主动表达，针对此问题，就需要卓玛在具体的事件中去锻炼和成长。吉林大学2023年运动会集体项目太极拳组织筹备期间，辅导员主动联系卓玛，推荐她去担任太极拳项目的教练员，卓玛有些担心和退缩，但是也在辅导员的鼓励下坚定地报了名，在担任教练员的过程中，卓玛一直非常勤奋努力，也开始逐渐勇敢地为不熟悉的同学教学和讲解，最终太极拳项目取得了全校一等奖的好成绩，在这个过程中，卓玛也变得更加开朗和自信。

卓玛虽然家庭贫困，但是她非常的坚强，乐于助人，热爱自己所学的专业，能够熟练地进行藏汉双语表达。在深入发掘了卓玛的特点特长并与她进行深入交流沟通后，辅导员以卓玛为核心成员组建了"推普进藏颂党恩，助农振兴跟党走"社会实践团队，卓玛担任"推普进藏"板块的负责人，主要负责进行相关推普书籍的藏语翻译和沟通对接藏区学校开展活动，该团队最终获得第九届"互联网＋"大赛青红赛道校级金奖和省级铜奖，并且成功立项2023年"推普助力乡村振兴"全国大学生暑期社会实践志愿服务活动。同时，辅导员也鼓励卓玛在力所能及的情况下参与公益活动，卓玛主动参加了北京杨帆公益基金会发起的《筑梦微光守护事实孤儿》活动，为四川甘孜德格县的小朋友们提供线上义务帮助。

三、工作思考

（一）正确把握藏族经济困难学生的特点与思政引领方向

近年来，随着援藏工作的不断推进和西藏地区教育体系的完善，异地办学开始成为西藏地区的重要教育模式，越来越多的藏区孩子通过"西藏内地班"的学习进入了大学校园，在此种教育模式下培养出的藏区孩子又有着更加深厚的文化积累、更强的适应性、更完备的综合素质，能够更快地适应大学的学习生活环境。但也不可否认部分藏区学生在进入大学后面临着沟通上的障碍、生活习惯发生重大改变等问题。正确把握藏族经济困难学生的特点，明确这部分学生群体在大学校园学习生活的优势劣势，是做好藏族经济困难学生培养引领工作的前提。同时，辅导员也要根据藏族经济困难学生的特点做好思政引领工作。针对藏族经济困难学生的思政引领工作主要分两个方面，一是厚植藏区学生乡土情怀。辅导员要利用好寒暑假社会实践和各类志愿服务项目，引领藏族经济困难学生深入乡土，扎根基层，做神圣国土的守护者、幸福家园的建设者。二是通过资助育人，引导培育学生的奉献精神、助人精神。在给予经济帮扶的同时，鼓励学生作出积极的回应，鼓励学生参与志愿服务和公益活动，引导学生感恩祖国，回报社会。

（二）用真诚的关心关爱为藏族经济困难学生带来归属感

辅导员作为与学生本人交流最密切的角色，真诚的关心和密切的联系带给学生的帮助往往超乎我们的想象，真诚的关心关爱也是打开学生心扉最直接有效的方式。在与藏族经济困难学生的交流中，辅导员一定要积极做"主动"的一方，细心观察学生目前的状态，频繁深入课堂寝室，在节假日等重要时间节点关注学生的心理状态，主动送上关怀和祝福，对于缺乏家庭关怀的学生来说，细节上的关心关爱足以带给学生"家"一样的归属感。在经济上，引导学生正确地看待资助，养成正确的消费观。在学业上，经常主动了解学生的学习情况，当面临一定的学业问题时，鼓励学生向老师同学寻求帮助。在个人成长上，鼓励学生多去尝试，敢于面对失败，帮助学生复盘。以真诚的关心关爱覆盖学生发展成长的方方面面，做好学生的"知心友"和"引路人"。

四、案例点评

辅导员是大学生思想政治教育管理工作的主力军、排头兵，亦应是学生学习生涯中的良师益友，又应是学生成长成才的引路人。辅导员要争做有理想信念、有道德情操、有扎实学识、有仁爱之心的"四有"教师。

该案例中，辅导员对经济困难少数民族学生的帮扶始终立足学生性格特点，结合实际情况，从学生发展规划出发，由表及里、细致入微地开展工作，具体有三个特点：一是主动出击，不断强化信任链接，做到让学生信任自己，有困难时主动找自己；二是用心关怀，正确引导学生成长。辅导员坚持用细心、爱心、平常心关注学生成长，利用代入法、滴灌法、陪伴法助力学生成长；三是强化激励，做好日常引导，创造合适平台，让学生在积极的氛围中发挥特长、提升自信，引导学生树立正确人生观、价值观和世界观。

新时代的号角已吹响，培养德智体美劳全面发展的社会主义建设者和接班人的使命担当，坚持打造政治素质强、理论功底实、业务能力优、品行作风廉的辅导员队伍，应当是提升新时代高校思想政治工作质量、培养高素质人才的关键一环。

个性突出学生的教育引导

阿依努尔·色买提[*]

一、案例简介

新生入学没多久，为了提高学生学习自觉性，尽快找到学习方向，学校安排了一次高年级优秀学生代表与低年级学生的学习经验分享交流大会。正当师兄们畅所欲言、学生代表分享优秀的学习策略以及经验之际，甲同学（化名），女，突然起身拿包离开了会场。笔者发现该学生的异常表现，认为该同学可能遇到了什么问题，并在会议结束之后，立刻给她打电话，关心她是否遇到了什么麻烦，是否需要老师的帮助。该同学解释说因为自己饿了，所以先离开去吃东西。作为她的辅导员，笔者认为她的行为需要引起重视，尽管她饿了想去吃饭，但未作出任何说明就擅自离开，这种行为会引发不好的效应，可能会有更多的同学模仿，给辅导员工作造成一定的不利影响。因此，笔者决定找时间和她谈谈心，弄清楚这个问题的缘由，做好该同学的思想指导。

通过谈话得知，她是一个来自边疆地区某县的00后孩子，从小在农村跟爷爷奶奶一起长大，父母都是县中学教师，由于工作比较繁忙，没有足够的时间陪伴她，虽然对她是足够的爱护，但对她内心和性格的培养疏于引导和重视，这样的成长环境形成了她比较难以适应集体生活，想法过于简单，没办法考虑到事情的前因后果的个性。

面对这样明显具有个性特征的学生，笔者在解决问题上从自身入手，谈话中营造一种平等的氛围，先给予学生充分的肯定与理解，消除学生抵触心理和对谈话的压迫感，以信任为前提，聆听对方真实的诉求，客观地说明错误，指出不足，使学生自觉自愿地承认自己的失误，并加以改正，实现了该

---

* 阿依努尔·色买提：吉林大学党委学生工作部少数民族学生专职辅导员。

生今后不重蹈覆辙，有事提前向老师汇报，甚至在校内活动中积极当志愿者辅助老师的工作，把老师视为知音的积极成果。

二、工作思考

辅导员既要在工作中了解学生的学习和生活状况，更要关注学生的思想动态、道德品质和心理健康。辅导员只有增进与学生之间的情感交流，发挥思想政治教育功能，使之成为学生学习生活中的知心朋友、良师益友，才能让学生敞开心扉，全身心地投入学习和生活中去。然而，大多数00后大学生都是独生子女，生活上不需过多考虑他人感受，自我意识强，如何得到他们的认可与信任，是思想教育的一个难点。因此，笔者结合辅导员工作实际及自己从事辅导员工作以来所遇到的一些问题和经验做如下思考。

（一）辅导员如何做好学生思想教育工作，成为学生信任的知心朋友？

"亲其师，信其道。"这句话的意思是说：如果学生对教师产生了信任感，就会产生巨大的凝聚力和向心力。在辅导员工作中，最重要的就是要和学生建立起良好的师生关系，让学生信任自己、喜欢自己，让学生愿意将自己的心里话告诉自己。然而，怎样才能获得学生的信任和喜欢，就有一定的管理技巧和方法了。

首先，辅导员要用爱心滋润学生的心灵。爱心是做好辅导员工作的前提和基础。在教育工作中，"爱"是一种特殊的教育力量，辅导员要始终坚持对每一位学生都充满爱心，要像母亲一样关爱每一位学生，要倾注真挚的感情和热情，使学生感受到幸福和温暖，才能获得学生的良好反馈和信赖。对有问题的学生，要以爱心为重托，用自己的人格魅力为引导，以自己始终如一的耐心、细心、包容，来矫正学生的错误，用一腔真心、高度的责任心给学生们开垦一片生机勃勃的沃土。

其次，用工作热情激发学生，获得学生的尊重。作为一名辅导员，除了要具备较高的思想政治素质、扎实的业务知识外，更重要的是要有热情。只有热爱自己的职业，主动地去了解、关心学生，才能在工作中及时地发现学生存在的问题和矛盾，及时地化解；才能在工作中不断地调整自己的教育方式和方法，促进与学生的沟通交流；只有这样才能真正赢得学生的尊重和信赖，才能在学生心目中树立威信，成为他们畅所欲言的朋友。

（二）如何避免辅导员谈心谈话工作中，学生产生反感和抵触？

谈心谈话是高校辅导员开展思想政治教育引导工作的一个必不可缺的方法，也是连接辅导员和大学生的桥梁和纽带，更是增进师生情感的一个重要媒介。辅导员可以通过定时谈心沟通，努力成为学生在遇到困难时首先想到的人，能够让学生放下隔阂，畅所欲言的人。高校辅导员是学生的引导者也是领路人，既是心灵导师又是知心朋友，这就要求辅导员既要有教师的威严，又要有学生同龄人的贴心，但辅导员在谈话过程中的教师身份常常过于明显，如果批评多于嘘寒问暖，语调总是压倒性地倾向于说教，总是把自己的主张强加给学生的话，就会造成学生不仅没有听进老师的话还会产生反叛心理，觉得老师不够理解他、不懂他，从而丧失对辅导员的信任，从而丧失投入真情。因此，辅导员谈话必须做到讲有温度，讲有深度，讲有宽度，讲有力度，不仅讲得说得有道理，还要讲得有感情，针对学生不同的性格特点、不同的问题类型，要采取不同的策略。辅导员要将自己和学生放在平等交谈的基础上，鼓励孩子主动说出自己的真实意图，避免以教师身份自居，一味说教而产生消极情绪。

（三）如何有效引导个性突出的学生认清问题，遵规守纪？

现在的00后大学生大多是独生子女，个性比较强。他们面对批评，常常抱有一种防范心理，如果辅导员不顾及这种形势，只是一味地批判指责，就不会达到目的，反而会激化矛盾。因此，辅导员批评学生时要懂得扬长避短，人无完人，犯错的学生亦然。对学生进行批评时，首先要言谈中带有亲切关怀之情，以消除他们的防备心理，拉近师生的心理距离，给批评创造良好的条件，对学生错误的主观因素和造成的危害分析透彻，同时，要求学生学会换位思考，引导学生自己找问题，发现解决之道，而不是强加意见于他们，助人自助，这种引导式的交谈对学生的成长更为有益，可以让他们心甘情愿地承认错误。其次，不能对所有事情一律否定，而是要将批评和赞扬有机结合，只有善于发现学生身上的优点和闪光点，把它们发扬光大，才能帮助他们找到改正错误的正确途径，敢于主动改正自己的错误。

三、工作方法

（一）谈话中创造平等轻松的氛围，防止学生对谈心谈话产生抵触情绪

由于甲同学是一个比较有个性的00后孩子，笔者试图站在她的角度去思考问题，意识到她这样的孩子不容易认识到自己行为的不合理性，因此，决定对这个孩子不直接进行批判式教育，而是给予充分的理解和鼓励。

为了消除学生因受老师召唤而产生的紧张和抵触心理，笔者面带笑容，对她进行了询问，询问了她的家庭背景、成长环境、近期的学习和生活情况、有没有遇到困难等。观察她的衣着和外貌特征后，给予她肯定，表示她是十分独立并且有着自己想法的杰出孩子。同时对她的成绩给予一定的肯定，并鼓励她继续加油，争取做优秀学生代表，而且给予充分信任！慢慢地，她放下防备，开始跟笔者交心交流，畅所欲言。她讲述了很多自己的个人兴趣爱好，还有和母亲的一些小故事，以及自己怎么跟一般的女生不一样等等情况。

（二）充分尊重理解学生个性的特点，针对问题引导反思平等讨论

在聊天过程中，笔者首先对她的个性给予了充分肯定和理解，接着询问她在活动中途离开是不是遇到了什么困难，告诉她，遇到任何问题可以第一时间联系老师，老师一定会在能力范围内尽全力帮助她。她解释说，她并没有遇到困难，当时只是因为太饿了，想吃东西才走的，同时也感谢老师的关心。在确定该同学没有遇到问题之后，笔者询问她对她没有作出说明就离开这个行为的看法，了解到，她认为自己很饿，为了吃东西离开是合乎情理的。了解此事原委后，笔者认为，她擅自离开虽然不当，但她未能在活动前用餐，反映出老师安排活动时间方面也存在问题。因此，笔者对此表达歉意，表示举办活动未能充分考虑学生的时间，导致学生没有充足的时间吃饭，并保证，以后举办活动一定会多加注意。

（三）耐心向她说明事情的起因和后果，让她能够自觉认识到问题所在

笔者从自身找问题的同时，也客观、耐心地给她讲解事情的前因后果，使她了解由于她没有作出说明中途离开，可能会给其他同学带来不好的导引，后面可能会有更多学生效仿，也会去做同样的事，也可能会让老师和学生之间的管理面临更大的挑战，从而导致后期工作没有办法顺利进行。另外，老师安排各类活动的目的是为了丰富同学们的校园生活，给他们留下大学里的幸福时光和回忆，给他们的人生增添一段美丽的风景，不让他们对高校生活留下任何遗憾。

她认真听完，稍作思考，就表示自己当时的思想太过简单，以为只要自己过好自己的日子就行，别的与自己没有关系，完全没有考虑到这么深的

层次，而且没想过自己认为十分普通的小事竟然可以给老师带来麻烦，果然意识到了自己行为的严重性，随后表达歉意，并保证以后在这方面会多加注意。并表示会支持老师的工作，保证以后有集体活动只要时间上不冲突一定积极参与，多多与同学互动、沟通，珍惜大学岁月，不错过任何美好的时光。

最后她说道，本来以为会很严肃的谈话，没想到会这么轻松，跟老师进行沟通很放松，而且非常愉快，感谢老师时时为她们考虑，同时也感谢学校对她们大学生的关心和重视，今后在学业上，她会更加努力提升成绩，尊重老师，积极参与各种活动，以此来报答学校。

（四）对她意识到自己的错误和愿意改正的态度给予肯定与赞扬

针对该学生知错就改的积极而真诚的态度，笔者表达了充分的认可和表扬，并表示往后有任何困难或心事随时可以找老师沟通，老师一定会做一个及格的倾听者，肯定会在自己能力范围内为她解忧，还可以把老师当成自己的姐姐、知音好友，希望有机会经常相约并保持沟通，她欣然答应。谈心谈话顺利结束。

此后，她一直都十分积极，一直不缺席任何活动，即使在课程时间上出现了冲突，也会提前请假。她还有摄影爱好，在后来的多次学生活动中她无偿摄影，为活动圆满成功奉献了一分力量。

四、案例点评

本案例中，辅导员在集体活动中，发现甲同学说走就走的现象，首先关心并确定学生是否遇到困难，进而发现该同学个性突出的问题，结合该同学的家庭成长状况，分析该同学个性突出的形成原因，进而通过个别谈话的方式打开心理突破口，取得该同学的信任，润物细无声中让该同学认识到自己的缺点和错误，并在以后的学习生活中行为得到彻底改变。

辅导员处理这个案例上的方法值得借鉴。一是通过日常的集体活动发现甲同学存在思想问题。（发现问题）二是通过了解该同学的家庭成长状况，分析可能产生个性突出的原因。（分析问题）三是单独谈话的开始不是疾风暴雨似的批评说教，而是先谈心褒奖，得到学生的认可，再悄然转变到谈话的主题，进而促使该生接受教育，行为发生转变。（解决问题）

总体来讲，现在00后的学生由于他们的成长环境，个性突出是普遍性的，个性突出学生的思政教育和管理也是高校学生工作的难点热点问题。如何引导个性突出的学生形成正确的人生观、价值观、世界观，并在日常的学习生活工作中得以体现，是高校辅导员需要研究和思考的课题。只有在不断的实践中积累经验，形成理论，再用理论指导后续的工作，才能推进高校学生思想教育工作的进步发展，该辅导员案例是一个很好的实践案例。

如何教育引导想当"网红"的学生？

——论网络思想政治教育育人的针对性和实效性研究

纪核鑫[*]

一、案例简介

小文（化名），大三学生，是抖音爱好者，平时热衷于观看、参与、拍摄小视频，并寄希望于一火成名。小文有时为了追求粉丝量，模仿视频中个性大胆的拍摄方式，在现实生活中进行模仿拍摄。由于平时拍视频占用太多精力，小文陆续出现多门课程挂科的情况，还扬言自己不想考研也不想找工作，就想当一个"网红"，工作轻松赚钱快。作为该生辅导员老师，首先向该生的室友及班级同学了解情况，查看抖音上发布作品及转发情况，前期调研产生此行为的原因。了解掌握基本情况后，第一时间找到小文开展谈心谈话，了解他在网络上发布的作品内容是否合适合规，严格把关作品质量，谨防出现负面网络舆情。针对小文想当"网红"的职业目标，不简单直接地进行否定，告诉他有明确的就业目标值得鼓励，但要辩证看待，并为之付出努力。同时，给小文布置一个作业，让他详细了解"网红"工作的运行模式、成长历程，围绕"网红"的发展前景撰写专题调研报告，有方法、有策略地对小文进行针对性指导。也借机对小文进行专业思想教育，通过本专业内优秀大学生就业事迹和过气网红等案例正反结合举例说明利害关系。同时引导小文树立正确就业观念，为小文介绍专业相关实习，鼓励该生在专业选择中确定自己的职业目标。在日常的业余生活中，积极搭建平台，让小文发挥拍摄制作网络视频的特长，增强其自信心。最后，对于班级学生群体中产生的影响，通过组织召开主题班会、年级大会的形式，进行网络与就业专题教

---

[*] 纪核鑫：吉林大学地球科学学院本科生辅导员，讲师，主要研究方向为思想政治教育理论与实践。

育。沟通联系小文的家长，发挥学生家长、学生骨干、班级同学和寝室室友的合力，共同帮助小文提升学习成绩，尽快形成就业发展规划。后续也对小文不定期开展谈心谈话，长期关心关注，帮助陪伴他成长成才。

二、工作思考

这是一个由于网络自媒体引起的学生学业困难及就业定位偏差问题，应着重加强学生的思想价值引领及职业规划建设。案例中涉及辅导员工作九大职责中的几个部分：思想理论教育与价值引领、学风建设、网络思想政治教育、职业规划与就业创业指导、党团和班级建设。习近平总书记在党的二十大报告中强调，加强全媒体传播体系建设，塑造主流舆论新格局。健全网络综合治理体系，推动形成良好网络生态。[①]当代大学生多为网络原住民，网络是其生活中不可或缺的部分。作为高校辅导员，要充分开启校园新媒体联动传播、融合发展的模式，针对网络信息化社会中产生的新问题，开拓新思路，提出新举措。作为辅导员，针对案例中的小文，应着重从以下五个方面着手开展相关工作。

一是问题导向，坚持解决思想问题与解决实际问题相结合。辅导员作为高校育人的重要载体，扮演着大学生成长过程的人生导师和健康生活的知心朋友两大角色。对于此案例，既要发挥思想引领力，解决学生的思想问题，引导学生树立正确的价值观与就业观。还要发挥管理服务力，解决学生学业困难和就业规划不清晰的实际问题。首先，要辨别学生产生此种问题的根本性质，不能将思想问题视为实际问题，也不要将实际问题简单当作思想问题；其次，要特别注意隐藏在实际问题背后的思想问题，以及由实际问题引出的思想问题。要双管齐下，在解决小文多门课程挂科的实际问题的同时，做好思想教育工作，教育引导小文的价值观念。辅导员在开展思想教育工作过程中，必须"伴随、渗透、结合"，即伴随学生工作的全过程，渗透到学生工作的一切活动中，结合学生工作的实际一起去做。

二是因势利导，坚持就业认知矫正与思想价值引领相结合。新时代孕育新思想，新思想引领新青年，作为高校辅导员，我们要坚持用习近平新时

---

① 习近平. 高举中国特色社会主义伟大旗帜 为全面建设社会主义现代化国家而团结奋斗——在中国共产党第二十次全国代表大会上的报告. （2022-10-25）［2023-09-02］. https://www.gov.cn/xinwen/2022/10/25/content_5721685.htm.

代中国特色社会主义思想武装学生头脑，引导学生树立正确的人生观、世界观和价值观，坚决用"四个意识"导航，用"四个自信"强基，用"两个维护"筑魂。择业观、就业观是人生理想在职业选择上的具体体现，树立正确的择业观、就业观，首先意味着怀有平实之心，以正确的就业观念引导就业预期，才能科学把握就业方向和职业目标。职业虽有分工不同，但没有高低贵贱之别。对于案例中小文想当"网红"的就业目标，辅导员不能简单直接地否定学生。00后大学生自我意识凸显，在学习生活中行为乖张，追求自由，个性鲜明。作为00后大学生的辅导员老师，更要理解包容学生的多样化需求，结合学生特点引导学生明确就业规划，树立合理成长发展目标。

三是规避风险，坚持线下教育引导与线上管理服务相结合。00后大学生是网络原住民，成长与生活都伴随着互联网的信息化发展。案例中的小文为了追求粉丝量，模仿视频中个性大胆的拍摄方式，我们要线上线下双线并行开展工作。一方面，积极关注小文及班级同学线上发布作品的内容是否合适合规，确保起到正面积极引导作用，弘扬正确积极的价值观，树立正确的认知。另一方面，要线下通过班会、年级大会、日常谈心谈话等方式，及时掌握学生的思想状态和各方面情况。通过开展调查问卷、大数据分析等方式让学生认识到"网红"背后的运营原理及风险，引导学生及时规避风险，避免产生网络舆情。

四是以点带面，坚持个体思想教育与群体主题教育相结合。大学生的思想变化是一个动态系统，要通过日常观察、个别谈心、活动检验、理论学习等方法实时把握大学生思想动态。在一个集体中，某个个体的思想状况转变，会对群体思想观念产生影响。案例中小文的行为让身边的许多同学也跟风模仿，已经有从个人行为向群体行为转化的趋势。作为高校辅导员，为避免事态进一步扩大，要以个体思想教育为主，群体主题教育为辅，以情真意切、情理结合的态度开展思想政治教育。"情"是进行个体思想教育的基础，"理"是进行群体主题教育的向导，避免因某位同学的问题造成群体的负面影响，由点及面，以理服人，以情感人。在此过程中，还需注意要强化专业思想教育，通过组织开展就业形势报告会、朋辈分享会、就业主题班会等，分析就业形势，引导班级学生树立正确就业观，辩证看待网络信息传播。

五是多方联动，坚持持续关心关爱与日常谈心谈话相结合。辅导员在解决任何一个学生问题时，都不是一蹴而就，简单凭借自己一己之力，开展一次思想教育工作就能成功的。为强化思想引领实现长效化效果，要利用多方资源力量，实现长效发展。辅导员要与学生家长形成家校共育，与学生骨干积极配合，坚持持续关注学生，加强人文关怀。对于案例中的小文，辅导员应当经常性与小文开展谈心谈话，做好学生的思想教育工作。在日常谈心谈话中，掌握小文的心理特征和心理发展规律，通过谈心谈话深度了解小文"希望一火成名"的原因，是因为没有平台展示，还是心理渴望表现，还是个人兴趣爱好等，有针对性地开展帮扶指导。谈心谈话结束后，要对学生建立回访关注机制，时机合适时要及时跟踪回访，巩固之前谈心谈话取得的成果。建立小文的谈心谈话档案，通过档案的完善、分析、整理、归纳和总结，发现产生此问题的深层原因，挖掘产生问题的根源，长期关心关注，为进一步助力解决学生成长与发展的问题提供参考。

三、工作方法

一是聚焦案例关键点，掌握了解情况。在发生案例中的情况时第一时间介入，了解小文在思想、学习、生活中的各方面情况。主要向学生骨干及该生室友掌握情况，查看抖音作品内容及转发情况。一是详细了解抖音作品的内涵与外延，厘清是否符合网络传播积极向上的情况。二是向学生骨干及该生室友了解情况，掌握小文抖音作品传播范围的具体情况，有利于有的放矢地展开工作，在摸清事情原委、传播的范围之后，及时与当事人小文进行真诚正面地交流。三是对于小文不想考研也不想找工作，想当"网红"的真实原因进行调研了解，以便后续更具针对性地开展教育引导工作。

二是聚焦案例核心点，开展谈心谈话。在前期调研了解的基础上，通过与小文面对面、一对一开展谈心谈话，引导小文正确认知、辩证看待职业目标"网红"。了解小文的挂科情况之后，与其开展谈心谈话，帮助她理性地分析学业情况，以确保可以保质保量达到大学毕业条件。在谈话过程中，引导小文理性看待成为"网红"的职业目标，给小文布置一个作业，让小文详细了解"网红"工作的运营模式、成长历程、团队制作等，分析"网红"的不同类型、发展前景、网红孵化难度，用辩证的眼光看待职业目标"网红"。整个谈话过程要做到有理有据，要有方法、有策略地帮助学生，避免说教让学生产生抵触和抗拒心理。通过谈心谈话，使小文明确，不论确立何种就业目标，都要付出实际努力，不能凭空想象。

三是聚焦案例困难点，加强学业帮扶。与班主任联动，组建学业帮扶小组，帮助小文达到专业课程成绩要求。首先告知小文现阶段本职工作是学习，帮助小文梳理学业管理相关规定，安排学业帮扶小组进行定点帮扶，对于重修课程的学习和考试过程进行监督管理，逐步帮助其养成自律学习的习惯。可以将抖音拍摄当成课余爱好，但也要不断提高自身的修养，在抖音视频中展现出当代大学生的精神面貌。在日常课余学生活动中，让小文发挥拍摄视频、制作视频的特长。

四是聚焦案例风险点，规避网络舆情。带领学生干部重点关注并把关该生抖音发布的视频内容，避免扩大影响。如果情况严重，必要时可开展网络思想政治教育主题班会，避免群体效应扩大。在了解情况、谈心谈话、引导教育之后，为避免舆情风险，严格把控小文同学发布的抖音视频内容，并密切关注已经看过作品的同学的反应和思想行为动态，带领学生干部一起做好他们的思想工作，也可以利用网络平台开展网络思想政治教育主题班会，教会学生辨别网络谣言，以健康、理性的心态思考、解读网络信息。

五是聚焦案例发力点，树立就业目标。运用霍兰德、MBTI等职业测试手段，展开自我剖析。通过职业测试手段，帮助小文发现自己的优缺点，鼓励小文制作"职业规划书"，让小文写出选择职业的理由，并分析为何适合自己的原因，根据他所写的内容，帮助他明确长短期奋斗目标。因势利导，开展"网红"工作运作过程及生存状态调查研究，帮助小文深入了解"网红"职业。组织召开青春故事分享会、十佳大学生经验分享会，并以过气网红等反面案例说明利害关系。正反结合引导该生树立正确就业目标。同时也要介绍小文积极参与专业内相关实习，鼓励该生融入社会，提升能力。

六是聚焦案例落脚点，持续关心关注。家校合作，学生骨干关注，经常性谈心谈话。习近平总书记强调，家庭是人生的第一所学校，家长是孩子的第一任老师，辅导员老师要与家长携手同行，共同促进孩子健康发展。通过与学生家长联系，让家长掌握学生在校表现情况，与家长联合，共同帮助督促小文提升学业成绩，树立合理就业目标。学生骨干在日常生活中多用肯定回应缓解同学心情，关注同学状态，及时向辅导员汇报，从家庭、同学不同层面，经常与小文谈心谈话，建立信任关系。辅导员作为学生成长成才的人生导师和健康生活的知心朋友，引导学生在大学时期形成正确价值观发挥着重要作用，在与学生沟通时要用心倾听、寄予希望，避免"好为人师"，多以朋友的身份，换位思考，确保学生容易接受。

四、案例点评

这个案例属于辅导员日常工作中实际发生过的案例。对于学生的个性选择，不简单直接评价其是非对错，要因势利导，积极引导。一是对于常在网络上发声、发布作品的学生要长期持续关注，要及时掌握学生动态，提前预防、及时掌握、及时解决。二是要强化学生的价值观教育、就业观教育、劳动观教育、消费观教育等，特别是职业生涯规划教育要贯穿大学生活全过程。三是要健全网络思政安全制度，加强网络舆情的规避、引导、管理工作。培养网络意见领袖，发挥网络传播正确引导和导向作用。四是要强化自身工作能力，反思总结工作不足，在日后工作中举一反三，及时归纳整理，提高业务能力水平。